사물의 역습

OUR OWN DEVICES

인간이 고안하고 발전시킨 9가지 물건의 은밀한 이야기!

사물의 역습

에드워드 테너 지음 | 장희재 옮김

테크놀로지와 테크닉

오늘날 많은 이가 테크놀로지를 전자 시스템과 동의어로 생각하지만 이는 사실이 아니다. 마이크로프로세서는 기계류 중에 하나에 불과하며, 중요한 기계가 모두 칩과 회로로 구성되어 있는 것은 아니기 때문이다. 경제학자 에드윈 맨스필드Edwin Mansfield는 1990년대 초에 발표한 연구에서 품질을 향상시킨 실과 얼룩 제거제가 개인용 컴퓨터의 발전보다 미국의 생산성에 더 크게 기여했다고 주장했다. 과연 테크놀로지란 무엇일까? 그 질문에 답하려면 먼저 테크놀로지의 가장 단순한 형태를 생각해봐야 한다.

《왜 일들이 제대로 안 되는가: 과학 기술과 뜻하지 않은 결과Why Things Bite Back: Technology and the Revenge of Unintended Consequences》에서 나는 테크놀로지를 인간에 의해 변형된 자연 세계라고 정의했다. 여기서는 인간이 스스로 자신을 어떻게 변화시켰는지에 대해 논의하려 한다. 주변의 사물이 우리가 어떻게 앉고, 서고, 걷고, 대화하는지를 비롯해 우리 몸을 사용하는 방식에 어떠한 영향을 끼쳤는지 살펴보겠다. 뿐만 아니라 사람들이 각자의 이미지를 형성하는 과정에서 도구에 어떤 영향을 받았는지에 대해서도 알아보려 한다. 말 그대로 우리 몸의 도구들에 대해 논의하는 책이다. 이러한 도구들은 인간이 살아가는 데 꼭 필요한 것은 아니지만 현대 문명의 거대한 쳇바퀴의 일부다. 그러므로 오늘을 살아가는 우리는 그 위에서 쉽게 내려올 수 없다.

이러한 주제를 다루겠다고 생각한 계기는 1996년 디스커버리 채널 웹 사이트에서 주관한 기술과 디자인에 대한 온라인 포럼에서의 토론이었다. 포럼에 참여한 게스트로는 일상 사물들에 관한 중요하고 통찰력 있는 저서들을 써낸 인지 심리학자 도널드 노먼Donald Norman과 토목 공학자이자 기술 역사학자인 헨리 페트로스키Henry Petroski도 있었다. 이들과의 토론은 정말 멋진 경험이었다. 나는 당시 논쟁에서 한 가지 교훈을 얻었다. 일상의 사물을 기술, 경제, 가치 간의 멈추지 않는 상호작용에 따른 결과로 바라보는 관점이 존재하지 않는다는 사실이었다.

예를 들어, 공학자라면 19세기에 식탁용 식기류가 늘어난 사실을 알고 나서 특수한 칼, 포크 및 스푼의 생산과 사용에 관련된 메커니즘에 관심을 보일 수 있다. 식품 화학자라면 와인 또는 증류주와 유리잔 모양 사이의 연관성을 생각할 수 있다. 그러나 과학에 기반을 두고 분석한다면 그 시대 사람들이 왜 다양한 식기류에 기꺼이 돈을 지불하게 되었는지는 알 수가 없다. 일부 사회 역사학자들은 빅토리아 왕조 시대 상류층이 일과와 관련된 의식을 복잡하게 만든 이유가 당대에 갑자기 출세한 졸부들을 견제하고 곤란한 상황을 겪게 하기 위해서라고 믿는다. 마찬가지로 페이퍼클립도 기술적으로만 보면 새로운 금속 가공 기계가 등장한 18세기에도 만들어질 수 있었다. 그러나 실제로 이 도구가 널리 퍼지기 시작한 것은 새로운 서류 작업이 산더미처럼 쌓이기 시작하는 시대에 들어서였다. 종종 변화의 주요한 동인으로 여겨지는 테크놀로지가 과거로부터 지속된 트렌드에 부응하기도 하는 것이다.

심리학자라면 사물을 좀 더 쉽게 사용하는 방법들을 고안할 수 있다. 또한 과학적인 연구를 통해 도구가 개선될 여지는 많다. 그러나 성능이 가치의 유일한 척도는 아니다. 인간의 욕구는 복잡하고 때로는 모순적이기도 하다. 오늘날 가장 많은 특허가 신청되는 분야는 새로운 골프 장비 분야지만, 미국 골프 협회에서는 전문가들로 구성된 거대한 실험실의 검증을 통해 이러한 혁신 중에 상당수를 기각하고 있다. 새로 개발된 장비가 제대로 작동하지 않거나 사용법이 어려워서일까? 아니다. 지나치게 효율적이거나 다루기 쉬워서다. 다른 운동선수들과 마찬가지로 골프 선수들은 테크놀로지로 인한 장점을 취하는 것과 고난도 기법을 익혔을 때 얻는 특권 사이에서 균형을 이루어야 한다.

《왜 일들이 제대로 안 되는가: 과학 기술과 뜻하지 않은 결과》에서 나는 운동 경기에 구성된 도전적인 과제들과 난이도를 유지하거나 낮게 조절할 때 혁신이 미치는 영향에 대해 살펴보았다. 가장 열성적인 기술 애호가들조차 아직은 골프나 여타 운동 경기를 로봇에게 완전히 넘기고 클럽하우스 바에 비치된 모니터를 통해 그 경과를 감상하는 행위로 만들자고 제안하지는 않는다. 몸을 움직이는 기법은 쇠퇴하지 않았다. 단지 생업에서 취미나 운동 경기로 이동했을 뿐이다.

사물과 정보 사이 경계 또한 모호하다. 우리의 지식, 즉 정보는 사물을 거쳐 전달되기 때문이다. 이 책을 쓰게 된 두 번째 계기는 1997년 베를린의 성인 교육 센터인 우라니아 게젤샤프트Urania Gesellschaft에서 강연을 마친 뒤 곧이어 진행된 질의응답 시간이었다. 청중 가운데 강연자에게 곤란한 질문을 던지기 좋아하는 중년 신사가 있었다. 그는 나에게 역사상 가장 중요한 발명이 무엇이냐고 물었다.

"안경이죠. 왜냐면 가능한 한 많은 사람이 내 책을 사서 읽을 수 있게 해주니까."

분위기를 부드럽게 하기 위한 임기응변이자 나 스스로도 몸을 하나의 정보 시스템으로 바라보게 만든 대답이었다. 안경을 쓰고 있던 질문자도 다른 청중과 마찬가지로 내 답변에 수긍했다. 생산적인 훼방이라는 것도 존재하는구나, 라고 생각한 순간이었다.

이 책은 테크놀로지와 테크닉이라는 두 가지 단어를 통해 일상의 사물을 바라본다. 테크놀로지는 구조물, 도구, 시스템으로 구성되어 있다. 테크닉은 우리가 이를 사용하는 방법이다. 테크놀로지를 살펴보는 역사학자들은 의례적으로 도구 자체에 주목한다. 그 이유 중에는 사용자가 이를 어떻게 사용했는지에 대한 기록은 별로 남아있지 않아 연구하기 어렵기 때문이라는 점도 있다. 디자이너들은 당연하게도 어떠한 테크닉이 더 이상 쓸모없어지는 것을 목표로 삼는다. 양초를 일일이 손으로 깎고, 자동차 시동을 걸기 위해 크랭크를 돌리며, 크리스털 세트 라디오를 민감하게 조율하고, 일상적인 아마추어가 카메라 초점을 수동으로 맞추는 데 무슨 미덕이 있을 수 있을까?

사실, 테크닉은 우리가 인식하는 것 이상으로 우리 삶에서 중요한 부분을 차지한다. 많은 사물이 평소에는 마치 마법에 걸린 것처럼 스스로 작동하는 것 같이 보인다. 그러나 이러한 환상은 고장 나버린 '자동' 시스템을 고치려고 급히 전문가를 불러야 할 때 산산이 조각난다. 고리짝 자동삽입식Zero-insertion-force: ZIP 매킨토시 컴퓨터 플로피 드라이브가 그런 테크놀로지로, 그저 살짝만 밀어주면 디스크는 미끄러지듯 우아하게 들어갔다. IBM 호환 기종들과 달리 디스크를 빼려면 소프트웨어를 조작해야, 즉 화면의 풀 다운 메뉴를 눌러야만 했다. 스프링 달린 버튼 따위의 저속한 기술과는 차원이 달랐던 것이다. 그러나 드라이브도 기계에 불과했으므로 디스크가 잘 빠지지 않은 적도 더러 있었다. 이때에는 간단한 테크닉이 필요했다. 페이퍼 클립을 편 뒤 작은 구멍 속에 숨어 있는 스위치를 찌르는 것이다. 잘 디자인된 물건을 사용하는 이들도 이렇듯 몇 가지 방법 정도는 알아두어야 한다.

테크놀로지와 테크닉 간의 상호작용은 신발에서도 볼 수 있다. 신발 끈은 이 책의 주제를 가장 함축적으로 표현하는 도구다. 4장에서 자세히 다루겠지만, 운동화에는 온갖 첨단 소재가 이용되었으나 신발에 발을 고정시키는 방식 자체는 200년이 넘는 동안 거의 변하지 않았다. 니컬슨 베이커Nicholson Baker의 소설 《메자닌The Mezzanine》에 등장하는 강박적인 성격의 주인공은 "신발은 어른이 되면서 익숙해져야 하는 첫 번째 기계다."라고 말한다. 수세대에 걸쳐 많은 발명가가 신발 끈 외에 다양한 잠금장치를 발명하고자 노력했으며, 그 결과 아동용 신발에는 특수 소재인 벨크로가 종종 쓰인다. 그러나 부유한 국가의 아이들은 대개 나이에 상관없이 신발 끈 묶는 법을 배운다. 어떻게 배웠는지 구체적으로 기억해내는 사람은 드물지만, 실제로 교사와 부모들을 위해 학습 교재로 제작되거나 인터넷에서 논의가 이루어질 정도로 복잡한 방법도 있다. 신발 끈 묶는 법을 모르는 사람에게 신발 끈 묶는 방법을 말로만 설명할 수 있겠는가? 모국어로 구사할 수 있다면, 다른 언어로도 시도해보라. 차라리 신의 존재에 대해 철학적으로 논의하거나 신학적인 아이디어를 설명하는 것이 쉽겠다고 느껴질 것이다. 행동으로는 할 수 있지만 말로는 거의 설명할 일이 없는 암묵적 지식은 정말 중요하다. 일상에 숨겨진 평범하고도 특별한 단어들은 잘 알려져 있지 않다. 예컨대 신발 끈 끝에 달린 플라스틱 혹은 금속제 마무리 부분을 뭐라고 부르는지 아는 사람이 과연 몇이나 될까?

베이커의 소설 속 주인공도 신발 끈 묶는 테크닉을 모두 익히지는 못했다. 단순한 사물들을 다룰 때에도 종종 놀라우리만치 수준 높은 기교가 필요하다. 헨리 데이비드 소로 Henry David Thoreau는 자연에 대한 날카로운 관찰자로 유명했지만, 자신의 신발 끈이 자꾸 풀리는 이유가 옭매듭이 아닌 세로 매듭으로 묶었기 때문임을 깨닫기까지는 오랜 시간이 걸렸다. 하위문화에서도 자신만의 신발 끈 묶는 법을 찾아볼 수 있는데, 그중 매우 세련미가 느껴지는 기법이 있다. 작가 제프리 울프 Geoffrey Wolff는 그의 회고록 《기만 공작 The Duke of Deception》에서, 그가 싫어하는 옹졸한 자수성가형 장교 출신 외할아버지에게서 배운 유일한 쓸모 있는 지식으로 잘 풀리지 않는 단단한 해군식 신발 매듭을 꼽았다. 축구 선수들은 공을 차는 데 방해가 되지 않도록 발의 바깥쪽으로 매듭을 묶는다. 경험 많은 하이커들은 지형에 따라 끈 묶는 방법을 달리한다. 급격한 오르막에서는 발목이 삐는 것을 방지하기 위해 앞 심 쪽을 헐겁게 묶고 발목을 단단히 묶는 반면, 내리막에서는 아킬레스건을 보호하고자 반대 패턴으로 묶는데, 이렇게 신발 끈을 두 부분으로 나누기 위해 이중 꼬임 매듭을 사용한다. 또 다른 방법으로 발뒤꿈치를 부츠 뒤편에 단단히 고정시키기도 한다. 노련한 하이커는 신발 구멍 몇 개를 건너뛰는 등 다양한 끈 묶기 기교로 하이킹 효율을 향상시키고 물집이 생기는 것을 예방한다.

다른 운동선수들에게도 상황에 따라 신발 끈 묶는 법을 조절하는 것은 운동 학습의 일부다. 스포츠 발병학자 조 엘리스 Joe Ellis는 발뒤꿈치 미끄러짐을 방지하거나 중창 유연성을 향상시키고, 다소 연약한 부위인 발가락과 발등을 보호할 수 있는 등의 효과가 있는 다양한 매듭 법을 설명하는 책을 쓰기도 했다. 나이키를 필두로 많은 제조사는 신발 구멍을 안쪽과 바깥쪽에 내어, 끈 묶는 방식을 달리하면 동일한 구두 골(신발을 만드는 나무 혹은 플라스틱 틀)로도 신발 폭을 넓거나 좁게 만들 수 있었다. 정형외과 의사들은 활동성이 덜한 노년층에게 쉽게 신고 벗을 수 있는 신발보다 끈 달린 신발을 권장한다. 끈 달린 신발이 보조 기구는 물론 부어오른 발도 더 잘 지지하기 때문이다. 사실, 숙련된 신발 장인들은 신발과 발 모양이 차이 날 때 하이커들에게 빌려온 끈 묶는 패턴들로 불편함을 극복하는 방법을 전 연령대에 알려줄 수 있다. 아울러 납작한 신발 끈 대신 동그란 고무줄로 고정된 '발전된' 신발이 오히려 발을 피로하게 만들 수도 있다고 경고한다.

오래된 테크놀로지는 새로운 소재와 테크닉을 흡수하면서 살아남으며 상징적인 의미를 얻기도 한다. 신발 끈도 마찬가지다. 신발 끈은 심지어 종교적인 함의도 품고 있다. 교리가 엄격한 정통 이슬람 사회에서는 모스크에 들어갈 때 신발을 신고 벗기가 불편하다는 이유로 신발 끈을 선호하지 않는다. 또한 신발을 벗고 집에 들어가는 관습이 있는 곳에서는 당연히 쉽게 신고 벗을 수 있는 신발이 인기다. 사회적 지위 역시 유행에 영향을 미친다. 일기 작가 존 에블린John Evelyn에 따르면 영국의 왕 찰스 2세는 1666년에 동양의 의복을 입었고, 신발 끈의 선조 격인 신발 줄과 가터 대신 귀한 보석들로 장식된 버클을 착용했다. 그래서 18세기는 물론이고 1820년에 이르기까지, 유럽과 미국의 신사들은 신발 끈 대신 버클을 사용했다. 19세기가 시작될 무렵 토머스 제퍼슨Thomas Jefferson은 신발 끈을 착용했다. 당시 그는 혁명 전야의 파리에서 외교관으로 있을 때 경험했던 민주적인 패션을 받아들이기 위해 여기저기서 들리는 비난을 무시했다.

신발 끈은 단체의 동질감을 표현하기도 한다. 북아메리카, 유럽 그리고 아시아의 학교에서는 종종 색깔이 들어간 신발 끈을 금지하는데, 신발 끈

색깔이 갱단과의 연관성을 상징할 수 있기 때문이다. 신발에는 끼웠지만 끝을 묶지 않은 신발 끈은 젊은 시절 반항아의 훈장과도 같다. 또한 신발에 끈을 끼우지 않고 신는 것은 도심 빈민촌과 감옥에서 유행하는 스타일이었다. 보수적인 옷차림을 추구하는 성인 남성 사이에서도 신발 끈을 묶는 테크닉에서 눈에 띄는 점이 발견된다. 유럽인은 발등 위의 끈이 평행하도록 신발 끈을 꿰는 반면 미국인은 X자가 연속으로 나타나도록 십자형으로 교차하는 것을 선호한다. 언제 그리고 왜 이런 패턴들이 나뉘었는지는 알려지지 않았다. 제2차 세계 대전 때 영국 육군에서는 의무병이 부상자의 군화 끈을 쉽게 잘라내 벗길 수 있도록 끈을 평행하게 묶으라고 병사들에게 가르쳤는데, 실제로 이 관습은 훨씬 더 오래전부터 내려온 것으로 보인다. 미군의 일부 지휘관들은 휘하 부대원들에게 부츠 두 켤레의 끈을 서로 다른 방식으로 묶음으로써 둘을 번갈아 신을 수 있도록 구분하라고 지시하기도 한다. 유럽에서 만난 어떤 동료는 신발마다 끈을 다른 패턴으로 묶기도 했다.

사회적 상호작용을 할 때 신발 끈은 단순한 상징을 넘어 유용한 도구가 된다. 끈이 풀려서 다시 묶을 때 잠시 휴식을 맛보기도, 대화를 중단하고 상대를 관찰할 수 있는 시간을 얻기도 한다. 런던의 한 기자는 그녀가 인터뷰한 한 금융업자가 불편할 정도로 개인적인 질문이 들어오면 안경을 만지기 시작하고 신발 끈을 풀었다 묶었다 하는 것을 관찰하기도 했다. 한편 신발 끈은 기만과 책략의 도구로도 쓰인다. 마라톤 경주에서 반칙을 저지르는 이들은 사이드라인에서 신발 끈을 묶는 척하며 숙이고 있다가 한 무리가 지나가면 자연스레 끼어든다. 미국 기자들은 1992년 바르셀로나 올림픽에서 쿠바 야구 팀이 미국 팀을 이기기 위해 신발 끈을 자주 묶어 경기를 지연시켰다고 생각한다.

마지막으로, 신발 끈은 즉흥적으로 테크놀로지를 활용하는 능력, 즉 익숙한 것에서 또 다른 용도를 찾아내는 우리의 능력을 보여준다. 납작하고, 질기고, 곱게 땋아진 신발 끈은 매듭 짓기가 쉬운 탓에 끈이 필요할 때 훌륭한 도구가 된다. 예를 들어 장애인이 쉽게 문을 열 수 있도록 손잡이에 묶거나, 비상시에 지혈대로 쓸 수 있다. 반면 커닝을 꾀하거나 자살과 살인을 위한 부정적인 도구로도 쓰인다. 감옥이나 정신병원에서는 새로 들어오는 입소자들에게서 신발 끈을 압수한다. 빨래집게, 페이퍼 클립, 덕트 테이프처럼, 신발 끈은 우리의 상상력으로 만들어질 새로운 테크닉들을 위해 다양한 여지를 남기고 있다.

신발 끈은 신고, 벗고, 걷고, 뛰는 단순한 몸의 테크닉도 꽤 가치 있으며, 이로 인해 급진적인 혁명 대신 점진적인 변화가 이루어질 수 있다는 점을 보여주기도 한다. 신발 끈 생산 과정은 이미 오래전부터 자동화되었다. 최근에는 매듭이 필요 없는 고무 끈이 생산되어 장애인이나 실내에서 신발을 벗는 문화권에 사는 사람들이 신발을 더 편하게 신고 벗을 수 있게 되었다.

패션에서 비롯된 요구 사항이 테크닉에 예상치 못한 변화를 몰고 올 수도 있다. 1990년대에 도입한, 둥글고 깔끔한 모양의 합성섬유 소재 신발 끈은 묶을 때 잘 미끄러지는 탓에 소비자들의 불만을 샀다. 과거 우승 경험으로 나이키의 후원을 받게 된 케냐 출신의 한 뉴욕 마라톤 주자는 신발에 달린 둥근 나일론 신발 끈이 뛰는 동안 세 번이나 풀리는 바람에 기록 경신에 실패하고 말았다.

19세기에 끈 달린 신발과 신발 끈을 만든 이들은 그들의 발명이 이토록 다양한 운동 기법과 상징적 의미를 촉발할 줄 상상했을까? 그들은 버클이나 버튼보다 더 편리하고 유연하며 우아한 연출이 가능한 물건을 만들려고 했을 것이다. 하지만 신발 끈을 활용하는 새로운 테크닉을 개발한 것은 운동선수와 젊은이들 그리고 범죄자들을 비롯한 사용자 집단이었다. 현대의 편조기는 복잡한 제어장치들을 이용해 신발 끈에 회사나 학교 소속을 나타내는 무늬를 넣을 수도 있다. 이처럼 테크닉과 테크놀로지는 서로 강화시키고 변화시켜, 예측할 수 없는 방향으로 끝없이 진화한다.

따라서 《사물의 역습》은 발명가의 천재성은 물론 사용자들의 창의적인 발상에 관해서도 자세히 알아볼 것이다. 이 책을 통해 우리는 왜 하나의 테크놀로지에 그렇게도 다양한, 의도하지 않았던 부정적인 결과와 긍정적 결과가 나타나는지를 살펴볼 것이다. 《왜 일들이 제대로 안 되는가: 과학 기술과 뜻하지 않은 결과》에서 나는 충돌을 방지하기 위해 설계된 컴퓨터 프로그램이 오히려 충돌을 야기하는 경우처럼, 어떠한 테크놀로지가 그 존재 이유 자체를 약화시키는 현상을 설명하고자 했다. 반대로 테크놀로지를 통해 의도치 않았던 혜택을 얻기도 한다. 자기 테이프에 산화물 입자를 붙이는 화학 기술은 검은색 러시아 담배에 퇴폐적인 멋을 더해주는 금박 장식을 더 효율적으로 붙이는 방법에 대한 고민에서 나온 부산물이었다. 시카고 근교 페르미 연구소 입자 실험 센터에 있는 중성미자 실험 제어실의 디자인 콘셉트는 어린이 프로그램 〈텔레토비〉에 나오는 둥근 지하 동굴에서 영감을 얻었다. 실리콘 그래픽스의 과학자들은 디지털 카메라로 라바 램프 속에서 떠다니는 얼룩들을 촬영해 이 데이터로 진짜 랜덤 넘버들을 생성할 수 있었다. 이러한 랜덤 넘버들은 다양한 컴퓨터 작업을 할때 필수적이지만, 컴퓨터 회로만으로는 결코 패턴을 가지지 않은 진짜 랜덤 넘버들을 발생시킬 수 없었다. 오랫동안 컴퓨터 공학자들을 괴롭히던 문제가 이런 엉뚱한 방식으로 풀린 것이다.

이 책에서는 먼저 일상적인 사물들이 어떻게 프랑스 인류학자 마르셀 모스Marcel Mauss가 명명한 몸의 테크닉을 보완하는지 살펴본다. 이후 전쟁, 음악 등 다양한 상황과 분야에서 찾을 수 있는 여러 예시를 통해, 중요한 혁신 중 일부는 사물의 발명보다는 새로운 사용법의 발전에 있었다는 점을 논증하고자 한다.

본론에서는 역사에 걸쳐 나타나는 몸의 테크닉과 테크놀로지 사이의 상호작용을 다룬다. 태어나 가장 먼저 마주치는 테크놀로지인 젖병에서 시작해, 우리 몸의 맨 아래에 놓인 발로 내려간다. 고대로부터 전해 내려와 제2차 세계 대전 이후에는 아시아에서 전 세계로 퍼져나간 통 샌들인 조리를 다룬 다음, 20세기의 가장 특징적인 신발인 운동화를 신체를 움직이는 방식들과 관련지어 살펴볼 것이다.

이어서 등으로 시선을 옮겨, 의자와 등의 관계를 살펴본다. 지중해와 중동 지방에서 탄생한 의자는 오늘날 전 세계로 퍼져나가며 각 지역의 전통적인 앉는 자세들을 변화시켰다. 작업을 위한 의자를 디자인한다는 발상은 19세기 이후에나 생겼으며 오늘날에도 업무용 의자를 설계하는 일은 디자이너들에게 가장 큰 도전으로 남아 있다. 이어서 안락의자를 살펴본다. 안락의자는 역사적으로 언제나 맵시를 뽐내던 가구는 아니었으나 그 목적에는 꾸준히 충실했다. 안락의자를 다루는 장에서는 이 테크놀로지가 어떻게 처음에는 귀족적 여가에 관련지어지고, 형식주의 모더니즘, 건강한 삶과 연관되다가 결국 대중문화에서 방종과 비만의 상징이 되는지 살펴볼 것이다.

지난 200년 동안 손과 관련된 가장 혁신적인 기술은 건반과 자판이었다. 필기구로서의 역할을 대신했을 뿐만 아니라 인간이 다양한 프로세스를 조작하는 방식 자체를 변화시켰기 때문이다. 음악 건반에 대한 장에서는 연주 방식과 악기 제작의 상호작용 과정을 살펴본다. 이와 대조되는 문자 자판에서는 이 테크놀로지가 형성되기까지 타이피스트가 원 발명가 이상으로 어떻게 기여하게 되었는지를 알아볼 것이다.

19세기에 피아노가 손에 미친 영향은, 대량 생산된 안경이 눈에 미친 영향과 유사하다. 안경에 대한 장에서는 광학의 과학적 이해보다는 널리 퍼져나가는 읽기 능력에 대한 사회적 요구가 안경 발달에 더 중요한 동인이 되었음을 살펴볼 것이다. 고대 중동에서 최초의 무기 경쟁 대상이었던 헬멧은 이제 군사용 도구만이 아니라 운동선수가 사용하며 유아용 교정 도구로도 쓰인다.

후기에서는 우리 몸의 테크놀로지에 대한 트렌드를 고찰한다. 옷처럼 입고 몸에 심는 장비들은 1990년대 후반부터 이전의 화려했던 매력을 조금씩 잃어가고 있다. 운동 기구, 다이어트, 명상을 비롯해 미래에는 치아나 다른 장기를 재생시킴으로써 신체를 직접적으로 변화시키는 것도 하나의 가능성으로 떠오르고 있다. 그동안 초라한 대접을 받던 엄지손가락은 휴대용 도구들 덕분에 새로운 권위를 부여 받는, 의도되지 않았던 결과로 행복을 누리고 있다.

이 책은 전문가를 위한 책이 아니다. 우리에게 익숙한 사물에 호기심을 느끼는 이를 위한 입문서다. 나의 목적은 독자들이 평범한 것들을 바라보는 새로운 관점에 눈을 뜨는 것이다.

이 책을 내기까지 초기부터 아낌없이 지원해준 우드로 윌슨 국제 학술 센터에 감사드린다. 센터의 모든 직원을 비롯해 커다란 지성과 열정으로 나를 도와준 두 인턴인 메릴 후커Meryl Hooker와 크리스토퍼 가르세스Christopher Garces에게 감사를 전한다. 또 프린스턴 대학의 친절함에 감사하며, 특히 지구과학과의 존 주페John Suppe, S. 조지 필랜더S. George Philander, 로버트 피니Robert Phinney, 영문과의 마이클 우드Michael Wood, 나이절 스미스

Nigel Smith , 윌리엄 하워스 William Howarth , 영문과 매니저인 베스 해리슨 Beth Harrison 에게 감사한다. 프린스턴 대학 도서관, 특히 메리 조지 Mary George , 기요코 하이네켄 Kiyoko Heineken , 일레인 잠피니 Elaine Zampini , 스티븐 퍼거슨 Stephen Ferguson 을 비롯한 도서관 상호 대출 직원들에게도 고마움을 전한다. 프린스턴 정보 기술 사무소는 몇 번이고 하드웨어의 문제로부터 내 프로그램들과 데이터를 구해주었다. 그리고 미국 철학 협회 로이 굿맨 Roy Goodman 의 도움과 프린스턴과 플레인스보로 공립 도서관, 국회 도서관, 뉴욕 공립 도서관, 빅토리아 앨버트 미술관 도서관 직원들, 그리고 보이시 주립 대학 알버트슨 도서관의 메리 카터 헵워스 Mary Carter Hepworth 에게 감사를 표한다.

이 책은 처음부터 다시 작업한 것이지만, 이 책과 관련이 있는 글들로 함께 작업했던 잡지와 저널 편집자들인 (지금은 〈U.S. 뉴스 & 월드 리포트〉에서 일하는) 제이 톨슨 Jay Tolson, 〈윌슨 쿼털리〉의 스티븐 라거펠트 Steven Lagerfeld, 〈하버드 매거진〉의 존 베델 John Bethell, 존 로젠버그 John Rosenberg, 크리스토퍼 리드 Christopher Reed, 진 마틴 Jean Martin, 〈U.S. 뉴스 & 월드 리포트〉의 빅토리아 포프 Victoria Pope 와 팀 아펜젤러 Tim Appenzeller, 과거 〈인더스트리 스탠더드〉에 있던 (지금은 〈하퍼스〉에서 일하는) 루크 미첼 Luke Mitchell, 그리고 〈디자이너/빌더〉의 제릴루 해미트 Jerilou Hammett 가 불어 넣어준 용기에 감사한다.

스미소니언 미국 역사박물관 레멜슨 센터 Lemelson Center 의 아서 모렐라 Arthur Molella 와 클로딘 클로제 Claudine Klose 에게, 스미소니언 문서 보관 센터의 존 플레크너 John Fleckner 와 직원들에게도 큰 도움을 받았다. 메트로폴리탄 미술관의 스튜어트 피어 Stuart Pyhrr 와 도널드 라로카 Donald LaRocca 는 무기 및 갑옷 부서에 대한 그들의 깊은 지식과 훌륭한 전통을 공유해주었다. 비트라의 롤프 펠바움 Rolf Fehlbaum, 알렉산더 폰 베게작 Alexander von Vegesack, 안드레아스 너츠 Andreas Nutz는 아낌없는 물질적 지원과 정신적인 응원을 보내주었고, 바젤 디자인 미술관의 브루노 할드너 Bruno Haldner, 마티아스 고츠 Matthias Gotz, 마티아스 부셸 Matthias Buschle, 미 육군 역사 센터의 월터 브래드포드 Walter Bradford, 코닝 유리 박물관의 게일 바드한 Gail Bardhan, 펜실베이니아 족부 의학 대학 신발 박물관의 바바라 윌리엄스 Barbara Williams, 뉴욕 역사 학회의 메릴린 호퍼 Marilyn Hofer와 트래비스 스튜어트 Travis Stewart, 현대 미술 박물관의 크리스토퍼 마운트 Christopher Mount, 레이지보이의 주디스 A. 커 Judith A. Carr, 허먼 밀러의 로버트 비올 Robert Viol, 바카로운저의 웨인 T. 스티븐스 Wayne T. Stephens, 두모어의 그렉 루체스 Greg Lucchese, IDEO의 스콧 언더우드 Scott Underwood, 스틸케이스와 바타 신발 박물관의 직원들에게도 같은 이유로 감사를 표한다.

또한 이메일, 전화 그리고 직접 대면을 통해 내 질문에 답변해준 많은 전문가에게도 고마움을 전하고 싶다. 존 S. 앨런 John S. Allen, 케네스 L. 에임스 Kenneth L. Ames, 수전 M. 앤드류스 Susan M. Andrews, 제드 밸러드 Jed Ballard, 에드워드 B. 베커 Edward B. Becker, 러셀 비넨스톡 Russell Bienenstock, G.A. 베처 G.A. Bettcher, 윌리엄 J. 보지악 William J. Bodziak, 존 T. 보너 John T. Bonner, C. 로링 브레이스 C. Loring Brace, 조셉 L. 브루네니 Joseph L. Bruneni, 랜디 케싱햄 Randy Cassingham, 피터 카바나 Peter Cavanagh, 페리 R. 쿡 Perry R. Cook, 갤런 크랜츠 Galen Cranz, 마빈 데이노프 Marvin Dainoff, 케서린 A. 데트윌러 Kaherine A. Dettwyler, 제임스 디킨슨 James Dickinson, 닐스 디프리언트 Niels Diffrient, 클라이브 에드워즈 Clive Edwards, 제이 M. 에녹 Jay M. Enoch, 제리 에퍼슨 Jerry Epperson, 데롤 에릭슨 박사 Darroll Erickson, M.D., 피터 플레처 Peter Fletcher, 브렌트 길레스피 Brent Gillespie, 샌더 길먼 Sander Gilman, 에드윈 M. 굿 Edwin M. Good, 리처드 그레코스키 Richard

Gradkowski, 케서린 C. 그리어Katharine C. Grier, 빈센트 이라디Vincent Ilardi, 팀 잉골드Tim Ingold, 칼 크로머Karl Kroemer, 월터 카체스키 주니어Walter Karcheski, Jr., 찰스 레토차 박사Charles Letocha, M.D., 헤이든 레치워스Hayden Letchworth, 린다 루이스Linda Lewis, 존 로건John Logan, 존 마John Ma, 앨런 만Alan Mann, 러셀 모리츠 박사Russell Maulitz, M.D., 필립 너트Phillip Nutt, 조시아 오버Josiah Ober, 스콧 오버Scot Ober, 론 오버스Ron Overs, 찰스 페리Charles Perry, 트레버 핀치Trevor Pinch, 클라크 로저스Clark Rogers, 폴 생거Paul Saenger, 스티브 스콧Steve Scott, 요시아키 시미즈Yoshiaki Shimizu, 프레드 크리스 스미스Fred Chris Smith, 하인리히 폰 스타덴Heinrich von Staden, 발레리 스틸Valerie Steele, 존 슈타이거발트John Steigerwald, 만프레드 스테인필드Manfred Steinfeld, 코 타다Ko Tada, 닐 타스리츠Neal Taslitz, 라라 타우리츠Lara Tauritz, 요한 울만 박사Johan Ullman, M.D., 마이클 볼크Michael Volk, 조슈아 월만Joshua Wallman, 에밀리 윌킨슨Emily Wilkinson, 프랭크 윌슨 박사Frank Wilson, M.D.. 나의 친우 찰스 리핀Charles Rippin은 관대한 마음으로 이 책의 많은 부분에 큰 도움을 주었다. 이 리스트는 일부에 불과하다. 이렇게 많은 이들이 그들의 바쁜 시간을 쪼개어 도움을 바라는 나의 요청을 들어주었다는 것에 감사할 따름이다. 이 책의 성과들은 이들의 도움 덕분이며, 오류와 누락이 있다면 순전히 나의 책임이다.

편집자 애쉬벨 그린Ashbel Green 그리고 작가 대리인 피터 L. 긴즈버그Peter L. Ginsberg의 격려와 통찰이 없었다면, 이 책은 나올 수 없었을 것이다. 개인적으로는 가족들의 지원과 바바라와 로버트 프레이딘 부부Barbara and Robert Freidin, 찰스 크리시Charles Creesy, 그레첸 오버프랑Gretchen Oberfranc의 우정이 나를 지탱해주었다.

마지막으로, 프린스턴 대학 출판사에서 편집 주간으로 있을 때 만나 평생의 동료이자 친구가 되었던 뛰어난 저자 토마스 맥마흔Thomas McMahon, 에

이머스 펀켄스타인Amos Funkenstein 그리고 제럴드 게이슨Gerald Geison을 기억하고자 한다. 세 명 모두 뛰어난 학문적 업적과 깊이 있는 인간애를 동시에 갖춘 이들이었고, 이들의 빈자리는 이들을 아는 모두에게 아직도 크게 남아 있다.

에드워드 테너
플레인스보로, 뉴저지
2002년 8월

테크놀로지,
테크닉
그리고 우리의 몸

테크놀로지와 테크닉 간의 관계는 상호보완적이다. 새로운 사물은 행동을 변화시키지만,
그 변화가 항상 발명가나 생산자의 예상대로만 진행되지는 않는다. 사람들의 행동 변화는
새로운 도구의 영감이 되고, 그렇게 만들어진 도구는 더 많은 혁신을 낳는다.

사물의 역습

미국의 만화작가 개리 라슨^{Gary Larson}을 아는가? 풍자만화로 유명한 그의 만화 중 실험실에서 개 몇 마리가 쇠로 된 물건과 씨름하는 장면을 그린 작품이 있다. 그림 하단에는 '견공 동포들의 좀 더 윤택한 삶을 위해 손잡이의 원리를 터득하고자 노력 중'이라는 설명이 있다. 뒷다리로 선 채 스크루 드라이버는 물론 현미경까지 다루는 강아지 과학자들이 해학적으로 묘사된 그림이다. 이 그림을 감상하노라면 다음과 같은 생각이 떠오를 것이다. 과연 인간이 도구를 사용하는 유일한 동물일까? 인간의 손은 동물의 발보다 얼마나 다재다능한가?

그런데 여러분이 더욱 놀랄 사실이 있다. 동물도 인간의 기술을 다루는 놀라운 능력을 갖췄다는 사실이다. 물론 동물이 인간의 도구 사용법을 온전히 이해하는 것은 아니다. 그러나 자기 나름의 방식을 개발해 그 지식을 자신들의 사회에 전달하는 동물이 있다. 산업화가 태동하던 19세기, 런던에 살던 쥐들은 듣거나 보지 않고도 가정까지 연결된 동 파이프에 물이 흐르고 있다는 사실을 오래전부터 알고 있었다. 그래서 갈증을 해소할 방법을 도저히 찾지 못할 때면 파이프를 갉아 구멍을 뚫어서 목을 축였다. 1930년대에 이르자 런던 지하에는 수도관에 이어 가스관도 설치되었다. 물을 찾아 이 관, 저 관을 갉아대던 쥐들은 가스관에도 구멍을 남겼고, 이 구멍 때문에 화재가 일어났다.

요세미티 국립 공원에 사는 곰은 앞발과 코로 땅콩버터 병을 돌려서 열거나 음식 보관함을 습격하고 침입 방지 장치의 구조를 역이용해 쓰레기통을 뒤지는 방법을 터득해왔다. 이 곰들은 인간이 보유한 다른 기술들을 정복하기 위해 협력한다. 예컨대 어미 곰은 인간이 숨겨둔 음식을 꺼내기 위해 새끼들을 나뭇가지 위에 올려보낸다. 또한 새끼 곰들은 어미 곰을 관찰하며 어떻게 자동차 문을 부수어 열고, 뒷좌석과 트렁크 사이의 얇은 보호막을 뚫어 음식을 꺼낼 수 있는지 배운다. 공원 경비 대원들은 이러한 행위를 '클라우팅'이라고 부른다. 이들은 곰이 차의 브랜드와 모델을 인식한다고 말한다.

예를 들면 곰은 공격에 가장 취약한 차가 혼다와 도요타 세단임을 알고 있으며 차종별로 같은 수법을 써서 음식을 꺼낸다. 또 특정한 모델과 색상의 자동차에서 음식이 많이 발견되면 그때부터 곰들은 매일 밤 유사한 차들을 공격하기 시작한다. 어미 곰은 새끼 곰에게 차 안으로 몸을 기댈 때 앞발로 문틀을 구부려 받침대로 쓰는 기술을 보여준다. 곰들은 또한 밴 타입의 차량 창문을 좀 더 쉽게 부수고자 주변 자동차에 기대어 일어서기도 한다.

비교 심리학자이자 동물 생존 기술에 일가견이 있는 벤저민 벡^{Benjamin Beck}은 동물원 관리사들이 "'오랑우탄'과 '할 수 없다'라는 말을 절대로 한 문장에서 함께 사용하지 않는다."고 말한다. 샌디에이고 동물원의 한 새끼 오랑우탄은 새끼용 침대에 달린 철망의 나사를 풀고 빠져나와 사육 시설을 헤집고 다니면서 전구를 돌려 빼는 소동을 일으킨 덕에 유명해졌다. 벡은 다른 유인원과 달리 오랑우탄은 스크루 드라이버와 같은 도구의 사용법을 이해하기에 이를 사용해서 우리 탈출에 성공할 수 있다고 말한다. 또 다른 오랑우탄들은 전기 울타리 시스템에서 나는 미세한 소리를 구분해 전원이 꺼졌을 때 탈출하는 법을 터득하기도 했다.

그러니 개들이 손잡이의 원리를 터득할 수 있다는 사실에 놀랄 필요도 없을 것이다. 메릴랜드 주 타코마 파크에 거주하는 무고한 한 시민이 자신의 지하 아파트 침대에서 프린스 조지 카운티의 경찰견에게 습격당한 사건이 있었다. 그 경찰견은 경찰들이 강도를 찾으려고 그 집에 들여보낸 것이었다. 그런데 그 경찰견은 스스로 문손잡이를 돌려 피해자가 있는 방 안으로 들어가고 말았다. 피해자는 그 일을 겪은 뒤 손잡이를 자물쇠로 교체했다.

이러한 일화들은 언뜻 기이해 보이지만 사실 매우 중요한 의미를 담고 있다. 손잡이든 가스관이든, 만든 이들조차 자신의 발명품이 어떻게 쓰일지 완전하게 예측하기란 불가능하다는 점이다. 어떤 목적에 맞게 환경을 변형시키는 일련의 과정을 테크놀로지technology 라고 정의한다면, 테크닉technique 은 이런 변형을 실현하는 구체적 방법이다. 그러나 테크놀로지와 테크닉 간의 관계는 상호보완적이다. 새로운 사물은 행동을 변화시키지만, 그 변화가 항상 발명가나 생산자의 예상대로만 진행되지는 않는다. 사람들의 행동 변화는 새로운 도구의 영감이 되고, 그렇게 만들어진 도구는 이어서 더 많은 혁신을 낳는다.

테크놀로지는
테크닉이다?

많은 유럽계 언어에서는 'la technique'나 'die Technik'처럼 하나의 단어가 사물과 행위를 동시에 가리킨다. 문화 비평가인 자크 엘륄Jacques Ellul은 오늘날 인류가 테크놀로지를 지나치게 추앙한 탓에 테크놀로지와 테크닉을 분리할 수 없게 되었다고 주장한다. 그는 《기술의 역사The Technological Society》에서 "기계는 단지 테크닉의 결과에 불과하며 그 원천이 아니다."라고 주장했다. 이는 루이스 멈퍼드Lewis Mumford의 견해와 상반된다. 멈퍼드는 수력, 화력, 전력이라는 에너지원을 기반으로 역사 시대를 나누었지만, 엘륄은 동력원과 기계 장치들 이면에 있는 시대정신으로 역사를 이해하고자 했다. 그에게 테크놀로지는 고대 근동 지방의 산물이었다. 서양의 고대 사회들과 중세 기독교 사회에서 테크놀로지는 언제나 다른 사상에 종속되어 있었다. 르네상스기(14세기~16세기)와 17세기에도 기술적 능숙함보다는 인문학적 박식함을 추구했다.

18세기가 되고 프랑스 혁명이 발발하면서 테크닉은 보편적으로 적용되기 시작한다. 우리가 아는 역사와 철학도 이 무렵에는 '지적인 테크닉'으로 떠올랐다. 엘륄은 "산업화란 지적, 문화적 전환에 선행하는 것이 아니라 그 결과로 얻게 되는 것이다."라고 주장했다. 그러나 산업이 급속히 발전함에 따라 19세기에는 인간의 삶과 테크닉 사이에 새로운 관계가 형성되었다. 테크닉이 더 이상 인간이 사고해 얻는 부산물, 결과물이 아닌 "그 자체로서 실재하고, 자기 완결적이며, 자신만의 법칙이 있고 그에 따라 결정을 내리는 것"으로 인식된 것이다. 따라서 테크닉을 정치적으로 통제할 수 있다는 믿음은 착각에 불과하다.

이러한 새로운 관계를 통해 무엇이 도덕적인가를 판단하고 새로운 윤리

체계를 형성하는 새로운 문명이 창조되었다. 과거의 가치관과 결별한 인류는 '슬롯머신에 들어간 동전'이 되어 제어할 수 없는 결과를 가져올 움직임을 촉발한 것이다.

엘륄은 날카롭고도 뛰어난 논증에 설득력 있는 설명을 곁들인다. 지적 절차와 습관을 테크놀로지의 기반으로 파악한다는 점에서 그의 관점은 탁월하다. 엘륄도 아마 곰이나 개를 포함한 다른 생명체들 역시 동일한 기술적 체제의 대상이 된다는 사실에 동의할 것이다. 산업 혁명 시대 한참 전, 그러니까 고대 시대부터 테크닉은 이미 힘을 가지고 있었다. 엘륄은 고대 그리스인을 테크닉을 경멸하고 순수 이론을 찬양했던 사람으로 묘사했다. 그는 아르키메데스가 이론을 정립하기 위해 사용했던 모델을 기하학적 검증을 마치자마자 파괴해버린 일을 근거로 들었다. 또한 그는 조화와 중용을 추구한 고대 그리스인 때문에 테크닉이 더디게 발전했다고 주장했다. 그러나 여기서 한 가지 명심할 점이 있다. 고대 그리스인이 추구한 이상과 테크닉의 발전이 대치된 것은 아니라는 점이다. 히포크라테스의 저서에서도 경험과 기교가 추상적 사고를 위해 무시된 사례는 매우 드물었다.

엘륄은 또한 18세기 이전의 군사적 테크놀로지의 능력을 특히 과소평가했다. 검술을 포함한 여러 무예는 중세와 르네상스 시대의 장인들을 통해 여러 세대에 걸쳐 교육되고 전승되었다. 그러나 테크놀로지와 테크닉의 구분은 유럽이 현대에 갓 접어들 무렵에서야 명확해진다. 네덜란드 독립군을 이끈 오랑예공 마우리츠Maurits, Prins van Oranje는 1594년에서 1607년 사이에 테크닉이 어떻게 테크놀로지를 변모시킬 수 있는지를 보여주었다. 당시 화승식 소총은 무겁고 위험한 무기였다. 병사들이 한 손으로 무기를 들고 다른 한 손으로 도화선에 불을 붙여야 했기 때문이다. 몇몇 사냥용 무기들은 정확도를 높이기 위해 이미 총신에 나선구가 달렸지만, 이 섬세한 소총들은 전장의 거칠고 사나운 환경에서는 감내하기 어려울 정도로 보관하고 정비하는 데 주의가 필요했다. 군용 소총은 사냥용 소총과 달리 다루기 어려운데다 정확도도 떨어졌다. 마우리츠는 일사불란한 움직임을 통해 조악한 소총도 효율적인 무기로 바뀔 수 있음을 간파했다. 사촌 빌렘 루이스William Louis의 아이디어에서 영감을 얻은 마우리츠는 부관이었던 요한Johann에게 소총의 준비, 장전, 조준, 발사 과정을 각각 세부 단계로 분해하도록 했다. 요한은 각각 하나의 단계를 묘사한 그림이 새겨진 판화 43개를 만들었고 교관들을 통해 병사들에게 소총 조작법을 가르쳤다. 병사들은 횡대별로 전진하는 동시에 발사를 위해 무기를 준비하고, 후진하면서 다시 해당 절차를 반복해야 했다. 정확한 절차와 엄격한 질서를 유지하지 않으면 자신과 동료가 심각한 부상을 입을 수도 있지만, 테크닉에 숙련되면 그 부대는 강력한 일제 사격을 반복할 수 있었다. 많은 개별 사격이 목표에 크게 빗나가더라도, 동시 사격을 통한 집중 사계는 여전히 강력한 효과가 있었다.

이는 헨리 포드Henry Ford보다 300년이나 먼저 움직임을 일치시켜 기술적 혁신을 이룬 사례다. 혹자는 소총이 하나의 테크놀로지로서 훈련 테크닉에 어떤 식으로든 영향을 미쳤다고 주장할 수도 있다. 물론 전장의 경험이야말로 어떤 혁신이 널리 퍼지게 될지 아니면 완전히 폐지되어야 할지를 결정했겠지만 말이다. 그러나 테크닉은 혼자서 만들어지지 않는다. 또한 어떠한 도구를 운용하는 이들이나 지휘하는 이들이 그 도구가 가진 모든 가능성을 처음부터 완전히 파악하고 있는 것도 아니다. 테크닉은 한계가 있지만 창조적이며 즉흥적인 면도 있다. 실제로 테크닉의 이 두 가지 특성은 상호보완적이다. 어떠한 하나의 기법이 스스로를 필연적이며 보편적인 것이라고 증명하는 바로 그 순간, 어떠한 개인이 또 다른 기법을 개발해 퍼트리기도 한다.

몸의 테크닉:
마르셀 모스

엘륄 역시 다른 기술 비평가들처럼 산업화된 세계와 비산업화 사회가 근본적으로 단절되었다고 믿었다. 프랑스의 인류학자 마르셀 모스는 엘륄이 현대 사회와 무관하다고 여긴 신체적 습관의 의미를 재조명한 뒤 이를 몸의 테크닉이라고 불렀다. 테크닉이라는 개념에 정신적인 관습과 사회적인 관습도 포함시켜야 한다는 엘륄의 주장은 옳았다. 하지만 그는 근대 이후로 복잡해진 사회에서 언뜻 단순해 보이는 몸의 테크닉에 얼마나 중요한 의미가 있는지는 간과했다.

모스가 몸의 테크닉이라는 개념을 도입한 것은 우연에 가깝다. 이 개념은 1934년 프랑스 심리학 저널에 기고한 논문에서 처음으로 등장했다. 그는 "효과적이고 관습적이며 기계적, 물리적 혹은 물리화학적인" 인간 행동들을 식별했다. 몸을 움직임으로써 배우는 이러한 방식들은 사회 공동체를 통해 형성되고 주입되어 행동 양식의 틀을 형성했다. 그는 이렇게 사회적으로 형성된 행위들을 '아비투스'라고 불렀다. 아비투스는 사회, 교육, 교양, 유행 및 명성에 따라 체계적인 차이를 보였다. 모스는 그 중 명성이 몸의 테크닉에 가장 큰 영향을 미치는 요소이며 그 때문에 아이들이 공적인 권한을 갖춘 어른의 행동을 쉽게 모방하는 것이라고 보았다. 몸의 테크닉에 대한 학습은 사회적이고 심리적이며 동시에 생물학적인 행위였다. 모스는 오스트레일리아와 뉴질랜드 원주민의 춤과 의식에서 예시들을 찾아냈다. 그러나 가장 흥미로운 사례는 모스의 경험에서 비롯된, 20세기 초 스포츠와 관련되어 있었다.

모스는 수영과 다이빙을 배우던 때를 회상하며, 물에 뛰어들 때는 눈을 감고 잠수한 이후에 뜨라고 배웠던 것을 떠올렸다. 몸의 테크닉에 대한 그의 연구가 발표되던 1930년 무렵, 아이들은 가능한 한 이른 시기에 물속에서 눈을 뜨고 있는 것에 익숙해지도록 교육을 받았다. 눈을 감으려는 본능을 훈련으로 조절하기 위해서였다. 수영 역시 다른 테크닉과 마찬가지로 도제식으로 학습하지만 변화가 전혀 없었던 것은 아니었다. 모스의 세대는 머리를 물 위에 놓고 헤엄치는 평형을 배워야 했지만 1930년대에는 크롤의 변형된 영법들이 유행했다. 수영하는 사람들은 증기선이 된 것처럼 물을 들이켰다가 내뱉는 행동을 더 이상 하지 않았다. 하지만 모스는 여전히 그러한 방식이 아니고서는 수영을 할 수가 없었다.

걸음걸이도 문화마다 미묘하게 달라지는 테크닉에 속한다. 모스에 따르면, 제1차 세계 대전에서 연합군 병사들은 서로 다른 방식으로 걸었다. 영국의 우스터 연대는 1914년 엔 전투에서 프랑스 보병과 함께 용감히 싸워 무훈을 세웠고 공로를 인정받아 프랑스 나팔수와 고수로 구성된 군악대를 대동하는 허가를 받았다. 그러나 이들의 조합은 의도와 달리 멋진 모습을 보여주지 못했다. 우스터 연대는 프랑스 장단에 보조를 맞추며 영국식 행진을 해야 했다. 그러다 보니 음악과 걸음이 일치하지 않았다. 제2차 세계 대전에서도 한 미국인 관찰자는 영국 부대가 "우리에 비해 몸의 힘을 빼고 무릎을 가볍게 움직이며" 프랑스 병사들에게서는 "어깨 전체를 앞으로 밀어내며 크게 휘젓는 팔 동작"이 두드러진다는 것을 발견했다. 왜 이러한 특성이 나타나는 것일까? 각국 사람들의 걸음걸이가 군대에서 양식화되어 표현된 것일까? 아니면 이미 오래전에 은퇴한 훈련 교관이 고안했던 독특한 보조가 국가마다 훈련 교본을 통해 전해 내려오는 것일까?

지휘관들은 이러한 독특한 동작으로 병사의 군기를 형성하기도 한다. 군대뿐 아니라 시민 역시 장단에 맞추어 행진한다. 모스는 미국과 프랑스 여성의 걸음걸이가 다르며, 프랑스 사회에서도 양육 방식에 따라 걸음걸이가 눈에 띄게 다른 것을 관찰했다. 수녀원에서 자란 소녀들은 주먹을 쥐고 걷는다. 모스 역시 선생에게서 "왜 바보같이 손을 펴고 퍼덕이며 걷고 있느냐?"며 혼났던 경험을 회상했다. 모스는 이러한 차이점이 대개 신체적 특성에서 비롯된다고 믿었다. 이를테면 모스는 영국 군인이 프랑스 군악대 장단에 적응하지 못한 것은 훈련으로 익힌 독특한 걸음걸이의 차이 때문이 아니라 신장의 차이 때문이라고 보았다. 다리를 곧게 뻗는 걸음걸이인 구스 스텝을 생물학적으로 설명하려는 시도도 있었다. 그 이론에 따르면 구스 스텝은 프랑스인의 짧고 흰 다리와 대비되는 독일인의 긴 다리의 보폭을 최대한 활용하기 위한 방식이었다.

하지만 모스는 신체적 차이를 지나치게 중요하게 생각했던 것 같다. 실제로 구스 스텝은 18세기 초 고안된 프로이센 군대의 행진법이 과장된 형태에 불과하다. 군인들이 무릎을 곧게 편 채 다리를 뻗는 훈련을 했던 이유는 규율을 상징하는 극단적인 직립 자세를 만들기 위해서였다. 손을 펴서 소총의 총신을 때리는 동시에 뒤꿈치로는 땅바닥을 침으로써 보조에 음향적 효과가 강화되었다. 매우 까다롭고 구속도 많은 구스 스텝을 기동과 전투에 적용하는 것은 군인에게 재앙이 아니었을까? 프랑스 군대는 이러한 보조를 기피하는 대신 기동성과 유연성을 강조하는 스타일을 선호했다. 그러니 우스터 연대를 불만스럽게 했던 것은 신체 비율보다는 이러한 행진 훈련 방식의 차이가 아니었을까.

보행
테크닉

　　　　　　몸의 테크닉 하나에도 상상을 뛰어넘는 풍부한 의미가 담길 수 있다. 문화가 특정 기법을 억압할 수도 있다. 인류학자 캐서린 데트윌러Katherine Dettwyler의 현지 연구에 따르면, 말리의 특정 집단은 안전을 이유로 아이들에게 바닥을 기어 다니지 못하게 한다. 한편 걸음을 촉진하기 위한 테크놀로지가 오히려 자연스러운 발달을 지연시키기도 한다. 유아가 있는 가정의 약 92퍼센트가 보행기를 가지고 있다. 이 바퀴 달린 의자는 아이들이 기는 것을 배우기도 전에 자유롭게 움직이는 것을 돕는다. 그러나 여러 연구에 따르면 보행기를 이용하는 유아들이 그렇지 않은 유아보다 앉거나 기는 것이 평균적으로 한 달 정도 늦으며 지능 검사에서도 낮은 점수를 기록한다. 유아들이 주변 환경을 탐험하고 상호작용하는 행위를 보행기가 제한하기 때문이다. 창조적 직업에 종사하는 많은 사람들 역시 움직이는 것이 깊은 성찰에 도움을 준다고 증언한다. 작가 에반 S. 코넬Evan S. Connell은 이동 중에, 특히 걷는 도중에 위대한 생각을 떠올린 사람들의 사례를 언급하고, 조이스 캐럴 오츠Joyce Carol Oates는 워즈워스Wordsworth, 콜리지Coleridge, 소로Thoreau, 디킨스Dickens를 대표적인 예로 들며 달리기와 걷기가 주는 자극을 찬양했다.

　걸음걸이의 다양한 양식이 발전해 온 역사적 과정은 무척 매력적이다. 고대 그리스에서 강한 발걸음은 전사와 지배자의 상징이었다. 호메로스의 서사시에서 아이아스와 오디세우스를 비롯한 영웅들은 큰 보폭으로 걷는다. 이는 여자와 여신이 우아하게 걷는 것과 대조적이다. 기원전 5세기 아테네에서는 귀족 정치가 약화됨에 따라 성품이 온건한 남성이 새로운 이상형으로 부각되었다. 허세를 부리거나 소심하지 않으면서도 우아함과 품위를 갖춘 모습이었다. 여유로운 자유인은 차분하게 걸었다. 《니코마코스 윤리학Nicomachean Ethics》에서 아리스토텔레스는 "위대한 영혼을 가진 인간은 느긋하게 움직인다."라고 말했다. 여유 있는 걸음걸이는 로마 유한계급의 특징이기도 했다. 그들은 현대인들보다 더 긴 시간 동안 두 발을 바닥에 붙이고 넓은 보폭으로 걸었다. 로마 희극에서 노예들은 우왕좌왕하며 무질서하게 뛰어다녔다. 미국의 정형외과 의사인 스틸 F. 스튜어트Steele F. Stewart는 어릴 적 중산층과 부유층 어린이들이 '가볍게 발을 끄는 걸음걸이'를 교육받았던 것을 회상했다. 이는 성격이 드센 저소득층 아이들의 거칠고 시끄러운 발걸음에 대한 반작용일 수도 있지만, 이를 확신할 수는 없다. 빈곤층이 가졌던 몸의 테크닉은 부유층의 것보다 재구성하기가 더욱 어렵기 때문이다.

서양인과 동양인은 서로의 걸음걸이가 가진 차이를 오래전부터 인식하고 있었지만, 항상 그 차이를 존중한 것은 아니었다. 벵골의 브라만이자 넓은 식견을 가졌던 니라드 쵸드우리Nirad Chaudhuri는 《키르케의 대륙The Continent of Circe》에서 "인디언 동년배들이 마치 흔들리는 나무처럼 걷는 것 같았다."고 회상했다. 반대로 그의 동포들은 아이 어른 할 것 없이 쵸드우리가 거리를 걸어가면 그가 영국에서 익힌 걸음걸이를 "왼발, 오른발!" 혹은 "조니 워커!"라고 외치며 조롱했다. 인류학자 노무라 마사이치(野村雅一)에 따르면 19세기 중반까지 일본의 아이들은 '남바'라는 걸음걸이를 배웠다. 오래된 나무판 그림에서도 볼 수 있는 이 걸음걸이에서 팔은 크게 흔들리지 않는다. 팔을 같은 쪽 다리와 함께 앞으로 뻗는 방식은 팔과 반대쪽 다리가 앞으로 나서는 현대의 걸음걸이와 반대였다. 마상 궁술에 쓰이는 말들 또한 활쏘기에 더 적합하도록 왼쪽 두 다리와 오른쪽 두 다리가 동시에 움직이는 남바 스타일로 훈련되었다. 오늘날 대부분의 일본인은 팔을 더욱 적게 움직이며 발가락이나 발바닥 전체를 이용해 땅을 딛는다. 대개의 미국인이나 유럽인이 지면을 발꿈치로 딛는 것과는 대조적이다. 문화 인류학자 팀 잉골드Tim Ingold에 따르면, 서양에 문호를 개방하기 전까지 일본 아이들은 엉덩이를 되도록 움직이지 않고 무릎을 움직여 걷도록 배웠다. 반면 유럽이나 북미의 어린이들은 엉덩이를 움직여 걷도록 훈련되었다. 이는 다리를 일직선으로 유지함으로써 서양 문화에서 선호하는 꼿꼿한 자세를 취하기 위해서였다. 잉골드는 보행의 기법이 단순히 유전적 능력에 문화가 얹힌 형태가 아니라 전체 사회의 테크놀로지와 테크닉을 포함한 복잡한 발달 프로그램의 결과라고 생각했다. 전통적인 일본식 걸음걸이는 울퉁불퉁한 현지 지형에서 발을 잘 디딜 수 있게 해주며 어깨에 걸치는 봉에 무거운 짐을 묶어 옮기는 일본 특유의 운반법과도 조화를 이룬다. 반면 일본인은 몇몇 서양의 걸음걸이 테크닉들을 스스럼없이 받아들이기도 했다.

오랫동안 단순히 이국적이라고만 여겨지던 전통적 보행 테크닉이 알고 보니 생체 역학적으로 놀랍도록 효율적이라는 사실이 드러난 사례도 있었다. 아프리카 케냐의 키쿠유와 루오 부족 여성의 행동을 연구한 과학자들에 따르면, 이 여성들은 체중의 5분의 1에 해당하는 짐을 머리 위에 지고도 힘을 거의 들이지 않고 이동할 수 있었다. 짐의 무게를 몸무게의 70퍼센트까지 늘려도 이들의 방식은 일반적인 군용 배낭보다 효율적이다. 걸음을 걸을 때 우리의 몸은 거꾸로 매단 추처럼 움직여서 위치 에너지를 운동 에너지로 혹은 그 반대로 계속 변화시킨다. 이때 우리 발은 중심축 역할을 하며 몸 전체는 움직이는 추가 된다. 신기한 사실은 이 여성들의 걸음걸이에서 적당한 하중이 더해질 경우 이러한 에너지 전환이 더 효율적으로 일어나면서 하중 이동에 필요한 에너지 비용이 상쇄된다는 것이다.

2000년에 이르러서야 컴퓨터 프로그램을 통해 이 아프리카 여성들의 보행에서 위치 에너지와 운동 에너지가 어떻게 교환되는지를 관찰할 수 있게 되었다. 그러나 아프리카, 네팔, 그리고 다른 세계 여러 곳의 사람들이 어떻게 이러한 재주를 어릴 적부터 익힐 수 있었는지에 대한 의문은 여전히 풀리지 않고 있다.

자동화와
테크닉의 역습

테크닉이 반드시 필요할까? 먼저 세상 모든 문명의 이기가 얼마나 사용하기 쉬워졌는가에 대해 이야기해보자. 그런 다음 현대인의 삶이 얼마나 복잡해졌으며 그러한 삶에 적응하기 위해 얼마나 더 많은 교육이 필요한지를 살펴보겠다.

인지 심리학자이자 컴퓨터 공학자인 도널드 노먼Donald Norman은 오늘날 익숙한 도구들도 발명될 당시에는 놀라울 정도로 많은 기교를 익힌 뒤에나 사용이 가능해졌다고 말했다. 한 오래된 설명서에는 이런 주의 사항이 적혀 있었다. "축음기를 사용하려면 훈련이 필요하다. …(중략)… 며칠만 공부하면 축음기에 대해 전반적인 것을 배울 수 있으며, 몇 주만 연습하면 사용에 필요한 기교까지 익힐 수 있다." 초기 진공관 라디오 사용자들은 수신, 동조, 검출, 증폭, 재생에 이르는 각각의 절차에 숙달되어야 했다. 선과 관의 배치도 열두 가지 이상의 절차로 이루어져 있었다. 초기 자동차는 시동을 걸기 위해 차 앞에서 위험을 무릅쓰고 크랭크를 돌려야 했고, 초크와 같이 오래전에 사라진 각종 조절 장치를 조작해야 했다. 조지 이스트먼George Eastman 이전 사진사들은 독성이 무척 강한 화학약품을 다루는 방법도 배워야 했다.

어떤 테크놀로지는 단순한 것에서 복잡한 테크닉을 요구하는 쪽으로 발전하다가 어느 순간 다시 단순해지기도 한다. 19세기 후반 전신 기사들은 개개인의 전송 스타일을 통해 서로를 식별할 수 있었고 그들이 사용하던 아름다운 전신 키들은 여전히 박물관에서 추앙받고 있다. 그러나 전화와 자동 자판 장비들은 궁극적으로 그들의 문화를 파괴했는데, 여기에 대해서는 8장에서 좀 더 자세히 다루겠다. 최초의 전화는 최초의 자동차처럼 크랭크를 돌려야 했으며, 교환수와 연결되는 방식이었다. 그 후 다이얼식 전화가 등장했다. 다이얼 방식은 사용자가 다이얼을 멈추개까지 부드럽게 돌린 후에 손가락을 빼는 방법이었다. AT＆T는 다이얼을 사용하기가 어렵다는 이유로 1937년에 이르러서야 벨 시스템에 다이얼 방식을 도입했다. 오늘날에는 버튼과 톤 방식이 보편적으로 쓰이며 전화기는 토스터기와 마찬가지로 설명이 필요 없는 도구가 되었다.

직선형 면도날도 여전히 생산되고 있다. 이를 사용하는 이발사는 몹시 드물지만 몇몇 애호가들은 삼중 날의 최신 일회용 면도날보다 직선형 면도날을 더 높게 평가한다. 비디오 레코더의 프로그래밍 기능이 복잡하다고 불평하는 소비자들은 아마도 이보다 더 복잡했던 오픈 릴 방식의 테이프 녹음기를 한 번도 사용한 적이 없었을 것이다.

더 예전 기술인 필름 프로젝터는 말할 필요도 없다. 케이블 텔레비전은 안테나 방향을 움직여 신호 강도를 높이는 기교가 필요치 않도록 해주었다. 우리가 사용하는 도구들은 각각 교환 가능한 카세트테이프처럼 패키지 형태로 모듈화되어 가고 있다. 이러한 흐름이 1900년에 등장한 코닥의 브라우니 카메라가 매력적으로 다가왔던 이유였다. "당신은 버튼만 누르세요. 나머지는 우리가 합니다."라는 슬로건으로 코닥의 설립자 이스트먼은 엄청난 부자가 되었다.

테크닉은 정말 버려지고 마는 것일까, 아니면 단순히 다른 방향으로 이동하는 것일까? 자동차의 경우를 다시 생각해보자. 미국 운전자들은 더 이상 수동 기어가 장착된 차를 구매하지 않는다. 이는 단순히 새로운 자동 기어가 더 부드럽게 움직이고 경제적이어서만은 아니다. 자동 기어를 사용하면서 새로운 동시에 위험하기도 한 기술, 즉 운전 중 아이 달래기와 휴대 전화 사용에 익숙해졌기 때문이다.

에어백은 전적으로 수동적인 장비처럼 보이지만, 이 역시 우리가 몸을 어떻게 사용하는가에 직접적으로 영향을 미친다. 미국 자동차 협회는 과거 운전자 교육 과정의 표준이었던 10시와 2시 방향이 아닌 9시와 3시, 혹은 그보다 더 낮은 위치인 7시와 5시 방향으로 운전대에 손을 놓으라고 권장한다. 에어백이 터질 때 손에 화상을 입거나 손이 얼굴을 강타하는 위험을 최소화하기 위해서다. 지지자들은 이 방식으로 위험 상황에서도 손을 떼지 않고 핸들을 더 크게 돌릴 수 있다고 주장한다.

또한 몇몇 전문가들은 손을 겹쳐 핸들을 돌리는 전통적인 테크닉이 급커브에서는 효율적이지만 에어백 때문에 팔이 골절되고 스트레스 상황에서 오버스티어, 즉 코너에서 핸들을 과도하게 꺾는 위험한 행위까지 야기할 수도 있다고 믿는다. 자동차에 측면 에어백이 설치된 경우, 뒷좌석의 아이들에게 옆으로 기대지 말고 똑바로 앉도록 지도해야 한다. 미 도로 교통 안전국에서는 어린이용 카시트가 잘못 장착되어 있거나 아이가 위험한 자세로 앉아 있는 차량이 전체 차량 가운데 90퍼센트 이상이라고 추정한다. 새로운 안전 장비들로 인해 우리는 한때 안전을 위해 배웠던 테크닉들을 새로운 것들로 바꾸는 데 많은 시간을 소비해야 할지도 모른다.

위험한 상황에서, 특히 눈이나 비가 내린 후 노면에서 차량을 다루는 방법을 정식으로 교육받은 운전자는 드물며 이러한 조작을 안전하게 연습할 수 있는 장소도 거의 없다. 그럼에도 브레이크 잠김 방지 장치인 ABS^{Antilock Brake Systems}와 트랙션 컨트롤을 비롯해 여러 혁신적인 테크놀로지는 운전자들에게 이러한 기술이 적용되더라도 여전히 특별한 테크닉이 필요한 위험 상황에 도전하도록 부추긴다. 이러한 자동화된 장비를 활용할 때도 테크닉적인 요소는 존재한다. ABS가 단기간 내에 모든 차량에 보편적으로 적용될 가능성이 적기 때문에, 운전자들은 차량이 미끄러질 때를 대비해 적절한 대응법을 숙지해야 한다. 기존의 브레이크가 장착된 차량에서는 반복적으로 브레이크를 밟았다 떼는 동작을 취해야 하는 반면, ABS가 장착된 차량에서는 일정한 세기로 브레이크를 밟고 있어야 한다.

본질적으로 위험한 도구를 사용하기 쉽게 만드는 것은 또 다른 문제점을 낳는다. 9밀리미터 권총은 단순한 구조 때문에 오히려 더 숙련된 기술을 요구하는 대표적인 사례다. 1980년대 수많은 미국 경찰서가 마약 상인들의 자동 소총에 대항하기 위해 기존의 탄창 회전식 연발 권총을 베레타, 글록, 루거 등의 회사에서 생산된 반자동 무기들로 교체하기 시작했다. 초기에는 다루기 어려웠으나 지금은 반자동 권총이 연발 권총보다 높은 안정성을 보이며 사용과 유지 보수도 쉽다. 그러나 바로 이러한 단순함이 테크닉을 더욱 복잡하게 만든다. 워싱턴 D.C.가 1988년 글록 17을 도입했을 때, 경찰관들은 특히 외부 안전 자물쇠가 없다는 점에 환호했다. 글록 17에는 우발적인 격발을 막고자 세 가지 메커니즘이 장착되어 있었는데, 방아쇠를 당긴 후에는 이들이 모두 해제되었던 것이다. 안전을 위해 사격 전 방아쇠를 당기는 동작이 하나 추가되었고, 이로 인해 시가전을 벌이는 경찰관들은 즉시 사격을 하기 위해 방아쇠를 미리 당겨놓기도 했다.

군대에서는 사격 규율을 세움으로써 우발적인 교전을 막기 위해 노력한다. 워싱턴에서는 새로운 권총을 도입한 이후 10년 동안 120회 이상의 우발적 격발이 발생했는데, 1998년도에는 3개월 동안 무려 140만 달러가 넘는 합의금이 발생했다. 경찰 조직 내 많은 글록 권총 애호가들은 권총 자체는 본질적으로 안전하다고 주장한다. 사용자는 그저 손가락을 방아쇠에 올려놓은 상태에서 정확히 언제 사격이 시작되는지 파악할 수 있도록 특별한 훈련을 받으면 된다. 단순함과 사격의 용이함이 결국, 테크닉을 익히기 위한 더 많은 훈련을 필요로 하는 셈이다.

평범해 보이지만 의외로 손재주가 필요한 테크놀로지도 있다. 뉴욕 광역 교통국에서 사용하는, 마그네틱 띠가 달린 교통 카드가 그 예다. 교통 카드는 지하철 회전문에 놓인 슬롯에 강하고 부드럽게 통과되어야 하며 제대로 읽히지 않을 경우 같은 절차를 반복해야 한다.

몇몇 연구소에는 장비의 후면과 하단에 뱀이 똬리를 튼 것처럼 꼬여있는 선들을 전문적으로 정리해주는 기술자들이 있다. 그들의 전문 분야에는 케이블 관리라는 명칭이 붙어 있으며 이들이 받는 급료는 연구소 예산에 영향을 미칠 정도로 높은 수준이다.

사람들은 마우스를 단순하고 직관적인 도구로 인식한다. 하지만 실제로 마우스는 가속도나 더블클릭 속도 조절 등 사용자의 테크닉에 따라 재구성과 조정이 필요한 도구다. 볼마우스는 먼지가 끼면 쉽게 고장 나므로 철저한 관리가 필요하다. 일부 인체 공학자는 마우스를 적절한 손목 자세로 사용하지 않을 경우, 키보드보다 신체에 더 큰 위험을 초래할 수 있다고 말한다.

테크놀로지가
필요 없는 테크닉

테크닉은 장비의 변화와는 무관하게 자체적으로 발전하기도 한다. 예컨대 수영은 물에서의 행진 같은 것으로, 원래 군사 훈련의 일환으로 학습되었다. 모스 세대가 배웠던 평영은 'breast stroke'라는 이름에서 알 수 있듯 가슴 전체로 물을 밀어내는 수영법이다. 팔과 다리가 처음 자세로 돌아오기에 물에 대한 저항이 커진다는 단점이 있었지만, 19세기 유럽과 북미 수영 교사들은 이 영법을 선호했다. 동작이 단순하고 자연스러우며, 무기가 젖지 않게 헤엄칠 수 있기 때문이었다.

17세기부터 유럽인은 물에서 자세를 제어하기 위해 개구리의 헤엄을 연구했으며, 19세기 초에는 수영 강습을 위해 영국 서펜타인 호수에 살아 있는 개구리를 풀어놓기도 했다. 영국은 서양 수영의 중심지였으며, 영국 선수들이 평영을 철저히 정제해 발달시킨 결과, 평영은 수십 년간 다른 영법은 감히 경쟁조차 할 수 없을 만큼 빠른 테크닉으로 발전했다.

가장 효율적인 크롤 영법은 평영의 대가들이 만들어낸 것이 아니다. 숙달된 영법을 포기함으로써 얻을 수 있는 것은 별로 없었으니 말이다. 두 명의 아메리카 원주민 수영 선수, 플라잉 걸Flying Gull과 타바코Tobacco가 1844년 런던에서 팔을 어깨 위로 올리면서 헤엄치는 영법을 선보였다. 플라잉 걸은 길이가 약 40미터에 달하는 풀을 30초 만에 완주하는 기록을 세웠지만 거칠게 휘두르는 영법 때문에 "유럽적이지 않다."라는 비난을 받았다. 실제로 아메리카, 아프리카 그리고 아시아의 많은 이들은 두 손을 번갈아 저으며 헤엄을 쳤다. 그러다 보니 개헤엄이나 평영 같은 유럽식 기법들이 오히려 독특한 것이었다. 그러나 경쟁을 위한 출발선에 서려면 아메리카 원주민들의 효율성 뛰어난 이 영법에 유럽식의 부드러움을 가미

할 필요가 있었다. 이 부분을 채워준 사람은 바로 오스트레일리아 사람들이었다. 원주민들의 영법을 관찰해 이를 바탕으로 차는 발의 움직임을 유럽식 영법에 맞춘 것이다. 이렇듯 테크놀로지 없이 순수한 테크닉의 혁신을 이루는 사람들에게는 그 어떤 도구도 필요하지 않았다. 20세기 전반에 걸쳐, 재능 있는 수영 선수와 코치들은 크롤을 비롯한 다양한 영법을 개발해왔다. 배영 선수 앨런 스택Allen Stack이나 접영 선수 메리 T. 머허Mary T. Meagher가 직관적으로 깨우친 동작 덕분에 수영계 전체가 바뀐 일도 종종 있다. 오늘날 수영계는 화상 기술을 활용해 개구리는 물론 해양 포유류, 새, 날아다니는 곤충들의 테크닉을 연구하고 있다.

스포츠와
테크닉의 최전선

수영 훈련의 의미가 군사적 목적에서 여가 활동으로 변화한 이러한 흐름은 신체적 테크닉이 일에서 여가로 전환되었음을 의미한다. 스포츠를 배운다는 것은 몸을 제어하며 움직이는 것을 의식하는 도제 수업 혹은 시행착오를 거치는 자기 수련이라고 할 수 있다. 직업에서 테크닉이 점점 그 중요성을 잃어가고 있는 반면, 놀이에서는 테크닉이 그 어느 때보다 더 중요해지고 있다.

놀이라고 해서 의미가 없는 것은 아니다. 반대로, 우아한 동작을 배우는 것은 성장의 한 부분을 구성한다. 야구공을 던지는 동작은 놀라울 정도로 복잡한데, 이는 학습에 의한 행동이다. 1994년 4월 시카고의 리글리 필드에서 컵스의 시즌 첫 경기 시구를 했던 힐러리 클린턴Hillary Rodham Clinton은 "여자애처럼 던진다."라는 평을 들었다. 작가 제임스 팰로스James

Fallows는 영부인의 어색한 시구 동작을 분석해 야구 선수와 다른 세 가지 요소를 찾아냈다. 먼저 그녀는 몸을 목표와 직각으로 놓고 투구를 강화하기 위해 뒤로 돌리는 대신, 목표 지점을 바라보며 준비 자세를 취했다. 다음으로, 공을 던질 때 팔꿈치가 항상 어깨 아래에 머물렀다. 마지막으로, 팔목을 팔꿈치보다 머리에 가깝게, 즉 '팔꿈치 안쪽으로' 놓았다. 수석 코치인 빅 브래든Vic Braden은 바른 투구 동작을 하체부터 시작해 허리에서 어깨를 지나 상박과 하박 그리고 팔목으로 마치 채찍처럼 운동량이 연결되는 "동역학적 사슬"이라고 표현한다. 또한 유명 투수인 톰 시버Tom Seaver는 다리로 투구한다고 말한 바 있다.

물 흐르듯 부드러운 투수의 동작은 우아하게 보이지만, 결코 자연스러운 것은 아니다. 오른손잡이 투수에게 왼손으로 공을 던지게 하면 본능적으로 잘못된 투구 자세를 보인다고 한다. 야구가 처음 만들어지기 시작했을 무렵 어떤 투구 자세는 불법이었다. 1845년 니커보커 야구클럽 규정은 언더핸드 피칭을 금지했다. 시속 145킬로미터가 넘는 오늘날의 투구는 팔꿈치 염좌는 물론 어깨 회선건판 근육의 파열 원인이 된다. 가장 효과적인 구종인 슬라이더는 인체 공학적으로 보면 투수에게 지뢰밭과 같다.

투구 동작도 다른 테크닉처럼 엘리트 선수와 그들의 코치를 통해 진화했다. 크리켓 장비는 19세기 동안 거의 변하지 않았다. 반면에 타자가 스윙하기 전, 공이 한 번 바닥에서 튀는 탓에 경기장 바닥의 잔디 상태가 향상되면서 타자에게 점점 유리해졌다. 규칙적인 바운드로 타자의 타격이 쉬워졌기 때문이다. 결국 투수들은 공을 놓는 방식에 변화를 줌으로써 타자가 치기 어렵게 만들었다.

1860년대와 1870년대에 미국 야구의 몇몇 투수는 커브볼을 제어하는 법을 깨우치기 시작했다. 이는 다른 투구 방식에서 우연히 파생되거나 점진적으로 발전된 것이 아니라 완전히 다른 테크닉이 놀라운 결과를 낳을 수도 있다는 생각을 증명한 사례다. 새로운 테크닉이 실제 경기에 사용될 정도로 준비되기까지는 오랜 시간에 걸친 실험과 훈련 그리고 연습이 뒤따라야 했다. 현재도 순수한 테크닉의 변화가 계속해서 일어나고 있다. 착지 매트가 좀 더 안전해진 것을 제외하고는 장비에 큰 변화가 없음에도, 높이뛰기 선수들은 가위뛰기, 이스턴 컷오프, 웨스턴 롤, 벨리 롤을 비롯한 다양한 방식을 시도해왔다. 1968년 올림픽에서 미국 대표인 딕 포스버리Dick Fosbury는 전면부로 출발해 머리로 바를 통과하고 몸을 비틀어 등으로 바를 넘는 새로운 방식을 선보였다. 또한 1960년대 후반 장 클로드 킬리Jean Claude Killy는 최고 속도를 내기 위해 몸을 앞으로 숙이라는 스키 코치들의 조언을 듣지 않고 상체를 뒤로 젖힘으로써 세계 챔피언이 되었다. 이후 다른 선수들과 코치들은 포스버리와 킬리의 테크닉을 곧바로 받아들였다.

새로운 테크놀로지가 어떠한 테크닉이 가진 경쟁 우위를 제거할 경우 그 테크닉이 사라지기도 한다. '오디너리'로 불리던 앞바퀴가 큰 옛날 자전거는 오늘날에는 지극히 비실용적인 도구로 보인다. 올라타거나 조작하기 까다롭고, 멈추기는 더욱 어려우며, 장애물에 부딪히면 더러 운전자를 날려버린다. 이 익숙해지기 어려운 자전거를 타는 법을 가르치는 전문학교들이 있었고, 몇몇 유럽 도시에서는 시험도 치러졌다. 그러나 사회학자 위비 바이커Wiebe Bijker에 따르면, 애호가들은 오디너리의 위험성을 오히려 장점으로 받아들였다고 한다. 애호가인 건장한 부잣집 도시 젊은이들은 저렴한 교통수단을 찾고 있는 것이 아니었다. 당시 자전거는 고급 수제품이었다. 그들이 오디너리를 타는 이유는 이러한 자전거를 타려고 시도조차 할 생각이 없는 젊은 아가씨들과 동료에게 자신의 용감함과 자전거 타는 솜씨를 과시하기 위해서였다. 1880년대 흔들림에 대응하기 위해 고안된, 공기를 넣어 부풀리는 타이어가 등장해 차대가 낮게 디자인된 자전거가 오디너리와의 경주에서 승리했고 이를 기점으로 오디너리의 화려한 독점은 끝이 났다. 안전 자전거의 체인 구조나 오디너리와는 비교할 수 없을 정도의 공기 역학적인 이점 덕분에 오늘날 우리가 알고 있는 자전거의 형태가 자리 잡았다. 반면 더 이상 빠른 속도를 낼 수 없는 탓에 오디너리를 다루는 테크닉은 사라지고 말았다.

테크놀로지와
테크닉의 조화

발명가와 참여자 사이의 상호작용으로 양쪽 누구도 상상하지 못했던 테크놀로지와 테크닉이 탄생하기도 한다. 조정, 펜싱, 스피드 스케이트, 볼링, 사이클링은 테크놀로지와 테크닉의 상호작용에 따른 다섯 가지 유형의 결과를 보여준다. 조정 경기에서는 잃어버렸던 고대의 혁신이 19세기에 부활했지만, 이 방식이 완전한 형태로 활용되기까지는 거의 100년에 가까운 아웃사이더들의 노력이 필요했다. 펜싱에서는 장비의 혁신이 실현되었을 때 전통적 테크닉과의 차이로 혼란이 일어났지만, 테크놀로지와 테크닉이 함께 변화하면서 짧은 기간에 새로운 균형점에 도달했다. 스피드 스케이트에서는 1890년대에 등장한 디자인이 한 세기 동안 무시되다가 선수들이 이 디자인에 적합한 테크닉을 구사해 우승을 휩쓸었다. 레크리에이션을 위한 사이클링에서는 새로운 디자인이 스포츠 자체의 성격을 변화시켰고 새로운 유형의 참여자들을 불러들였다. 마지막으로 볼링에서는 새로운 장비 덕분에 승리를 위한 테크닉이 바뀌었다.

테크놀로지와 테크닉은 조정이 스포츠가 아니라 군사적 목적으로 쓰일 때부터 서로 연계되어 있었다. 슬라이딩 시트는 고대 그리스의 트라이럼 trireme(3단 노로 항해하는 갤리선의 한 형태-옮긴이)에서 처음 사용되었다. 배의 바닥에 장착된 움직이는 가죽 쿠션에는 동물 지방이 발라져 있어 윤활제 기능을 했다. 그래서 노를 젓는 선수는 미끄러지면서 다리의 힘을 활용해 효율적으로 노를 저을 수 있었다. 이러한 방식의 노 젓기는 많은 훈련을 필요로 했다. 매년 8개월간의 훈련을 위해 고용된 인원만 1만2,000명에 달했다. 이 쿠션 달린 의자는 희극에서도 언급될 만큼 아테네 사람들에게 익숙한 것이었다. 그러다가 기원전 400년경 카르타고 식 쿼드러림 quadrireme(4단 노가 달린 갤리선-옮긴이)이 등장하면서 미끄러지며 노를 젓는 방식과 함께 사라졌다. 한 사람이 하나의 노를 젓는 트라이럼과 달리 쿼드러림에서는 강력한 추진력을 내기 위해 하나의 노에 여럿이 배정되었다. 군함의 전술적 역할은 트라이럼의 장기였던 기술적이고 정확한 침투에서 갈퀴를 걸고 올라가 해상전을 펼치는 병사들의 이동 수단으로 변화했다. 미끄러지며 노를 젓는 기술을 유지하는 훈련도 더 이상 비용적인 면에서 효율적이지 않았다. 로마인들도 갤리선에 이 방식을 도입하지 않았고, 그 이후 중세를 거쳐 현대 초기 유럽 후손들에게까지 슬라이딩 시트는 잊혀버린 기술이 되었다. 다른 테크닉에 대한 탐구는 계속되어 이후의 유럽인들도 다양한 종류의 장비와 그에 맞는 노 젓기 방식을 고안해냈다. 베네치아의 곤돌라 사공은 노 한 개로 마치 물고기가 꼬리를 흔드는 것처럼 왕복해서 노를 저었고, 중세 갤리선의 사공들은 똑바로 서서 거대한 노를 앞뒤로 젓는 '걸음걸이' 노 젓기 방식을 구사했다.

현대의 스포츠 경기가 19세기 초 영국에서 시작될 때부터, 선수와 관람

객은 장비와 스타일이 서로 밀접하게 관련되어 있다는 사실을 잘 알고 있었다. 이 관계가 어떠해야 하는지에 대한 논쟁은 수십 년간 이어졌다. 조정 경기에서 일부 디자인상 변화에 관해서는 큰 논란이 일지 않았다. 반면에 슬라이딩 시트는 고대에서 유래했음에도 논란의 여지가 있었다. 슬라이딩 시트를 근대에 들어 처음으로 다시 소생시킨 이들은 북 잉글랜드의 프로 조정 선수들이었다. 이들은 노를 젓기 시작할 때 앞으로 몇 인치가량 이동한 후, 한 번의 스트로크가 완료될 때 원위치로 돌아오는 동작이 다리 힘을 보탬으로써 더욱 강력하고 효율적인 노 젓기가 가능하다는 사실을 알아냈다. 엄청난 우승 상금을 생각하면, 바지에 윤활유가 묻는 것쯤은 충분히 감내할 만한 대가였다. 20여 센티미터의 슬라이딩으로 스트로크는 무려 40여 센티미터나 늘어났다. 1870년대에 슬라이드를 위한 장치로 축과 축받이쇠를 사용하다 나중에는 경질 고무 홈에 물리는 바퀴를 사용하면서 다른 조정 클럽들도 이러한 방식을 따라 하기 시작했다.

반면, 몇몇 보수적인 이들은 여전히 이 방식에 저항했다. 이러한 혁신이 조정을 더욱 효율적이고 빠르게 만드는 것은 분명했다. 그러나 반대 의견에 따르면 이 방식은 프로 조정 선수들이 노동을 절약하기 위한 목적으로 고안된 것이기에 어깨와 상체를 단련함으로써 고된 훈련을 통해 숙련되는 능력 대신 민첩성과 다리 힘만 중요하게 여겨진다. 엉덩이와 허리 움직임의 중요성이 약해지는 것이다. 1933년에 이르기까지도 슬라이딩 시트 및 이와 관련된 기법들을 반대하는 편지들이 〈런던 타임스〉에 실리곤 했다. 조정 선수라면 모름지기 신체 근육을 올바로 사용해야 한다는 이상을 품은 코치와 선수들은 자신의 스타일을 수정하는 속도가 더뎌질 수밖에 없었다. 영국에서 가장 중요한 조정 레이스라고 할 수 있는 헨리와 옥스퍼드, 캠브리지에서는 이 기법으로 달성한 기록이 실제로 거부된 적도 있었다. 슬라이딩 시트 사용이 공식적으로 인정된 후에도, 영국 내 훈련장에서는 여전히 고정 시트가 표준으로 사용되었다. 제2차 세계 대전 이후까지 지속된 잉글리시 오서독스라는 스타일도 고정 시트가 기반이 된 것이었다. 1880년대 한 관찰자는 옥스퍼드 팀 선수들이 슬라이딩 시트에 앉아서도 슬라이드와 스윙을 동기화하는 대신, 마치 그들이 여전히 고정 좌석을 사용하는 것처럼 꼿꼿한 자세가 될 때까지 슬라이딩을 지연시키는 모습을 목격했다.

수영에서와 마찬가지로, 테크닉의 혁명을 시작한 사람은 오스트레일리아 인이었으며 그 시기 역시 수영 쪽과 유사했다. 20세기 초, 캠브리지에 자리한 지저스 칼리지 코치였던 스티브 페어번Steve Fairbairn은 혁명적인 조정 스타일을 도입했다. 어깨가 아닌 다리에 체중을 실어 노를 젓는 방법이었다. 그의 선수들이 성공을 거둠에 따라 오서독스 방식은 처음으로 심각한 도전을 맞게 되었다.

페어번의 아이디어들을 바탕으로 1960년대에 또 다른 위대한 혁신이 이어졌다. 북부 독일 라체부르크의 조정 클럽에서 오늘날 인터내셔널 모던이라고 알려지게 된 새로운 방식이 마침내 개발된 것이다. 코치 칼 아담Karl Adam은 선수들이 앞으로 이동하는 시점에 슬라이드를 가속시켜 선체 속도를 더욱 안정적으로 유지했다. 그 결과 서독 조정팀은 1960년 로마 올림픽에서 금메달을 획득했다. 아담은 또한 넓은 날이 장착된 긴 노를 고안하는 등 조정 장비를 크게 변화시켰으며 선수들의 사기 진작에도 열성을 보였다. 하지만 그가 이룩한 위대한 혁신은 뭐니 뭐니 해도 새로운 조정 스타일이다. 숙련된 신체 움직임을 통해 페어번과 아담은 슬라이딩 시트를 재발명했던 것이다.

점수 따기

조정과 마찬가지로 펜싱에서도 테크놀로지와 테크닉은 함께 진화했다. 무기를 사용하는 이들은 언제나 더욱 더 효율적인 작전을 구사하고자 했으며, 이들의 전술 변화는 곧이어 이들이 사용하는 도구를 변화시켰다. 펜싱 역사가 닉 에반젤리스타^{Nick Evangelista}는 중세의 검을 "갑옷을 관통할 방법을 찾는 것이 유일한 목적인 '깡통 따개'에 불과한, 때리고 부수는 조악한 도구"라고 표현했다. 그러나 리즈에 자리한 로열 아머리즈 박물관의 전문가들이 중세 무기의 복제품으로 초기 전투 테크닉들을 재구성해본 결과는 그의 주장과 달랐다. 미련하게만 보이는 당시 도구들도 힘과 상당한 기교를 갖춰야 다룰 수 있었던 것이다. 16세기 중반부터는 '레이피어'라는 이름의 더욱 가벼운 검이 새로운 테크닉과 함께 진화했다. 초기의 레이피어는 무겁고 칼날이 예리한데다 칼자루에는 복잡하고 큰 가드가 달린 공격적인 형태의 무기였으며, 초기 사용자들은 왼손에 두꺼운 천 뭉치나 더 작은 보조 무기를 들고 싸웠다. 군대나 귀족·왕족의 결투, 무기 제작자의 호신용 무기 등으로 폭넓게 사용되며 다양한 테크닉에 대한 가능성들이 탐구되면서 레이피어는 점점 더 다른 형태의 무기로 변화했다. 더 가벼워지고 구조가 단순해졌으며 호신용 보조 무기도 사라졌다. 물론 모든 진화가 자연스러운 것은 아니었다. 한동안은 날이 180여 센티미터에 달해 법령을 통해 길이가 약 90센티미터로 제한되기도 했다. 궁극적으로 이 무기는 18세기에 스몰스워드, 즉 결투나 펜싱에서 찌르기용으로만 쓰이는 검이 되었다. 형태의 변화는 각 동작의 새로운 스타일과 연계되었으며, 이러한 관계에 익숙해지려면 스승에게 정식 교육을 받아야 했다. 훈련과 대결을 위한 몸의 테크닉, 그리고 이에 특화한 용어들이 발전하면서 펜싱 교사들이 사회에 등장했다.

오늘날 가장 기본적인 펜싱 기구인 플뢰레는 테크닉을 위해 개발된 테크놀로지의 전형적인 예다. 플뢰레는 훈련과 연습용으로 개량된 결투용 검으로, 시합도 엄격한 규칙과 체계에 따라 이루어지기 때문에 지금도 전통적인 무기로 여겨진다. 1896년 전자 점수 시스템이 고안되어 1933년 에페 경기에 도입되었지만, 초기에는 큰 효과를 보지 못했다. 그러다 1960년대 플뢰레에 전기를 흘려보내는 방식이 도입되면서 전자 점수 시스템은 펜싱 테크닉에 급격한 영향을 미치게 되었다.

객관적인 판정을 위해 펜싱 경기 임원들은 플뢰레 경기에도 전자 점수제를 도입했다. 칼끝이 신체에 접촉하는 것을 인식시키기 위해 무기에도 수정이 가해졌다. 전선이 통과할 수 있도록 칼날이 더 단단하고 무거워졌다. 초기 전기 장비들은 선수의 땀이 들어갔을 때 감전 사고를 일으킬 수 있었으며 오늘날에도 특별히 훈련된 기술자들이 배선 상태를 점검한다. 하지만 이러한 것들은 기존에 정립된 테크닉에 대한 새로운 도전이라고 하기에는 하찮은 것들이었다. 더 중요한 것은, 심판들은 알아채기 어려운 가벼운 접촉으로도 득점 버저를 울릴 수 있다는 점 때문에 검을 재빠르게 다루는 새로운 움직임이 활성화되었다는 것이다. 이때를 기점으로 소련과 동유럽의 펜싱 선수와 코치들이 국제적 신흥 세력으로 떠오른다. 국가적 지원을 배경으로, 이들은 전통적인 테크닉을 거부하고 속도와 이동성 향상에 주력해 칼끝 센서의 민감함을 십분 활용하는 새로운 동작들을 연마했다. 그 밖의 선수들은 이 새로운 도구에 익숙해지기 쉽지 않다는 것을 깨달았다. 베테랑 펜싱 선수이자 경기 임원과 코치까지 역임했던 마빈 넬슨Marvin Nelson은 "공격권이라는 절차적 규칙에 따르면 상대방에게 점수가 주어져야 할 상황에서도 심판이 공격을 유지시키는 탓에 유행처럼 번진 이러한 너절한, 마치 산돼지 사냥 같은" 스타일을 개탄했다. 반면, 가뜩이나 휘어지기 쉬운 플뢰레 칼날은 칼끝에 실린 센서의 무게 때문에 목표를 비켜가기 일쑤였다. 넬슨은 그를 비롯한 펜싱 선수들이 "칼날 없이 펜싱 경기를 하도록, 그래서 게임을 더욱 단순하게 만들도록 강요당했다."고 회상했다.

이러한 문제들은 차츰 사라졌다. 장비를 공급하는 여러 업체에서는 좀 더 정확히 작동하는 센서와 좀 더 견고한 칼날을 선보였다. 테크닉 또한 변화했다. 펜싱 선수들은 시합에서 사용하는 것과 동일한, 전선이 있는 플뢰레로 훈련을 받았다. 1970년대 중반에는 넬슨이 보기에도 게임이 좀 더 활기차게 진행되었다. "펜싱 선수들은 무기를 더욱 효율적인 방식으로 들고 있으며 날의 여러 부분을 좀 더 잘 이해했다. 찌르기를 비롯한 여러 동작이 전통적인 플뢰레나 전기 플뢰레의 첫 번째 시기에서는 흔히 볼 수 없었던 자세에서 시작되며, 발의 움직임도 매우 효율적이다."

이렇게 더욱 세련되게 변한 테크닉은 테크놀로지에 또 다른 변화를 일으켰다. 손가락을 더욱 단단히 고정하기 위해 손잡이에 작은 돌출부를 장착한 것이 대표적 예다. 손가락이 없거나 다른 장애가 있는 펜싱 선수들을 위한 정형외과적 장치로서 처음 등장한 이 그립은 지금은 '피스톨 그립'이라는 이름으로 널리 사용된다. 어떤 전문가는 이 그립을 쥐고 더욱 격렬한 검술을 펼치는 선수들을 보고 "괴물 같은 무리"라고 폄하하기도 했다. 전기 점수 방식이 도입됨으로써 선수의 자기 수양도 필요해졌다. 점수를 의미하는 불빛과 버저 소리에 집착한 나머지 경기에 집중하지 못하고 더러 상대방에게 점수를 빼앗기기도 했다.

옛것을 위한
새로운 근육

　　　　　　지금부터 논의할 몇 가지 스포츠 경기는 새로운 소재와 다양한 제조 과정 덕분에 지난 세기에 놀라울 정도로 급격한 변화를 겪었다. 결정적인 변화는 새로운 장비 자체가 아니라 이러한 장비에 적응하기 위해 신체 동작이 발달하는 과정에서 생겨났다. 스케이트를 계속적으로 개량하고 빙질 관리 장비가 발전했음에도 스케이트에 사용되는 도구 대부분은 크게 변하지 않았다. 스피드 스케이팅 역시 아주 최근에 이르기까지는 거의 변화가 없던 종목이었다. 1488년에는 레오나르도 다빈치Leonardo da Vinci도 이 종목을 잠시 연구했지만 새로운 디자인을 만들지 못하자 곧 흥미를 잃었다. 그로부터 400년이 지나, 캐나다와 독일에서 각각 발가락 쪽 경첩과 스프링 구조로 신발과 날이 일시적으로 분리되는 스케이트 디자인을 개발해 특허까지 받았지만, 모두 판매 상품으로 생산하는 단계까지는 이르지 못했다.

　암스테르담 자유 대학교의 생체 역학 교수인 헤릿 얀 반 잉겔 슈나우Gerrit Jan van Ingen Schenau는 빨리 달릴 수 있는 스케이트가 아닌 안전한 스케이트를 디자인하고자 했다. 한 일본 통신사 기자와의 인터뷰에서 그는 1980년대 초부터 스케이트를 탈 때 정강이에 통증을 느낀다는 불평을 많이 들었다며, "그때 나는 스케이팅이라는 운동이 걷기나 뛰기와 달리, 무척이나 부자연스러운 동작을 반복하는 것이라고 느꼈다. 그리고 그 이유가 운동 중 뒤꿈치가 자유롭게 들리지 않기 때문이라는 것을 깨달았다."라고 말했다. 스케이터들은 한 발로 빙판을 밀어내는 동안 다른 발을 들어 경직된 종아리 근육을 이완시킨다. 그의 연구팀은 발목을 최대한 펴면서 발가락으로 땅을 힘차게 내딛는 멀리뛰기 선수와 달리, 발목을 움직이지 않고 뒤꿈치를 내딛는 스피드 스케이트 선수들의 움직임에 주목했다. 경첩 구조의 스케이트는 이론적으로 스케이트 날 전체가 얼음판에 닿은 상태에서도 발목을 움직일 수 있다. 그러면 종아리 근육을 활용해 더욱 긴 폭으로 빙판을 밀어낼 수 있게 되는 것이다.

아이디어를 현실로 만드는 일은 쉽지 않았다. 초기 경첩형 스케이트에는 기계적인 문제점이 있었다. 안정성을 높이기 위해 스케이트 신발에 연결된 기둥이 스케이트 날 뒤꿈치에 위치한 원통에 맞도록 구조를 개선했다. 그럼에도 불구하고 경첩형 스케이트는 초보자가 배우기에 여전히 무척 까다로웠다. 전통적인 고정 스케이트 날을 사용하며 테크닉을 연마해온 프로 스케이트 선수들 역시 새로운 근육들을 사용하며 훈련을 받는 데 들어가는 체력적 비용을 상쇄하는 이점을 찾지 못했다. 스케이트 날이 신발에 다시 붙으면서 들리는 철컥거리는 소리 또한 듣기 좋은 것도 아니었다. 경험 많은 최고의 독일 스케이트 선수들은 이 새로운 장비를 위험한 물건으로까지 폄하했다. 결국 이 발명품은 기존 테크닉에 투자한 시간이 상대적으로 적은, 그래서 새로운 스타일을 통해 얻을 것이 가장 많았던 어린 나이의 스케이터들에게 활용되면서 빛을 보기 시작했다. 이들은 새로운 스케이트와 이에 따르는 새로운 테크닉을 통해 기록을 단축했다. 여자 국가대표팀이 먼저 이 장비를 시험해보고 교체하기로 결정했다. 남자들도 여자 선수들의 향상된 기록을 보고 뒤를 따랐다. 독일, 일본, 미국 스케이터들은 이 새로운 장비에 불만을 나타냈지만 1996년에서 1997년에 이르자 불만 내용은 새로운 디자인에 대한 것이 아니라 특허를 보유한 독일 제조사 바이킹에서 한정된 수량을 네덜란드 팀과 주요 고객에게만 공급한다는 것으로 바뀌었다.

1997년 여러 경기의 기록을 살펴보면 새로운 스케이트의 가치를 알 수 있다. 이를 착용한 선수들은 기록을 400미터당 무려 1초나 단축했다. 국제 동계 스포츠 경기에서 1초를 단축하는 것은 놀라운 업적이다. 1997년에는 11월과 12월 사이에만 클랩 스케이트를 착용한 선수들이 16개의 세계 신기록과 동률을 이루거나 기록을 경신했다. 1998년 나가노 동계 올림픽에서는 네덜란드 스케이터 지아니 롬메^{Gianni Romme}가 5,000미터 종목에서 자신의 올림픽 기록인 6분 34초 96을 크게 앞당긴 6분 22초 20으로 우승했다.

새로운 테크닉을 바라보는 스케이터들의 시선은 둘로 나뉘었다. 나가노 올림픽 전에도 한 미국 경기 임원이 클랩 스케이트를 코르크 배트나 약물 남용에 비교했으며, 미국 팀 소속의 한 선수는 바퀴에 체인을 감고 마운틴 바이크 경기를 하는 것에 비유했다. 하지만 그 이후 미국 스피드 스케이팅 팀의 프로그램 디렉터였던 닉 토메츠^{Nick Thometz}는 자국 선수들도 새로운 스타일을 배울 필요가 있음을 인정했다. 슈나우는 선수들이 이 새로운 스타일에 적응하고 싶다면 "고유한 방식에 숙달되어야 한다."라고 말했다. 옹호자들에게 클랩 스케이트는 더 효율적인 테크닉을 가능케 하는 도구였지만, 반대자들에게는 기교를 힘으로 대체하는 도구로 여겨졌다. 흥미로운 점은, 힘을 폭발시키는 것에 가장 크게 의존하는 단거리 선수들이야말로 새로운 스케이트가 폭발적인 스타트에 방해가 된다는 믿음 때문에 여전히 전통적인 스케이트를 고집하는 유일한 집단이라는 점이다. 컴퓨터로 설계해서 기계적인 요소들을 재구성하는 것이 점점 더 쉬워지면서, 이들 또한 언젠가는 클랩 스케이트로 교체할 날이 올지도 모른다. 좋은 쪽으로든 그렇지 않은 쪽으로든, 스케이트 장비와 스케이트 스타일은 계속해서 함께 진화할 것이다. 클랩 스케이트는 처음 도입되었을 때 지나치게 어렵다는 이유로 거부되었으나 사용하는 이들이 점차 많아지자 지나치게 효율적이라는 이유로 비난을 받았다. 이 얼마나 모순적인 상황인가.

좋은 자세와
더 좋은 재료

볼링에서 눈에 띄는 혁신은 물리적인 변화나 구조의 변화보다는 주로 화학에서 비롯되었다. 볼링 레인, 핀, 공의 크기는 거의 달라지지 않았다. 그러나 게임 테크닉은 꾸준히 변화했다. 모든 볼링 선수의 목표는 스트라이크지만, 게임의 승부를 결정짓는 것은 스페어 처리에 달려 있다. 마치 골프 경기가 드라이버 샷이 아닌 퍼팅에서 결정되는 것처럼. 처음 투구 이후 남은 핀들의 조합은 천 가지가 넘기 때문에, 프로 볼링 선수들은 각각의 조합에 '버킷'이나 '워시아웃' 같은 이름을 붙여가며 적절한 공략법을 꾸준히 연구했다.

약 75년이 넘는 기간 동안, 볼링과 관련된 테크놀로지와 신체적 기교는 크게 변화하지 않았다. 경질 고무로 만들어진 공을 다양한 종류의 나무 재질 위에 옻칠이나 니스 칠을 한 바닥으로 굴려 단풍나무로 만든 핀을 맞추는 것이 이 경기의 근간이었다. 그러나 1970년대에 이르자 장비가 변화했다. 표면을 보호하기 위한 새로운 플라스틱 코팅의 효과를 상쇄하고 나무 재료의 원가를 절감하기 위해 볼링 핀 내부를 비워두었다. 이로 인해 공에 맞은 핀들이 더 많이 움직이게 되었다고 주장하는 이들도 있었지만, 미국 볼링 협회의 실험 결과, 그 반대의 결과가 나타났다. 마감 자재가 새롭게 바뀌면서 볼링 레인의 표면은 더 부드러워졌고, 일부 선수들은 위험한 가연성 용매까지 사용해 공을 부드럽게 만들어 바닥과의 마찰력을 강화하기 위해 노력했다. 이러한 시도를 한 결과 핀 근처에서 강력한 스핀을 발생시키는 볼링공들이 등장했다. 급기야 미국 볼링 협회에서 공의 경도와 무게 기준을 제정하기에 이르렀지만, 1980년대에 등장한 우레탄과 1990년대에 뒤이어 나온 반발성 우레탄 같은 소재까지 쓰이며 볼링공은 점점 더 강력해졌다. 반면, 엔지니어들은 캐드 소프트웨어의 도움을 받아 공 내부의 하중 체계를 복잡하게 만들었다. 그 결과 불법 개조한 공만큼이나 훅이 날카롭게 꺾이는 '도도 볼'이라는 공을 설계했다. 반발성 우레탄 재질의 공은 탄도 초기에 미끄러지면서 좀 더 많은 에너지를 축적할 수 있어, 레인 거의 끝에서 1번과 3번 핀 사이의 포켓으로 휘어지는 강력하고 날카로운 훅을 만들어냈다. 이 새로운 도구는 놀라운 결과를 낳았다. 프로 사이에서도 흔치 않았고 실력이 뛰어난 선수들도 쉽게 달성하지 못하는 300점 퍼펙트게임이 경질 고무공을 사용했던 시기보다 약 100배나 늘어난 것이다. 1997년에는 한 대학생이 3연속 퍼펙트 900점을 기록했다. 그러나 기존 공으로 강력한 훅을 구사했던 많은 프로선수는 이전까지 낮은 점수에 머무르던 동료들이 반발성 우레탄 볼을 사용해 자신들을 따라잡자 당황했다. 가장 날카로운 훅으로 '크랭커'라고 불리던 이들은 한때 고유한 특기였던 자신들의 스타일을 수정해야 했고, 심지어 그 당시에 이름을 날리던 몇몇 프로들은 투어에서 은퇴를 해야만 했다.

클랩 스케이트와 마찬가지로 기존 챔피언들은 새로운 세대 선수들의 등장으로 새로운 도구에 적응하고자 노력할 수밖에 없었다. 그러나 모두가 성공하지는 못했다. 많은 베테랑 강사와 프로들에게 이 흐름은 개인적인 손실을 넘어 집단적인 충격이었다. 이들이 보기에 우레탄 볼은 스트라이크와 스페어 사이에 지켜져왔던 역사적인 균형을 깨뜨리고 볼링의 본래 모습을 망치는 주범이었다.

볼링 테크닉에 대한 연구가 한풀 꺾인 미국과 달리 볼링이 소개된 아시아에서는 새로운 테크닉이 속속 등장했다. 1980년대 타이완 선수들은 아주 새로운 투구 방식을 개발했다. 이들은 서양 남성이 일반적으로 사용하는 16파운드(1파운드는 약 0.45킬로그램으로 16파운드는 약 7.3킬로그램−옮긴이) 공 대신에 11파운드(약 5킬로그램−옮긴이) 공을 위쪽에서 잡고 엄지손가락을 이용해 공에 역방향 가로축 회전을 강하게 주어, 핀이 공에 맞으면서 폭발적인 힘과 함께 흩어지게 만들었다. 스핀만 적절하게 걸리면 1−3번 포켓에 정확히 맞출 필요도 없다. 원래 목표인 헤드 핀에서 좌우로 보드 7개 정도가 빗나가더라도 스트라이크를 잡을 수 있기 때문이다. 이 기법을 '스피너' 혹은 '헬리콥터 볼'이라고 하는데, 기존 서양 방식에서 스트라이크 존이 보드 3개 정도였던 것에 비해 이 방식에서는 무려 보드 14개에 해당하는 공간이 모두 스트라이크 존이다. 몇몇 타이완 선수들은 단순히 핀을 쓰러뜨리는 것에 더해, 레인 위에서 핀 모두를 뒤로 치워버리는 완벽한 스트라이크를 만들 수 있음을 자랑하기도 한다. 상대적으로 체중이 가벼운 아시아 선수들이 이 테크닉을 선보이자 서양 선수들은 크게 놀랐다. 1983년 멕시코시티 AMF 월드컵 우승자 유 틴 추[You-Tien Chu]부터 1998년 11월 일본에서 열린 AMF 볼링 월드컵 챔피언 쳉 밍 양[Cheng-Ming Yang]에 이르기까지 타이완 선수들은 이 테크닉으로 세계 챔피언 타이틀을 휩쓸었다. 다른 볼링 테크닉들과 달리 타이완 방식은 레인 컨디션에도 큰 영향을 받지 않았다. 한 타이완 코치는 이 스타일이 오일 범벅이 된 레인에 대응하는 것에서 출발했다고 설명했다. 이 테크닉은 또한 가르치기도 어렵지 않았다.

헬리콥터 샷에 적합한 공이 몇몇 있었던 것은 사실이다. 하지만 볼링 공 생산 회사들의 복잡한 내부 설계나 외부 코팅 방식은 이 테크닉에 큰 영향을 미치지 않았다. 따라서 테크닉 자체만 본다면 100년 전에 개발되었더라도 이상할 것이 없었다. 누군가는 아마도 이 독특한 방식을 과거에 어딘가에서 실험해본 적이 있었을지 모르지만, 서양의 볼링 역사에서 이 테크닉이 나타난 적은 없었다. 가벼운 공은 규정상 아무런 문제가 없었고 쉽게 구할 수 있었다. 과거에는 키가 작은 남자 선수들조차 가장 무거운 16파운드 공을 고집했다. 스포츠에서 가벼움과 기동성을 중시하는 동양적인 관점이 테크닉을 혁신하는 데 적합한 환경을 낳은 것은 아닐까?

테크닉과
혁신

스케이트, 조정, 펜싱, 볼링에 임하는 이들은 선수, 코치, 제조사, 엔지니어를 포함하는 커다란 공동체 네트워크를 구성한다. 이렇게 다양한 사람들로 구성된 네트워크를 통해 지식이 공유되면서 테크닉은 진화한다. 다른 발명과 마찬가지로 테크닉을 혁신하는 데도 초기에 극복해야 할 문제점들을 넘어 궁극적인 장점들을 꿰뚫어 볼 수 있는 안목이 필요하다. 실험이 거듭되어 고통스러울 수도 있다. 헬리콥터 샷의 선구자인 잉 치엔 마Ying-Chien Ma는 일곱 번이나 팔목 수술을 받을 정도로 심각한 고통을 겪었다. 그가 겪은 부상들은 엘륄이 말하는 테크닉의 통제력과 지배력을 보여준다. 목숨을 걸고 건강을 위협하는 위험을 무릅쓰게 만드는 것이다. 반면 잉 치엔 마가 얻은 성공은 테크닉의 창조적이고 자율적인 면, 경기를 지배하는 기존의 방식을 뒤집기 위해 아픔을 극복해내는 선수 개인의 의지와 능력을 보여준다. 의도되지 않은 부정적인 결과나 긍정적인 결과 모두 어느 한 쪽만으로는 전체를 아우르는 완전한 이야기라고 할 수 없다.

테크닉은 테크놀로지의 발전에 결정적인 영향을 미친다. 경제학자 폴 로머Paul Romer가 관찰했던 것처럼, 운동 경기에서 테크닉에 변화를 줄 경우 역설적으로 그 테크닉의 세세한 부분들이 완전히 다듬어지기 전까지는 잠깐이나마 경기력이 떨어진다. 많은 발명품이 초기에는 기존에 사용되던 최고의 도구에 비해 성능이 떨어진다. 초기 중세 대포는 발전의 정점을 지난 투석기보다 성능이 한참이나 떨어졌다. 어떠한 도구나 테크닉에서의 잠재력을 파악하면 연습과 훈련에 오랜 시간을 투자해야 한다. 로머의 주장에 따르면, 획기적인 발명은 많은 사람이 시간을 들여 이를 가다듬어나가는 과정의 시작에 불과하다. 그의 관점을 좀 더 확장한다면, 테크놀로지와 테크닉은 함께 진화한다고도 할 수 있다. 발명가는 그가 만든 발명품이 어떻게 사용될지 혹은 어떻게 오용될지 예측할 수 없다. 특히 전자 제품의 시대에서 발명가는 자신의 아이디어에 대한 사용자가 아닐 가능성이 크다. 컴퓨터 전문가들을 대상으로 한 설문에서 소프트웨어 인터페이스 개발자들에게 가장 많은 공감을 얻은 금언은 이랬다. "사용자를 알라. 그리고 당신은 사용자가 아니라는 점을 명심하라."

한쪽에서 발명된 테크놀로지가 다른 세력의 손에 넘어가 테크닉의 발전을 이루며 테크놀로지를 처음 발명한 쪽에 해를 주기도 한다. 19세기 식민지 저항을 억누르기 위해 유럽 권력자들이 애용했던 맥심 속사 기관총은 게릴라와 테러리스트들의 손에 들어가 튼튼하고 가벼운 칼라슈니코프의 모태가 되었고, 20세기에는 폭력 집단과 마약 밀매범들이 사용하는 자동 소총들로 그 계보가 이어졌다.

어떤 보안 하드웨어라도 언젠가는 재주가 뛰어난 범죄자에게 뚫리고 만다면, 세상에 존재하는 모든 도구도 사용자 실험을 통해 더 나아질 수 있을 것이다. 의도하지 않았던 결과에도 긍정적인 면이 존재한다. 발명가도 그가 만든 발명품에 새로운 의미와 테크닉을 심어줄 시대나 가치의 변화까지는 예측할 수 없다. 우리가 일상에서 접하는 가장 평범한 도구들은 원 발명가의 창의력에 때로는 천 년이 넘는, 수 세대에 걸친 사용자 실험이 누적된 결과가 더해진 것이기도 하다. 우리가 우리 몸을 움직이고, 옮기고, 내밀고, 보호하기 위해서 단순해 보이는 도구들을 사용할 때, 우리의 테크닉은 이러한 사물들은 물론 우리의 몸도 변화시킨다. 새로운 도구를 받아들임으로써 우리는 더 많은 것을 할 수가 있다. 그러면서 우리의 사회적 자아도 변화한다. 자연 선택과 사회 도태가 다른 동물들의 모습을 결정하는 반면, 인간의 본질을 형성하는 데에는 테크놀로지가 큰 영향을 미친다. 우리의 물질문화는 도구와 행위, 무기와 전술의 예측하기 어려운 변증법적 흐름을 통해 지금도 변화하고 있다.

chapter

02

젖병,
태어나 가장 먼저
접하는 테크놀로지

선진 사회에 속한 많은 사람에게 분유와 젖병, 고무젖꼭지는 태어나 가장 처음 만나게 되는 테크놀로지로, 이들의 영향은 미미하게나마 일생 동안 지속된다.

사물의 역습

인류는 진화하면서 다른 동물들을 뛰어넘는 장점을 얻었지만 동시에 이에 따르는 부담도 짊어지게 되었다. 기본적으로 인간은 원하는 바를 성취하기 위해 새로운 테크닉을 만들고 적용하는 데 탁월하다. 매우 복잡한 테크닉을 주변에 전파하는 능력 또한 다른 동물보다 뛰어나다. 그런데 지난 천 년간 도구들이 점점 더 복잡해진 것과 별개로, 우리 인간은 처음부터 복잡한 테크닉을 구사하는 능력을 갖췄던 것 같다. '단순해 보였던' 사회의 도구들이 실제로는 현대 산업 사회의 것보다 더욱 복잡하고 세련된 기교를 필요로 했다는 것이 그 증거다. 이 점은 다음 장에서 좀 더 자세히 살펴보겠다.

넓은 의미에서의 테크닉에 흔히 테크놀로지라고 부르는 하드웨어가 포함되어 있듯이, 테크닉은 태어나면서부터 개인의 삶 안에 함께 존재한다. 물론 그 이전인 태아기에도 관련된 테크닉이 있다. 예비 부모들이 지키려고 노력하는 다양한 관습을 비롯해, 임신을 돕거나 태아의 상태를 관찰하고 진단하는 테크놀로지들이 그 예이다. 다른 테크닉과 마찬가지로 이들 역시 인간의 몸에 예기치 못한 영향을 미쳤다. 가령 유전자 조작은 궁극적으로 특정한 선천적 결함을 유발하는 유전자 발생을 줄이거나 이상적으로 여겨지는 체형, 외모, 지능 검사 점수와 관련된 유전자를 활성화시킬 수 있다. 여기에는 찬반 논란이 있지만 어느 쪽이든 이러한 유전자 조작을 공학이라 부르는 진짜 의미를 온전히 파악하지 못하고 있는 것은 마찬가지다. 헨리 페트로스키가 일련의 저서에서 주장한 것처럼 토목공학자들은 갖가지 실수와 재난 속에서 발전과 진보를 이룩했지만 무너진 다리, 붕괴한 터널, 망가진 도로와 달리 잘못 디자인된 인간은 부수고 다시 지을 수 없다. 또한 유전 실험으로 특정 가계에서 유전성 질병이 발생하는 것을 억제한다 해도 이 과정에서 의도와 상관없이 질병과 관련된 유전자가 퍼질 가능성도 있다. 마찬가지로, 체외 수정이 오히려 불임 가능성을 높일 수도 있다. 향후에는 더 많은 부부가 부모가 되기 위해 의학적 도움을 받아야 할지도 모른다. 이미 미국 부부 가운데 여섯 쌍 중 한 쌍은 불임 관련 치료를 받고 있고, 이 비율은 앞으로 더 올라갈 것이다.

태아 검사가 일반화된 오늘날 산업 사회에서는 이 검사가 인간의 몸에 미치는 영향도 생각해봐야 한다. 그러나 더 오랫동안 인간의 발달 과정에 개입해온 젖병에 비한다면 그 영향은 상대적으로 소소하다고 할 것이다. 선진 사회에 속한 많은 사람에게 분유와 젖병, 고무젖꼭지는 태어나 가장 처음 만나게 되는 테크놀로지로, 이들의 영향은 미미하게나마 일생 동안 지속된다.

자연스러움을 추구하는 기교와
인공적이고자 하는 의지

수유는 인간에게 남다른 의미를 지닌
다. 이는 다른 포유류, 심지어 다른 영장류에서도 발견되지 않는 특징인데
유아기의 인간이 과도하게 발달한 뇌를 지닌 대가로 다른 어떤 동물보다
의존적이기 때문이다. 반면 다른 영장류 새끼들은 갓 태어난 순간부터 스
스로 자신을 돌보는 방법을 알고 있어서 비록 몸집은 작아도 독립적인 개
체다. 그래서 어미의 젖꼭지를 찾아서 매달리기까지 그 누구의 도움도 필
요치 않다. 비록 어미가 차차 새끼를 돌보는 방법을 배워가긴 하지만 본능
적인 기교 이외에 나머지 부분은 새끼가 알아서 하는 것이다. 이와 대조적
으로 유아기 인간은 영양 공급과 보호뿐 아니라 면역력 증강 면에서도 어
미의 도움을 필요로 한다. 즉 인간의 갓난아이는 밖으로 나온 태아에 불
과하다.

인간의 모든 행위에는 테크닉이 수반되며 모유 수유 지지자들도 이 점
을 강조한다. 이러한 면에서 갓난아이로 산다는 것은 쉬운 일이 아니다.
수유 전문가들에 의하면, 빠는 행위 자체는 반사 작용이지만 빨고 삼키고
숨을 쉬기 위해 갓난아이는 예순세 가지나 되는 신경을 사용해야 하며,
유아 열 명 중 한 명은 이 과정에 어려움을 겪는다고 한다. 어머니 역할을
하는 데도 역시 학습이 필요하다. 모유가 잘 나오지 않거나 지나치게 많이
나오는 것, 젖꼭지가 갈라지는 것처럼 신체적 문제를 비롯해 유아가 다양
한 행동을 보이는 예상 밖의 상황에서 경험이 부족한 여성이 본능적으로
대처하기란 쉬운 일이 아니다. 아프리카 유아를 대상으로 한 영양 활동가
는 이렇게 말한다. "많은 이들이 모유 수유가 자연스럽고 직관적인 본능이
라고 생각한다. 그러나 모유 수유는 세대에서 세대로 전해지면서 학습되

는 행위다. 옛날에는 나이가 많은 여성이 막 어머니가 된 여성과 함께 앉아 이런 경우에는 이렇게, 저런 경우에는 저렇게 하라고 일일이 가르쳤다. 요컨대 모유 수유는 공동체의 교육 과정 중 하나다." 다만 지금은 예전에 할머니가 앉아 있던 자리를 모유 수유 활동 단체와 수유 상담사들이 차지하고 있을 뿐이다.

이뿐만 아니라 자기 아이들에게 젖을 먹일 수 없거나 먹일 의사가 없는 어머니를 위해 마련된 수유 대책도 긴 역사를 자랑한다. 물론 대부분의 어머니들은 다른 방도가 없어 이러한 대안을 선택한 것이지만, 고대 그리스와 로마의 부유층은 미용 목적으로 유모를 고용했다. 이러한 유모 중에는 노예도 있었고 자유인도 있었다. 중세 시대에도 유모는 번창하는 직업이었다. 가령 이탈리아의 카센티노와 발다르노 계곡은 지역 전체가 이 직업에 특화되어 있었다. 그 후 18세기에 이르기까지 대부분의 유럽인은 금전적으로 여유가 있으면 당연하다는 듯이 유모를 두었다. 그러나 종교 단체와 의학 기관들은 이를 반대했으며 특히 가톨릭교회는 적극적으로 어머니의 모유 수유를 권장했다.

그런데 근대 역사학자들의 주장에 따르면 이는 단순히 유아의 건강을 지키기 위해서가 아니라, 문화와 정치에 여성이 미치는 영향력이 커지는 것을 견제하기 위해서였다고 한다. 실제로 18세기 계몽사상을 여러 권의 책으로 요약한 《백과전서Encyclopédie》 저자들 또한 여성의 사회 진출을 막기 위해 모유 수유를 하나의 의무라고 선전했다. 18세기 말과 19세기 초 유럽의 의학 작가들도 모유 수유가 주는 자연적인 이점들을 극찬하면서 자연스럽게 분비되는 모유를 막았을 때 여성의 몸에 발생할 수 있는 위험에 대해 경고했다. 종교와 합리주의가 시작했던 것을 낭만주의가 이어받는 패턴은 모유 수유에서도 나타났다. 미국 독립 전쟁이 일어나기 이전에 남부 여성이 친모 수유가 자연이 내린 의무라며 열렬히 지지한 것이다. 하지만 전쟁이 끝나자 노예 유모는 남부를 상징하는 전형적인 사례가 되어버리고 말았다.

병을 이용한 수유가 등장한 것은 19세기보다 훨씬 이전의 일이다. 여러 문화권에서는 아주 오래전부터 유아에게 동물의 젖이나 시리얼을 먹이곤 했다. 이러한 경향은 동물의 젖이 풍부하고 보관하기 쉬운 추운 지방에서 가장 일반적으로 나타났지만, 꼭 그 지역에 한정된 것만은 아니었다. 실제로 6,000년 전 유적지에서도 유아용 젖병이 발견되었으며, 로마인도 인공 젖꼭지를 사용했다. 또한 중세 후기와 근대 초기에 걸쳐 스칸디나비아, 남부 독일, 북부 이탈리아, 오스트리아, 스위스, 러시아 지역에서도 젖병을 이용해 수유하는 것이 일반적이었다. 실제로 역사학자 발레리 필데스 Valerie Fildes 는 인공 수유와 모유 수유에 관한 논쟁이 수백 년 전에도 이루어졌다는 증거를 발견했다. 또 어떤 곳은 인공 수유가 일반적이어서 북부 바바리아에서는 북부 독일 태생의 한 여성이 자기 아이에게 직접 모유 수유를 시도했다는 이유로 동료들에게 더럽고 불결하다는 비난을 받기까지 했다. 정확한 이유는 불분명하지만, 모유 수유에 대한 그들의 거부감이 비단 지역 환경 때문만은 아니었던 것으로 보인다.

프랑스 국왕 루이 15세의 주치의가 국왕에게 보고한 관찰 결과에 따르면, 아주 어린 아기들에게도 우유나 유장통에 달린 빨대를 빨도록 하는 러시아와 아이슬란드 사람들의 관습이 의외로 아기들의 건강에 크게 악영향을 미치지 않았다. 20세기에도 한 인구 통계학자가 바바리아 지역에서 인공 수유가 미치는 영향을 조사했는데, 인공 수유가 일반적인 지역은 그렇지 않은 지역보다 생후 1년간 유아 사망률이 더 높았던 반면에 이후 4년간은 훨씬 낮았다. 이는 아마도 살아남은 유아들이 음식에 있는 미생물에 대항할 수 있는 면역력을 키웠기 때문일 것이다. 또한 인공 수유로 자란 아이들은 그들의 부모와 함께 지낸 덕에 유모들에게서 병을 옮지도 않았다.

이렇듯 젖병은 산업 혁명으로 인류에게 처음 나타난 것이 아니었다. 초기에는 여러 공동체에서 조악한 임시방편을 사용했는데 이것이 유아 사망률을 높여 본의 아니게 가족 규모를 조절하는 역할을 했다. 또한 과잉 공급된 우유를 처리하는 방안으로 쓰이기도 했다. 그러나 이는 어디까지나 예외적인 경우였으며 그 후 19세기와 20세기에 걸쳐 세 가지 변화를 통해 더 많은 유럽과 북미의 유아들이 인공적인 식품에 의존하게 되었다. 그 사이 수유를 위한 새로운 도구가 발명되었고, 모유의 우수함에 근접하기 위해 과학적, 의학적 면에서 다양한 시도가 있었으며 마지막으로 국내 및 국제 유제품 시장이 확대되었다. 그런데 이 변화는 유아와 그 어머니들에게 의도치 않은 심각한 영향을 끼치게 된다.

젖병의 탄생과
부작용

19세기 이전까지는 그 어떤 수유 도구도 기술과 문화의 아이콘이 될 정도로 주목받지는 못했다. 젖병을 깨끗하게 유지하는 것 등등 기능적인 문제 때문에 수유 도구가 확산되지 못한 탓도 있었거니와 쓸 만한 인공 젖꼭지를 찾을 수 없다는 기술적인 문제도 있었다. 그래서 유아의 입에 도자기, 백랍, 주석 등으로 만든 젖병의 끝을 직접 대거나 쇠뿔의 끝에 구멍을 내 사용하기도 했다. 이뿐만 아니라 스펀지를 안에 넣고 꿰맨 양피지를 비롯해 양털, 세미 가죽, 아마포, 심지어는 알코올로 보존된 소젖이 인공 젖꼭지로 사용되었다. 그러나 가장 큰 문제는 역시 경제성이었다. 수유 도구는 값비싼 수공예품이었는데 당시 상류층은 대체로 유모를 고용했기 때문에 수유 테크놀로지를 위한 시장이 제한적일 수밖에 없었던 것이다. 그럼에도 발명가들은 새로운 양식의 젖병들을 고안하기 시작했다. 미국에서 1841년 찰스 윈십 Charles Winship이 '락틸'이라는 이름으로 특허를 받은 여성의 가슴 모양 젖병이 그 시초였다. 이 젖병은 어머니의 가슴에 끼울 수 있게 되어 있었으며, 유아가 이를 어머니의 모유라고 믿게 해준다고 홍보되었다. 발명가는 이를 "좋은 의도의 속임수"라고 부르며 성공을 자신했으나 수유 구조에서 기술적 병목 현상이 일어났다. 스펀지를 채운 사슴 가죽으로 만든 인공 젖꼭지의 성능이 형편없었던 것이다.

유아 수유에 진정한 혁명이 시작된 것은 그로부터 4년 후였다. 뉴욕에서 엘리자 프렛 Elijah Pratt이 찰스 굿이어 Charles Goodyear가 개발한 고무 경화 프로세스를 이용해 최초의 고무젖꼭지를 발명하는 데 성공했다. 이를 시작으로 1960년대 후반부터 1870년대 초반까지 고무젖꼭지와 관련된 특허가 유행처럼 쏟아져 나오게 된다. 이는 시장의 성장을 보여주는 신호였다. 이러한 유행 덕분에 좀 더 좋은 젖병이 만들어졌다. 1851년 영국에서 발명된 오도넬 젖병은 미국에서 남북 전쟁 시기(1861-1865)부터 1890년대에 이르기까지 큰 인기를 누렸다. 이 젖병은 플라스크처럼 생긴 병에 기다란 고무관이 있고 그 끝에는 고무젖꼭지가 달린 형태였다. 다만, 길쭉한 고무관이 박테리아에 감염되기 쉬웠기에 영국에서는 1860년대에 이를 대체하는 디자인이 등장했다. 맘마라 불리는 이 젖병은 여성의 가슴을 본뜬 모양이었고, 고래와 비슷하게 생긴 고무젖꼭지가 유리병에 신축성 있는 밴드로 연결되어 있었다. 19세기 말에는 밤에 보채는 아기들의 수유를 위해 유아용 침대 위에 매달 수 있게 만든 모델이나 작은 다리가 달려서 아기 가슴 위에 올려놓을 수 있는 모델도 등장했다.

20세기 이전의 젖병
20세기 이전의 입이 좁은 병이나 길쭉한 고무관은 위생에 치명적인 문제를 일으켰다. 그중 특히 납작한 거북이 모양의 젖병은 살인 젖병이라 불렸다. 왼쪽부터 오른쪽으로 ❶ 미국의 세리티 & 모렐 피더 젖병 ❷ 미국의 타이리안 너서 젖병 ❸ 미국의 젖병 ❹ 1890년에 특허 받은 미국의 젖병. 모두 코닝 유리 박물관 소장.

1945년까지 미국 특허청에 등록된 젖병의 종류는 230가지가 넘었지만, 1920년대부터는 대부분의 젖병이 현재와 유사한 형태를 띠었다. 입구가 넓고 유리로 만들어진 용기 위에 고무젖꼭지가 달린 형태가 표준으로 안착된 것이다. 위생학에 대한 관심과 세균 이론에 대한 인식이 커졌기 때문이었지만 신발, 거북이, 토끼 모양 등 입구가 좁아 세척하기 어려운 젖병이 완전히 사라지지는 않았다. 게다가 1880년대와 1890년대에는 유리병 생산이 반자동식이어서 병 주둥이를 손으로 붙여야만 했다. 그러다가 20세기 초반 고무 제작 기술이 발달하면서 19세기 제품에서 문제가 되었던 냄새, 맛, 딱딱한 느낌, 세정 관련 문제 등의 불편함이 해결되었다. 또 오하이오 주 털리도에서는 마이클 J. 오웬즈^{Michael J. Owens}가 자동 유리 제작 기계를 발명해 1903년부터 상업적 생산을 시작했다. 그리하여 1920년경에는 매일 1만 3,000개의 유리병이 생산되어 생산원가가 급격히 낮아졌고 그로 말미암아 병 우유의 보급도 활발해졌다.

유리 소재의 변화도 있었는데 1919년에 코닝사에서 다양한 용도로 사용할 수 있는 열 저항 유리 파이렉스의 특허를 받는 데 성공한다. 이는 본래 철도 신호등을 위해 개발되었으나 이후 1922년에 젖병 소재로 사용되었다. 입구가 넓고 살균이 가능한 이 젖병 덕분에 인공 수유의 위생적인 문제가 해결되었다. 이 형태는 제2차 세계 대전 이후에도 일반적인 표준으로 유지되었다. 반면 소아과 의사들과 병원에서는 1962년에 출시되었으며, 젖병에 분유까지 포함되어 한 번 쓰고 버릴 수 있는 플라스틱 소재의 '미드 존슨 베니플렉스'나 이후에 등장한 유리병 소재의 일회용 젖병들을 환영했다. 이를 사용하면 분유를 위생적으로 조제하지 않아 종종 문제를 일으키던 분유 제조사들 없이도 수유가 가능했기 때문이었다. 또한 온도계가 동봉된 초기의 실험적 모델은 나중에 내용물의 온도를 반영해 색이 변하는 가정용 플라스틱 젖병으로 발전하기도 했다.

일반 가정에서 혁신이 일어나기도 했다. 조형 기술이 발달한 덕분에 뉴욕 현대 미술관도 인정하는 독특한 형태의 젖병이 탄생했는데, 그 예로 1988년 뉴욕 현대 미술관의 디자인 컬렉션에는 '앤자'라는 플라스틱 젖병이 이름을 올렸다. 아동 발달 분야의 지식이나 제품 디자인 경험이 전무한 오클라호마 주의 평범한 부부가 고안한 이 젖병은 길쭉한 도넛 모양을 하고 있어 유아가 좀 더 쉽게 잡을 수 있었다. 그러나 아기가 젖병을 지나치게 좋아해서 입에 문 채 그대로 잠들어버린다는 단점이 있었다. 발명가의 주치의는 젖병이 유아에게 해롭다고 생각했다. 유아에게는 영양을 섭취하는 것 역시 테크닉에 속하기 때문이다. 유아가 어머니의 젖을 빠는 과정은 다음과 같다. 입을 크게 벌려 턱으로 젖꼭지와 유륜을 같이 물고, 혀의 연동 운동을 통해 모유가 나오게 한다. 이 과정에서 젖꼭지는 원래 길이보다 두세 배 길어지며, 15개에서 30개에 이르는 미세한 구멍을 통해 모유가 유아의 입으로 뿜어진다.

반면 고무, 플라스틱, 실리콘 젖꼭지의 기능은 각기 다르며, 이는 유아가 터득하는 수유 테크닉에 영향을 미친다. 가령 젖병에 달린 인공 젖꼭지를 물면 입으로만 빨아도 우유가 나오므로 턱을 사용할 필요가 없다. 유아가 덜 노력해도 배고픔을 해결할 수 있으므로 무척 효율적이다. 그렇기 때문에 태어난 직후나 모유 수유를 하기 전 보조 수단으로라도 젖병으로 수유를 시작한 유아는 이 쉬운 방식을 포기하기가 어렵다. 이 경우 유아는 모유 수유를 해도 본능적으로 입을 크게 벌리지 않고 혀를 앞으로 내밀면서 입으로만 젖꼭지를 빨려고 한다. 턱으로 물지도 않고 혀를 연동시키기도 않으니 자연히 젖이 잘 나오지 않는다. 이렇게 되면 남아도는 젖이 뭉쳐서 모유량이 점점 줄어들고 수유가 더 어려워지는 악순환이 일어나는 것이다. 전문가들은 이러한 현상을 '유두 혼동' 혹은 '제삼유두증후군'이라 부른다. 이 때문에 모유 수유 지지자와 아동 복지 활동가들이 병원에서 신생아를 대상으로 무료 분유를 제공하는 홍보 활동에 큰 우려를 표했던 것이다. 1970년대 미국 병원에 도입된 일회용 위생 플라스틱 분유 젖병은 분유 준비 시간을 단축하고 분유의 품질을 높였지만, 분유 수유 자체에 대한 비판을 극복할 수는 없었다. 모유 수유 지지자와 아동 복지 활동가들은 모유와 분유를 번갈아 먹이는 '혼합 수유'에 대해서도 여전히 우려를 표한다.

　그런데 아이러니한 것은 수유 상담사들이 유두 혼동을 비롯한 수유 문제의 답을 초기 젖병 방식, 즉 어머니의 몸에 붙이거나 길쭉한 관을 이용하는 방식에서 찾고 있다는 것이다. 이러한 보조 수유 시스템은 모유 혹은 분유가 담긴 플라스틱 젖병에 튜브를 연결해서 유두 근처에 저자극성 테이프로 부착하게끔 되어 있다. 이 튜브는 매우 가늘고 유연해서 유아가 모유 수유하는 테크닉으로 빨아야만 내용물을 섭취할 수 있는데, 이때 어머니의 젖꼭지는 수유에 필요한 자극을 받을 수 있다. 또한 병에 달린 밸브는 유아가 빨 때만 내용물이 나오게 되어 있다. 이뿐만 아니라 젖병 제조 회사들은 젖병을 사용하는 유아들을 위해 자연스러운 혀 테크닉을 길러주는 '생리적' 젖꼭지를 제공하기도 한다.

　젖병 수유는 유아의 구강 상태에도 영향을 미친다. 경험이 부족한 부모들은 젖병을 물린 채로 아이를 재우는데, 이러면 우유나 주스가 치아에 머물게 되어 충치가 생긴다. 게다가 젖병으로 수유했던 아이들은 부정 교합이 될 가능성이 높다. 1981년에 진행된 한 연구에 따르면, 모유 수유를 전혀 하지 않았거나 3개월 미만으로 했던 아이 중에 36.4퍼센트가 부정 교합을 보인 반면에 6개월 이상 모유 수유를 했던 아이들은 부정 교합이 24.2퍼센트에 불과했다. 1987년의 연구에서 모유 수유를 해본 적이 없거나 3개월 미만인 아이들의 부정 교합 비율은 44퍼센트로 증가한다. 이에 대해 한 의학 전문 작가는 모유 수유 시에는 유아가 혀를 연동 운동으로 돌리는 반면, 젖병 수유 시에는 혀를 피스톤처럼 움직이게 되는 것을 부정 교합이 생기는 원인이라고 주장했다.

유아용 식품의
발전

젖병의 이러한 물리적인 문제들은 분유가 영양학적으로 어떠한 결과를 낳을지 모른다는 사실과 비교하면 작은 위험에 불과하다. 그래서 소아과 연구자와 영양학자들은 분유로 모유를 대체하는 것을 "통제 집단이 없는, 사상 최대의 생체 실험"이라고 부른다.

민간요법의 일종으로 수 세기 혹은 수천 년 동안 지속되어 온 인공 수유와 달리, 모유를 과학적으로 대체하고자 하는 혁신적인 시도가 시작된 것은 19세기였다. 근대 초기에 도시 상류층의 몇몇 부모들은 지금 보면 기괴하다고밖에 할 수 없는 대체재를 사용했다. 예컨대 모차르트의 여섯 아이는 모두 설탕물로 수유를 대신했고 그중 네 명이 세 살 이전에 죽었다. 예전부터 종종 대체제로 사용되던 소젖이나 염소젖은 너무 걸쭉한데다가 알칼리성이어서 아기에게 맞지 않았다. 실제로 1741년 런던 내과의사 한스 슬론 경Sir Hans Sloane은 파운들링 병원에서 유모의 젖을 먹은 아이들의 사망률이 19퍼센트인 데 반해, 동물 우유나 혼합 곡물을 먹은 아이들의 사망률은 53퍼센트였다는 사실을 규명했다. 또한 미국 19세기 의사들이 병든 소에서 짠 우유가 후두 감염뿐 아니라 장티푸스나 결핵과 같은 치명적인 질병을 일으킬 수 있음을 발견하기도 했다. 이들은 양조장 찌꺼기를 먹고 자란 소에서 짠 '값싼 우유'를 마시면 영양 부족을 일으킨다고 경고했다. 그럼에도 런던에서는 19세기 말까지 우유에 물을 최대 25퍼센트까지 섞어서 판매했다. 이 시기에는 철도를 이용한 보급로와 화학적 지식이 발달하면서 방부제가 널리 사용되기 시작했는데, 그중에는 과산화수소와 같이 매우 위험한 성분도 있었다. 한 추정치에 따르면, 당시 유통되던 유제품의 절반 이상에 방부제가 들어 있었다.

일부 제조 회사들은 이렇듯 의심스러운 첨가물을 만들어 넣었지만, 반대편에 선 화학자들이 이를 검출하는 새로운 방법들을 개발했다. 이들 중에는 과학적으로 유아에게 최적화된 먹을거리를 개발한다는 야심 차고 심지어 숭고해 보이기까지 한 목적을 품은 이도 있었다. 요컨대 인공 수유에 관한 문제들도 다른 테크놀로지의 여러 딜레마와 마찬가지로, 좋은 의도에서 시작되었다는 이야기다. 당시 영국의 여러 산업 도시에서는 여성의 영양실조와 훈련되지 않은 유모의 잘못된 수유로 말미암아 영아 사망률이 1858년에 최대 55.4퍼센트까지 치솟았다.

이에 화학자들은 1860년대에 새로운 제조법을 개발해서 유아에게 알맞도록 우유를 모유화한 식품들을 고안해내기 시작했다. 그 예로 19세기 화학 분야에서 연구와 교육, 그리고 산업을 성립시킨 장본인이자 유럽에서 가장 영향력 있는 과학자였던 바론 유스투스 폰 리비히Baron Justus von Liebig를 들 수 있다. 리비히는 우유 10에 밀가루 1, 맥아분 1의 비율로 섞고 탄산수소칼륨 보조제를 첨가한 유아용 식품을 개발해낸다. 그는 이 식품에 모유의 두 배에 가까운 영양소가 응축되어 있으므로 유아에게 더 적게 먹여도 된다고 주장했다. 그러나 베를린 화학자 J. F. 사이먼J. F. Simon의 연구에 바탕을 둔 리비히의 제조법에는 문제가 있었다. 리비히가 만든 유아용 식품에는 탄수화물이 너무 많은 반면, 비타민 C를 비롯한 다른 종류의 비타민과 아미노산의 함유량이 건강에 위험할 정도로 적었다.

그러나 리비히가 개발한 식품은 영양학적 부적절함을 지적하는 의학 보고서나 긍정과 부정이 섞인 소비자 반응에도 불구하고 꾸준히 팔려나갔다. 대중은 그 제품이 영양학적으로 뛰어난 가치가 있으며 소화에도 좋다는 리비히의 주장을 그대로 믿었다. 심지어 어떤 지지자는 "리비히의 식품이 모유와 완전히 똑같은 성분이기 때문에, 소화가 잘되지 않는다는 사람들을 개인적으로 이해할 수 없다."는 글을 쓰기도 했다. 그리하여 이 제품은 1869년에 미국 뉴욕에서도 "유모는 이제 그만!"이라는 슬로건을 내걸고 개당 1달러에 판매되었다. 1달러는 당시 대부분의 노동자에게 하루치 일당이었다. 이에 다른 사업가들도 이 제품의 경제적 잠재력을 인식하고 경쟁에 뛰어들었다. 가령 낙농업이 대규모로 발달한 스위스에서는 미국 외교관 찰스 페이지Charles Page와 그 동생이 1866년에 앵글로스위스 연유 회사를 설립해 게일 보든의 농축 우유 제조법(1856년 특허)을 대량 생산에 적용했다. 다음해에는 앙리 네슬레Henri Nestlé라는 스위스 상인이 유아용 식품을 개발해, 음식을 거부하던 어떤 아이의 생명을 살렸노라고 선전했다. 품질 좋은 스위스 우유와 빵으로 구성된 이 식품은 네슬레가 개발한 새로운 방식으로 조리된 덕분에 원통형 깡통에 포장된 것을 물에 타서 아이에게 먹이기만 하면 되었다.

그 결과 시장에서 폭발적인 인기를 얻은 네슬레는 1873년 한 해에만 유럽과 남북 아메리카에 50만 박스를 판매하는 데 성공했다. 또한 구스타프 멜린Gustav Mellin이라는 영국 화학자는 우유뿐만 아니라 물에도 섞어 먹일 수 있는 리비히 식품의 변형판을 개발했다. 미국에서는 보든 컴퍼니가 자체적으로 개발한 '이글 브랜드'를 홍보했으며, 스미스 클라인 & 프렌치가 '앨뷰머나이즈드 푸드'라는 제품에 대한 권한을 인수하면서 제약 업계도 잠재적 시장에 참여하기 시작했다. 이러한 제조사들은 의사와 일반 소비자에게 동시에 접근했는데, 가령 네슬레 같은 기업들은 끓인 물만을 사용하기 때문에 위생상 안전하다는 점을 홍보했으며, 멜린과 유사한 식품을 판매하는 다른 제조사들은 생우유와 제품을 혼합하는 과정에서 의학적인 문제는 없는지 연구하는 데 자금을 지원하는 방안을 모색했다. 그러나 의사들 사이에서는 최적의 처리 기법에 대한 논쟁이 끊이지 않았다.

1890년과 제1차 세계 대전 사이 일부 의사들은 순수 과학에 기반을 두고 제조사들의 상업주의를 대체할 수 있는 유아용 식품을 개발하는 데 매진했다. 하버드 의과 대학의 토머스 모건 로치Thomas Morgan Rotch가 이러한 움직임의 선두에 섰다. 그는 단순한 모유 대용품이 아니라, 과학적으로 최적화되어 유아 개개인에게 적합하고 높은 영아 사망률을 낮출 수 있는 영양학적 방안을 찾고자 했다. 그리하여 리비히 때보다 진일보한 필라델피아 의사 A.V. 메이그스A.V. Meigs의 분석을 바탕으로 산모가 우유, 유당, 크림, 석회수를 조합해 지방, 당분, 단백질을 정확한 비율로 갖춘 영양식을 만들 수 있는 표를 개발했다.

또한 로치는 이때 오염된 우유를 사용하지 않도록 위생 절차를 새로 도입했으며, 인증된 유제품을 생산하고자 과학적 기법을 도입한 낙농가들과 함께 연구했다. 프랑스, 영국, 미국의 다른 의사들도 생우유가 의학적 관리에 따라 제공될 수 있는 지점을 지정하는 데 협조했다. 그럼에도 1920년대까지 영국과 미국을 비롯해 유럽 전역에는 오염된 우유가 유통되는 일이 만연했다. 이 때문에 유아용 식품 산업을 비판적으로 바라보는 이들은 가장 잘 관리된 식품들조차도 1905년부터 조사된 영유아 사망률을 낮추는 데 기여하지 못했으며 오히려 병원과 분유 유통망 사이에 불편한 야합만을 조장했다고 주장했다.

게다가 로치가 개발한 백분율 방식은 지나치게 복잡해서 화학 실험실이 아닌 일반 가정집에서 따라 하기가 어려웠다. 미국 북동부에서는 한때 이 방식이 유행했지만 결국 1915년 이후에는 아무도 로치가 고안한 방식을 활용하지 않게 되었다. 그 자리를 대신해 유아 식품에 새로운 패턴이 등장했다. 소아과 의사들의 감독 아래 조제된 유아용 식품이 시장 공략에 나선 것이다. 소아과 의사와 가정 주치의에게 과학적으로 관리되는 이 식품은 말 그대로 우매한 대중을 의학으로 구제하는 십자군과 같은 존재였다. 몇몇 저서에서는 생활 의학을 대중에게 겁을 주어 전문가의 판단을 강요하는 행위로 치부하지만, 실상은 그보다는 좀 더 복합적이었다. 우선 더 이상 모유 수유가 여의치 않았다.

비록 수많은 의사와 여성이 모유의 우수성에 대해 긍정적으로 생각했지만 정작 수유에 어려움을 겪는 여성들을 지원해줄 수 있는 과거의 공동체 네트워크가 20세기 초에 접어들면서 점점 사라져가는 형편이었던 것이다. 이들과 달리 일반 대중은 1875년 이전까지 과학에 기반을 둔 의학의 권위와 능력을 매우 긍정적으로 인식했다. 어쩌면 이렇게 의학적인 관점으로 일상생활의 모든 것을 판단하는 태도가 새로운 편견과 오류를 낳았을지도 모른다.

하지만 이러한 트렌드가 법적으로 강제되거나 강요된 것은 아니었다. 산모들은 대부분 산파의 경험이나 지식에 의존하기보다는 산부인과 의사에게서 도움을 받고자 했다. 과학에 기반을 둔 모성이 비단 의사들에게 한정된 개념은 아니었던 것이다. 그리하여 의사는 물론 여성도 입으로 전해지던 모유 수유 테크닉 대신 젖병, 젖꼭지, 유아용 식품과 관련된 테크놀로지를 현대적인 대체재로 받아들였다. 1920년에서 1950년 사이 미국에서 병원 출산율이 20퍼센트에서 80퍼센트까지 증가한 것에서 볼 수 있듯이 병원에서의 출산이 점차 일반화되었으며 동시에 인공 수유도 제도화되었다. 병원에서는 감염을 예방하기 위해 산모와 유아의 접촉 횟수뿐만 아니라 시간도 제한했다. 그리고 야간에 산모들이 잠을 잘 수 있도록 유아에게 젖병을 물렸다.

젖병의 세계화와
반대 세력

유아용 식품의 이러한 성공은 비단 과학에 대한 확신과 제조사들의 공격적인 마케팅 때문만이 아니다. 1920년대를 시작으로 여성의 가슴이 성적 의미로 강조됨에 따라 공공장소에서의 수유가 이전보다 민감한 문제로 받아들여진 탓도 있었다. 이 시기에 젖병 수유는 과학적 모성을 상징했으며 동시에 가사에서 해방되는 것을 의미하기도 했다. 유럽의 일부 자본가 공동체에서는 젖병 수유를 '구강 충족감'이 필요 이상으로 연장되지 않도록 하고 좋은 습관을 개발하는 과정으로 여겨 적극적으로 권장했다. 그 결과 제1차 세계 대전에서 1960년대 사이 유럽 전역에서 젖병 수유를 하는 유아들의 비율이 꾸준히 증가했다.

1958년 미국의 한 연구에 따르면, 출산 후 병원에서 집으로 돌아가는 유아 중에 63퍼센트는 분유만 섭취했으며, 전적으로 모유를 먹는 유아는 21퍼센트 정도에 그쳤다. 이는 아직 수유가 필요한 유아를 둔 여성을 고용하는 고용주가 거의 없었기 때문이기도 했지만, 육아 휴직을 낸 여성에게도 평소 임금의 90퍼센트를 보장했던 1960년대 스웨덴에서조차 젖병 수유는 만연했다. 물론 1970년대부터 북아메리카나 유럽의 중산층과 상류층 여성 사이에서 모유 수유가 다시 유행했으며 이를 강력히 지지하는 층도 여전히 존재한다. 그러나 이제 모유 수유는 일상적인 육아에서 젖병 수유를 완전히 대체하기보다는 그 시기를 늦추는 역할을 하는 수준에 머물렀다.

유아용 식품이 인체에 미치는 영향에 대한 논의는 계속되었다. 조사 결과에 따르면 젖병 수유가 폭발적인 추세로 확장되었던 1890년부터 1950년 사이에 영유아 사망률 또한 현저하게 낮아져, 뉴욕 시의 경우에는 1,000

명당 140명에서 40명까지 떨어졌다. 소화기와 호흡기 질환, 특히 설사와 폐렴의 감소가 두드러졌다. 스웨덴에서는 18세기 초부터 20세기 초에 이르기까지 다른 지역과 비교해 영유아 사망률이 뚜렷하게 감소했다. 요컨대 미국과 스웨덴 모두 이러한 추세가 젖병 수유나 1930년대 대공황 같은 사건에 영향을 받지 않았던 것으로 보인다. 이 모든 정황을 감안할 때 초기 현대의 유럽 선진국에서는 유아용 식품이 유모를 통한 수유보다 더 좋은 대안이 되었다고 결론 내릴 수 있다.

인공 수유의 의도치 않은 영향은 산업화된 국가가 아닌 저개발 국가에서 더욱 크게 나타났다. 19세기 이후 북아메리카와 유럽의 농부들은 우유를 풍족하게 생산할 수 있게 되었다. 품종을 개량하고 좋은 사료를 개발한 결과, 젖소에서 얻는 우유의 양이 19세기 초 연간 1,500리터에서 오늘날에는 6,500리터, 몇몇 품종에서는 많게는 1만 리터까지 늘어났다. 1890년대부터 저온 살균법이 상용화되었고 냉장 열차 덕분에 가공과 유통 과정에서 변질되는 우유가 크게 줄었으며 소고기 유통이 국제적으로 활발해져 더 많은 유럽 농가가 낙농업에 특화될 수 있었다.

한편 아시아와 아프리카에서 도시화와 시장 경제가 발달하면서 가공 유아 식품은 중요한 수출품이 되었다. 이들 시장에서는 유아용 식품이 여전히 값비싼 고급품이었지만 유아용 식품 제조사들은 서양에서도 큰 효과를 거두었던 과학을 내세워 마케팅을 펼쳤다. 그 결과, 유아용 식품은 현대성과 교양의 상징으로 홍보되면서 큰 성공을 거둔다. 이에 영향을 받은 엘리트층은 유아용 식품을 정치 경제적 권위를 드러내는 표식 중 하나로 내세웠다. 그 외에도 도시에 살고 있는 이들 역시 큰 영향을 받았다. 급격히 유입되는 인구와 여성의 산업 노동력 참여로 모유 수유에 관한 테크닉을 전수할 방법이 사라져버렸기 때문이었다. 혹독한 빈민가 생활과 질병 또한 수유를 방해하는 요소였다. 저소득층 여성은 상류층과 마찬가지로 유아용 식품이 모유를 대체할 진보적이며 과학적인 수단이라고 여겼으며, 여성의 가슴을 공공장소에서 드러내는 행위도 서양처럼 금기시해야 한다고 생각했다. 광고에서는 유아용 식품이 번영과 현대화를 상징할 뿐만 아니라 유아의 건강에도 영향을 끼친다고 선전했다. 이로 말미암아 모유 수유에 성공한 많은 여성도 인공 수유에 동참하면서 '모유 부족 증후군'에 시달리게 된다. 심지어 몇몇 국가에서는 판매 수수료를 받는 '분유 간호사'가 병원 직원인 것처럼 꾸미고 출산 후 산모에게 접근해 제조사의 제품을 홍보하기도 했다. 의도한 것은 아니겠지만, 국제 연합 아동 기금과 다른 국제기구들은 1960년대에 제3 세계의 굶주린 유아들을 위해 수백만 파운드에 달하는 분유를 배포함으로써 유아용 식품 제조사들이 새 시장에 진출하도록 도왔다. 제조사들은 병든 이들에게 좋은 것이라면 건강한 이들에게도 도움될 것이라는 논리로 시장에 접근했다.

그러나 그들의 의도와는 정반대 결과가 나타났다. 이 분유를 먹은 유아들이 영양실조에 시달리다가 죽음을 맞이한 것이다. 당시 제3 세계에 유아용 식품이 확산되는 것을 크게 반대한 이들 중에는 시셀리 윌리엄스 박사ᴰʳ· ᶜⁱᶜᵉˡʸ ᵂⁱˡˡⁱᵃᵐˢ도 있었다. 그 역시 한때는 아프리카에서 창궐하던 심각한 단백질 결핍성 영양실조 '콰시오르코르'에 대한 방편으로 농축 우유를 장려했으나 1939년에 싱가포르에서 일하면서 설탕을 가미한 농축 우유를 수유에 사용한 결과들을 접하고 참담함을 느꼈다. 당시 농축 우유에는 비타민 D나 비타민 A가 첨가되어 있지 않은 탓에 구루병과 실명을 일으켰다. 윌리엄스 박사는 싱가포르 로터리 클럽에서 '우유와 살인'이라는 강연을 하면서 수익만을 추구하고 유아의 생명은 등한시하는 제조사들을 비난했다.

하지만 모유 수유를 방해한 대상은 상업적 이익을 좇던 제조사뿐만은 아니었다. 좋은 의도를 가진 공공 기관마저 이에 동참했다. 뛰어난 소아 공공 위생 전문가였던 데릭과 페트리스 젤리페 부부Derrick and Patrice Jelliffe는 1940년대와 1950년대 수유 프로그램들에서 이뤄진 분유 배급을 "영양학적 비극"이라고 불렀다. 보건 교육 프로그램이 부재한 상황에서 제품을 배급한 것이 결과적으로 모유 수유에서 젖병 수유로 바꾸도록 장려한 꼴이 된 것이다. 결국, 상업적 의도가 다분한 유아용 식품의 배포는 영양실조 비율을 줄이기는커녕 오히려 더 높이고 말았다. 젖병 수유를 한 유아들은 모유를 먹인 아이들보다 두 살 때까지 체중이 더디게 증가했고 세균성 질병 및 바이러스성 질병, 그리고 기생충 감염에도 취약했다. 칼로리 높은 음식을 섭취하지 못해 걸리는 심각한 발달 장애인 소모증도 젖병 수유와 연관이 있었다.

많은 저개발국에서 비용을 줄이기 위해 물에 희석시킨 우유를 유아 식품으로 사용했는데, 이것이 소모증을 유발하는 위험 요소가 되었다. 이러한 지역에서는 모유를 제외한 모든 액체의 위생 상태가 열악했다. 마찬가지로 젖병을 깨끗하게 보관하는 것도 불가능했기에 분유 수유가 오히려 감염을 촉진하는 꼴이 되었다. 감염에 의한 설사로 식욕이 떨어진 유아들은 영양 결핍 상태가 되어 더 많은 질병에 취약해졌다. 게다가 젖병 수유로 자라는 유아들은 모유에 함유된 면역 물질들은 전혀 섭취할 수 없었다. 1950년 펀자브 지역 일곱 개 마을을 대상으로 실시된 연구 조사에서 젖병 수유 시 생후 11개월까지의 영아 사망률은 무려 95퍼센트였다. 반면에 출생 직후부터 모유를 먹은 유아들의 사망률은 12퍼센트에 불과했다.

이러한 상황에서 국제 연합의 지원을 바탕으로 산업 규제를 촉진하고자 했던 노력은 큰 효과를 거두지 못했다. 그러자 1970년대 사회 활동가들은 개발도상국에서 유아용 식품 홍보를 제한하자는 주장을 펼치기 시작했다. 여러 종교 단체에서 시작된 네슬레 제품 불매 운동은 세계 보건 기구가 1981년 세계 보건 총회에서 국제 연합 아동 기금 규약을 제정하도록 하는 데까지 이르렀다. 이 규약은 샘플 배포와 홍보를 제한하고 민간 유아 식품을 엄격한 의학적 감독 아래 두는 것을 골자로 하고 있다. 그 후 제조사들의 선전 문구는 모유의 장점을 칭찬하면서 젖병 수유로의 빠른 전환을 장려하는 방향으로 변경되었다. 그러나 유아용 식품 제조사들은 국제 연합 아동 기금 규약의 맹점을 이용해서 홍보를 계속했고 이를 보완하기 위해 몇 번이나 수정안을 개정했음에도 교묘하게 회피하려 들었다. 이에 활동가들은 1988년에 불매 운동을 재개했다.

균형 잡힌
건강을 꾀하다

한편 선진국에서 유아용 식품은 다른 유형의 문제들을 일으켰다. 세계 보건 기구와 마찬가지로 미국 소아과 학회는 모유 수유를 강력히 지지했다. 1997년 정책 선언문에서 학회는 "모유 수유가 유아에게 최고의 건강뿐만 아니라 최고의 발달 및 심리적 결과를 가져온다."라고 선언했다. 그러나 과학 전문 저널리스트 나탈리 앤지어 Natalie Angier가 모유 수유 활동가들에게 지적한 바와 같이, 유아용 식품의 전성기인 1946년부터 1952년 사이에 태어난 연령집단은 베이비 붐이 시작된 세대이자 무척 건강하게 자란 세대이기도 하다. 다만 이들의 현재 건강 상태가 어떠하든 (물론 모유 수유를 했더라면 더욱 건강해졌을 가능성도 있다.) 유아기에도 더 수월하게 자랐다고 단정할 수는 없다. 모유는 신생아의 성장과 면역력 강화를 촉진하기 위해 영장류가 수백만 년에 이르는 진화 과정을 통해 발전시켜온 화학 물질들의 정교한 조합이다. 가령 모유를 구성하는 일부 분자들은 세균이 소화기로부터 신체 조직으로 퍼지는 것을 막아준다. 어떤 요소들은 질병을 유발하는 세균에 필요한 비타민과 미네랄, 특히 철분을 줄여주고 다른 요소들은 면역 세포의 활동을 도우며 세균의 세포막을 공격함으로써 세균을 직접 죽이기도 한다. 다양한 백혈구들은 유아가 항체를 생성하도록 돕고 세균을 직접 공격한다. 반면 분유는 이러한 기능이 충분치 않을뿐더러 오히려 질병을 유발한다. 실제로 한 소아과 의사는 병원 조제실에서 잘못 제조된 분유의 경우, 설탕이 쉽게 캐러멜화되어 설사를 유발한다고 지적했다. 소아 연구자들의 추정에 따르면, 현재도 젖병 수유 때문에 발생한 설사 질환으로 매년 250명에서 300명, 호흡기 질환으로 매년 500명에서 600명의 유아가 사망한다. 또한 모유에만 존재하는 항체를 섭취하지 못한 유아들은 전염병에 걸릴 확률이 매우 높다. 가령 분유로 자란 아이들에게서 더 쉽게 나타나는 중이염은 항생제로 치료될 수 있지만, 결과적으로 박테리아의 내성을 키우게 된다. 이는 너무 값비싼 대가다.

한편 유아용 식품은 유아와 어머니에게 장기적으로 어떠한 영향을 미칠까? 모유 수유와 분유 수유 사이의 선택은 생물학적 문제일 뿐만 아니라 문화적인 의사 결정이기도 하다. 그래서 어느 한 쪽을 선택한 어머니는 젖을 뗀 이후에도 다른 쪽을 선택한 어머니와는 다른 방식으로 아이를 키우게 된다. 비단 음식뿐만 아니라 학교생활에 관한 문제에서도 아이를 대하고 가르치는 방식이 다를 수 있다. 또한 수유 방법은 부모의 재정적인 능력이나 부모가 속한 사회 계층과도 연관된다. 가령 젖병 수유로 자란 아이들은 공갈 젖꼭지를 물었을 확률이 높으며 이는 구강 발달에도 영향을 끼친다.

다만 이 모든 편향된 가능성을 감안해도 모유가 장기적 관점에서 이롭다는 명확한 증거가 있다. 모유를 먹고 자란 아이들은 젖병을 물었던 또래보다 지능 지수가 높았다. 실제로 아라키돈산과 DHA를 포함한, 모유에만 존재하는 몇몇 화학물질은 뇌 발달을 촉진한다고 알려져 있다. 모유 수유를 길게 할 경우 운동 신경과 인지 발달이 빨라진다는 연구 결과도 있다. 또 다른 연구에 따르면, 미숙아 중에서 관을 통해 모유를 섭취한 아이들이 유아용 식품을 섭취한 아이들에 비해 7세 때 측정한 IQ 검사에서 평균 8.3점 높은 수치를 보였다. 또한 1929년에 발표된 수유 방법과 정신 발달에 대한 첫 번째 연구에서는 모유 수유가 유아에게 더 유익하다는 결론이 나오기도 했다. 이는 매우 의미심장한 대목이다. 당시에는 젖병 수유가 유행하고 있어서 모유 수유는 이민자나 노동자들이나 하는 것이라는 인식이 팽배했기 때문이다.

면역 체계 또한 수유 방식에 영향을 받는다. 영양학 연구가인 앨런 루카스Alan Lucas는 그 근거로 다른 동물의 경우, 태아기와 신생아기 때 영양 상태가 이후 비만의 정도와 대사량, 동맥 경화와 수명 같은 건강 척도에 영향을 미친다는 연구 결과가 있음을 언급했다. 마찬가지로 발달 과정에서도 어떠한 자극이 이후 행동을 촉진하거나 저해하는 학습 시기가 있다는 것을 보여주는 근거들이 있다. 병아리나 오리 새끼 그리고 몇몇 포유류의 새끼들은 태어나자마자 처음 마주치는 것에 애착을 갖게 되는데, 자연에서는 그 대상이 대부분 어미가 되지만 실험실에서는 인간이나 다른 동물 혹은 물체가 되기도 한다. 1960년대 이래로 과학자들은 실험체가 태어난 직후에 취한 조치가 실험체의 일생에 어떠한 영향을 끼치는지 관찰했는데, 가령 생후 3주간 먹이를 적게 먹은 쥐들은 나중에도 다른 개체들보다 크기가 작다. 반면 새끼일 때 먹이를 많이 먹은 개코원숭이는 성인기에 접어들어 체중이 지나치게 증가했다. 루커스는 이러한 영양적인 각인이 인간의 건강에도 영향을 미칠 것으로 보았다.

그렇다면 우리의 면역 체계는 지금 먹고 있는 것만이 아니라, 아주 오래전에 먹었던 것을 통해 규정되는 것일까? 이를 뒷받침하는 흥미로운 증거들이 존재한다. 가령 염증성 장 질환은 유아기 영양 상태와 관련이 있다. 특히 궤양성 대장염과 국한성 회장염(소화관의 만성 염증성 질환)은 모유 수유한 유아들에게서 상대적으로 적게 나타난다는 연구 결과들도 있다. 또 다른 연구에서는 연소자형 당뇨병이 증가하는 원인으로 인공 수유를 지목하기도 한다. 실제로 전체 환자 4분의 1이 젖병 수유가 원인이었다는 것이다. 또 어릴 때 귀와 하부 기도에 염증을 앓은 경우 만성 호흡기 질환으로 발전할 수 있기 때문에, 면역을 길러주는 모유 수유가 장기적으로는 중이염을 예방하는 효과를 발휘한다고 볼 수 있다. 또한 모유가 악성 림프종, 다발성 경화증, 관상 동맥 질환에 대한 위험을 줄일 수 있다는 지표들도 있다. 최소 4개월간 모유만을 수유할 경우 소아 천식의 위험이 크게 줄어든다는 사실도 입증된 바 있다. 각각의 경우에 대한 연구 숫자는 많지 않지만 증명된 것이 이 정도다. 다만 의학계 내의 모유 수유 지지자들은 모유가 만병통치약이 아니라는 사실 역시 인지하고 있다. 예를 들어 알레르기의 경우에는 모유 수유가 단순히 발병을 지연시키는 것에 불과할지도 모른다. 그럼에도 의학계에서는 다양한 연구 결과들을 바탕으로 가능한 한 장기간 모유 수유를 하는 쪽에 압도적인 지지를 보내고 있다.

공업화와 탈공업화 시대의 문화 또한 수유 타이밍에 영향을 미친다. 인간 역사 중 대부분의 시기에 보조 수유라는 개념은 존재하지 않았으며 유아들은 짧은 간격으로 모유를 먹었다. 하지만 오늘날 모유 수유를 하는 대부분의 여성, 특히 경제적으로 부유한 나라의 여성은 아이에게 젖을 물리는 횟수가 예전보다 줄어들었다. 예전의 방식이 황달을 예방하고 배고픈 유아들이 젖꼭지를 심하게 빨아 어머니에게 고통을 주는 경우가 적다는 점에서 이로운데도 말이다. 이는 여성의 사회 진출과 관련이 있다. 미국의 표준 모유 수유 지침서에서도 "적어도 두세 시간 간격으로" 수유할 것을 권장하지만 직장에 다니는 여성에게는 불가능한 조건이다.

그런데 일부에서는 모유 수유가 우리가 완전히 이해할 수 없는 방법으로 여성을 보호한다고 주장한다. 캐서린 데트윌러는 유아들에게 모유 수유하는 기간을 늘려야 한다고 주장하는데 근거는 이렇다. 다른 현생 영장류들에 대한 연구에 따르면 성숙한 개체의 체중과 젖을 떼는 시기 간에 일종의 수식이 성립되는데, 여기에 인간의 체중을 대입해 자연스럽게 젖을 떼는 시기를 산정해보면 성인 여성의 체중 차이에 따라 2.8세에서 3.7세라는 값이 나온다. 또한 임신 기간과 젖 떼는 시기에 대한 연구에 따르면 인간도 침팬지나 고릴라처럼 임신 기간의 최소 여섯 배에 해당하는 기간 동안 모유 수유를 해야 한다는 결과를 얻게 되는데, 이 역시 대부분의 의학 서적에서 권장하는 9개월보다 훨씬 길다. 다른 영장류 연구에서도 첫 번째 영구치 어금니가 나는 시기와 젖을 떼는 시기 간의 강한 상관관계가 발견되었다. 즉 인간의 유아의 경우 젖을 떼는 시기가 영양 상태와 관계없이 5.5세에서 6세 사이가 되는 것이다. 또한 이 시기는 아이들이 성인 수준의 면역 체계를 갖추게 되는 시점과 일치한다.

이러한 결과들을 고려하면 유아들이 생물학적으로 3세에서 4세 혹은 그 이후까지 모유 수유를 원하는 것이 당연하다. 캐서린 데트윌러는 모유 수유를 연장하는 것이 아이와 어머니 모두에게 이롭다고 믿는다. 그리고 그 예로 산업 사회에서도 낮은 비율이지만 상당수 여성이 아이가 2세 혹은 3세가 넘도록 남몰래 모유 수유를 계속한다는 연구 결과를 인용한다. 몇몇 심리학자들의 우려와는 다르게 수유 기간이 긴 아이들에게서 신체적이나 정신적으로 나쁜 영향이 나타난 사례는 찾아볼 수 없다. 이렇게 늦게까지 수유를 했던 아이들 중에 한 명은 체구가 무척 커져서 텍사스 A & M 럭비 팀의 주요 공격수로 활동하기도 했다. 그는 8학년 이후로 아파본 적이 없으며 젖먹이 시절에 대한 기억도 별로 없다고 말했다.

우리는 여전히 모유 수유가 어머니의 건강에 어떠한 영향을 미치는지 속속들이 알지 못한다. 그저 몇몇 증거를 통해 모유 수유를 지속하면, 폐경기 이전 여성들의 유방암을 예방할 수 있음을 파악하는 정도다. 이뿐만 아니라 모유 수유가 널리 퍼진 사회에서는 유방암 비율이 더 낮은 경향을 보이며 유아들을 한쪽 유방으로만 수유하면 그 한쪽에서 암 발생 확률이 현저히 낮아진다는 연구 결과가 있다. 또한 모유 수유는 난소암과 자궁내막암의 발병 확률도 줄이는 것으로 알려져 있다. 다만 젖병 수유와 모유 수유 사이의 선택은 식습관을 비롯한 여러 생활 습관에도 영향을 미칠 가능성이 크므로 이러한 연구 결과들은 확정적이라기보다는 시사적이라고 할 수 있다. 그러나 향후에는 임상시험들을 통해 장기적 관점에서 모유 수유 여성과 젖병 수유 여성의 건강 사이에 유의미한 차이가 있다는 것을 입증할 수도 있으리라 예상한다.

그런데 이런 증명 없이도 분명하게 보이는 이점이 있다. 바로 자연적인 산아조절 기능이다. 개발도상국에서는 물리적 피임용구나 화학적 피임약이 비쌀뿐더러 구하기가 어렵다. 그러나 모유 수유가 배란을 막아주는 덕분에 자녀들이 자연스럽게 세 살에서 네 살 터울이 된다. 이는 초기 수렵 채집민에게서 발견할 수 있는 패턴이기도 하다. 여기에는 진화적 관점에서 훌륭한 이유가 있다. 형제들이 모유를 먹기 위해 경쟁하는 것은 이들 모두의 생존을 위협하는, 결과적으로 유전자의 생존을 위협하는 일이기 때문이다. 유아가 젖을 빨면 모유 생산을 촉진하는 프로락틴이라는 호르몬이 자극에 반응해 시상 하부에서 만들어진다. 이 프로락틴은 또한 배란과 생리를 억제하는데 이를 의학적 용어로 '수유 무월경'이라고 한다. 그래서 자식들에게 모유 수유 대신 유모를 붙였던 초기 현대 유럽의 상류층 여성은 저소득층 여성보다 자식들을 더 많이 낳았다. 다만 모유 수유가 일반적인 문화권에서도 수유 중에 배란이 다시 시작되기도 하는데 젖을 빠는 간격이 긴 경우다. 이렇게 되면 프로락틴 레벨은 낮아져서 다시 배란이 시작된다. 따라서 프로락틴 수치를 충분히 높이려면 유아에게 자주 젖을 물려야 한다.

젖병의
미래

모유 성분의 인공적 복제와 젖병 수유는 이렇게 산업 사회를 살아가는 많은 이들의 신체와 생활방식을 바꾸는 일반화된 테크놀로지가 되었다. 물론 오늘날 현대적인 유아용 식품을 섭취하는 유아는 모유에만 존재하는 다양한 영양소와 호르몬들을 얻지 못할 것이다. 그래도 치명적인 초기 유아용 식품에 의존해야 했던 과거의 유아들이나 유모의 손에 맡겨진 18세기 유아들보다는 건강하게 살 확률이 훨씬 높아진 것은 사실이다. 오늘날엔 모유 수유 지지자들도 인공 수유를 부정적으로만 보지 않는다. 오히려 어머니가 회사에 가 있는 동안 미리 짜둔 모유를 먹이는 도구로 젖병이나 다른 수유 기구를 권장한다. 이렇듯 유아 수유의 생활 의학은 수많은 문제점을 개선했다. 가령 18세기 초 영국 의사들이 초유가 가진 놀라운 영양학적 가치를 발견하기 이전까지, 유럽을 비롯한 여러 지역에서는 노란색을 띠는 초유가 해롭다고 생각해 버리고 말았다. 일부 병원에서는 신생아에게 초유 대신 설탕물을 주기도 했다.

2000년에 이르러 젖병과 유아용 식품 제조사는 의학계의 지도자들 및 모유 수유 활동가들과 모순적인 관계에 이르렀다. 네슬레 제품 불매 운동과 이 기업이 제3 세계에서 펼치는 홍보 활동을 반대하는 운동은 여전히 현재진행형이지만 언론에는 자주 나오지 않는다. 제조 회사들은 모유의 우수성을 인정하지만 여전히 그들의 상품을 병원을 통해 홍보하며 보조 수유를 권장한다. 반면 한때 젖병 사용을 강하게 권장했던 의학계는 지금은 모유 수유를 지지하고 있다.

이제 유아용 식품 업계는 그들의 적이라고 할 수 있는 모유 수유 활동가들과 흥미로운 공생 관계를 형성했다. 비록 그 어느 때보다 더 친절한 수유 상담을 받을 수 있고 지원자들을 통해 모유를 공유할 수도 있게 되었지만 그럼에도 일부 유아들에게는 여전히 유아용 식품이 필요하기 때문이다. 그래서 유아용 식품 제조사들은 모유 수유에 대한 콘퍼런스를 후원할 뿐 아니라 소비자가 더 많은 정보를 접하도록 노력한다. 영국의 한 유아용 식품 제조사가 모유 수유를 지지하는 기사를 30만 부나 부모들에게 전파한 사례까지 있을 정도다. 이처럼 오늘날 제조사들은 모유에 함유된 효소들과 항체들을 대체할 수 없다는 사실을 공공연히 인정하면서도 모유의 구성과 흡사한 유아용 식품을 만들려고 노력한다. 이러한 연구와 향상에 대해서는 논쟁의 여지가 있었지만, 그 근거가 단순히 업체들이 젖병 수유를 장려한다는 이유만은 아니었다.

예를 들어 모유가 함유한 고도 지방산 DHA는 유아의 뇌세포 발달에 도움을 준다고 알려져 있다. 세계 보건 기구와 유럽 위원회에서 이를 인증함에 따라 고급 유아용 식품에 이 성분이 포함되었다. 미국 식품 의약국 또한 2001년에 유아용 식품에 이 성분을 첨가하는 것을 허가했다. 그러나 모유에는 그 외에도 유아용 식품에는 포함되지 않은 160가지가 넘는 지방산이 함유되어 있으며, 과학자들은 여전히 이 성분들과 일치하는 자연 영양소 혹은 합성법을 명확하게 알지 못한다. 그래서 유아용 식품 제조사의 목표는 리비히의 시대처럼 모유를 복제해내는 대신 모유를 먹는 유아들과 동일한 발달을 꾀하는 것으로 바뀌었다. 이에 대한 미국 식품 의약국의 입장은 소비자 잡지에 나온 "차선이지만 충분하다."라는 헤드라인 한 줄로 요약할 수 있다.

이렇게 유아용 식품 제조사들조차도 모유를 극찬하며 모방하고자 한 반면, 과학적인 입장을 취하는 모유 지지자들은 지나친 맹신을 경계하는 모습을 보인다. 앨런 루커스는 젖병 수유를 반대하는 이들에게 가장 강력한 근거가 된 영양 프로그램 연구를 진행한 장본인이지만 최근에는 심장 질환과 유아기 수유 간 연관 관계를 밝히는 연구에 주목했다. 성년이 된 개코원숭이들에게 전형적인 서양식 고지방 음식을 줄 경우, 유아용 식품을 섭취했던 개체보다 유아기에 모유를 먹었던 개체에서 지방 줄무늬가 더 많이 발달했다. 인체를 대상으로 한 실험에서도 모유 수유를 오랫동안 받았을 경우 심혈관계 질병에 걸릴 위험이 커지는 것으로 나타났다.

또한 1960년대에 미국 산모의 모유에서 방사성 물질인 스트론튬 90이 검출되었으며 1980년대에는 다이옥신도 검출되었다. 1990년대 후반 독일 연구 결과에 따르면 지능과 학습에 악영향을 주는 신경 장애 물질인 폴리염화비페닐이 모유를 먹은 아이들의 혈관에서 다량 검출되었다고 한다. 이는 젖병 수유를 한 아이들에 비해 3.6배나 높은 결과였다. 물론 이러한 결과들이 아직 확증된 것은 아니며 루커스 역시 이를 모유 수유에 반대하는 근거로 삼아서는 안 된다고 경고했다. 그러나 인류가 야기한 환경오염이 우리 신체에 영향을 미칠 수 있다는 사실을 보여주기에는 충분하다.

지금까지 젖병을 둘러싼 다양한 시각을 살펴보았다. 젖병 수유에 문제가 있다는 증거는 많지만 그럼에도 젖병은 여전히 많은 유아가 첫 번째로 마주치는 테크놀로지이며 앞으로도 그럴 것이다. 또한 젖병을 사용하면 자연적으로는 수유에 참여할 수 없는 아버지들도 기회를 얻을 수 있다. 실제로 1980년대에 미국의 유명한 남자 의사가 젖꼭지 부분에 구멍을 뚫어 아이들에게 수유할 수 있는 '베이비 본더'라는 이름의 보풀이 있는 양털 앞치마를 발명하기도 했다.

또한 유아용 식품은 과거에 모유 대용으로 사용되던 동물 젖보다는 훨씬 더 나은 대안이다. 다만 현재 미국 의사들은 여성이 모유 수유를 익히도록 도와주는 교육은 제한적으로 받는 반면에 유아용 식품 조제에 대해서는 무척 방대하게 배운다. 그 결과 의사들과 진화 생물학자, 전염병학자들이 권장하는 것처럼 고작 몇 개월만 수유하는 경향이 만연한 것이다.

이런 흐름이 이어지는 또 다른 이유는, 모유 수유가 다른 여러 테크닉처럼 상충하는 가치를 담고 있기 때문이다. 예를 들어 많은 모유 수유 지지자들은 모유 수유가 가슴을 성적으로 대상화하는 현대 사회에 대항하는, 여성 해방적 행동이라고 생각한다. 또한 가부장적인 리비히 박사로부터 시작되어 과학적이라는 미명 아래 의학계와 업계의 이익을 대변해온 젖병 수유에 대항해 여성의 자주권과 특별한 능력을 확인하는 의미도 있다고 여긴다. 그러나 지금까지 살펴봤듯이 모유 수유에는 여성을 가사와 양육의 굴레에만 가두고자 하는 남성과 보수적인 여성의 의도도 반영되어 있었다. 물론 수유가 어머니의 건강에 미치는 긍정적인 영향은 자유주

의자 중에서도 환경 친화를 외치는 이들에게 어필할 수 있는 부분이긴 하나, 이를 지나치게 강하게 주장하면 진보주의자들에게 전제적 파시즘이라고 비난받을 수도 있다.

이외에도 선택의 여지가 없다는 이유가 존재한다. 예를 들어 모유 수유 여성이 직장 내 동등한 권리를 보장받기는커녕, 공공장소에 적당한 수유 장소도 없는 개발도상국에서 여성의 선택권을 더 철저하게 짓밟힌다. 이러한 무관심은 비단 개발도상국만의 문제가 아니다. 여성과 유아 및 소아를 위한 미국 생계 보조 프로그램처럼 모유 수유가 정부의 예산 소모를 줄여줄 것으로 예상되는 상황에서도 당국은 이를 적극적으로 홍보하지 않는다.

그럼에도 20세기에 이르러 두 가지 수유 방식 사이에 균형이 형성되었다. 모유 수유가 과학적이고 도덕적인 면에서 승리를 거둔 반면 젖병 수유는 사회적 경제적인 면에서 우월성을 갖춘 것이다. 이렇게 되기까지 과학자를 비롯한 모유 수유 지지자들은 모유 수유의 테크닉을 전파하고 향상시키기 위해 노력했으며 실제로 놀라운 성과를 거두었다. 반면 그들이 맞서 싸웠던 젖병 수유는 그 거듭된 진보에도 불구하고, 이제 겨우 소기의 목적을 달성했을 뿐이다. 이런 상황에서 기술의 발전으로 이제는 유전 공학을 이용해 젖소에서 모유를 생산한다는 고무적인 동시에 불안한 전망까지 나오고 있다. 19세기에 리비히가 화학을 내세웠다면, 21세기에는 그 역할을 분자 생물학이 대체하고 있는 것이다. 그러나 복제된 소가 안전하다고 해서, 여성이 모유 수유로 얻는 혜택들을 약으로 누릴 수 있게 된다고 해서 과연 모유 수유를 더 이상 전승하지 말아야 할까?

조리,
단순한 디자인과
실용성으로
전 세계를 홀리다

오늘날에도 조리는 오스트레일리아에서만큼이나 하와이 어디서나 찾아볼 수 있는 신발
이다. 스티브 스콧에 따르면, 그 비결은 바로 EVA 재질을 포함한 다양한 재료를 적용해
낮은 생산 단가를 유지하면서도 컬러와 스타일을 쉽게 바꿀 수 있다는 것이다.

사물의 역습

엄마 젖을 빠는 행위가 사람이 익히는 첫 번째 테크닉이고, 젖병이 세상에서 마주치는 첫 번째 테크놀로지라면 신발의 사용은 인류 다수가 첫 번째로 거치는 기술적 통과 의례라고 할 수 있다. 물론 사람은 자신의 신체를 변화시키기 위해 주변의 도구를 사용하는 유일한 동물이 아니다. 예를 들어, 소라게는 다른 생물체가 버리고 간 껍질에 기거한다. 마찬가지로 사람은 자신의 신체를 변화시키기 위해 도구를 만들어내는 유일한 동물도 아니다. 침팬지도 때때로 발에 커다란 잎사귀를 감싸고 걷는다. 그러나 편리함을 위해 이러한 도구들을 만들고, 동시에 이를 필요로 하는 동물은 오직 사람뿐이다. 그중에서도 우리를 가장 눈에 띄게 변화시킨 도구가 바로 신발이다. 신발은 때로 발 자체를 좋지 않은 방향으로 변화시키지만, 그보다 더 나쁜 결과를 예방한다. 또한 신발은 우리가 세상에 닿는 방법뿐만 아니라, 세상을 바라보는 관점도 변화시킨다. 즉 우리가 부여한 의미를 통해 사람들 간의 사회적 관계에도 영향을 미치는 것이다.

신발 컨설턴트이자 칼럼니스트인 윌리엄 로시[William Rossi] 박사에 따르면, 세상 모든 신발은 딱 일곱 가지로 구분된다. 모카신, 샌들, 부츠, 나막신, 펌프스, 슬리퍼, 신사용 단화다. 우선 모카신은 발을 둘러싸는 가죽 소재가 가죽끈 혹은 서로 다른 재료로 묶여 있는 신발 중 가장 오래된 형태의 것으로 추정된다. 가죽 혹은 다른 재료로 만든 밑판에 가죽끈이나 다른 도구로 발에 매다는 형태인 샌들 역시 긴 역사를 자랑한다. 발바닥이나 신발 밑창을 지칭하는 영단어 'sole'은 라틴어 'solea'에서 유래했는데, 이는 '두꺼운 가죽이나 짚을 엮어 만든 밑판에 가죽끈이나 새끼줄이 들어갈 수 있도록 구멍을 낸 샌들'을 뜻한다. 즉, 여러 가지 다른 스타일의 신발들은 본질적으로 모카신이 샌들 바닥에 꿰매어지거나 부착된 형태인 것이다.

다만 밑창이 부드러운 모카신은 현대의 포장도로와 보도에 적합하지 않아 점차 사라지는 추세이며 지금은 샌들이 일반적으로 사용되는 가장 오래된 형태의 신발로 통한다. 그중에서도 고무 샌들과 플라스틱 샌들은 전 세계에서 가장 많이 생산된 물건 중 하나다. 공식 통계를 찾을 수는 없지만, 캐나다 신발 산업 전문가인 필립 너트[Phillip Nutt]에 따르면, 전 세계 공장에서 지난 60년 동안 찍어낸 샌들 수가 150억에서 200억 켤레에 이른다. 특히 2개의 끈이 세 지점에서 고정되어 V자 형태를 이루고, 그 끝이 엄지와 두 번째 발가락 사이에 걸리는 형태인 통 샌들은 거의 모든 국가와 사회 계층을 막론하고 잘 알려져 있으며 영어 이름 또한 다양하다. 조리(미 관세청의 공식 명칭은 조리스)를 시작으로, 호주에서 유래한 통즈, 뉴질랜드에서 유래한 플립 플랍, 하와이에서 유래한 슬리퍼즈, 슬랩스, 플랍스, 비치 워커즈, 고어헤즈 등이 있다. 이 명칭들만 봐도 얼마나 많은 사람이 통 샌들을 신는지 알 수 있을 것이다. 그 결과 조리 역시 다른 테크놀로지처럼 몸의 테크닉을 발전시키는 데 영향을 미쳤다. 이를 이해하려면, 먼저 왜 사람들이 이렇게 단순한 신발을 필요로 하는지 알아야 한다.

맨발의 힘

다른 신발과 마찬가지로, 샌들 역시 발에는 일종의 방해물이다. 인간의 발은 맨발일 때 가장 잘 기능한다. 직립 보행에서 균형 감각을 방해받는 것은 매우 위험하기 때문인데, 이는 발의 구조적인 문제가 아니다. 인간의 발은 이족 보행에 적응하기 위해 일련의 복잡한 과정을 거쳤으며 현재의 형태가 되기까지 무척 오래 변화한 부위다. 그런 만큼 뼈 26개, 관절 33개, 인대 107개, 근육 19개로 구성된 걸작으로, 달리는 동안 최대 270킬로그램의 반복되는 하중을 견딜 수 있도록 설계되어 있다. 동물 세계에서 횡단과 종단으로 2개의 아치를 형성하는 구조는 인간의 발이 유일하다. 이 아치가 발바닥에 체중을 최대한 넓게 분산시키는 일종의 삼각대를 형성함으로써 똑바로 서 있을 수 있는 것이다. 또한 인간의 발에 달린 엄지발가락은 이동 시 하중을 지탱하기 위해 크게 진화했으며, 발바닥 앞쪽의 둥그런 부분은 완충 역할과 발을 밀어내는 동작을 돕기 위해 두터워졌다. 이러한 구조를 갖춘 인간의 발은 놀라울 정도로 잠재적인 기민함을 숨기고 있다. 예를 들어 손 없이 태어난 사람들은 발로 복잡하고 정교한 작업을 수행하는 능력을 개발한다. 뇌의 운동 조절이 사지의 한쪽에서 다른 한쪽으로 전이될 수 있기 때문에 가능한 일이다. 일례로 한때 지방 여러 박물관에 널리 전시되었던 팔이 없는 화가 세자르 뒤코네César Ducornet의 작품을 들 수 있다. 한 프랑스 의사는 이를 두고 작품을 착상한 화가의 감성은 수준 이하지만, 그의 발만은 구상을 충실히 구현해냈다고 평가했다.

산업 사회의 사람들은 신발의 보호 없이 발바닥이 외부에 노출되면 금방 상처를 입을 거라고 생각했다. 그러나 발이 이렇게 민감해진 것은 애초에 신발을 신어서다. 맨발로 일주일 정도 생활하면 발에 두꺼운 보호막이 형성되는데, 이 보호막은 일반적인 굳은살과는 달리 발과 땅이 직접적으로 닿을 때 느껴지는 만족감을 차단하지 않으면서 발을 보호한다. 오늘날에도 10억 이상의 인구가 여전히 맨발로 생활하며 이들 중 일부는 매우 거친 환경에서 살아가지만 발에 상처를 입지 않는다. 이를테면 멕시코 바하 칼리포르니아 반대편에 위치한 소노라 해변의 세리족은 발바닥에 튼튼한 '세리 부츠'가 생길 때까지 모래로 단련한다. 이들은 콩고의 거친 언덕 지형을 맨발로 다니는 터라 발바닥 전체에 각질이 두껍게 형성되어 있어 달아오른 숯 위를 걸어도 아픔을 느끼지 않는다.

한편 산업화된 서양에도 맨발을 고집하는 맨발 애호가들이 다수 남아 있다. 로마 시대로부터 내려오는 문화적인 편견을 생각한다면 꽤 의외의 일인데, 맨발이 일상적이었던 고대 그리스 문화가 사라지고 샌들이 로마 제국의 권력을 상징하게 되면서, 맨발은 노예 혹은 극빈층이라는 의미를 지니게 되었다. 그 영향을 받은 콥트 교회와 몇몇 서양 수도회에서는 맨발이 겸손과 청빈의 상징으로 통하기도 했다. 그러나 맨발로 다니는 이들의 목적은 대부분 신체 감각을 탐닉하는 것이었으며 이러한 경향은 아일랜드에서 특히 두드러졌다. 프리드리히 엥겔스 Friedrich Engels 는 〈영국의 노동자 계급 현황〉이라는 글에서 "아일랜드 출신 노동자들이 맨발로 다니는 습관을 공업 단지에 거주하는 가난한 여성과 아이들에게 전염시키고 있다." 라고 지적하기도 했다.

이러한 경향은 현대에도 나타나 21세기 초 맨발 하이킹 붐을 일으켰다.

그중에서도 가장 활동적인 그룹의 리더는 코네티컷에 사는 영국 태생의 신학대 졸업생 리처드 케이스 프래진Richard Keith Frazine이었는데, 말 그대로 땅 위를 가볍게 걷는 이상적인 걸음을 추구했다. 그는 자신의 저서에서 이렇게 말했다. "자연이 의도한 대로 맨발로 걸을 때 비로소 지표의 가장 예민한 부분까지도 손상시키지 않을 수 있다. 카펫처럼 부드러운 이끼의 감촉을 느끼며 홀가분한 마음으로 걸어보라." 이는 맨발로 걷는 행위야말로 인류가 다시 배워야 하는 기술이라는 사실을 보여준다. 물론 그러려면 준비가 필요하다. 사람들이 걱정하는 것처럼 준비 기간으로 수개월씩 투자할 필요는 없지만 평소에 잘 정비된 길을 따라 걷는 연습을 해야 한다. 자연스러웠던 활동에서 멀어진 현대인의 발이 적응하려면 최소한의 기간이 필요하기 때문이다. 일주일에 두어 번씩 2주에 걸쳐서 하면 적당하다. 물론 처음에는 익숙하지 않아 당황할 수도 있다. 또한 맨발 하이킹을 하려면 조금 다른 방식의 도보 테크닉을 익혀야 한다. 여기에는 숲길에 닿는 느낌을 즐기는 법뿐만 아니라 장애물과 옻나무를 피하고 곤충들을 다루는 법도 포함된다. 프래진은 지역 기자와 함께 강을 건너면서 이렇게 설명했다. "내딛는 발걸음 하나하나를 선택해야 합니다. 다음 걸음을 생각하고 걸으세요. 이때 발을 차거나 끌거나 뛰면 다칠 확률이 큽니다." 이 말대로 맨발 하이킹을 제대로 하려면 발을 숲길의 상태에 맞출 수 있도록, 땅에 수직으로 딛는 걸음걸이를 익혀야 한다. 한 캐나다 맨발 하이커는 날카로운 물체에 대응하기 위해 발을 굴리듯이 빼는 동작을 연습해야 한다고 설명한다. 또한 자연과의 친밀감을 회복하기 위한 과정에도 테크닉 습득이 요구되는데 이때 방충제나 발 보호제인 라놀린 같은 테크놀로지도 필수적이다.

발을
더 건강하게

사람들은 대부분 아기 신발이 꼭 필요하다고 생각할 것이다. 그렇지만 어린아이들은 신발을 신을 때보다 맨발, 즉 자연 그대로의 상태일 때 더 안전하다. 1988년 필라델피아 아동 병원 응급실에 접수된 부상 환자를 연구한 결과, 아이들은 신발을 신었을 때보다 맨발일 때 다칠 가능성이 적었다. 실제로 아동 사고 중 절반은 아이가 밑창이 부드러운 신발을 신고 발을 헛디딜 때 발생했다.

두 세대 전만 해도, 의학계와 일반인들은 아이들의 안전을 지키고 평발을 방지하기 위해 신발을 신겨야 한다고 생각했다. 이는 평발을 신체와 정신의 퇴화로 보았기 때문이다. 그 예로 19세기 군대 의학에서는 평발을 군 복무에 부적합한 조건으로 판단했다. 당시 의학계에서는 발을 건강하게 발달시키려면 어릴 적부터 물리적인 개입이 필요하다고 믿었다. 이 같은 현상은 1920년에 발행된 의학 교과서에서도 찾아볼 수 있는데 "유아는 기는 법을 먼저 배워야 하며, 조기에 걷는 것은 장려하지 않는다."고 경고하고 있다. 그래서 정형외과와 소아과 의사들은 교정용 물질이 삽입된 딱딱한 신발을 권했으며 1930년대 영국에서만도 100가지에 달하는 아치 지지형 신발이 판매되었다. 이후 미국에서도 의사이자 제화업자이면서 세일즈의 달인이었던 윌리엄 마티아스 숄^{William Mathias Scholl}의 선도에 따라 교정용 어린이 신발이 활발하게 생산되었다. 그런데 윌리엄 로시가 나중에 밝혀낸 바에 따르면, 이러한 신발들은 아무런 과학적 근거가 없었다. 심지어 지금도 건강하고 정상적인 아치에 대해 정해져 있는 기준은 존재하지 않는다.

이후 1970년대를 기점으로 의학 연구자들은 아이들에게 처방되는 교정

신발의 효용성에 의문을 품기 시작했다. 아이들 2,000명을 대상으로 연구한 1971년 연구 논문에 따르면, 평발 때문에 특별한 신발을 신었던 아이들 중 43퍼센트만이 진짜 외반족, 즉 세로축 아치가 비정상적으로 낮은 발이었다. 게다가 이 아이들이 신었던 교정 신발은 아치를 교정하는 데 아무런 도움이 되지 않았다. 또 1990년대 초 인도의 정형외과 의사들이 아이들 2,300명의 발자국을 조사한 결과, 발을 완전히 감싸는 종류의 신발을 신는 아이들의 평발 비율이 맨발로만 자란 아이들보다 3배나 높았고 그들 중 대부분이 약 11세가 되면 자연스럽게 정상 아치를 회복했다. 다른 한 연구에서는 2세에서 4세 사이의 아이들 중 80퍼센트가 신발 때문에 발가락이 변형된 사실이 밝혀졌는데, 이는 아이들 신발 중 약 4분의 3이 아이들의 실제 발 크기에 맞지 않게 규격화되어 있는데다가 막 걷기 시작할 아이들이 신는 110센티미터 사이즈는 너무 작게 제작되며, 구두 골도 아이들의 정상적인 발과는 다른 모양새로 만들어져 있기 때문이었다. 정형외과 의사 린 T. 스타헬리Lynn T. Staheli는 이를 근거로 이상적인 아동용 신발은 공간감, 가벼움, 유연성, 통풍성이 확보되어 맨발과 가장 가까운 상태를 재현한 것이라고 결론지었다. 요컨대 고통을 느낄 정도의 평발이거나 의학적 도움이 필요한 선천적 기형을 제외하면, 굳이 교정할 필요가 없으며 하물며 딱딱하게 설계된 신발로 발의 형태를 바로잡는다는 것은 낡은 믿음에 불과하다는 이야기다.

다만 아이와 어른의 발 모두 여전히 보호가 필요한 것은 사실이다. 여기서 보호란 지형이나 기후뿐만이 아니라 감염을 예방한다는 의미다. 그 예로 인류는 개를' 키우기 시작하면서 적도와 아열대 지방 풍토병인 흡혈 십이지장충의 위험에 노출되었다. 제1차 세계 대전 이전, 미국 남부에서 맨발의 젊음이 칭송받던 시절에도 십이지장충 감염은 거의 4백만 건에 달했다. 십이지장충의 유충은 노출된 발가락을 통해 인체에 침입해 장기에서 증식하는데 아이의 경우에는 성장을 최대 4분의 1까지 방해할 수 있으며 어른의 경우에는 생활에 필요한 에너지를 고갈시킨다. 이뿐만 아니라 세계 여러 곳에 발생하는 위험한 기생충들이 물을 통해 몸에 침입하는데, 대표적으로 기생충이 혈관을 뚫고 들어가 번식하는 병인 주혈흡충증을 들 수 있다. 이 병의 원인인 편형동물들은 매년 전 세계적으로 최대 2억 명의 감염자를 발생시킨다. 이렇듯 19세기부터 이민, 식민지화 그리고 개간 사업 등을 통해 의도치 않게 기생충이 전 세계에 퍼지게 되면서, 신발은 유충을 막을 수 있는 방벽이 되었다. 특히 암컷 기생충은 엄청난 양의 알을 낳으므로 장기에 만성적인 손상을 입는 것에 비하면 발을 감싸서 얻는 피해 정도는 값싼 대가라고 할 수 있다. 실제로 기생충 박멸 운동에서도 위생적인 습관 다음으로 신발 착용을 강력하게 강조한 바 있다.

또한 현대인의 생활 방식에 따른 위험 요소들도 있다. 예를 들어 길에서 쉽게 발견되는 녹슨 못은 파상풍을 일으킨다. 맨발 하이킹의 고향이라고 할 수 있는 미국 북동부 삼림지에도 라임병을 옮기는 사슴 진드기가 창궐하고 있다. 오늘날의 도시 환경 또한 위험 요소다. 요컨대 신발은 교정 도구는 아니지만 적어도 보호 도구로서는 유용한 셈이다.

샌들:
고대의 섬세함

앞서 예시로 든 각종 위험을 막을 수 있는 가장 간단한 해결책은 샌들이다. 실제로 샌들은 고대에서 현재에 이르기까지 가장 오랫동안 널리 쓰인 신발이다. 샌들에 대한 첫 번째 기록은

5,000년 전 이집트 팔레트에서 발견되었다. 바로 맨발의 나르메르^{Narmer} 왕 뒤에 하인들이 그의 샌들을 들고 있는 벽화다. 이는 오늘날 해변에서 볼 수 있는 것과는 조금 다른 형태로 가죽과 종려 잎을 엮어 만든 것이었다. 기원전 1567년부터 1304년까지인 8왕조가 끝날 무렵에는 샌들을 의미하는 상형 문자가 만들어졌는데, 길쭉한 타원에 거꾸로 선 V자가 내접한 형태로 오늘날 통 샌들과 매우 유사한 모습이다. 고대의 샌들은 그 재료와 효능이 실로 다양해서 가령 사막 사람들이 샌들을 만드는 데 사용하는 식물 섬유는 벌레를 쫓는 효과가 있었으며, 타닌은 가죽이 수렁 속에서도 부패하지 않도록 방지하는 효과가 있었다.

최근 고고학자들은 여러 유적에서 발견된 복잡하고 아름다운 형태의 샌들이 예상했던 것보다 훨씬 더 오래전에 만들어졌다는 사실을 밝혀냈다. 이는 방사성 탄소 연대 측정법과 가속 질량 분석법이 개발되어 극히 작은 고대 직물 샘플로도 다양한 실험을 할 수 있게 되었기 때문이다. 일례로 오리건에서 발견된 산쑥과 나무껍질로 만들어진 신발은 9,000년 전의 것이며, 미주리의 한 동굴에서 발견된 다양한 유물들은 800년 전에서 8,000년 전 사이의 것으로 추정되었다. 가장 오래된 유물은 식물 섬유로 만들어진 샌들이다. 발가락 부분이 뾰족하고, 꼬인 형태의 가로축 소재로 슬링백이 형성되어 있으며 발을 가로지르는 고리들을 지그재그로 연결하는 끈을 발목에 묶는 형태였다. 어떤 샌들은 뱀독 해독제로도 알려진 에린지움 유키폴리움, 즉 사철채송화를 소재로 쓰기도 했다. 유타 자연사 박물관에는 남서 사막 지방 아나사지족에게서 유래한 유카 잎과 줄기로 만든 샌들 수백 컬레가 전시되어 있다. 이 샌들들은 약 700년에서 2,000년 전 것들임에도 불구하고 형태, 짜임새, 매듭의 다양성이 인상적일 뿐 아니라 오늘날의 샌들과 놀라울 정도로 유사한 테크놀로지를 보여준다.

그러나 남서 지방에서 발견되어 큰 주목을 받았던 188켤레의 샌들에 비하면 위의 예시들은 그저 조악한 수준에 불과하다. 20세기 초 고고학자 앤과 얼 모리스 부부Ann and Earl Morris가 발견해 연구하기 시작한 이 샌들은 오늘날 푸에블로족의 선조들이 거주하던 애리조나 주 북동부 지역에 있는 유적지에서 발굴된 유물로 약 1,400년 전 것으로 추정된다. 푸에블로족은 농사, 집, 도기류 등에서는 특별히 뛰어난 재주가 없었지만, 샌들 구조의 복잡성만은 1990년대에 이를 재발견한 고고학자들이 놀랄 정도로 뛰어났다. 재발견에 참여한 연구자들 중 한 명이었던 켈리 앤 헤이즈 길핀Kelly Ann Hays-Gilpin이 알아낸 직조 기술만 해도 최소 스물여섯 가지였으니 말이다. 연구자들은 이러한 기하학적 패턴의 복잡성이 당대의 공동체와 가족, 개인과 밀접한 관련이 있다고 보았다. 특히 샌들 바닥에 양각으로 새겨진 패턴은 적과 아군을 식별할 수 있도록 독특한 발자국을 남기기 위해 만들어진 것으로 추정된다. 샌들의 다양한 장식은 각 부족이 큰 공동체를 이루는 사회에서 각 집단의 주체성을 나타내거나 유지하는 데 기여했을 것이다. 또한 푸에블로족의 샌들은 탁월한 기능을 자랑했다. 우선 발가락 쪽은 이중 편직으로 더 튼튼하게 만들었는데, 전체적으로 앞쪽이 들린 형태여서 돌이나 젖은 바닥에서도 쉽게 미끄러지지 않았다. 발가락 아래와 발바닥 앞쪽 볼록한 부분에는 능직 꼬임을 사용해 유연성까지 갖추었다. 이는 오늘날 샌들에서도 찾아보기 힘든 기능이다. 또 바닥면의 깊이, 둥글게 패턴 처리된 뒤꿈치, 발등에서 여러 방향으로 뻗어 발 바깥쪽으로 물이 배수되는 구조와 같은 요소들은 오늘날 미국재료시험협회에서 규정하는 고무 안전 신발의 최신 규격에도 부합하는 수준이었다. 그러나 이후 콜럼버스 시대에 접어들면서 이 샌들은 모카신에 자리를 내주고 사라졌다.

샌들:
일본식 검소함

        일본은 덥고 습한 여름과 춥고 눈이 많이 내리는 겨울이 반복되고 인구 밀도가 높은 반면, 농사짓기에 적절한 땅은 몹시 부족해서 제한된 자원을 최대한 효율적으로 활용하는 문화가 발달했다. 실제로 전통 일본 신발을 보면 이러한 환경에 놀라울 정도로 최적화되었다는 것을 알 수 있다.

  이뿐만 아니라 종교와 사회적 변화도 영향을 끼쳤는데, 대표적인 예로 6세기경에는 살생을 금하는 불교의 영향을 받아 '게다'라는 이름의 나막신이 실외용 가죽 신발과 부츠를 대신하게 되었다. 게다는 서양 나막신과 달리 약 5~10센티미터의 나무토막 2개가 평평한 바닥면 밑을 지지하는데, 앞부분을 기울일 수 있도록 뒤쪽에 고정되어 있어 높은 굽을 이룬다. 그래서 진창과 물웅덩이를 걸을 때 기모노가 더러워지는 것을 막을 수 있었다. 이는 수백 년 전부터 벼농사를 짓는 농부들이 주로 신었던, 볏짚으로 고정된 나무판자 신발보다 좀 더 우아한 형태다. 또한 2개의 천 재질 띠가 옆면에서 뒤쪽으로 고정되어 엄지와 둘째 발가락 사이에서 만나 V자 형태를 만든다. 게다는 하나의 표준 사이즈만 있고 왼쪽 오른쪽의 구분이 없는데, 이는 V자 형태의 꼭짓점이 발가락이 자연스럽게 놓이는 신체의 중심이 아닌, 바닥면의 정 가운데에 위치하기 때문이었다. 다만 남성용과 여성용의 차이는 있었다. 남성용 조리와 게다는 사각형이었으며, 여성용은 둥근 모서리 형태였다. 또 몇몇 여성용 게다는 골풀을 꼬아 밑창을 만들거나 고급 천으로 띠를 다는 등 장식을 한 반면, 남성용 게다는 크기와 모양이 대부분 유사해 취객들이 저녁 식사 후 다른 사람의 게다를 신고 가는 일도 빈번했다. 고급과 저급의 차이도 있어 최고급품 게다는 오동나무를 통째로 깎아 만들었으며 다다미로 된 밑창이 깔리기도 했다. 그보다 급이 낮은 물건들은 사개 물림, 즉 네 모서리를 요철형으로 만들어 끼워 맞추는 방법으로 조립되었다. 게다는 산업화로 인해 사라지기는커녕, 19세기 공장 생산을 통해 가장 가난한 일본인들도 마련할 수 있을 정도로 저렴해졌는데 그 와중에도 장인의 기법들은 살아남았다. 그래서 오늘날에도 공방의 장인들은 최고급 게다 재료로 쓸 오동나무를 구입하기 위해 종종 일본의 깊은 산속을 방문한다.

대부분의 신발은 주변 재료를 활용해서 만들었기에 흔치 않은 재료를 찾으러 떠날 필요가 없었다. 가령 일본 샌들의 기원이라고 할 수 있는 '와라지'는 볏짚으로 만든 샌들인데 쌀이 일본인의 주식이 되기 시작한 약 2,000년 전부터 사용되었다. 이는 게다가 발명되기 전으로 신대륙에서 유카로 만든 신발이 그랬던 것처럼 역사상 가장 경제적인 신발이었다. 당시 볏짚은 쌀 생산 과정에서 가장 마지막에 나오는 폐기물이었는데 실용적이며 종교적인 아이템으로도 쓰였다. 예를 들어 볏짚으로 만든 노끈은 신토 신사에서 신성함의 상징으로 쓰였으며 전통 가옥의 지붕과 바닥, 그리고 비 올 때 입는 우비와 모자의 재료로도 쓰였다. 볏짚을 꼬아 만든 거적의 경우 볏짚으로 만든 노끈과 함께 이동할 때나 음식을 포장하는 데 활용되었다. 와라지 역시 노끈으로 만들었는데 발 양쪽과 뒤꿈치에 있는 고리에 통과시켜 발목에 묶는 형태였다. 이후 9세기에는 새로운 형태의 끈 샌들인 조리가 나타났다. 게다의 V 형태를 계승한 이 신발에는 볏짚 대신 골풀과 대나무 껍질을 비롯한 경제적인 재료들이 사용되었다. 조리는 이내 와라지의 자리를 차지했고 와라지는 시골 농부의 신발로 남게 된다. 이후 조리는 다양한 디자인과 기능으로 분화되었는데, 여기에는 흰색 실크에 문직이 들어간 결혼식용 조리와 약혼자 집에서 결혼할 여성에게 약혼 선물로 주는 이중 볏짚 밑창이 달린 조리 같은 것들도 있었다.

　게다와 조리는 경제적이고 위생적인 생활 방식의 일부가 되어 메이지 시대 일본의 경제적 성장과 전 세계에 문화 영향력을 높이는 기반을 구성하는 데 기여했다. 의자를 사용하는 입식 문화와 달리, 바닥에 앉는 것이 일상인 좌식 문화에서는 쉽게 신고 벗을 수 있는 신발을 선호했다. 바닥의 일부가 실외 공간처럼 쓰인 시골집에서도 가족의 생활공간이 시작되는 나무 발판 안쪽으로는 신발을 신고 들어갈 수 없었으니 말이다. 설령 조리를 집에서 신는 슬리퍼 용도로 쓰더라도 민감한 다다미 표면을 밟는 것은 금지였다. 대신 타비를 신고 들어갔다. 이는 엄지손가락만 따로 분리된 벙어리장갑처럼 생긴 양말로, 외출 시에는 실외용 샌들이나 게다와 함께 신었다. 이 때문에 길가의 흙이 직접적으로 묻지 않아 실내용 신발로 이상적이었다. 같은 맥락으로 수세식 화장실이 도입되고 나서는 세균으로부터 발과 다른 주거 공간을 보호하기 위해 따로 화장실용 조리가 마련되었는데 지금도 이러한 관습이 남아 있다.

　다만 게다와 조리가 각광받은 것은 비단 밖에 벗어 놓을 수 있기 때문만은 아니었다. 종교적인 이유뿐만 아니라 기후 때문에 일본에서는 닫힌 형태의 가죽 신발이 발달하기가 어려웠다. 덥고 습한 날씨 때문에 기둥과 보로 된 전통 목구조 형식에 미닫이문이 달린 구조의 열린 주거 형태를 만들었던 것처럼, 신발 역시 발이 최대한 드러나는 형태를 취할 수밖에 없었다. 가죽 신발은 쉽게 상할 뿐 아니라 열과 습기를 흡수한다. 빅토리아 넬슨이 북부 캘리포니아에서 하와이로 옮겨왔을 때 경험한 것처럼, 가죽으로 만들어진 샌들조차 습한 태평양 기후에서는 접합면이 분리되어 망가져버리기 일쑤였다. 이런 환경에서 무리하게 닫힘 신발을 고집하면 피부병이 발병하게 되는데 실제로 피부과 의사들은 제2차 세계 대전 이후 닫힌 형태의 가죽 신발이 점점 더 일반화됨에 따라, 1945년 전체 균상종 감염 환자의 31퍼센트였던 무좀 환자가 1955년에는 76.8퍼센트까지 증가했음을 보고한 바 있다.

이뿐만 아니라 닫힌 형태의 신발은 1960년대와 1970년대에 일본 전후 세대의 발 모양을 변화시켰다. 엄지발가락이 안쪽으로 굽어 통증을 일으키는 엄지발가락 외반 증상이 나타난 것이다. 이는 과거 일본에서는 찾아볼 수 없는 병리 현상이었다. 규슈 섬 북부에서 발견된 일본의 조몬 시대 발자국에서도 이러한 증상은 찾아볼 수 없었다. 도쿄 교린 대학의 두 정형외과 의사는 1972년 이전까지는 엄지발가락 외반 수술을 단 한 번도 행한 적이 없다고 말한 바 있다. 그런데 1972년 이후 십 년 간 대학 병원을 찾은 엄지발가락 외반 환자는 85명에 달했다. 아이들의 경우에는 유행하는 신발을 신는 것이 허락되는 14세 이후에나 엄지발가락 외반 현상이 나타나기 시작했다.

조리의 확산:
이민, 전쟁 그리고 평화

일본이 서양에 문호를 개방한 지 100년도 더 지난 지금도 일본인은 신발에 관해 두 가지 시스템을 유지하고 있다. 아이들에게는 조리, 어른들에게는 닫힌 형태의 신발이 바로 그것이다. 건강과 운동 능력에 미치는 영향을 보면 양쪽 모두 각각 장단점이 있다. 그런데 일본인들이 제2차 세계 대전 이후를 기점으로 성인용 서양 신발을 점차적으로 받아들이고 있을 때, 조리는 전 세계로 퍼져나가 첫 번째 범지구적 신발이 되었다. 일본의 전통 신발이 처음으로 전파된 것은 19세기 후반의 일이었다. 일본인들이 태평양을 넘어 이민을 가면서 신발도 같이 건너 온 것이다. 초기 일본 기독교 목사도 삼베로 만든 샌들을 신었다. 재료가 단순했기에 이민자들은 날씨만 따뜻하면 그 어느 곳에서도 자신들의 게다, 조리, 와라지를 만들어낼 수 있었고, 실제로 그렇게 했다. 제2차 세계 대전 이전, 하와이의 설탕과 파인애플 재배 농장에서 일하던 일본인들은 게다를 신었는데, 특히 밭이 젖었을 때나 콘크리트 바닥으로 된 농장 세탁소에서 빨래를 할 때 애용했다. 춤출 때 신기 위해 칠을 입힌 드레스용 게다도 있었다. 비록 벼농사가 쇠퇴함에 따라 신발 재료인 볏짚도 줄어들었지만 다행히 하와이의 바닷물 웅덩이에서 골풀과 비슷한 재료를 쉽게 얻을 수 있었다. 몇몇 일본계 미국인 장인은 오늘날까지 이러한 재료로 공예품을 만들고 있다.

미국 내의 통 샌들 생산 역시 제2차 세계 대전 중 하와이에서 시작된 것으로 보인다. 1932년에 설립된 스콧 하와이는 현지 노동자들을 위한 고무 부츠를 만들었다. 그러다가 전시에 물자가 부족해지면서 부츠 대신 샌들과 그 밖의 뚫려 있는 형태의 신발을 생산하게 되었다. 그중 조리 스타일은 태평양 전역의 미 해군들에게 인기를 끌었다. 열대 기후 속을 항해하는 군함의 뜨거운 강철 갑판 위에서는 정부에서 지급되는 신발보다 고무 샌들이 훨씬 유용했기 때문이었다. 물론 잠수함 속에서도 필수품이었다. 당시 베트남 전쟁에서도 군함으로 이동해야 하는 미국 장교들과 일반인들은 현지에서 생산된 플립 플랍을 종종 구입했다.

조리가 본격적으로 전 세계로 퍼져나간 시기는 제2차 세계 대전 이후 10년간이었다. 전후 재건에 힘쓰던 일본의 초기 생산품들 중 하나가 고무 신발이었을 것이다. 당시 말레이반도의 고무 농장은 일본의 지배에서 해방되었지만, 생산된 고무를 수출할 시장이 필요했다. 이 때문에 고무로 만

실험적 샌들

천 년 이상의 역사를 자랑하며 전 세계인에게 사랑받는 조리는 오늘날에도 새로운 재료로 끊임없이 재탄생하고 있다. '콜드 피트'라고 불리는 이 실험적 샌들은 재냉각이 가능한 냉각재 '블루 아이스'를 포함한 폴리프로필렌 삽입물을 네오프렌 소재로 만들어진 밑창이 감싸고 있는 형태다. 디자이너: 그레첸 반스^{Gretchen} Barnes (IDEO 제공)

드는 조리에 주목하게 된 것이다. 조리는 발을 감싸는 형태의 가죽 혹은 플라스틱 신발과는 달리 기계 몇 대만 있으면 생산이 가능했고 매우 가벼운데다가 한 켤레씩 박스로 포장할 필요도 없었다. 이뿐만 아니라 천연, 합성, 재활용 고무 모두 충전재 및 발포제와 함께 각 등급과 밀도에 맞게 사용할 수 있었다. 물론 좀 더 좋은 모델을 만들기 위해서는 개별 형틀이 필요했지만, 저렴한 샌들은 반숙련공들이 양쪽에 발바닥 무늬가 새겨진 넓은 고무판을 형판 쇠로 눌러 간단하게 찍어낼 수도 있었다. 가장 일반적인 조리는 위는 좁고 아래는 넓은 구멍을 샌들 바닥 세 군데에 뚫어 여기에 조형된 플라스틱 통을 코바늘을 닮은 커다란 도구로 고정시키는 방식으로 만들어졌다.

새로운 조리의 장점은 무엇보다도 고무 외에 다양한 재료로 만들 수 있다는 것이었다. 이에 합성고무, 폴리염화비닐, 초산 에틸 비닐 등 더 많은 종류의 합성수지가 산업 재료로 등장했다. 볏짚 조리와 와라지가 자급자족의 검소함과 농업 폐기물의 재활용을 의미했다면, 재생이 되지 않는 합성 재료들은 전후 일본 경제의 세계화와 기술적 진보를 상징했다.

새로운
환태평양 샌들

고무와 플라스틱 조리가 일본에만 한정된 물건은 아니었다. 사실 제2차 세계 대전 이후 일본인은 발을 감싸는 형태의 신발에 관심이 쏠려 있었고, 고무와 플라스틱 조리를 자신들의 전통이라고 생각하지 않았다. 그런데 해리 벨라폰테Harry Belafonte가 콘서트 차 일본에 방문하면서 상황이 완전히 바뀌었다. 그가 교토 거리에서 고무 조리를 신고 걷는 모습이 보도되면서 전국적인 붐이 일어난 것이다. 이러한 유행은 일본뿐만 아니라 전 세계적으로 일어났다.

미국에서 고무 샌들이 처음 등장한 것은 1950년대 초 캘리포니아에서였다. 서핑 사업가이자 역사가이기도 한 앨런 세이모어Allan Seymour가 자신이 자란 라구나 비치에서 한국전쟁에서 돌아온 군인들이 싸구려 조리를 신고 있던 것을 기억하고 판매하기로 했던 것이다. 곧이어 한 켤레에 29센트짜리 조리를 쌓아 놓은 커다란 봉투가 슈퍼마켓과 주류 판매점 앞에 등장했다. 이러한 조리는 이내 캘리포니아 여러 해변에서 큰 인기를 끌었고, 서핑을 즐기는 이들의 표준 복장이 되었다. 조악하기 이를 데 없는 품질에도 큰 인기를 끈 이유는 한 번 쓰고 버려도 아깝지 않을 만큼 가격이 저렴했기 때문이었다. 북부 캘리포니아에서는 비트족, 즉 1950년대 미국의 기존 질서에 반항해 저항 문화를 추구했던 젊은 세대가 선 문화의 일부로 조리를 받아들였다고 알려져 있다. 1960년대 초에 이르러 고무 샌들은 해안선을 타고 퍼져나가 북부 멕시코까지 전파되는데, 브라질에서는 하와이풍을 뜻하는 '하바이아나스'라는 상품명으로 판매되었다. 그러나 멕시코와 남아메리카에서는 천박하다는 인식이 일반적이었으며 멕시코시티 시민들은 조리를 경멸했다. 브라질에서는 페 데 치네로, 즉 "슬리퍼 발"이라는 표현으로 하층민을 불렀고 브라질 정부는 조리를 우유, 빵, 콩과 함께 노동자 생필품 물가 지표에 포함시키기도 했다.

반면 미국에서 조리는 이국적인 신상품이었다. 조리의 인기는 미국의 내륙부로도 서서히 퍼져나가서 〈하우스 뷰티풀House Beautiful〉의 1958년 5월 호에 나온 광고를 보면 남성과 여성 그리고 아동용 사이즈의 조리를 "오리엔탈 티하우스사에서 선보이는, 해변과 풀장, 샤워실과 거리에서 신을 수 있는 제품"으로 소개하고 있다. 스펀지 고무 재질인 이 제품의 장점을 나열한 광고문에서는 다음과 같이 홍보했다. "신비한 동양에서 영감을 얻는 최신 유행 스타일의 일본 직수입품이면서 동시에 실용적이고도 현대적인 마이애미풍 감각. 튼튼하고 가볍고 편안하며 오래 신을 수 있고 미끄러지지 않으며 조용하다." 또한 가격도 배송료를 포함해 1.95달러로 저렴했다. 또 다른 광고지에서도 가죽 밑창에 가죽끈이 달린 일본제 여성 '드레스 조리 샌들'을 2.95달러에 판매하고 있었다.

오스트레일리아에서도 제2차 세계대전 이후 해변의 자유분방한 문화가 조리에 적합한 시장을 형성해주었다. 오스트레일리아의 거대 타이어 제조사인 던롭은 1954년부터 조리를 만들기 시작했는데, 고무를 틀 안에서 기포로 부풀린 후에 증기실에서 원래 사이즈로 줄이는 방식이었다. 본격적으로 붐이 일어난 것은 1956년, 멜버른 올림픽에서 일본 수영 대표팀이 고무 조리를 신고 등장했을 때부터였다. 그 후 조리는 엄청난 인기를 구가해서 1957년 시드니의 데이비드 존스 백화점에서는 입구에 조리를 쌓아놓고 물밀듯 밀려오는 구매자들을 맞이할 정도였다. 곧 지역 생산자들도 스펀지 고무판에서 한 번에 세 켤레씩 찍어내며 조리 생산에 동참했지만, 폭발적인 수요를 따라가지 못했다. 심지어 1959년에 한 던롭 임원은 단 한 번의 출장으로 이렇게 찍어낸 조리 30만 켤레를 주문한 적도 있다. 상대적으로 쌀쌀한 날씨인 북아메리카에서는 해변용 액세서리로 한정되었지만, 오스트레일리아에서는 일상적인 신발로도 쓸 수 있기 때문이었다. 던롭이 한 해에 판매한 조리의 숫자는 오스트레일리아의 모든 남녀와 아이들을 합한 숫자와 비슷했다. 오스트레일리아 결혼식에서는 신부를 알아보려면 새로 산 조리를 신고 있는 사람을 찾으면 된다는 농담까지 생길 정도였다. 그러나 1980년대 후반에 이르자 조리는 더 이상 유쾌하고 세련된 아이템이 아니게 된다. 레오 쇼필드Leo Schofield는 한 신문에 올린 평론에서 조리를 털이 달린 변기 뚜껑과 함께 "나쁜 취향의 국가적 상징"으로 폄하하며 "가장 추하고 실용적이지 않으며 위험하기까지 한 신발"이라고 비난했다. 1995년 멜버른 패션 스쿨의 학장 미리암 쿠나Miriam Cuna는 "조리는 저속하고 조악한 것이다."라고 단정지었다. 이렇게 되자 데이비드 존스 백화점에서는 더 이상 조리를 팔지 않았고, 케이마트 대변인조차도 한 기자에게 "우리는 조리를 광고하지 않는다."라고 밝혔다. 그럼에도 조리는 여전히 대중에게 인기를 끌어서 1995년, 한 대형 수입 업체가 한 해 동안 수입 판매한 고급 조리의 수만 해도 250만 켤레에 이르렀고, 케이마트도 빅토리아 주에서만 24만 켤레를 판매했다.

한편 1960년대 하와이에서 조리는 단순한 테크놀로지가 민족성을 상징하는 복잡한 시스템으로 진화하는 과정을 보여주었다. 제2차 세계 대전이 끝난 후 스콧 하와이에서 생산된 첫 번째 민간인용 샌들은 발등 위로 끈이 교차하는 형태였으며, 1950년대 초부터는 조리가 가장 인기 있는 상품으로 각광받았다. 빅토리아 넬슨이 하와이에 당도할 무렵인 1960년대 후반, 하와이 대학에 다니는 일본인 학생들은 라우할라를 신고 다녔는데 현지 식물 잎으로 만든 바닥 면에 벨벳으로 만든 통이 달린 고전 조리의 하와이식 모델이어서 '잽 슬랩스'라고 부르기도 했다. 내륙의 유럽계 미국인을 뜻하는 하올레 서퍼들은 옆면을 레이싱 스트라이프로 장식한 낙하산 재질로 된 통이 달린 두꺼운 검정 조리를 신었다.

패션에 민감한 이들을 위한 '코르크 바닥에 플라스틱 통이 달린 타이완이나 브라질산 스팀보트(아마도 사이즈가 큰 신발을 일컫는 현지 속어—옮긴이)'와 '섹시하고 야성적인 여성을 위한 헐리웃 40년대 스타일 쐐기 모양 힐과 반짝이는 통이 달린 샌들'도 있었다. 또 물이 잘 빠지도록 구멍이 여기저기 뚫려 있는 샌들이 있는가 하면, 원하는 통을 끼워 넣을 수 있도록 준비된 제품들도 있었다. 매장에서는 다양한 제품들이 등장해 계속 변화하는 암묵적 패션 코드에 대응했다. 하와이가 다문화주의의 요람이라고 한다면, 조리는 이에 어울리는 아기 신발인 셈이었다. 오늘날에도 조리는 오스트레일리아에서만큼이나 하와이 어디서나 찾아볼 수 있는 신발이다. 스티브 스콧에 따르면, 그 비결은 바로 EVA 재질을 포함한 다양한 재료를 적용해 낮은 생산 단가를 유지하면서도 컬러와 스타일을 쉽게 바꿀 수 있다는 것이다.

세계로 행진하는
조리

　　　　　　조리는 인류 최초의 보편적인 생산품 중 하나가 되어, 더 많은 곳에 더 널리 퍼져나갔다. 그런데 넬슨이 하와이에서 지내던 1960년대, 미쓰비시를 비롯한 일본의 대형 상사들은 조리를 생산하던 고베의 작은 공장들을 인수한 후 비용 절감을 위해 생산지를 타이완으로 옮기기로 결정한다. 타이완 공장들은 플라스틱 식탁보 같은 합성 제품을 이미 제조한 경험이 있어서 기계를 신발 제조용으로 쉽게 전환할 수 있기 때문이었다. 일본 무역 회사의 검사관들은 "서로 떨어져 있는 공장들에 마치 꽃가루를 나르는 벌처럼 부지런히 돌아다니며 생산에 필요한 혁신들을 빠르게 전파했다." 동시에 타이완 정부는 미국 원조가 서서히 줄어드는 상황에 대비해 수출 확장을 강하게 추진하기 시작했다. 그 덕분에 일본 대기업들이 버티고 있는 상황에서도 작은 회사들에게 기회가 주어질 수 있었다. 당시 타이완은 경화 비용이 높은 고무 대신 각광받던 소재인 PVC를 공급할 수 있는 기반을 잘 갖추고 있었다. 플라스틱 산업은 1948년 두 공장에서 시작해 1966년에는 400개가 넘는 공장으로 확대된 상황이었고 이에 곧이어 샌들과 신발 공장이 증가하기 시작한다. 1969년부터 1988년까지 등록된 신발 회사는 75개에서 최고로 많았을 때에는 1,245개에 달했다. 1990년대에 들어서 중국, 인도 등 더 저렴한 인건비를 내세우는 국가들로 공장이 이전해 생산이 줄어든 이후에도, 타이완은 여전히 자본, 디자인, 기계와 공급의 요지로 남았다.

　이후 샌들 공장은 전 세계로 확산된다. 제노바 국제 노동 기구가 1982년에 발간한 보고서에서 그 단서를 찾을 수 있는데, 여기에는 발을 감싸는 형태의 신발을 만들려면 서른한 가지 단계를 거쳐야 하는 반면에 사출 성형으로 플립 플랍 샌들을 만드는 데는 단 두 가지 단계가 필요하다고 나와 있다. 즉 일반적인 신발을 만드는 공장이라면 장비를 추가하고 단계마다 전문 인력을 배치하는 형태로 규모와 집적의 효과를 누릴 수 있지만 사출 PVC 샌들을 만드는 공장에는 운영 요원 두세 명과 포장을 위한 인원 하나만 있으면 충분했던 것이다. 이렇듯 샌들을 만드는 공정은 너무 단순해서 장비를 통해 비용을 절감할 수 있는 부분도 거의 없었다. 1976년 타이완 정부 통계에 따르면, 샌들 산업에서 수천 명 이상의 직원이 근무하는 대형 공장들의 직원당 평균 부가가치는 30명 이하 공장과 비교해 3분의 2 수준에 불과하다고 한다. 대형화와 자동화에 따르는 비용 절감 효과가 미미하기 때문이었다.

전 세계 어디에서든 생산 설비를 마련할 수 있고 샌들에 사용되는 소재도 다양화됨에 따라, 샌들 공장은 시장과 자본만 있는 곳이라면 어디라도 옮겨갈 수 있게 되었다. 그 예로 체코에서 설립되어 현재 캐나다에 기반을 두고 있는 초국적 대기업 바타를 들 수 있다. 바타는 맨발로 생활하는 개발도상국 사람들을 '신발 신는 습관'을 전파해야 할 잠재 고객으로 보아 시장에 뛰어들었다. 국제적으로 한 켤레에 30센트 내지 40센트 정도인 통 샌들 가격은 비숙련 노동자의 하루 일당보다 저렴했으며, 품질이 좀 더 좋은 제품도 소비자가 기준으로 65센트 정도면 구매할 수 있었다. 초창기에 케냐 시장에서 바타의 샌들 판매량은 1964년에 97만 2,000켤레 정도에 불과했지만, 1968년에는 200만 켤레 이상으로 증가한다. 이러한 플라스틱 조리는 수명이 3개월도 채 되지 않는데다 고치기도 쉽지 않아 수요가 꾸준해서 다른 사업가들에게도 기회가 있었다. 더군다나 급격한 도시화가 진행되면서 사람들은 더욱더 신발을 필요로 했다. 그 결과 샌들 생산만으로 커다란 기업으로 발전할 수 있을 만큼 시장이 커졌고 한 때 밑창이 새끼줄로 된 캔버스 모카신을 만들던 알파르가타는 40년도 지나지 않아 하바이아나스 브랜드 플립 플랍을 20억 켤레나 팔아치울 정도로 대기업으로 성장했다. 오늘날에도 알파르가타에서 만든 샌들은 매년 1억 2,500만 켤레나 팔리고 있으며, 이 중에는 다른 명품들과 나란히 팔리는 최신 유행의 고급 제품들도 있다.

또한 샌들은 나라를 일으켜 세우는 수단이 되기도 했다. 1980년대 초 해외에 거주하던 에리트레아 교포들이 에리트레아 인민 자유 전선에 시간당 100켤레에 달하는 위장용 검은색 샌들을 생산할 수 있는 이탈리아제 PVC 사출 성형 기계를 선물했다. 혁명군은 즉시 재료로 쓰일 PVC 미립 안료도 수입해 들여왔지만 여전히 모자라는 부분이 있어서 부대에서 버려지는 낡은 신발을 재활용해 사용했다. 그 결과 EPLF도 제약 공장을 설립해 해외에서 공급되는 원료로 에리트레아에서 필요한 기본 약품들의 40퍼센트를 생산할 수 있게 되었다. 참고로 EPLF 샌들은 통 대신 발등을 가로지르는 끈이 달린 스타일이다.

스타일의
이면

이전까지 조리는 전 세계 빈곤층을 상징하는 신발이었다. 하지만 최근 고가의 샌들과 더불어 일회용 조리가 등장하면서 그 상징성이 점차 변해가고 있다. 고대 일본에서는 조리가 검소하고 친환경적인 윤리를 뜻했지만 오늘날 조리는 전 세계가 일회용품 사회로 변해가는 모습을 상징하게 된 것이다. 이렇게 버려진 조리는 대개 다른 쓰레기와 함께 소각되는데, 이 과정에서 인체에 유해한 다이옥신이 만들어진다. 설령 태우지 않고 버려도 야생 동물들에게 나쁜 영향을 끼치는 쓰레기가 된다. 실제로 버려진 플라스틱 신발은 전 세계 해양 표류물의 큰 부분을 차지하는 문제로, 조류에 쓸려 예기치도 못한 장소에 나타나기도 한다. 1996년에는 멸종 위기 종들이 다수 살고 있는 오스트레일리아의 코코스와 켈링 섬에 플립 플랍 샌들이 수십 만 켤레나 떠내려 오기도 했다. 그 대부분이 인도네시아의 여러 공장에서 버려진 것들이었다. 상황이 어찌나 심각했던지 오스트레일리아 국회의원 줄리안 맥거란(Julian McGauran)은 심지어 "그 해변은 녹색 바다거북의 보금자리인 동시에 청색 고무 샌들의 무덤이 되었다. 둘 중 하나는 자리를 피해주어야 할 것이다."라고 말했다.

반면 고향을 떠나 인도의 구자라트 주에서 일하고 있는 인부 3만 5,000명에게 조리는 꼭 필요한 보호 장비다. 이들은 일당 1.5달러를 받고 전 세계에서 버려진 배들을 분해하는데 그 과정에서 석면을 비롯한 여러 화학 물질의 위협에 시달리고 있다. 이러한 상황에서 그들의 몸을 지켜주는 것은 오직 플라스틱 조리뿐이다. 이들뿐만이 아니라 뉴욕 항에서 북대서양으로 향하는 브라질 상선의 선원들도 반바지 아래 조리를 신고 있으며 캘커타에서는 아이들이 자기 팔만한 가위로 플립 플랍을 만든다. 자카르타를 비롯한 인도네시아에서는 쓰레기더미에서 건진 오래된 고무 조리로 판잣집이 지어진다. 이들처럼 한때 부유했던 개발도상국들에게 플라스틱 조리는 가난했던 시기로의 암울한 회귀를 상징한다. 1998년 이라크에서 과거 컴퓨터 공학을 공부했던 학생이 시장에서 조리를 팔고 있는 모습처럼 말이다.

이렇듯 조리의 보편성에는 이중적인 의미가 있다. 개발도상국 사람들에게 조리는 선진국의 부유함을 공유하기 위해 올라야 하는 가파른 오르막에 놓인 발판과도 같다. 이 발판은 절대 안전하지 않지만 돌이키기에는 너무 늦었다. 서핑의 선구자 앨런 세이모어가 이렇게 말했던 것처럼. "우리는 이 샌들을 고어헤즈라고 불렀다. 이것을 신고 뒤로 걸을 수는 없기 때문이다."

chapter

04

운동화, 활동적인 삶을 이끈 신발의 혁명

조리가 새로운 소재를 이용해 고전을 부활시켰다면, 운동화는 의복에서 보기 드문 혁신이다. 혹자는 운동화를 "지난 300년에 걸쳐 처음 등장한 새로운 유형의 신발"이라고 부르기도 했다. 이러한 새로움은 운동화의 구조만큼이나 운동화가 상징하는 사고방식에서 비롯되었다.

사물의 역습

조 리가 새로운 소재를 이용해 고전을 부활시켰다면, 운동화는 의복에서 보기 드문 혁신이다. 혹자는 운동화를 "지난 300년에 걸쳐 처음 등장한 새로운 유형의 신발"이라고 부르기도 했다. 이러한 새로움은 운동화의 구조만큼이나 운동화가 상징하는 사고방식에서 비롯되었다.

많은 소비자에게 운동화는 잠재적 구매라 불리는 소비 행동의 대표적인 사례다. 우리는 가정용 벽난로를 마련해 놓고 실제로는 거의 사용하지 않는다. 벽난로에 불을 붙이고 시간을 보내는 상상을 하면서 따뜻함을 떠올릴 뿐이다. 집에 수영장을 설치하는 이들도 실제로 수영을 거의 안 하지만 언제든 물속에 뛰어들 수 있다는 생각에 시원함을 느낀다. 마찬가지로 상상 속의 조깅, 농구 경기, 장거리 산책은 운동화를 신는 이들에게 활기를 불어넣는다. 도시 포장도로에서는 너무 빽빽해서 불편한 보트 슈즈 역시 언제든 요트에 올라탈 준비가 되었다는 기분을 느끼게 해준다. 일반적으로 걸음걸이를 늦추는 샌들과 달리 스포츠 신발은 단단한 매듭과 날렵한 디자인이 특징인데, 이를 상상하는 것만으로도 속도감을 느낄 수 있다.

느린 시간, 빠른 시간, 힘든 시간

환경 교육학자 데이비드 오어^{David Orr}는 프로메테우스처럼 자연을 활용해 문제를 해결하고자 하는 서양 사회의 '빠른 지식'과, 자신의 거주지에서 다른 생명체들과 조화롭게 살아가고자 하는 사회의 '느린 지식'을 비교했다. 운동화는 화학의 전환기였던 19세기에 태어났으며 지난 150여 년 동안 지속된 속도에 대한 시대적 열광을 대변하는 물질적 상징이기도 하다. 볏짚으로 만들었던 전통적인 조리가 느린 지식을 상징한다면, 운동화는 속도의 전성시대를 의미한다.

샌들과 스니커는 시간을 서로 다르게 인식하는 두 부류의 사람들을 상징한다. 전자는 속도를 제한하고자 하며, 후자는 이를 촉진한다. 그리고 그 차이는 길거리에서 쉽게 관찰할 수 있다. 호놀룰루에서 일어나는 코카인 마약 거래의 현장 조사를 실시했던 한 연방 정부 관료의 보고에 따르면, 마약 판매상의 아지트와 마약 구매자들 사이를 오가는 노숙자 운반책들은 검은색 테니스화를 신은 사람을 보고 경찰을 파악한다. 위장을 할 때에도 경찰은 용의자와 싸우거나 추격, 체포에 대비하기 위해 모두 이 신발을 신고 있기 때문이다. 운반책들은 전술적인 훈련을 받지 않았기 때문에, 가장 편안한 현지 복장에 샌들 혹은 플립 플랍을 신는다. 이는 경찰과 마약 범죄자 사이에 놓인 경계가 단순히 법 집행과 법 위반에 따른 차이가 아니라 움직임의 두 가지 방식에서 오는 차이, 즉 빠른 시간과 느린 시간의 차이임을 보여준다.

1960년대부터 남아프리카의 악명 높은 로벤 섬 교도소에 복역하는 죄수들은 오로지 고무 샌들만 신을 수 있었다. 그 이후로 전 세계의 많은 교도소에서 죄수들에게 플립 플롭을 지급했다. 이는 단순한 예산 절감뿐 아니라 죄수들이 더욱 천천히, 감시와 감독이 가능한 속도로 움직이게 하려는 목적도 있었다. 밝은 주황이나 붉은색 점프 슈트와 플립 플롭은 TV에서 수배된 탈옥수를 묘사할 때 빠지지 않고 등장하는 복장이 되었다. 법정에서도 일반인 복장에 스니커를 신은 피고인은 도주의 위험이 컸는데, 빨리 달릴 수 있어서이기도 하지만 군중에 쉽게 섞일 수 있었기 때문이었다. 반대로 샌들은 기후 조건과 관계없이 움직임을 제한할 수 있다. 사우스캐롤라이나의 한 탈옥수는 샌들을 대신할 다른 신발을 사다가 체포당했고, 애리조나의 한 탈주범은 샌들을 버리고 리복 운동화로 바꿔 신으려다 할인점의 경비원에게 붙잡혔다. 점점 더 복잡해지는 운동화의 구조는 보안상 위험 요소가 되기도 한다. 미국교정협회의 교도소 보안지침서는 "수제 테니스화 및 공기 주머니나 펌프가 달린 신발은 밀수품을 숨기기 쉬우므로 금지한다."라고 경고했다.

1980년대와 1990년대에 스니커는 범죄자들 사이에서 '중범죄자 신발'이라는 별명으로 불렸다. 샌들을 신는 호놀룰루 마약 운반책들보다 더 심각한 범죄를 저지르는 이들이 도주를 대비해 신는 신발이라는 의미였다. 쉽게 검거될 수 있음에도 범죄자들 또한 다른 젊은이들처럼 튀는 스타일을 선호했다. 한 편의점 강도는 신고 있던 운동화 뒤꿈치에서 불빛이 반짝거리는 바람에 경찰에게 체포되었으며 한 젊은 은행털이범은 가벼운 교통법규 위반에 걸렸을 때 신고 있던 두꺼운 밑창의 신발을 알아본 경찰 때문에 정체가 탄로 나기도 했다. 1990년대 미국에서 가장 솜씨가 좋았던 밤도

둑 블레인 데이비드 노르달Blane David Nordahl은 조리대 위에 찍힌 스니커 발자국 탓에 체포되어 3년형을 살았고, 그 다음부터 작업 후에는 옷가지, 사용한 연장과 함께 항상 신발을 폐기했다. FBI에서 신발 전담 부서를 관리했던 윌리엄 J. 보지악William J. Bodziak에 따르면, FBI는 접수되는 신발 자국의 70퍼센트 정도가 어떤 브랜드인지를 파악할 수 있다고 한다.

스니커는 도주만큼이나 자기 과시에도 적합하다. 몸을 들썩이며 발을 질질 끄는 '포주 걸음pimp walk'은 아직 스니커가 큰 인기를 얻기 전인 1960년대와 1970년대 초반에 흑인들이 만들던 자극적 싸구려 영화에서 빠지지 않고 등장한 요소였다. 톰 울프Tom Wolfe의 1987년 소설 《허영의 불꽃Bonfire of the Vanities》에서는 브롱스 카운티 법정에 출두한 젊은 흑인 피고인들이 포주 걸음의 후속편이라고 할 수 있는 '포주 활보pimp roll'로 건방지게 걸으며 법정의 권위에 대항한다. 다른 런던 저널리스트는 이를 "밑창이 통통 튀는 듯, 발목은 고정된 듯, 이리저리 흔들고 거들먹거리며 걷는 걸음"이라고 표현했는데 이러한 걸음은 샌들이 아니라 운동화를 신어야만 가능하다.

한편 많은 젊은 경관은 도넛이나 탐닉하던 과거에서 벗어나 보디빌딩으로 몸을 만드는 것을 즐긴다. 도넛보다는 운동화가 이들의 새로운 이미지에 더 어울린다. 울프의 소설에 등장하는 백인 지방검사보 래리 크레이머Larry Kramer는 사복 경찰 무리에 섞이기 위해 지하철에서 스니커를 신는다. 시카고 경찰청은 얼마 전부터 표준 지급품을 검정 옥스퍼드 구두에서 운동화와 비슷한 가죽 신발로 교체했다.

이처럼 운동화는 속도, 활력, 야심 그리고 첨단 기술에 대한 동경을 상징한다. 샌들이 싸구려 플라스틱이든 고급 재료로 만들어지든 관계없이 자발적이고 의도적인 게으름을 암시하는 것과 대조적이다. 운동화에 대한 이야기는 샌들만큼이나 놀라운 내용으로 가득하다. 움직임과 관련된 새로운 테크닉이 새롭게 등장하는 소재 및 테크놀로지와 끊임없이 상호작용한다. 이로 인해 운동화를 바라보는 인식 역시 계속 변화한다.

신발 없이
달리다

달리기에 특화된 신발은 최근에 와서야 등장했다. 왜일까? 테크놀로지와 소재의 제약보다는 달리기와 신발에 대한 사회적 관념이 오랫동안 변하지 않았기 때문이었다.

달리기는 아마도 서양에서 가장 오래된 경기 종목일 것이다. 고대 이집트 축제에서도 달리기는 중요한 부분을 차지했다. 이집트인들의 장거리 달리기 기록은 19세기 유럽 최고 육상 선수들의 기록과 대등한 수준이었는데, 더욱 놀라운 것은 이집트인들은 아마도 맨발로 뛰었을 것이라는 점이다. 기원전 776년 그리스에서 처음 열린 올림픽에서 192미터와 5,000미터 사이 달리기 경기는 맨발로 치러졌다. 그리스인은 얼음으로 덮인 카프카스 산맥에서 사용하는 스파이크 달린 신발을 알았으며 파발병들은 가죽 부츠를 신었다. 그러나 그리스인들은 육상 선수를 위한 신발에는 관심이 없었다. 선수들은 맨발은 물론이고 완전히 나체였다. 그리스인들은 창의력을 신발이 아닌 달리는 땅에 쏟았다. 맨발에 적합한 트랙을 만들기 위해 아낌없는 비용을 투자했다. 그들은 시합이 열리기 전 땅을 고르고 파서 값비싼 고운 모래로 덮었다. 달리기 선수들은 이러한 바닥에 적응하기 위해 더 깊은 모래에서 훈련했다. 로마인이 주관하는 이후 올림픽에서 그리스 선수들은 '크레피스'라는 일종의 샌들을 신기 시작했는데, 로마 풍습에 영향을 받았거나 혹은 달라진 트랙의 상태에 적응하기 위해서였을 것이다.

느긋함을 중시하는 문화적 특성으로 마라톤은 물론이고 장거리 경주 훈련에도 적합하지 않았던 고대 그리스인과는 달리, 신대륙 사람들은 뛰어난 장거리 주자였다. 달리기는 그리스에서처럼 정신적인 의식의 일부였을 뿐 아니라, 서로 떨어진 부락 간 통신과 사냥을 위해 꼭 필요한 수단이었다. 아메리카 원주민들은 지금도 신발 산업에 영향을 미치고 있는 모카신과 같은 복잡한 신발을 개발했으며, 일부 선수들과 전령들이 샌들이나 모카신을 신었다. 멕시코 북부 치와와 주에 자리한 시에라마드레의 타라후마라족은 샌들을 신고 여섯 시간 넘게 달리는 킥볼 경주로 유명했다. 오늘날 그 자손들은 여전히 옥수수를 경작하며 생계를 꾸리는데, 타이어 바닥과 가죽 통으로 된 샌들인 후아라체만 신고서도 현지의 혹독한 기후를 견디며 일터나 학교까지 하루에 16킬로미터가 넘는 거리를 이동한다. 1990년대에 남서 지방에서 열렸던 100마일 울트라 마라톤 경기에서 이들은 강력한 우승 후보였던 미국 육상 선수들을 물리쳤는데, 스폰서를 자처했던 신발 회사가 제공한 신발을 벗어던진 채 맨발로 뛰는 장면이 나오기도 했다. 이들은 미국에 도착하자마자 발에 땀이 난다는 이유로 제공된 신발은 벗어버리고 폐타이어를 구해 새로운 후아라체를 만들어 신었다. 이들을 지원하던 미국 지지자들은 신발 제조사들을 대신할 타이어 회사를 찾는 데 실패했다. 호전적인 모하비족의 전령들은 적어도 1859년 미국 군대에 패배하기 전까지는 모카신을 신고 하루에 100마일, 약 160킬로미터를 이동했다. 많은 아메리카 원주민들은 맨발로도 매일 수 마일씩 달릴 수 있었다. 1912년 올림픽 은메달리스트인 호피족 루이스 테와니마Louis Tewanima는 어릴 적 그저 기차가 지나가는 것을 구경하기 위해 고향 마을에서 애리조나 주 윈슬로까지 약 190킬로미터에 달하는 거리를 맨발로 왕복했다고 한다.

20세기 초 아메리카 원주민의 달리기 경기를 찍은 사진들을 보면 여전히 맨발이 일반적이었음을 알 수 있다.

보행자부터
마라톤 선수까지

유럽인과 유럽계 미국인들은 이와는 다른 방향을 택했다. 유럽의 전투 기술은 기마 사회에 기반을 두고 발전했으며 걷거나 뛰는 것은 노동자나 하인, 사병이나 해야 할 일이었다. 그리스 올림픽의 중장기병 경주에 비할 만한, 격식을 갖춘 경기도 없었다. 서양에서 경쟁을 위한 경주가 다시 시작된 것은 근대 초기 영국의 하층민들 사이에서였다. 마차가 이동할 때 하인들은 옆에서 뛰면서 장애물을 치우거나 다음 도착지의 여관에서 방을 잡기 위해 자기들끼리 경쟁을 하곤 했다. 이처럼 고된 일을 하려면 지속적인 훈련이 필요했고, 숙련된 일급 하인의 경우 하루에 약 96킬로미터를 이동했다. 17세기 초 하인들은 자기들끼리 경주를 했지만 고대 그리스나 인디언 달리기 선수들처럼 영광을 누리지는 못했다. 대부분은 하층민이었지만 몇몇 장인들 심지어 젊은 고위층 남성이 이 경주에 참여하기도 했으며, 하인들의 고용주들은 이 경기에 내기를 걸기도 했다. 하인들은 바닥이 얇고 전체적으로 가벼우며 신발 끈 없이 발가락과 뒤꿈치에 고정되는 신발인 펌프스를 신었다. 이 신발은 지금은 여성용 드레스 슈즈이자 남성 정장용 신발로 알려져 있는데, 당시의 모양도 현재의 운동화와는 거리가 멀었다.

걷기와 달리기 경주는 19세기에나 대중의 주목을 받기 시작했다. 역설적이게도 마차와 철길이 들어서면서 달리기가 주목받게 된 것이다. 길이 위험하고 거칠었을 때에는 빈곤층과 범죄자를 비롯해 더러 괴짜나 외국인 여행자 정도나 길을 걸어다녔다. 노동자조차 구입이 가능할 정도로 기차표 가격이 저렴해지자, 도보는 더 이상 어쩔 수 없는 것이 아니라 여흥을 위한 것으로 여겨졌다. 여가를 위한 도보가 유행하자 각종 경기도 열렸다. 1830년대부터 영국, 미국 그리고 유럽 대륙에서 도보 경주는 때로는 2만 5,000명 이상의 관중을 동원하는 대중 스포츠가 되었다. 일반적인 구간은 10~15마일(약 16~24킬로미터—옮긴이) 정도였으며 경기를 후원하는 여관 주인이 설치한 울타리 안에서 더 작은 경기가 열리기도 했다. 실제로 도보 경주는 경마에 쓰일 말 비용을 부담할 수 없는 하층민들의 경마라고 할 수도 있었다. 경기에서 승리하면 큰 상금을 받을 수 있었던 '보행자'들은 경마 기수들과 함께 미국 최초의 프로 운동선수였다고 할 수 있다.

하지만 당시 이 보행자들이 신던 신발에는 아무도 관심을 보이지 않았다. 당대의 스포츠 스타였으니 오늘날의 관점에서 보면 신발 제조사들이 스폰서로 서는 것이 당연했겠지만 당시에는 그렇지 않았다. 19세기 후반에 가장 명성이 높았던 미국의 장거리 도보 선수 에드워드 페이슨 웨스턴 Edward Payson Weston은 재봉틀 제조사, 약제사, 사진사 그리고 의류 매장으로부터 상품을 홍보해주는 대가로 경기에 출전할 수 있도록 지원받았지만 여기에도 신발 제조 회사는 없었다. 그는 발목까지 올라오는 딱딱한 붉은색 신발을 신었다. 장거리 주자 윌리엄 호윗 William Howitt을 그린 당시 그림에서는 그가 과거 하인들이 신던 펌프스와 유사한, 낮은 슬리퍼 형태의 신발을 신고 있는 것으로 묘사되었다.

육상경기에 특화된 신발은 사람들의 관심이 마라톤 도보에서 스피드를 겨루는 달리기 경주로 넘어간 1870년대에 처음 등장한 것으로 보인다. 아마추어 협회에서는 건강을 위한 육상 경기를 홍보하기 시작했다. 더욱 가벼운 가죽이 사용되었고, 스파이크가 주요한 혁신으로 떠올랐다. 1961년에 크리켓 경기용으로 발명한 스파이크는 곧바로 달리기에 도입되었다. 저명한 생체 역학 과학자이자 운동화 분석가인 피터 R. 카바나Peter R. Cavanagh는 운동화가 일반 보행용 신발에서 분화된 시점을 스펜서 경Lord Spencer을 위한 스파이크 운동화가 제작된 1865년이라고 보았다. 거의 동일한 시기에, 뉴욕의 제화업자 존 웰서John Welsher는 어느 유명 경주가 열리기에 앞서 도보용 신발을 6.5달러에 판매한다는 광고를 냈다. 거기에다 7.5달러를 내면 스프링까지 달아주었다. 이는 운동화에 최초로 적용된 에너지 반환 시스템이었다. 이러한 시작에도 불구하고, 19세기 후반에는 운동화가 보편화되지 않았다. 축구, 크리켓, 야구와 같은 팀 경기와 크로켓, 잔디 테니스, 자전거 타기와 같은 참여 스포츠들이 도보 경기보다 인기를 끌었다. A. G. 스팔딩A. G. Spalding에서 판매하는 스파이크 달린 신발은 지나치게 비쌌다. 영국 볼턴에서는 아마추어 육상 주자 윌리엄 포스터William Foster가 1892년에 독자적으로 달리기용 스파이크가 달린 펌프스를 만들었고, 이 신발로 인해 후에 리복이라는 운동화 회사를 설립하게 된다. 1897년에는 유통업체인 시어스 로벅Sears Roebuck 카탈로그에도 스포츠에 특화된 다양한 신발이 등장했다. 하지만 거리에서 달리기 위한 신발이나 장거리 도보용 신발은 없었다. 사실, 카탈로그에 나온 대부분의 남성용과 여성용 신발은 우스꽝스러울 정도로 뾰족한 모양이었다. 시어스 로벅에서는 '편안한 느낌'과 '티눈 치료'를 위한 신발과 앞 심 부분이 넓은 경찰용 모델도 판매했지만 대개 오래 신고 걸으면 발이 불편했다. 아마 그 때문에 카탈로그에서 티눈과 건막용 반창고도 판매했을 것이다.

결국 1890년대 후반 보스턴 마라톤 주자들은 다른 운동 경기용 신발을 변형시켜 신을 수밖에 없었다. 1898년 우승자인 로널드 맥도널드Ronald

MacDonald는 자전거 경주용 신발을 신었다. 한 신문 기사에는 그의 뒤를 잇는 1899년 우승자 로렌스 브리그놀라^{Lawrence Brignola}가 "가벼운 가죽 윗부분에 발가락 부분까지 내려오는 신발 끈, 가벼운 가죽 밑창에 고무로 된 뒤쪽 굽이 달린 신발을 신었다."고 나와 있었다. 당시 주자들은 발 앞부분만을 감싸는 세미가죽으로 된 삽입물을 사용했는데, 아마도 이 때문에 물집이 더 악화되었을 것이다. 이들은 또한 코르크로 된 그립을 손에 꽉 쥐고 달렸는데, 이 또한 다른 근육들을 긴장시키는 것을 피해야 한다는 오늘날의 상식에 어긋나는 행위였다. 제2차 세계 대전 이전까지도 장거리 경주에 눈에 띄는 진보는 없었다. 1932년 보스턴 마라톤에서 2등을 차지했던 존 A. 켈리^{John A. Kelley}는 실내용 높이뛰기 신발을 신었다. 압력을 줄이기 위해 꽉 끼는 신발을 잘라내어 틈을 만들었음에도 발에 물집이 생겼고, 그는 결국 뒤로 처졌다. 켈리는 나중에 "요즘 나오는 가장 엉터리 러닝 슈즈도 우리가 예전에 신었던 것과는 비교할 수 없을 만큼 훌륭하다."고 말했다. 이처럼 당시 마라톤은 기본적으로 고통스러운 운동이었다.

스니커의
시대

우리가 알고 있는 운동화는 보행자와 초기 마라토너 신발을 만든 신발 업계로부터 유래한 것이 아니다. 운동화는 고무 사업을 비롯해 종류가 몹시 다른 제조사와 테크닉으로부터 시작되었다. 남아메리카 원주민들은 방수를 위해 히비어 나무의 우윳빛 수액으로 망토를 코팅하거나 신발과 주머니를 만들어왔다. 이들은 생고무를 넣은 그릇에 담갔던 발을 불에 쬐어 수액을 굳힘으로써 맞춤형 방수 신발을 만들었다. 18세기 프랑스 과학자들은 원주민이 히비어 나무를 이용하는 방법을 연구해 새로운 산업적 활용법을 고안했다. 1770년에는 '[서]인도 고무지우개'라는 이름으로 최초의 지우개가 등장했다. 비가 자주 내리는데다 진창도 많은 유럽과 뉴잉글랜드에서는 일찍부터 이 소재로 신발을 만들고자 했지만, 응고된 고무를 처리하는 방법이 문제였다. 테레빈유를 용매로 사용하면 고무가 끈적끈적해졌기 때문이다. 에테르를 쓰면 좀 더 나았지만 가격이 비쌌다. 프러시아의 프레더릭 대제 같은 인물들이나 고무와 에테르가 담긴 용액에 구두골을 담가서 만든 승마 부츠를 신을 수 있었다. 그럼에도 불구하고, 18세기 초반부터 소비자들은 판상 고무로 만들어진 신발을 구입할 수 있었으며, 현재 종합 의류 기업으로 성장한 L. L. 빈^{L. L. Bean}이 등장하기 100년도 전에 한 보스턴 상인은 자신이 만든 구두골을 기반으로 브라질에서 생산된 검 슈즈 50만 켤레를 수입했다. 1832년에는 '인도 고무로 만들어진 밑창을 부츠와 슈즈에 붙이는' 방법이 미국에서 특허로 출원되었다. 그러나 이 유행은 그리 오래가지 못했다. 영국과 달리 계절 간 기온차가 심한 북아메리카에서 천연고무는 날씨가 추우면 딱딱하게 굳고 더우면 물렁거리며 바닥에 붙어버렸다. 1830년대에야 막 태동하려 했던 미국의 고무 신발 업계는 다시 무너지고 말았다.

1839년, 매사추세츠 주의 찰스 굿이어^{Charles Goodyear}는 유황과 열을 조합해 드디어 고무를 쓸 만한 소재로 만드는 법을 발견했다. 이 방법을 제품 생산에 적용한 첫 번째 업체가 코네티컷 주 노거턱에 있던 '굿이어 메탈릭 러버 슈 컴퍼니'다. 이 회사는 이후 1892년에 9개 제조사가 연합해 만들어진 거대한 지주 회사 'U. S. 러버'에 합병된다. 오늘날 우리는 주로 고무를 타이어 업계와 연관 지어 생각하지만, 1901년까지만 해도 미국에서 생산되는 생고무의 절반 이상이 신발을 만드는 데 쓰였다. U. S. 러버가 자동차 시장에 진출한 것도 원래는 신발 수요의 부침을 상쇄하고 사업을 다각화하기 위해서였다. U. S. 러버 공장에서는 엄청난 양의 오버슈즈, 덧신 장화를 비롯해 광부, 어부, 경찰 등 위험한 환경에서 일하는 이들을 위한 부츠를 생산했다. 19세기 중반 유럽 해변에서 유행한 비치 슬리퍼는 고무로 만들어진 운동화의 효시다. 유럽인과 미국인이 과거에는 염전 외에 딱히 쓸모없이 황폐한 공간이라고 여겼던 해변을 태양과 소금기 어린 바람이 부는 쾌적한 여름 놀이 공간으로 재발견한 때도 19세기 중반이었다. 모래의 뜨거운 열기와 푹푹 발이 빠지는 느낌은 매력적인 동시에 걷기에는 불편한 조건이다. 뜨거운 모래는 발에 화상을 입히며 이를 막고자 신발을 신으면 모래가 그 안에 들어가 버린다. 찰스 굿이어가 미국에서 경화법을 개발하던 시점에, 존 보이드 던롭 John Boyd Dunlop 은 고무 밑창과 캔버스 구두 갑피를 붙이는 방법을 개발했고 '모래 신발'이라는 이름을 붙여 시장에 내놓았다.

1868년부터 경화된 고무 밑창이 달린 신발이 한 켤레에 6달러라는, 질 좋은 가죽 신발의 몇 배 넘는 가격으로 부유층에 팔려나갔다. 영국에서는 일부 보행 선수들도 이 새로운 소재를 사용했다. 이 경기를 주관하던 존 더그데일 아스트레이 경 Sir John Dugdale Astley 에 따르면, "인도 고무 신발은 마치 장갑처럼 잘 맞았다." 19세기 후반에는 다양한 특수화에도 고무 밑창을 사용하기 시작했다. 도둑과 교도관 모두 이 신발을 신고 조용히 걸을 수 있다는 점을 좋아했고, 그 이유로 1873년부터 지금까지 내려오는 별명 '스니커'가 생겨났다. 고무로 만든 여가용 신발은 1870년대 후반부터 인기가 높아져, 보트, 테니스, 자전거 타기용으로 새로운 모델들도 등장하기 시작했다.

20세기 초에 고무 밑창 신발이 유행하게 된 것은 육상보다는 농구 덕분이었다. 농구는 1891년 YMCA 강사 학교에서 겨울 스포츠의 하나로 고안되었으며 20세기 초에는 농구 덕분에 YMCA 회원 수가 폭발적으로 증가하기도 했다. U. S. 러버는 이 스니커 시장을 공략하기 위해 1916년 '케즈'라는 브랜드를 개발했다. 얼핏 키즈의 말장난처럼 보이는 케즈는 당시 성공을 거두기 시작한 회사인 코닥의 이름에서 영감을 얻은 것이다. 신기하게도 제품이 출시되자 케즈라는 이름은 정말로 아이와 부모들을 끌어들이기 시작했다. 1917년에는 컨버스 올스타즈도 등장했다. B. F. 굿리치^{B.F.} ^{Goodrich}, 던롭 그리고 스팔딩과 함께, 이들은 성장하는 스니커 시장을 두고 경합을 벌였다. 고무 회사들이 선점한 다른 판로에서 어려움을 겪던 컨버스는 선수용 신발에 집중하고 농구 연감을 출판하기 시작했는데, 이 연감은 이후로도 농구 경기의 표준 참고 자료가 될 정도로 수준이 높았다. 제2차 세계 대전 이전까지, 운동화 업계는 컨버스와 같은 몇몇 예외를 제외한 가죽 스포츠 신발 제조사와 고무 산업에 기반을 둔 스니커 회사로 양분되어 있었다. 스니커는 운동용이나 아동용 신발에 한정됐다. 윈저 공^{Duke of} ^{Windsor} 정도나 이 신발을 일상용 신발로서 실험했을 뿐이었다.

1930년대는 운동화의 발전에 매우 중요한 시점이었다. 혁신은 종종 제조사의 실험실에서가 아닌 스포츠 현장에서 이루어졌다. 테크닉이 테크놀로지의 발전을 이끈 것이다. 이탈리아 등산가 비탈레 브라마니^{Vitale Bramani}는 동료 여섯 명이 무거운 어프로치 슈즈를 버린 직후 닥친 폭풍 때문에 산 중턱에 갇혀 가벼운 신발만을 신은 채 밤을 보내다가 목숨을 잃는 사건을 겪는다. 이러한 참사를 방지하고자 새로운 밑창 소재인 비브람을 개발했다. 비브람은 튼튼함과 접지력을 모두 갖춘 부츠였다. 비슷한 시기, 미국인 폴 스페리^{Paul Sperry}는 항해 사고로 거의 죽을 뻔했던 위기를 넘기고 접지력이 대폭 강화된 덱 슈즈를 개발했다. 아디다스의 설립자인 아돌프 다슬러^{Adolf Dassler}는 1950년대에 축구의 새로운 경기 방식에 맞는 축구화를 만들어냈다.

스니커는 1950년대 베이비 붐 시대에 전성기를 맞이했다. 제2차 세계 대전 이후 특히 미국에서는 생활과 복장에서 점차 격식을 차리지 않게 되었다. 모자를 쓰는 일도 점점 줄어들었고, 아이들은 가죽 신발보다 스니커를 선호했다. 스니커는 젊음을 어필하는 것을 판매 전략으로 삼은 최초의 상품이었다. 뉴욕 주 의회는 1957년 공립학교의 복장 규정을 폐지했으며, 다른 주에서도 이 전례를 따랐다. 전체 신발 판매량은 매년 6억 켤레로 일정했던 반면, 스니커의 판매량은 1950년대 초반 3,500만 켤레에서 1962년에는 1억 5,000만 켤레로 늘어났다. 미국 가죽 협회는 잡지 광고, 보도 자료, 심지어 만화까지 동원해 고무 밑창 스니커가 자라나는 아이들의 발에 미치는 악영향을 경고했다. 스니커가 1930년대부터 이미 뒤꿈치와 아치 부분을 지지하는 구조를 갖췄음에도 〈패어런츠〉 지의 한 광고는 "사모님, 아이들의 발에 정확히 맞고, 발목을 적절하게 지지하며 발가락과 발바닥을 보호하는 신발은 가죽 신발뿐입니다."라고 경고했다. 칼럼니스트인 리처드 코헨^{Richard Cohen}은 성장기에 이러한 선동을 접하면서 뭔가 이상하다고 생각했다. 스니커를 신고 자랐던 저소득층 아이들이 오히려 더욱 잘 뛰어놀았기 때문이다. 1960년대가 되자 의학적 소견들이 반대 방향으로 향하기 시작했다. 한 제조 회사의 연구에서는 의사 중 약 11퍼센트만 스니커가 해롭다고 주장했다. 코헨은 이 모든 과정을 의학의 권위를 빌려 불필요한 걱정을 만들어낸, 경계해야 할 사례로 보았다.

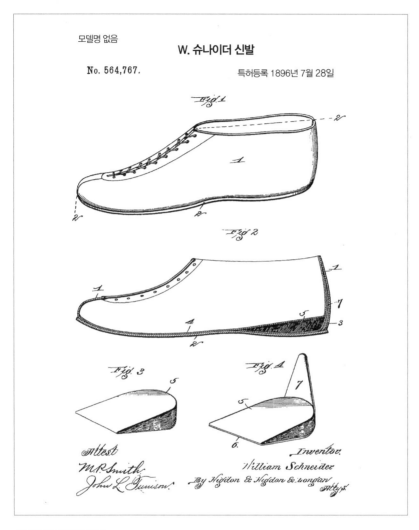

모델명 없음

W. 슈나이더 신발

No. 564,767.

특허등록 1896년 7월 28일

육상용으로 특화된 신발

육상용으로 특화된 신발은 19세기 후반까지 널리 생산되지 않았다. 당시 바닥에 마루를 깐 실내 체육관이 증가하면서, 그곳에 적합하게 디자인된 슈나이더 슈즈는 '신축성 있는 탄성 패드'가 뒤꿈치 쪽에 달려 있어 충격을 흡수한다.

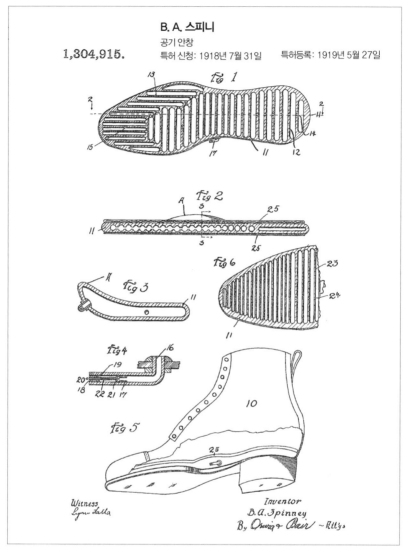

B. A. 스피니

공기 안창

특허 신청: 1918년 7월 31일   특허등록: 1919년 5월 27일

1,304,915.

에어 쿠션 안창

B. A. 스피니^{B. A. Spinney}는 20세기 초 에어 쿠션 안창을 실험한 발명가다. 공기가 새어나가는 것을 막지 못한 초기 모델들은 실패로 돌아갔고, 이 아이디어는 새로운 분자 구조의 가스와 좀 더 튼튼한 밀폐 시스템이 등장할 때까지 기다려야 했다.

텔레비전과
신발

　　　　　　　　　　　　의학적 견해가 스니커에 호의적으로 돌아서던 시기에 발맞추어, 기술적 변화와 사회적 변화도 나타났다. 농구와 테니스를 제외하고는 선수용 운동화와 스니커의 경계가 무너지기 시작했다. 가죽 신발 제조사들은 아동은 물론 성인의 신발 수요도 고무 회사와 선수용 운동화를 공급하는 업체에게 시장을 빼앗기고 있었다.

　스니커를 현대의 러닝슈즈로 탈바꿈시킨 일등 공신은 조깅이었다. 1960년대에 뉴질랜드에서 공공 체육 활동으로 시작된 조깅이 큰 유행으로 자리했다. 후에 나이키가 된 블루 리본 스포츠의 창업자 빌 바우어만 Bill Bowerman은 나이가 든 뉴질랜드의 주자들이 보여주는 속도와 지구력에 감명 받아, 1963년에 오리건 주에서 조깅 클래스를 열었다. 전국의 YMCA에서는 그의 교재로 자신들의 프로그램을 선전했다.

　1966년 바타 신발 조합의 미국 지사가 두 가지 색상으로 사출 성형된 밑창을 '불릿'이라는 농구화 모델에 적용했다. 굿이어가 고무를 열과 유황으로 경화시켰던 것에서 유래한 경화 처리는 하향세에 접어들기 시작했다. 유럽에서는 '트레이닝슈즈'가 등장한다.

　미국에서는 뉴 발란스사가 주자들을 위한 힐 웨지 heel wedge(쐐기 모양 뒷굽)를 개발했다. 보스턴에서 교정용 신발 전문 회사로 출발한 뉴 발란스는 넓은 앞 심을 비롯한 교정용 신발에서 얻은 다양한 경험을 제품에 적용했다. 미국인은 밑창에도 다양한 시도를 했다. 뉴 발란스가 물결무늬 바닥을 선보였고, 빌 바우어만이 집에 있던 와플 굽는 틀에서 찍어낸 나이키의 최초 모델 바닥면은 고무 밑창 자체에 미끄럼 방지 장치를 갖춘 듯한 효과를 낳았다. 일본 또한 초기부터 중요한 혁신에 기여했다. 1955년에는 이미 스니커가 아이들 사이에서 조리를 대신하기 시작했다. 물론 전통 신발의 영향은 여전히 대단해서 같은 해 출시된 한 마라톤 신발은 타비와 유사하게 갈라진 앞 심이 있었다. 타이거라는 이름의 제조사는 오늘날 어디서나 볼 수 있는 나일론 갑피를 1960년대에 처음 고안해냈다. 또한 발바닥 안쪽을 지지해주는 구조와 중간 창에 연속적으로 이어지는 쿠션을 도입하기도 했다.

1960년대 후반 이후로 운동화에 가장 큰 영향을 미친 테크놀로지는 무엇일까? 바로 텔레비전이다. 텔레비전이 등장하면서 알아보기 쉽게 브랜드화된 신발, 그중에서도 특히 챔피언들이 신던 신발들이 순식간에 세계적 명성을 얻었다. 1954년 월드컵 결승 이전부터 아돌프 다슬러는 신발 전체 색상과 대비되는 색으로 줄무늬를 넣었다. 젊은 고객들이 신발의 이름이 아닌 줄무늬 모양을 떠올리며 신발을 찾았기 때문이다. 아디다스의 세 줄 장식은 1954년 월드컵 때 독일 팀의 활약과 함께 전파를 타고 전 세계로 퍼져나갔다. 얼마 지나지 않아 아디다스 신발은 독일의 베이비 붐 세대들에게 폭발적인 인기를 얻었다.

미국에서 가장 유명한 미디어 홍보 사례는 역설적이게도 신발을 벗어버린 육상 선수들에 대한 것이었다. 1968년 멕시코시티에서 열린 올림픽 육상 200미터 종목에서 1등과 3등을 기록한 후, 흑인 단거리 주자 토미 스미스Tommie Smith와 존 칼로스John Carlos는 단상에 오르기 전 신발을 벗고, 고개를 숙인 채 검은색 장갑을 낀 주먹을 높이 들어올렸다. 인종차별에 항의한 것이다. 이들이 신발을 벗은 이유는 흑인들의 빈곤을 알리기 위해서였다. 그러나 맨발에 미디어의 눈이 집중되면서, 그 옆에 놓인 신발도 덩달아 주목을 받았다. 소용돌이치고 엇갈리는 독특한 줄무늬 패턴의 스웨이드 신발은 퓨마사에서 만든 것이었다. 몇몇 신발 업계 전문가들은 이 사건이야말로 젊은 흑인을 대상으로 하는 시장을 형성하는 데 매우 중요한 역할을 했으며, 전국적 대중문화를 형성하는 데 큰 영향을 미쳤다고 생각한다. 유럽 시장도 유사한 수순으로 뒤를 이었다. 영국의 축구 애호가들이 아디다스 삼바 모델을 찾기 시작했고 최신 운동화 모델을 구하기 위해 해협을 건너기까지 했다. 1972년 올림픽은 아디다스 전략이 정점에 이르렀던 시기였다. 전체 운동선수의 4분의 3과 모든 경기 임원들이 아디다스 신발을 신었는데, 여기에는 총 38개의 금메달이 걸려 있던 육상 경기에서 활약한 31명의 금메달리스트도 포함되었다. 그때부터, 대부분의 운동화는 눈에 띄는 상표로 디자인되었다. 시각 마케팅이 부각되면서 국가대표팀과 유명인을 통한 홍보가 그 어느 때보다 중요해졌다.

올림픽 선수와 그 밖의 사람들에게 금전적인 대가를 지불하는 것을 둘러싸고 논쟁할 때 사람들은 신발을 만드는 테크놀로지나 경기 운영의 테크닉에 대해서는 거의 다루지 않는다. 1970년대와 1980년대 기술적 혁신들 가운데는 장식적이거나 변덕스러운 것들도 있었지만, 대부분은 치밀한 조사를 바탕으로 새로운 스타일과 프로세스 그리고 창조성을 하나로 융합한 결과라고 할 수 있었다. 당시 신발 산업에서 완전히 새로운 소재가 개발된 것은 아니었다. 1987년에 발간된 《표준 편람standard handbook》에 따르면, 거의 모든 "신발 생산에 필요한 기본적인 중합물은" 1959년 무렵부터도 시중에 유통되고 있었다. 그럼에도 천연 고무와 합성 고무는 다양한 작용제 덕분에 최적의 내구성과 탄성 및 모양을 갖출 수 있게 처리된다는 점에서 여전히 가장 적절한 밑창 소재로 남아 있다.

현대 운동화의 갑피는 신발의 모양새뿐만 아니라 신발의 생산에 관련된 국제적 생산 구조를 결정하는 데 매우 중요한 영향을 미친다. 오늘날의 구두 갑피는 대부분 합성 섬유와 가죽을 복잡하게 짠 형태로, 거의 검은색 혹은 흰색 캔버스만으로 만들었던 1950년대 스니커와는 전혀 다르다. 이러한 변화는 과거 신발 업계에서 오랫동안 일해 온 베테랑의 눈에는 놀라운 변화였다. 1978년에 나이키가 메인 주 사코에 있는 과거 스니커 공장에서 운동화를 처음 생산했을 때, 그들이 고용한 재단사는 딱 세 가지 종류만 재단할 수 있었다. 구두 앞쪽 등가죽과 옆면 그리고 뒤꿈치 부분이다. 지금은 나일론, 비닐, 투명 직물, 스웨이드와 같은 서로 다른 특성을 지닌 다양한 소재를 정확히 재단해 붙여야만 제대로 된 신발 한 켤레를 만들 수 있다. 기능, 편안함, 외관, 가격 그리고 시각적 마케팅과 같은 여러 요소가 구두 갑피의 모양을 결정한다. 때로는 여러 특성을 지닌 파트들이 조합되면서 예기치 못한 결과가 나오기도 한다. 1979년, 나이키 테일윈드 모델은 에어 트레이드마크에 기반을 둔 새로운 충격 흡수 방법으로 달리기 선수들에게 호평을 받았으나, 현실에서는 은색 염료에 섞인 소량의 금속이 신발의 틈을 통해 공기 주머니까지 도달해 경기 도중에 에어가 터지는 현상이 일어나고 말았다.

갑피 조립은 복잡한 설계와 달리 많은 노동력이 필요하지는 않다. 1990년대 중반, 기자들은 소비자가 70달러의 나이키 에어 페가수스 신발에서 생산 인건비가 차지하는 부분은 고작 2.75달러에 불과하다는 사실을 발견했다. 이는 재료비에 드는 9달러의 3분의 1도 되지 않는 비용이다. 그렇다고 해서 노동력이 중요치 않은 것은 아니었다. 인건비의 차이로 인해 북미에서 생산되는 운동화의 숫자가 급격히 줄었기 때문이다. '메이드 인 U. S. A' 라벨을 달고 나오는 운동화들조차도 종종 조립된 갑피를 포함한 구성 요소들은 전 세계 각지에서 생산된 경우가 많다. 아시아는 제조업자들 간 긴밀한 네트워크 덕분에 특별히 선호되는 지역이다. 1990년대 중반에 나온 나이키 에어 맥스 페니는 미국, 타이완, 한국, 인도네시아 그리고 일본에서 온 52개 부품으로 이루어져 있었다. 전 세계적인 경쟁 속에서 공급처를 선택할 수 있는 신발 제조 회사들은 가격과 품질 면에서 강력한 우위를 점할 수 있었다.

1970년대부터 떠오른 신발 시장의 글로벌화는 생산지를 다각화하는 것 이상의 결과를 낳았다. 미국 공장이 문을 닫았을 때, 일자리를 잃은 사람은 단지 생산 라인에 있던 단순 노동자만은 아니었다. 구두 골을 만들고 패턴을 재단하는 숙련된 기술자도 포함되었다. 이들 중 다수는 타이완과 한국의 공장에 현장 주임으로 취직해 현지의 감독관들이 그들을 대체할 수 있을 정도로 훈련될 때까지 기술을 전수하는 역할을 했다. 디자인에 쓰이는 필수적인 기법들도 퍼져나갔다. 1920년 미국 구두 골 산업은 45개 회사에서 600만 켤레를 생산하는 규모였지만, 1980년에는 단지 세 회사가 130만 켤레를 만드는 수준으로 축소되었다. 1970년대에는 팩시밀리 송수신기가 일본에서 탄생해 세계로 퍼져나갔다. 덕분에 빠르게 바뀌는 신발 모델들에 대한 생산 라인과 마케팅의 공조가 시작됐다. 팩시밀리의 선조 격이던 텔렉스 송수신기로는 그림을 전송할 수 없었기 때문이다. 과거 디자이너들은 실제 구두 골에 종이와 마스킹 테이프를 붙이면서 작업했기 때문에, 패턴을 만들려면 종이를 이리 저리 조각내어 붙여야 했다. 신발의 안쪽과 바깥쪽이 동일한 종잇조각으로 표현되기 때문에 신발 안팎의 구조는 같을 수밖에 없었다. 오늘날에는 새로운 전문가들, 즉 신발 디자인에는 경험이 전무한 산업 디자이너들이 참여해 활약하고 있다. 이들의 손에는 컴퓨터를 이용한 설계 제조 기술(CAD/CAM)이라는 새로운 테크놀로지가 있었는데, 이 테크놀로지 덕분에 새로운 아이디어를 빠르게 견본이나 실제 상품으로 구현할 수 있었다. 1980년대에는 다수의 미국과 유럽 회사들이 신발 제조 전용 CAD/CAM 시스템을 개발했다. 전통적인 방식과 마찬가지로, 이러한 과정도 신발골에서부터 시작되었다. 설계가 디지털화되면서, 표면을 표시하는 격자에 색을 입힐 수도, 가로축으로 자유롭게 회전될 수도, 각각의 격자를 컴퓨터 코드로 변환시키는 것도 가능했다. 실제 구두 골 위에 종이와 마스킹 테이프로 디자인하는 대신, 디자이너들은 컴퓨터에 표시된 가상의 구두 골을 스물네 가지 이상 다양한 시점에서 바라보면서 색깔을 바꾸어가며 디자인을 실험했다. 신발 디자인 경험이 없는 산업 디자이너들도 소프트웨어 모델로 표현된 구두 골을 가지고 작업을 할 수 있었다. 신발의 바깥쪽은 더 이상 안쪽의 구조를 반영할 필요가 없었다. 패션의 관점에서 다양한 스타일이 반영할 수 있는 여지가 생긴 것이다.

운동화 제조 업계는 이제 다른 전문 분야에서 성공한 인재들을 끌어 모을 수 있게 되었다. 팅커 햇필드^{Tinker Hatfield}는 1984년 나이키의 디자인 및 특별 프로젝트 부사장이 되었다. 3년 전 그는 나이키의 전시실을 설계하기 위해 건축가로 고용되었다. 햇필드는 스포츠 분야 유명인들과의 협력뿐만 아니라 다양한 대중문화에서 유래된 모티프를 차용하는 능력이 뛰어났다. 그는 1985년 마이클 조던^{Michael Jordan}과 함께 첫 번째 에어 조던 모델을 설계했다. 이들은 제2차 세계 대전 당시 폭격기 기수를 화려하게 장식한 그림에서 영감을 얻었다. 1990년대 조던 시리즈의 신발들은 햇필드 표현에 따르면 '공격적인 캐리커처풍의 특성'과 함께 들쭉날쭉한 아프리카 팝 음악에서 영감을 얻은 디자인을 선보였다. 마이티 마우스 만화, 아메리카 원주민의 모카신 그리고 최근에는 자동차 디자인이 그가 디자인 영감을 얻는 소재들이었다. 스니커 업계는 자연에서 디자인 아이디어를 얻은 첫 번째 산업이기도 했다. 1980년대에 나이키는 동물학자인 네드 프레더릭^{Ned Frederick}의 연구를 지원하기도 했다. 그가 쓴 박사 학위 논문은 등줄무늬

스컹크의 발 근육 조직에 대한 것이었다. 프레더릭은 이후 1980년대 초 나이키의 연구 개발 책임자가 되었다. 수년 뒤인 1998년, 영국 왕립 미술 학회에서 주최한 이상적인 운동화 디자인 콘테스트에서는 동물 발자국에서 영감을 얻어 습한 날씨에 미끄럼 방지 효과를 높이는 작은 갈고리들을 디자인에 포함시킨 코번트리 대학의 교통 디자이너가 1위로 뽑혔다. 그는 바로 리복에 스카우트되었다.

운동화의 기능을 향상시키고자 새로운 소재들이 도입되었다. 성능을 드라마틱하게 표현하기 위한 수단으로 신소재가 쓰이기도 했다. 1954년 월드컵으로 촉발된 시각 마케팅 추세는 컬러텔레비전과 케이블 방송의 보급으로 가속화되었다. 텔레비전을 비롯해 새로운 디자인과 생산 기법, 소재 덕분에 신발은 전 세계 청중을 대상으로 스토리를 전달할 수 있게 되었다. 햇필드는 이를 다음과 같이 설명했다. "마이클 조던이 코트에 등장할 때, 팬들은 그가 나타나는 순간을 충분히 느끼고 오랫동안 기억하고 싶어 한다. 수백 미터 밖에서도 그가 신고 있는 신발만으로 그를 알아볼 수 있는 것처럼. 이것이 바로 에어 라인의 근간이 되는 철학이다."

신발의
중심부

현대 운동화의 반짝이는 외형은 마케팅에서 무척 중요한 요소다. 하지만 제조사와 소비자들에게는 복잡한 기술이 융합된 제품을 드러내는 수단에 가깝다. 지난 25년 동안 운동화 개발의 초점은 사실 다른 곳에 집중되어 있었다. 한때는 존재하지도 않았던, 중창 부분이었다. 의류 산업을 통틀어 단 몇 제곱센티미터에 해당하는 공간에 그렇게 오랫동안 많은 자본이 투입된 사례는 흔치 않았다.

중창 부분은 1970년대에 이르러 생물학자, 물리학자 그리고 스포츠 과학자들이 달리기의 물리학에 더 많은 관심을 기울이기 시작하면서 그 중요성이 부각되었다. 이들은 신발을 신는 것만으로도 에너지가 손실된다는 놀라운 사실을 알아냈다. 피터 카바나는 일반 운동화를 신었을 때 발을 25퍼센트나 무겁게 만들 뿐만 아니라, 이러한 무게가 빠르게 움직이는 순간순간에 더해져 신체에 더 많은 에너지가 필요하다는 것을 관찰했다. 몇몇 뛰어난 육상 선수들은 이 무게를 최소화하면서 이득을 볼 수 있었다. 신기록을 수립한 영국 육상 스타이자 생물학자였으며, 여가로서의 달리기를 주제로 영국 베스트셀러 책을 쓴 저자이기도 한 브루스 털로Bruce Tulloh는 대학생 시절부터 맨발로 달리기 시작해 이후에는 엄지발가락에 반창고만 붙이고도 다른 주자들과 훌륭히 경쟁할 수 있었다. 생리학자 그리피스 푸Griffiths Pugh는 털로가 신발을 신었을 때와 신지 않았을 때의 성적을 분석해 신발을 신고 뛰었을 때에는 맨발일 때보다 에너지가 1~2퍼센트가량 더 필요한 것을 발견했다. 정상급 육상 선수들에게 이 차이는 엄청난 것이었다. 가볍고 튼튼한 육체와 세심한 계획성 덕분에 털로는 1970년대 후반에 이르기까지 약 5,630킬로미터를 부상 없이 달릴 수 있었다. 반면, 에티오피아인 아베베 비킬라Abebe Bikila는 평소에는 신발을 신고 뛰었지만 1960년 로마 올림픽에서는 뛰는 데 불편함을 느껴 신발을 벗고 맨발로 뛰면서 마라톤 우승을 차지해 관중을 놀라게 했다. 1985년에는 남아프리카에서 태어난 졸라 버드Zola Budd가 5,000미터 경주에서 맨발로 뛰어 세계신기록을 경신했다. 미국 프로미식축구 리그에서 플레이스키커였던 토니 프랭클린Tony Franklin과 리치 칼리스Rich Karlis도 맨발로 킥을 하곤 했다. 보통 육상 선수들은 신발을 포기하는 일이 많지 않았다. 발을 보호하기 위해서였다.

하지만 맨발을 지지하던 이들은 1980년대 후반 생체역학의 선구자 R. 맥닐 알렉산더R. McNeill Alexander의 연구에서 자신들의 입장을 지지하는 근거를 찾을 수 있었다. 생리학자 조반니 카바냐Giovanni Cavagna와 로돌포 마가리아Rodolfo Margaria는 이미 달리기 주자들이 마치 튀어 오르는 공처럼 탄성 에너지를 저장했다가 방출함으로써 움직인다는 것을 보여준 바 있다. 알렉산더는 힘줄이 반동을 통해 93퍼센트의 에너지를 다시 돌려주며, 발바닥 아치가 처음 가해진 힘의 78퍼센트를 돌려주는 것을 발견했다. 반면 실험에 쓰인, 시장을 주도하는 브랜드들을 포함한 운동화들의 중창이 받은 힘 중 되돌려준 에너지는 55~65퍼센트에 불과했다.

이론적으로 봤을 때 달리기를 위한 궁극적 테크놀로지는 맨발이지만 신발은 여전히 필요하다. 달리기를 위한 고성능 표면이라 할 수 있는 '잘 정비된 육상 트랙'처럼, 맨발로 달리기 위해 특별히 디자인된 트랙을 만드는 것도 불가능한 일은 아니다. 그러나 지구상 대부분의 표면이 맨발로 달릴 수 있는 최적의 상태가 아닌 탓에 땅을 디딜 때의 충격을 흡수하는 역할은 대개 신발의 중창이 맡는다. 피터 카바냐의 은유에 따르면 우리가 달리면서 발을 한 번씩 디딜 때마다, 발은 성인 두 사람을 업은 채로 디디는 것과 같은 충격을 견뎌내야 한다. 체중이 70킬로그램인 남성은 1.6킬로미터를 달리는 동안 총 226톤의 압력을 지탱한다. 다행히 무릎 관절의 움직임과 대둔근, 둔부 그리고 근육이 활동하면서 이 충격의 대부분을 흡수한다. 1970년대 건강을 위해 조깅을 시작하는 이가 수백만에 이르자 신발 제조 회사들은 이러한 타고난 충격 완화 장치를 보완하는 신발을 만들기 위해 노력했다. 이는 신발에 스프링을 장착했던 19세기 신발 제조사들이 생각했던 것처럼 간단한 문제는 아니었다. 만약 무릎이 충분히 굽혀지지 않을 경우, 달릴 때 충격이 뼈와 근육들에까지 전달될 수도 있다. 인간의 발과 다리는 신체 각 부분들과 달리는 표면 사이의 다양한 상호작용을 통해 매우 복잡한 시스템을 형성한다.

중창 혁신의 중요한 분수령으로, 1975년 브룩스 슈 컴퍼니^{Brooks Shoe Company}가 EVA로 만든 중창과 쐐기 모양 굽이 들어간 빌라노바^{Villanova}라는 신발을 선보였다. 우리가 샌들 재료로 이미 만난 바 있는 이 합성수지는 볼티모어에 있는 대형 우주 산업 납품업체인 모나크 러버 컴퍼니의 화공학자 데이비드 J. 슈와버^{David J. Schwaber}가 개발한 것이다. 천연고무나 합성고무 역시 발포제를 이용해 제품에 거품을 일으켜 탄성을 얻을 수 있는 반면, EVA는 가벼움과 탄성이 완벽하게 조화된 소재로 등장하자마자 고무를 대체했다. 1975년에서 1980년 사이에 중창 무게는 4분의 1로 줄어들었다. EVA는 달리기 주자들이 좀 더 먼 거리를, 부상 위험은 최소화하며 달릴 수 있게 해주었지만, 동시에 많은 신발의 유효 수명을 줄이기도 했다. 마치 탄산음료나 샴페인처럼 거품이 꺼지는 현상이 있었던 것이다. 이는 시간의 경과보다는 사용 횟수와 관련이 있었다. 연질 EVA는 안정성이 떨어지는 대신 훌륭한 완충 효과를 보였지만, 충격 흡수 능력 역시 함께 떨어져 결국 한 제조사 대변인의 표현대로 "거의 경화 플라스틱과 유사"해져 버린다. 더욱 딱딱한 EVA는 성능이 떨어지는 속도가 느리고 안정성도 높았지만, 부상을 방지하는 능력이 미흡했다. EVA를 대체하거나 보완하는 소재로 널리 쓰였던 폴리우레탄은 좀 더 오래 사용할 수 있었지만 EVA보다 완충 효과가 작았으며 밀도 역시 절반 정도밖에 되지 못했다.

1980년대는 중창의 발전에 매우 중요한 시기였다. 특이한 형태와 소재가 쏟아져 나왔기 때문이다. 다양한 충격 완화 시스템이 운동화 시장을 또 한 번 변화시켰다. EVA와 폴리우레탄에 비해 무겁지만 더 오래가는 이 시스템들은 과거의 소재들을 완전하게 대체하지는 않았지만, 충격을 보다 효과적으로 흡수하고 신발을 더 오랫동안 유지할 수 있게 해주었다. 그중 가장 널리 알려졌으며 상업적으로도 성공을 거둔 것은 나이키 에어였다. 신발에 공기주머니를 넣는다는 발상은 새로운 아이디어가 아니었다. 1882년부터 1970년 사이 이와 관련된 특허만 150가지가 넘게 출원되었지만, 그 어떤 것도 만족스러운 결과를 내지는 못했다. 충격 완화가 필요했던 이유인 바로 그 힘 때문에, 공기가 주머니에서 새어나와 신발을 바람 빠진 타이어처럼 만들었기 때문이었다. 햇필드를 비롯한 건축가들이 신발의 갑피를 뜯어고치고 있었을 때, 공학자들은 중창에 숨결을 불어넣고 있었다. 프랭크 루디Frank Rudy는 1969년 우주 산업 기술 책임자 자리에서 물러나 스키 부츠용 라이너, 즉 안감을 공동 개발한 인물이다. 프랭크 루디는 이때 적용했던 것과 유사한 원리를 기체 이동을 통해 선수들의 움직임에 대한 충격을 완화시키는 폴리우레탄 주머니에 적용했다. 이 발명에 주목한 회사는 여러 곳이었다. 그러나 나이키만이 초기의 실패들을 딛고 새지 않고 신축성을 갖춘 에어 라이너의 개발과 함께, 일반적인 공기와 달리 쉽게 밀려나가지 않는 분자 구조로 이루어진 가스를 찾는 데 성공했다. 1984년 시카고 불스에 입단한 신인 마이클 조던은 빨강과 검정이 조합된 에어 모델을 그의 전설적인 점프 숏과 연결시켜 에어를 스포츠 역사상 가장 빠르게 돈을 벌어들이는 동시에 영향력도 확산시킨 특허 기술로 만들었다. 나이키가 조던과 계약할 당시 지불했던, 계약 금액으로 사상 최고였던 250만 달러도 제품이 날개 돋친 듯 팔려나가면서 순식간에 다시 벌어들일 수 있었다. 조던을 이용한 광고만큼이나 중요했던 것은 나이키가 에어 맥스를 포함한 '눈에 보이는 에어' 모델을 개발했다는 점이었다. 가스가 차 있는 주머니가 신발 옆면에 보였으므로 영업 사원과 소매점 그리고 고객에게 이 시스템을 쉽게 설명할 수 있었다. 에어가 적용된 후 처음 6년간, 오십 가지가 넘는 에어 모델은 20억 달러 이상의 매출을 기록했고 나이키가 시장 점유율을 36퍼센트까지 끌어올리는 데 지대한 공헌을 했다.

그러나 모두가 이를 칭송하기만 한 것은 아니었다. 놀랍게도, 공기 삽입물의 내구성에 대해 공식적으로 발표된 실험 결과는 존재하지 않는다. 한 정형외과 의사는 에어가 달린 경우 신발의 수명이 4분의 1에서 절반 정도 늘어난다고 추정했으며 〈러너스 월드Runner's World〉 지는 공기 삽입물의 수축 가능성을 지속적으로 경고했다. 루디의 특허가 만료된 것은 1997년이었지만, 그 사이에 다른 제조사들도 자체적인 중창 시스템을 개발했다. 리복의 펌프(사용자가 바람을 넣는 공기 주머니)와 우주 산업 회사 헥셀에서 개발한 열가소성 벌집 모양 소재인 헥사라이트, 아식스 타이거의 겔(실리콘), 브룩스의 하이드로플로우Hydroflow(이중 내실 구조로 된 뒷굽에 채워진 액체 실리콘), 에토닉의 스테이블 에어Stable Air(공기 캡슐), 퓨마와 아디다스의 합성 겔들까지. 캥거루스 USA는 1985년에 미국 항공 우주국에서 개발한 다이나코일이라는 소재를 사용해 탄력성 중창을 선보이기도 했다.

운동화 연구의 약점이자 강점은, 이러한 접근들 가운데 어느 하나도 (심지어 나이키의 에어 시스템조차도) 다른 것들을 완전히 대체할 수 없었다는 점에 있었다. 인간의 다리와 발, 달리고 뛰는 방식이 너무 다양하며, 그때그때 다른 지면 상태도 고려해야 하기 때문에 〈러너스 월드〉에서도 과학적 실험으로 신발 순위를 매기고자 하던 초기 시도를 일찌감치 포기해버렸다. 물론 뛸 때 발목이 안쪽으로 꺾이거나 반대인 사람들에게 더욱 적합한 모델들은 있을 수 있지만, 각각의 소비자는 그가 운동선수든 여가로 조깅을 즐기는 사람이든 자기 발에 잘 맞는 신발을 스스로 찾아야 한다. 평평한 구두 골을 쓰는 몇몇 브랜드가 있는가 하면 어떤 브랜드는 구부러진 '바나나' 형태를 사용한다. 그 차이는 눈에 보일 정도로 크다. 매장에서 편했던 신발이 실제 운동할 때는 불편한 경우도 있다. 결국 신발 산업의 우수성은 어느 하나의 발명에서 비롯된 것이 아니라, 각종 장비를 통해 다양한 운동 경기뿐만 아니라 무수히 많은 사람의 신체 조건과 스타일에 대응할 수 있다는 점에 있다. 이러한 다양성이 없었다면, 달리기 경주에 참가할 수 있는 사람들의 수는 훨씬 적었을 것이며, 부상으로 달리기를 포기하는 사람들은 훨씬 많았을 것이다.

탈근대적
성숙기

운동화 시장은 1990년대 초반부터 성숙 단계에 접어들기 시작했다. 운동화 협회AFA: Athletic Footwear Association에 따르면 1998년 미국 내 운동화 판매량은 3억 2,540만 켤레로, 1994년 3억 2,510만 켤레에 비해 그리 증가하지 않았다. 반면 매출액 자체는 1,166만 달러에서 138억 달러로 증가했는데, 이는 가격이 매년 3퍼센트씩 올랐기 때문이었다. 그럼에도 1997년과 1998년 사이에는 시장이 6퍼센트 축소되었다. 소비자가 원하는 것 이상으로 매장이 많은데다 신발의 종류 또한 지나치게 다양했기 때문이다. 1999년 말, 한 미국 운동화 체인점은 파산 구조 조정의 일환으로 236개 매장 중 4분의 1 이상을 폐업 조치했다.

한편 구조와 기술의 진보는 제조사들에게 새로운 문제를 야기했다. 동일 모델이 전 세계 여러 곳에서 온 부품들로 조립되는 경우, 외형뿐만 아니라 치수에도 차이가 난다. 또한 익숙하고 인기가 있는 디자인도 또 다른 신제품에 밀려 사라져버리고 만다.

그럼에도 불구하고 운동화 산업은 여전히 스스로를 다시 변화시킬 수 있는 훌륭한 디자이너와 생체 역학 전문가 집단을 보유하고 있다. 예컨대 나이키는 에어 밑창을 계속 확대해 발바닥 전체의 쿠션 역할을 하도록 개량하고 있으며, 스프링 형태의 플라스틱 구조를 도입해 중창의 필요성을 제거한 모델을 선보였다. 그러나 대부분의 신발들은 여전히 운동이 아닌 일상생활을 목적으로 구매되고 있기 때문에 1980년대의 붐이 다시 재현될 수 있을지는 미지수다. 미래의 커다란 시장은 현재 샌들을 신고 있는 개발도상국 사람들일 수도 있다. 1998년에는 나이키 역시 15달러짜리 저렴한 캔버스화를 제3 세계 한정으로 선보이기도 했다.

스니커 산업에서 가장 심각한 문제는, 그동안 대중 매체에서 누려왔던 지위를 1990년대 후반부터 잃기 시작했다는 점이다. 에어 밑창이나 펌프와 같은 새로운 아이디어가 더 이상 나오지 않으며, 시카고 불스의 마이클 조던이 은퇴하면서 스니커 산업 전반은 개별 회사의 흥망성쇠와 관계없이 과거의 드라마틱한 매력을 잃어갔다. 영국판 〈보그〉지는 "트레이너(러닝슈즈)의 몰락"을 선언하며, 운동화가 "멋의 반대말이자… 최신 유행의 세계에 속임수로 발을 들여놓아보려는 수작"이 되어간다고 비난했다. 이제 운동화는 자본가스러운 것으로 낙인찍힌 것이다. 패션 역사가 발레리 스틸 Valerie Steele 은 '패셔니스타'들은 언제나 운동화에서 새로운 무엇인가를 찾고자 하지만 스스로가 운동선수인 경우는 거의 없다는 점을 관찰했다. 그 결과의 하나로 스니커에서 착상한 최신 유행의 일상용 신발이 부각되었는데, 이 신발들은 테크놀로지를 통해 성능을 향상시킨다는 기존 운동화의 사상을 전복시켰다. 아큐펑처 브랜드의 한 디자이너는 스포츠를 부정하면서, "내 목적은 허영과 패션에 있다."고 말했다. 스틸이 주관한 뉴욕 패션 기술 대학교 전시에서는 결코 기술적으로 진보된 것이라고는 할 수 없는, 길쭉한 잠금장치로 고정된 고무줄이 달린 프라다 스포츠 모델이 등장하기도 했다. 같은 콘셉트로, 프랑스 회사 노 네임은 캔버스 갑피에 두꺼운 파도 모양 밑창이 실린더처럼 달려 있는 모델을 선보여, 이 신발을 신는 사람은 새로운 방식의 걸음걸이를 경험할 수 있었다. 이 신발은 또한 스니커와 운동화의 교집합이라고도 할 수도 있었다. 토미 힐피거, 노티카, DKNY 등 유력 패션 브랜드들은 자체적인 디자이너 스니커를 백화점에 선보이기 시작했다. 과연 이것은 새로운 인기를 얻어가는 과정의 시작일까, 아니면 과거의 인기가 끝나가는 과정일까?

늙어가는
신발

한 세기가 저물면서 운동화 제조사들이 가장 크게 놀란 것은 스니커 인구가 고령화되고 있다는 관측이었다. 젊은 층에서 인기가 떨어지는 현상은 업계가 우려할만한 일이다. 젊은이들이야말로 높은 가격대의 모델을 적극적으로 구매하는 소비층이기 때문이다. 미국스포츠 상품 연합회의 한 대변인은, "만약 15세 청소년들이 부모가 나이키 혹은 다른 브랜드의 운동화를 신고 있는 것을 본다면, 이렇게 생각할 것이다. '엄마나 아빠가 신는 걸 보니 별로 멋진 게 아닌 게 분명해.' 라고."

노년층에서 운동화의 인기는 '운동화가 과연 그들이 이전까지 신던 신발보다 더 건강에 유익한가'라는 질문을 던지게 한다. 비록 운동화 제조 회사들이 세계에서 가장 뛰어난 생체 역학 전문가들을 고용하고 있긴 하지만 외과의사 스티븐 E. 로빈스Steven E. Robbins와 엔지니어 로버트 고우Robert Gouw를 비롯한 몬트리올 소재 컨커디어 대학의 연구자들은, 특히 나이가 많은 사람들에게는 과거의 스니커보다 현대의 운동화가 더 안전하다는 주장에 이의를 제기했다. 다양한 실험실 조건에서 이들은 나이 든 참가자들이 부드러운 중창이 달린 신발을 신었을 때 더욱 쉽게 균형을 잃는다는 것을 발견했다. 그들은 또한 가장 저렴한 신발을 신은 이들보다 가장 비싼 신발을 신은 이들이 달리기에서 부상을 입을 확률이 123퍼센트나 높다는 것을 보여주는 다른 연구 결과를 언급하기도 했다. 밑창이 부드러울수록 달리기 주자는 땅을 더 세게 디디게 되는 것으로 추측된다. 체육관에서 두껍고 부드러운 매트가 오히려 착지 시 충격을 20에서 25퍼센트 크게 만드는 것처럼 말이다. 이들에 따르면 성능이 좋은 중창은 지각적 피드백proprioception(고유 수용성 감각)을 줄임으로써 달리는 동안 발이 땅에 닿을 때 우리가 어디에 위치하며 무엇을 하고 있는가에 대한 판단에 미묘한 오차를 만든다고 한다. 맨발 달리기 애호가이기도 한 로빈스는 맨발 운동선수들과 전통적으로 신발을 신지 않았던 사람들에게서 충격과 관련된 발 부상 비율이 낮다는 것을 보여주는 다수 논문을 인용했다. 신경 질환을 앓는 사람처럼 피드백이 적절하지 않을 경우 달리기 주자들은 발을 다칠 수 있다. 신발은 또한 근육과 힘줄의 자연스러운 긴장과 이완을 방해하기도 한다. 운동선수들은 무의식적으로 발을 강하게 디뎌 신발 소재를 압축시킴으로써 안정성을 높인다. 반면에 딱딱한 밑창의 신발을 신는 달리기 주자와 보행자들은 무의식적으로 무릎과 엉덩이를 좀 더 굽히고 발을 땅에 약간 더 가까이 붙이면서 충격을 좀 더 자연스럽고 효과적으로 흡수하기 위해 좀 더 나은 테크닉을 익히게 된다. 거기에 더해, 로빈스는 아치를 지지하는 구조가 발뼈의 자연스러운 충격 완화를 방해한다고 주장한다. 최근에 그는 소재에 내재된 특성이 아니라, 제조사들의 기만적인 광고들이 부상의 원인이 될 수 있다고까지 주장한다. 실험 참가자들은 신발이 특별히 충격 흡수에 효율적으로 설계되었다고 들었을 때 더 강한 충격으로 땅을 디뎠다. 로빈스와 그의 공동 저자들은 보호에 대한 허상이 사람들에게 더 큰 리스크를 부추긴다고 주장한다.

로빈스의 아이디어는 무척 흥미롭지만, 다른 생체 역학 전문가들 사이에서는 이 결과가 논쟁 거리로 대두된다. 그가 실제 달리기 주자들에 대한 자료로 인용한 한 연구는 1983년부터 1984년까지의 오래된 자료를 사용한 것이었다. 실험실에서 실험을 통해 훈련과 경쟁 상황에서 사람의 능력을 측정한 경우는 많았지만, 운동화 디자인이 일상에서 얼마나 안전한가에 대한 연구는 거의 이루어진 바가 없다. 신발은 단순히 충격 완화 소재의 종류와 두께에 의해서만이 아니라 외창과 갑피의 소재, 심지어는 끈을 매는 방법에 따라 그 특성이 달라질 수 있으며, 이 모든 것이 부상의 여부에도 영향을 미칠 수 있다. 제조 회사들은 로빈스와 그의 동료들이 매우 적은 수의 중창 디자인만 실험에 사용했다는 것을 지적한다. 타 업계 전문가들은 신발을 선택할 때 가장 가벼운 신발이나 저렴한 브랜드를 선택하는 것보다는 다양한 브랜드를 경험하며 시행착오를 거치는 것이 좀 더 나은 전략이라고 말한다. 그러나 로빈스를 비판하는 이들도 인정하듯 그의 연구 성과들은 불완전한 결론에도 불구하고 더 나은 신발 디자인 개발에 활용될 수 있다. 실제로, 본격적인 달리기 주자들 중 일부는 오래전부터 면도날로 쿠션이나 지지대 등을 잘라내는 테크닉을 사용하기도 했다.

로빈스와 그의 동료들은 그들을 비판하는 사람들과 일정 부분 같은 논리를 공유한다. 이들 역시 산업 국가에서 대부분의 사람들에게 맨발로 달리는 것이 실제로 가능하지 않다는 것을 인지하고 있다. 또한 나이 든 사람들은 젊은 사람들에 비해 딱딱한 밑창을 더 불편하게 생각한다는 것도 알고 있다. 나이 든 사람들의 균형과 신발에 관한 연구에서, 로빈스와 그의 공동 저자들은 실험에 사용된 평균대에서 맨발로 걷는 것이 얇고 딱딱한 밑창을 가진 신발을 신었을 때에 비해 불안정성 수치가 171퍼센트나 되었고, 신발의 밑창이 두껍고 부드러웠을 때와 비교해도 19퍼센트 높았다는 결과를 인정해야 했다. 나이든 이들에게 맨발은 건강에 좋은 습관이 아니다. 의사들은 낙상 경험이 있는 환자들에게 맨발로 걷는 것을 절대적으로 피하고, 서 있을 때에는 항상 딱딱한 밑창의 신발을 신으라고 조언한다. 만약 추가적인 연구가 이들의 결론들을 확인시켜준다면, 높은 마찰력을 가진 고무 밑창 스니커가 우리 할아버지나 할머니가 신는 부드러운 밑창의 슬리퍼가 줄 위험을 없애줄 수도 있을 것이다. 또한 운동화 제조 회사들은 변화하는 시장에 항상 그렇듯 빠르게 적응해, 더욱 딱딱한 밑창에 좀 더 편안한 스니커를 이제는 늙어가고 있는 베이비 붐 세대, 특히 점점 증가하고 있는 노령의 달리기 주자들을 대상으로 만들어낼 것이다. 과거 도심 문화와 교외 스포츠팬들의 연계를 가능케 했던 것처럼, 스니커는 또한 1960년대의 청소년 운동, 1970년대의 피트니스 붐, 그리고 이제 막 태동기에 있는 새로운 노령 문화를 연결하는 고리가 될 수 있을지도 모른다.

세계화된 신발로서 스니커의 위상은 어느 정도일까? 월간 잡지 〈내셔널 지오그래픽〉의 파키스탄 관련 최근 기사는 맨발의 시골 학생, 샌들을 신고 있는 선박 해체 노동자, 스니커를 신고 있는 라호르의 상류층 남자 중학교 학생을 보여준다. 하지만 이 기사에는 또한 미국에서 교육받은 젊고 진보적인 지주가 샌프란시스코에서 사온 스니커를 벗어 던지고, "내 발바닥으로 땅의 감촉을 느끼며, 땅을 디디고 걸으면서 어디에 씨를 뿌려야 할지를" 알게 해주는, 부드러운 새끼 염소 가죽으로 만든 토착 신발인 '쿠사'를 신는 내용도 나온다. 이처럼 신발은 생체 역학적 기능뿐만 아니라, 우리가 땅과 관계하는 몸의 테크닉들을 향상시킬 수도 있다.

업무용 의자,
인류의
앉는 자세를 바꾸다

대중이 의자에 본격적으로 관심을 가지게 된 계기는 제1차 세계 대전이었다. 그 중심에는
관리자와 임원들이 아니라 노동자의 의자, 특히 여성의 의자가 있었는데 사실 초기 산업
공학자들은 가구에 전혀 관심이 없었다.

사물의 역습

빌 바우어만이 1970년대 후반에 새로운 밑창들을 실험하고 있을 무렵, 산업 디자이너와 건축가들은 새로운 세대의 사무용 의자를 기획하고 있었다. 운동화와 의자는 각각 활동적인 삶과 정적인 삶을 위한 도구라는 점에서 별로 공통점이 없어 보인다. 그러나 몸의 테크닉이라는 측면에서 보면 의자와 등의 관계는 신발과 발의 관계와 무척 비슷하다. 의자역시 사용자와 긴밀하게 연결되어 마치 신체의 일부처럼 우리 몸에 맞게진화를 거듭한다는 점에서 특히 그렇다. 반대로 우리 몸이 의자에 적응해야 하는 경우도 있다. 실제로 농업 사회나 수공업 사회에서 사람들은 신발을 신고 의자에 앉는 행위를 통해 주변 사물과 융합하고 테크놀로지를 익혀서 자신을 변화시켰다.

신발과 의자는 대중문화에서만 연결되는 것이 아니라 과학과 디자인의 최전선에서도 밀접한 관계를 유지해왔다. 19세기 중후반에 좀 더 꽉 죄는 스타일의 신발이 유행하면서 편안한 가구를 찾는 사람이 많아진 것은 절대 우연의 일치가 아니다. 영국의 의복 계량가 아다 S. 발린Ada S. Ballin은 1885년에 쓴 글에서 이렇게 말했다. "최신 유행의 부츠와 슈즈처럼 패션 트렌드가 고통스러운 방향으로 발전할 때 사람들은 집에 돌아가 편안하게 쉴 수 있는 의자나 소파를 찾게 된다." 이 원리를 과학적으로 밝힌 것은 독일 태생의 취리히 고생물학자이자 해부학자 헤르만 폰 마이어Hermann von Meyer였다. 그는 현대 인체 공학이 막 태동한 시점에 신발 착용에 관한 최초의 대중적인 과학서를 저술함으로써 좀 더 건강한 신발을 추구하는 분위기를 주도했다. 또한 앉는 자세를 역학적으로 연구해 학교 책걸상이 인체에 미치는 영향에 대한 선구적인 논문들을 발표하기도 했다. 그 결과 운동화와 의자가 개량되면서 전통적인 소재와 새로운 소재가 조합되어 생산 과정은 더 단순해지고 성능은 향상되었다. 1968년에는 미국 디자이너 리처드 네이글Richard Neagle이 진공 성형된 플라스틱 셸을 사용한 안락의자를 발명했는데, 제품의 이름이 우연치 않게도 나이키였다. 이 의자의 쿠션은 이후에 나온 많은 운동화의 중창과 마찬가지로 발포 폴리우레탄으로 만들어졌다. 영국 디자이너 재스퍼 모리슨Jasper Morrison은 여자 친구의 프라다 신발에 누빔이 되어있는 것에 영감을 얻어 발걸이가 없는 안락의자를 고안했다고 한다. '로 패드'라는 이름의 이 의자는 현재 테이트 모던 미술관에 전시되어 있다. 이번 장에서 자세히 살펴보겠지만, 닐스 디프리언트Niels Diffrient가 새롭게 디자인한 사무 의자들 중 고급품은 스니커 중창에 적용했던 겔을 사용했다.

동양의
좌식 문화

　　　　　　　이렇듯 복잡한 문화 속에서 다양한 종류의 의자가 발전했지만 불과 한두 세기 전만 하더라도 의자를 사용하는 인구는 전 세계적으로 그리 많지 않았다. 유럽에서 이동식 가구가 보편화된 것은 르네상스 이후와 근대 초기에 이르러서였으며 18세기가 한참 지난 후에도 의자는 여전히 일반인이 접하기 어려운 물건이었다.

　인류학자 고든 W. 휴즈^{Gordon W. Hewes}는 1957년에 발표한 기념비적인 논문을 통해 인류가 앉거나, 웅크리거나, 무릎을 꿇거나, 서 있는 자세에 대략 1,000가지가 넘는 유형이 있다고 밝혔다. 이는 정적인 자세만을 헤아린 숫자로, 걷거나 뛰고 달리는 방식에 대한 기록은 제한적이었음에도 전부 수용하기 어려울 만큼 다양했다. 그래서 많은 서양 여행자들이 미처 적응하지 못하고 자기 의자를 가지고 다녀야 했다. 반면 현지 방식이 지닌 전통성과 합리성을 받아들인 이들도 있었는데 그 대표적인 예가 미국 탐험가 윌리엄 비비^{William Beebe}다. 그는 남아메리카에서 무릎으로 쪼그려 앉는 인디언의 방식을 배웠는데, 이 자세를 수 시간 동안 유지하면서 발 위치를 바꾸거나 턱, 팔꿈치, 겨드랑이를 무릎에 놓는 등 위치를 약간 바꾸는 것만으로 모든 근육을 편안하게 풀어줄 수 있다는 사실을 알게 되었다. 인류 전체를 볼 때 이렇게 깊게 쪼그려 앉는 자세가 아마도 의자에 앉는 것보다 더 보편적인 자세일 것이다. 실제로 휴즈의 논문이 발표되었을 때 대략 인류의 4분의 1이 이러한 자세를 취하는 것으로 알려졌다. 그의 추측에 따르면 어릴 적부터 다른 자세를 취하도록 교육받지 않을 경우, 자연스럽게 취하게 되는 자세라고 한다. 이렇듯 앉는 자세가 다양하고 널리 퍼져 있던 것과는 달리 의자는 극히 소수만이 공유하던 문화로 테크닉과 테크놀로지 모두 약 5,000년 전 근동 지역에서 유래했다. 당시 이집트와 메소포타미아에서 의자는 고귀한 신분의 사람들만이 사용할 수 있었으며 스툴 역시 사치품이었다. 그래서 부자들조차 바닥에서 대부분의 시간을 보냈다. 메트로폴리탄 미술관에는 이집트 구왕조 고위 관리의 무덤에서 발굴된 인상적인 미니어처들이 전시되어 있다. 푸줏간 일꾼, 빵 굽는 사람, 천 짜는 사람, 서기들이 모두 서서 혹은 쪼그려 앉아 일하는 모습으로 묘사되었다.

이후 이집트와 중동 지역이 아랍 민족의 지배를 받게 되면서 천 년간 내려오던 의자의 특권적 지위도 사라진다. 아랍 지방에서는 나무가 귀했던 반면 가죽과 양모는 쉽게 얻을 수 있어서 종래의 의자 형태는 쿠션이나 단상에 기대어 앉는 관습과 결합되어 다이븐이나 오토만처럼 기대어 앉는 긴 의자로 바뀌었다. 이 스타일은 오스만 제국 관리가 르네상스 X-프레임 의자(사보나롤라 의자)에 앉아 있는 16세기 그림에서 잘 드러난다. 이 주인공은 이슬람으로 개종한 영국인 하산 아가^{Hasan Aga}로 원래 이름은 샘슨 로위^{Samson Rowlie}였다. 이밖에 19세기 초 오스만 제국의 이집트 총독이었던 무함마드 알리 파샤^{Muhammad Ali Pasha}가 서유럽 고문들을 영접하는 장면이 담긴 그림에도 당대의 의자 형태가 드러나 있다. 그림에서 총독은 카펫과 쿠션이 놓인 높은 연단에서 양반 다리로 앉아 있고 오스만 제국 보좌관들은 서 있으며 서기는 바닥에 앉아 있는 반면 유럽인은 의자에 앉아 발을 바닥에 붙이고 있다.

이렇게 좌식 문화에서 영토를 확장하고 제국을 건설해 문화와 과학을 발전시킨 예는 아랍인과 오스만 투르크인뿐만이 아니었다. 아시아의 복잡한 문화 역시 좌식 생활과 함께 발전했다. 그 예로 중국에서는 은나라의 상 왕조부터 한나라에 이르기까지 낮은 지붕의 건물을 짓고 바닥에 자리를 깔고 지내는 문화가 유지되었다. 다만 쭈그려 앉는 자세만은 고대 그리스처럼 천하고 예의바르지 못한 것으로 여겨서 무릎을 꿇거나 양반 다리로 앉도록 가르쳤다. 그런데 서기 5세기부터 정치적인 혼란과 북부 유목민들의 영향을 받아 중국인의 집이 커지면서 의자가 등장하기 시작한다. 본래 접이식 의자는 서양과의 무역을 통해 오래 전부터 알려져 있었지만 이 시기에 들어서야 비로소 중국 가정에 널리 확산되었다. 그 후 7세기에서 10세기에 이르는 동안 중국인은 접이식 의자를 비롯해 다양한 가구를 일상에서 사용하기 시작했는데 예술 역사학자 사라 핸들러^{Sarah Handler}에 따르면, 송 시기의 경제와 사회 발전이 결정적 계기가 된 것으로 보인다. 동시에 화폐 경제의 발전으로 부를 축적하고 교육이 확대되어 가부장적 위계질서가 무너졌다. 그 결과 평범한 이들도 법정에서나 볼 수 있었던 높은 의자를 갖게 되었다. 이 의자 덕분에 테이블 위의 식사 풍경이 좀 더 민주적인 모습으로 변했으며 바닥에 있는 깔개를 치움으로써 실내에서도 신발을 신고 생활하는 풍습이 퍼졌다. 다만 유럽 가구들이 여전히 거대한 붙박이 형태를 유지하고 있던 반면, 중국 장인들은 좀 더 우아한 이동식 의자와 테이블 세트를 발전시키는 등 서양과 조금 다른 형태를 보였다.

그렇다면 왜 일본에서는 중국처럼 가정과 일터에 의자가 널리 보급되지 않았을까? 그 이유로 중국의 물질문화가 변하던 시점에 일본 사회가 중국의 영향에서 멀어지기 시작한 점을 들 수 있다. 이 시기 일본은 독자적인 글자로 뛰어난 문학 작품들을 만들어냈으며 불교가 전파되어 양반 다리 혹은 무릎을 꿇은 명상 자세 같은 좌식 문화가 촉진되었다. 이러한 문화는 다도 의식이 발전함에 따라 더욱 풍성해진다. 또 다른 이유로는 일본의 덥고 습한 기후를 들 수 있다. 이 때문에 일본의 전통 가옥은 대체로 열린 구조였는데 여기에 의자를 접목시키기가 쉽지 않았다. 접이식 의자의 발은 일본식 실내 공간 구조의 기반인 다다미의 표면을 망가뜨리기 때문이었다. 설령 다다미 표면을 보호할 수 있더라도 의자에 앉은 사람의 시선으로는 일본 가옥의 우아한 균형미를 제대로 즐길 수 없었고 어느 방이든 이불을 깔아서 침실로 만드는 일본의 문화상 의자는 방해만 될 뿐이었다.

물론 아시아의 산업화가 진행되면서 입식 문화 역시 퍼져나갔지만 뚜렷한 인과관계가 형성된 것은 아니었다. 좌식 문화권인 중동과 아시아의 사람들은 전통 관료, 학자, 상인은 물론 기계공들조차 의자 없이 서양 기계를 다룰 수 있었다. 심지어 오늘날에도 일부 표준 인체 공학 교과서에서는 학생들에게 비서양 공장들의 기기를 설계할 때 의자 없이 바닥에서 작업하는 상황을 고려하라고 가르친다.

그럼에도 의자가 확산된 것은 기능적인 이유보다 사회적인 영향이 더 컸다. 그 시작은 서로 다른 문화권의 외교관과 정부 관리들의 만남에서 비롯되었다. 유럽이 남아시아와 아프리카를 침공하기 전에도 비서양권 사회의 지배자들은 유럽과 북아메리카에서 온 손님들에게 의자를 제공했다. 그런데 이러한 조치는 의전에서 딜레마를 낳았다. 일반적으로 앉았을 때 높은 위치가 지배자의 지위를 상징하는 법이다. 다른 이들을 모두 세워놓고 자신만 앉는 경우에도 마찬가지로 지배자의 눈높이가 높아야 했다. 이에 오스만 제국과 같은 몇몇 문화에서는 높은 단 위에 좌석을 마련했으나 남아시아와 동아시아 같은 곳에서는 균형을 맞추기 위해 상류층이 서양의 앉는 방식을 배워야 했다. 이러한 문화적 차이를 극복하는 일반적인 절차는 전통적인 공공건물이나 주거 공간과 구별되는 별채를 마련해 서로 간의 만남을 위한 공간을 구성하는 것이었다. 그 결과 업무와 관련된 더 많은 회의가 의자와 책상이 있는 사무 공간에서 열렸다. 반면 가사와 사교 생활은 여전히 바닥에서 이루어졌다. 가령 아름다운 다마스쿠스 강변의 커피하우스를 묘사한 1838년 판화에서는 카펫이나 매트 위에서 양반 다리를 하고 앉아 있는 손님들의 모습을 볼 수 있다.

한편 아프리카에서는 이러한 의자 문화가 전혀 다른 패턴으로 전개되었다. 사하라 사막 이남 사람들을 제외한 여러 아프리카 사회에서는 조각으로 장식된 낮은 스툴을 사용했다. 이러한 의자는 매우 개인적인 물품에 속해서 소유자의 영혼을 담은 것으로 추앙받았다. 그 예로 오늘날 가나에 해당하는 아샨티족의 황금 스툴은 지금도 국가의 영혼을 담은 것으로 여겨져 왕족들조차도 앉을 수 없으며 외부 전시도 극히 제한된다. 이러한 문화는 포르투갈 상인들이 처음으로 서양 안락의자를 서아프리카에 선보였던 16세기에서 17세기 사이에 퍼져나갔는데, 당대 지배자들은 유럽풍의 형태에 민족 고유의 모티브들이 장식된 새로운 의자를 장인들에게 주문했다. 즉 지배자들의 후원을 받아 만들어진 의자가 왕좌로 사용되었던 것이다.

이후 어느 시점까지는 바닥 생활과 의자 생활이 공존했으나 도시화로 말미암아 유럽식 의자가 널리 확산된다. 반면 전통 아프리카 의자는 일반적으로 좀 더 낮은 높이로 제작되었으며 테이블 없이 사용되었다. 중국을 비롯한 다른 문화권에서는 오직 남성만 의자를 사용할 수 있었고 여성이 의자에 앉는 것은 예의에 크게 어긋나는 행동으로 여겼는데 이는 아프리카 역시 마찬가지였다. 식민지 시대의 남아메리카와 몇몇 지역에서 19세기에 이르기까지 여성은 융단과 방석으로 덮인 낮은 단에 앉아야만 했다.

비록 인식의 한계가 있었지만 도시가 성장하면서 바닥에서 생활하던 시골 사람 중 다수가 서양식 가구에 맞춰 설계된 건물로 옮겨갔다. 가구나 건물의 질적 수준은 논외로 치더라도 기계와 장비들 또한 국제적으로 규격화되었으니 앞으로도 의자 문화는 계속 확산될 것으로 보인다. 현재 아이들은 두 가지 자세를 모두 배우지만 어른이 되어 서양식 업무 환경에 익숙해지면, 상대적으로 유연성이 부족해져 전통적인 앉기 자세가 불편해지기 마련이다. 이러한 경향은 이미 일본에서 나타났는데, 새로 지은 주택의 대부분이 여전히 다다미 방 구조임에도 많은 젊은이들이 무릎을 꿇고 뒤꿈치로 앉는 전통적인 명상 자세인 정좌를 불편해한다. 그 영향으로 많은 전통 음식점이 바닥에서도 손님들이 편안하게 앉을 수 있도록 등받이와 테이블 밑에 다리를 내려놓는 구조를 마련하는 추세다. 이러한 변화는 전통적인 일본식 삶에도 서서히 스며들어서 어떤 불교도들은 결가부좌 대신 의자에 앉아 선 명상을 행하고, 다다미 제조자들은 의자의 앉는 부분에 다다미 판을 붙여 판매하기도 한다.

이렇듯 의자에 앉는 문화가 확산된 것은 그만큼 세계가 풍요로워졌음을 나타내지만 동시에 우리의 건강을 위협하는 요소이기도 하다. 실제로 의자에 앉아 생활하는 문화권에서는 하지 정맥류에 걸리는 사람들의 비율이 높은 편이며 좌식 변기의 영향으로 치질에 걸릴 위험성도 높다. 반면 다다미에서 무릎을 꿇고 앉고 화장실에서 쪼그려 앉는 전통 변기를 사용하면서 자란 일본인은 대퇴골 밀도가 상대적으로 높아서 대퇴골 골절 빈도가 서양 국가들의 절반 수준밖에 되지 않는다고 한다. 일본인이 서양인보다 칼슘 섭취량이 적고 전반적인 골밀도는 낮은 편인데도 이러한 결과가 나온 것이다. 그래서 몇몇 일본 과학자들은 일본의 고령 세대들이 자주 무릎을 꿇고 일어나며 전통 화장실에서 골반 근육을 사용했기 때문에, 나이가 들어서도 힘과 민첩성을 유지할 수 있다고 주장한다. 그러나 의자에서 생활하는 중국인도 일본인과 마찬가지로 골다공증 사례가 낮다는 점을 감안할 때 이들의 논리는 합당하지 않다.

서양식
앉는 자세

건축 교수인 갤런 크랜츠 ^{Galen Cranz} 는 모든 의자가 본질적으로 반 생리적이라고 주장하며, 척추를 변형시키고 등 근육을 약화시키는 문제점을 지적했다. 크랜츠의 말대로라면 과학적으로 편안함을 위해 설계된 의자는 아이러니하게도 불편함을 야기하는 테크놀로지가 된다. 등받이의 지지에 익숙해지면 등 근육이 약해져서 결국 등받이에 더 의존하게 되는 악순환이 이루어지기 때문이라는데 일단 의자에 앉는 것에 익숙해지면 의자 없이 일을 하기가 쉽지 않다는 점만은 분명하다.

그렇지만 의자에도 앞서 말한 결점을 보충할 정도의 장점이 있다. 바로 다양성이다. 중국인과 마찬가지로 유럽인은 다양한 문화적, 사회적, 상업적 용도에 맞게 의자를 활용했다. 우선 그리스와 로마의 지적 생활의 중심은 구술이었다. 고대의 책들을 필사했던 서기들은 견본을 옮겨 적는 것이 아니라 이를 읽는 사람의 말을 받아 적었다. 어쩌면 필기를 위한 책상이 없었기 때문일 수도 있다. 낮은 계급의 노동자 처우가 대개 그렇듯이 주인은 그들이 어떠한 도구를 쓰는지 별다른 관심을 기울이지 않았다. 보통 노예는 스툴에 앉고 부유한 이는 의자에 앉았으나 필기할 때는 두 계급 모두 도구를 무릎에 올려놓고 써야만 했다.

앉기와 쓰기에 관한 첫 번째 기술적 진보는 중세 시대에 나타났다. 사서들이 문서 작성을 위해 책상을 사용하기 시작한 것이다. 이를 최초로 정확히 묘사한 것은 7세기 후반 영국의 린디스판 복음서다. 14세기에 이르러 유럽의 필기체는 더욱 자연스럽게 발전했는데, 비록 이동식 의자는 매우 드물었지만 스툴과 벤치 그리고 상자 위에 앉는 것이 보편화되었기 때문이었다. 반면 지중해 연안에서는 오래전부터 내려오던 좌식 문화가 유지되고 있었고 남녀 모두 지금보다 더 자주 쭈그려 앉았다. 당시 학자들은 나무로 만들어진 등받이가 높은 고정식 가구에 앉았는데 갤런 크랜츠도 건강에 더 이롭다는 이유로 이쪽을 더 선호했다. 이 구조는 평평하고 쿠션이 없는 좌석이 신체의 뼈를 직접적으로 지지하는데다 등받이 또한 나무나 돌로 된 재질이어서 몸을 더 자유롭게 움직일 수 있게 해주었다. 두 번째 진보는 바로 기울어진 좌석이다. 이 의자는 반은 서고 반은 앉은 것 같은 자세로 작업자를 지지하는 구조인데 중세 성가대석에서 유래를 찾을 수 있다. 당시 성가대원들은 폐의 용량을 완전히 쓰기 위해 오랜 시간에 걸쳐 선 채로 노래를 불러야 했다. 이때 성가대 의자 아래쪽에 튀어나온 부분이 있어 성가대원들의 엉덩이를 지지해주었던 것이다. 중세 테크놀로지 중에서는 흔치 않게 독창적인 동시에 인도적인 기술이라 할 수 있다.

이렇듯 다양한 형태가 나왔지만 독서나 사업 활동을 위해 디자인된 의자는 존재하지 않았다. 이는 은행을 뜻하는 'bank'라는 단어가 은행원이 사용했던 벤치에서 비롯되었다는 점만 봐도 알 수 있다. 이러한 상황은 17세기에도 크게 달라지지 않아서 가난한 이들은 스툴이나 적당한 물건에 걸터앉았던 반면, 권좌에 있던 이들은 높은 등받이에 팔걸이가 달린 붙박이형 의자를 사용했다. 즉 의자가 휴식의 용도가 아닌 지배의 용도였던 셈이다. 사실 이러한 종류의 가구를 사용하는 이들에게 신체적 편안함은 그다지 중요치 않았다. 지배자들에게는 의사 결정보다 자신의 모습이 동료와 부하들에게 어떻게 비치는지가 더 중요한 법이니까. 의자를 앉는 사람의 체형에 맞추려 하는 오늘날과 달리 당시는 사람이 의자에 맞췄던 셈이다.

이러한 예법은 18세기에도 여전히 유지되었으나 형식적인 권위에서 편안함과 우아함으로 관심의 초점이 옮겨갔다. 이에 따라 의자에 더 많은 곡선이 들어가면서 좀 더 다양한 자세로 기대앉을 수 있게 되었다. 또한 이 시기에는 현재와 같은 의자 제작 기법이 시작되어서 그 이전까지는 별개의 기법으로 여겨졌던 조립하기, 돌리기, 조각하기, 싸개질하기를 하나로 결합하는 작업이 이루어진다. 그 결과 의자는 점점 낮아지고 넓어졌으며 앉는 이를 감싸는 모양의 팔걸이도 붙게 되었다. 나중에는 이러한 테크닉들이 조합되어 좀 더 복잡하고 특별한 형태들을 제작할 수 있게 된다. 그중에는 초기 형태의 도서관 의자와 책상 의자도 있었다. '콕파이팅 체어'라는 이름의 몇몇 의자에는 폭이 좁고 천이 덧대어진 등받이에 곡선형 팔걸이가 어깨 높이에 달려 있어서 남성이 의자 등받이를 향해 걸터앉아 등받이 위에 걸린 스탠드에 책을 올려놓고 읽을 수 있었다. 또 다른 독서 및 필기용 팔걸이의자는 좌석을 구성하는 사각형의 모서리가 테이블 쪽을 향하는 것이 특징이었다. 이와 유사한 프랑스식 의자는 둥근 모서리를 가지고 있어 '포퇴유 드 카비네', 또는 '포퇴유 드 뷰로'라고 불렸는데, 사무용 가구에 이름을 붙였던 최초의 사례라고 할 수 있다. 한편 실용적인 성향의 미국인들은 원래 18세기 초반에 정원 가구로 등장했던 경제적이고 편안한 윈저 체어에 필기용 팔걸이와 서랍을 붙여 개량했다.

그렇다면 18세기에 가장 혁신적인 디자인은 무엇일까? 단연 뉘른베르크 가구장인 제이콥 쉐블러Jocob Schuebler가 새로운 디자인에 대한 책에서 제시한 '필기 테이블용 프랑스 의자'를 꼽을 수 있다. 그는 이 의자를 "프랑스풍의 편안한 의자로 등받이가 등의 오목한 부분을 따라 누벼져 있고 스프링도 달려 있어서 뒤로 구부러지게 할 수 있다."라고 묘사했다. 그러나 박식하기 이를 데 없는 기디온조차도 이 의자의 유래를 찾지 못했던 것을 보면 쉐블러는 아마 프랑스 장인들의 훌륭한 솜씨를 광고용으로 이용하려는 속셈이었던 것으로 보인다. 실제로 쉐블러의 디자인에 따라 의자가 제작되었다는 기록은 어디서도 찾아볼 수 없지만 그는 19세기 후반 이후에나 등장하는 대형 사업 조직이나 20세기 중반 이후에 이름을 갖게 되는 인체 공학을 직관적으로 실현했던 선구자였다고 할 수 있다. 또한 그는 책과 서류들을 꽂을 수 있는 거대한 회전식 파일이 달린 무역상인용 책상을 발명하기도 했다.

다만 쉐블러의 독서 의자도 현대의 관점에서 보면 사무용 가구라고 할 수 없다. 그저 가정에서 독서나 필기를 위해 주로 쓰이는 가구였을 뿐이다. 귀족의 집에 마련된, 별도의 공간으로 특화된 서재라는 개념은 18세기 말에서 19세기 초에나 등장했다. 당시 상인의 사무실에서는 점원들이 여전히 스툴에 앉아 일하고 있었고 고용주는 천을 덧댄 팔걸이의자에 앉았다. 이 같은 모습은 바른 필기 자세에 대해 묘사한 1882년도 대중 예절 매뉴얼에서 확인할 수 있다. 반면 일부 지배자 계층에 속한 이들은 편안함보다 품위와 단순함에 더 높은 가치를 두었는데 1900년도 즈음의 한 그림에는 검소한 오스트리아 황제 프란츠 2세Franz II가 호프부르크 왕궁의 호화로운 장식들과는 어울리지 않는 단순한 나무 팔걸이 책상의 끝에 어색하게 기대앉아 편지를 쓰고 있는 장면이 그려져 있다.

자세의
시대

이렇게 왕족이나 귀족들이 건강을 위해 작업용 의자를 도입하기 훨씬 전부터 아이들의 자세에 관심을 기울인 이들이 있었다. 바로 19세기의 보통 사람들이었다. 이 시기에는 대중 교육이 본격적으로 시작되면서 초등학교에 많은 학생이 몰렸는데 이에 유럽과 미국의 작가들은 개인의 체격을 고려하지 않은 획일적인 크기의 학생용 책걸상이 줄 수 있는 해악에 대해 경고했다. 실제로 아이들은 불편한 책걸상 때문에 몸을 비틀거나 기대앉았다. 1880년 한 의학 전문가는 83퍼센트에서 92퍼센트에 달하는 학생들의 척추가 어긋나 있다고 주장하면서 이로 말미암아 근시, 구부정한 어깨, 호흡기 질환 등의 문제점이 발생할 수 있다고 경고하기도 했다. 이러한 위험성을 예방하기 위해 외과의사 한스 콘라트 파너Hans Konrad Fahrner와 프리드리히 에리스만Friedrich Erismann은 책걸상을 크기에 따라 8단계로 나누는 시스템을 고안했다. 다만 러시아 출신 토목 기사이자 발명가인 가브리엘 보브릭Gabriel Bobrick에 따르면 처음으로 학교 책걸상에 대한 보건 표준을 정립한 나라는 러시아였다. 보브릭 또한 나사로 좌석과 등받이 높이, 책상과 걸상 거리를 조절할 수 있는 새로운 디자인을 제안했다. 이것은 허리 지지대를 편안하게 조절할 수 있는 최초의 모델이었지만 생산 비용이 많이 들어서 실제 생산으로 이어지지는 않았다. 어찌 됐든 학생들의 건강을 위한 고려는 결과적으로 학교 책걸상 개선으로 이어졌고 기울어진 책상, 허리 지지대, 등급별 크기 등 자라나는 신체에 좀 더 친화적인 기능들이 포함되었다.

한편 1850년대에 이르러 미국의 가구 개혁가들은 여성 노동자에게도 관심을 기울이기 시작한다. 그리하여 1871년에는 재봉틀을 다루는 이들에게 주로 발생하는 질병을 방지하기 위해 과학적 원칙에 기반을 두고 구축된 의자가 특허를 인정받는다. 앞쪽으로 약간 기울어진 이 의자는 길쭉한 가닥들로 등 아래쪽에 오목한 부분을 만들어서 넓적다리 근육을 압박하지 않으면서 어깨 바로 아래 등을 적절히 지지했다. 이 형태는 25년 후에 '타이프라이터 의자'로 이어지는데 휘어진 3개의 금속 막대로 곡선형 하부 등받이를 회전의자의 아래 면에 고정시키는 디자인으로 특허를 받았다. 뒤따라 다른 발명가들도 비서용 의자의 등 지지대를 좌석 아래의 스프링 장치와 연결해, 최초로 자세 의자를 만들어냈다.

이렇듯 사무직 여성 및 공장 노동자를 위한 의자가 등장하면서, 가구 디자인에서 성별에 따른 테크닉의 중요성도 강조되었다. 문화 역사학자 케네스 L. 에임스Kenneth L. Ames는 미국 빅토리아 양식의 거실 가구들이 특권층의 모범적인 생활을 전형적으로 나타낸다는 점을 지적한다. 당시 유행했던 남성용 신사 의자나 여성용 뜨개질 의자 그리고 숙녀 의자는 비록 가족들이 크게 못 느껴도 일상생활에서 성별 구분이 명확했음을 보여준다. 여성은 수유 의자 혹은 뜨개질 의자라고 불렸던 작고 낮은 모델을 선호했는데, 이후 미국의 많은 세대는 부드러운 진동 운동과 어린 시절의 추억을 연결 지으며 자라게 된다. 반면 미국 남성은 휴식을 위해 특별한 의자를 필요로 하지 않았다. 그들은 의자를 기울여 벽에 기댄 채 발을 난간이나 테이블, 책상에 올려놓곤 했는데, 이러한 행동은 보는 사람에 따라 불손한 태도 혹은 남성적인 자기 과신의 표현으로 받아들여졌다.

의자를 벽에 기대는 미국 남성의 습관은 19세기 후반에 뒤로 기울어지고 회전하는 의자가 확산되는 기술적 결과로 이어졌다. 미국인은 앉은 자세를 그대로 유지하는 것에 별로 구애받지 않아서 여행, 이발, 수술 등에 특화된 의자들을 개발해낼 수 있었다. 1853년, 미국인 피터 텐 에이크Peter Ten Eyck는 다리에 굽은 막대 대신에 바퀴를 달고, 스프링을 조합해 앉은 이가 마치 흔들의자에 앉은 것처럼 몸을 앞뒤로 움직일 수 있는 의자를 발명했다. 이는 앉기와 관련된 테크닉의 새로운 시작이라고 할 수 있었다. 고정된 자세로 위엄을 과시하는 용도에서 지속적인 자세 변화를 수용하는 도구로 의자의 의미가 변화하고 있음을 보여주었기 때문이다. 처음에는 가정용 가구로서 등장했던 이 의자는 점차 사무용 의자로도 사용되어 이에 적합한 자세를 익히는 것이 곧 새로운 테크닉이 되었다. 다만 이러한 흐름에 여성은 예외였는데 그 이유는 바로 코르셋 때문이었다. 제1차 세계 대전 이전까지 상류사회에서는 여성들이 꽉 끼는 코르셋을 지속적으로 착용해야 해서 구부리고 기대는 동작을 할 때마다 제한을 받았던 것이다. 그런데 코르셋이 가장 많이 쓰인 1900년부터 1914년까지는 거실 가구의 장식이 가장 풍성한 시기이기도 했다. 결과적으로 이 두 가지 조합은 여성의 행동을 더 어렵게 만들었다.

19세기 후반에서 20세기 초반, 제조 회사들은 앉는 사람의 체중과 업무 습관에 맞추어 압력을 조절할 수 있도록 조절 손잡이와 스프링이 의자 밑에 달린 모델들을 선보였다. 이는 지금도 고급형 사무 의자에 보편적으로 적용되는 기능이다. 적당한 압력으로 기울어지고 회전하는 책상 의자는 발을 책상 위에 올리는 자세뿐만 아니라 좀 더 우아한 자세도 수용할 수 있었다. 또한 더 많은 여성이 비서나 타이피스트로서 비즈니스 세계에 참여하게 되면서 두 가지 종류의 몸의 테크닉이 보편화되었다. 여성 전화 교환수의 꼿꼿한 자세와 남성 매니저의 느슨한 자세가 그것이다. 이에 따라 서 있거나 스툴에 쪼그려 앉은 남성 점원은 아주 오래전 추억이 되었다.

피로와의
싸움

대중이 의자에 본격적으로 관심을 가지게 된 계기는 제1차 세계 대전이었다. 그 중심에는 관리자와 임원들이 아니라 노동자의 의자, 특히 여성의 의자가 있었는데 사실 초기 산업 공학자들은 가구에 전혀 관심이 없었다. 아마도 이들의 연구가 서서 일하는 중공업 분야에 초점을 맞춘 것이었기 때문이리라. 그래서 19세기에 이르기 전까지 공장 노동자들은 뒤집어진 박스나 스툴에 앉는 것만도 다행으로 여겼다. 과학적으로 설계된 의자에 대한 탐구는 사무실이 아닌 공장에서 시작되었다. 유럽과 북아메리카 곳곳의 제조업자, 관리자 그리고 과학자들이 장시간 공장에서 작업하면 생산이 더뎌진다는 사실을 발견했던 것이다. 의사들과 생리학자들은 피로 이론을 통해 인간의 몸을 에너지 보존 법칙이 적용되는 '살아 있는 모터'로 파악했다. 그 결과 산업적 생산 효율을 높이기 위해 열역학 법칙들이 종교적 교훈들을 대체하게 되었다. 제조사들은 수익은 높이고 사고 보상금은 줄이기 위해 규칙적인 휴식 시간을 제공하고 근로 시간을 제한했다. 그러나 제1차 세계 대전 중에 산업 생산량이 승리를 결정할 수 있다는 것을 각국의 군대가 실감하면서 생산을 위한 업무 시간이 급격히 증가하기 시작한다. 이에 따라 정부는 작업장의 생리적 위생과 안전에 관련된 연구를 후원하기 시작했는데, 이것이 의자에까지 확장되었다.

당시 문화 사학자들은 직원 복지 운동의 사악한 면을 규탄했고 산업 재해를 막기 위한 캠페인조차도 노동자의 일거수일투족을 감시하고자 하는 의도를 숨긴 핑계로 여겼다. 사실 의자 형태를 개선하는 일도 피로를 막기 위한 초기 캠페인들처럼 고용주의 이익과 정치적 목적 때문에 추진된 것이었다. 영국에서는 1916년부터 '경찰, 공장 및 기타 제공에 대한 법률'을 제정해 내무부에서 산업 의자를 규제했는데 1920년 새로 들어선 내무부 보고서에는 "지속적으로 서서 일하는 것은 극도로 소모적인 행위로 고용주나 고용인 모두에게서 금지되어야 할 악습"이라 지적되었다. 그러나 이에 대한 대안으로 앉는 것을 장려한 국가 정책은 결과적으로 노동자들에게 더욱 착취적이며 불편한 분위기를 조성했을 뿐이었다.

그 예로 제2차 세계 대전 기간에 탄약 공장과 중공업 공장에서 일했던 여성을 들 수 있다. 무려 수만 명의 여성이 TNT를 비롯한 독성 물질의 폭발 위험과 매연 그리고 석면에 시달리면서 조악하기 그지없는 도구만으로 작업을 해야 했다. 런던의 군수품 노동자들이 기관총 탄약 벨트에 화약을 채우고 있는 사진을 보면 여성들이 네 명씩 긴 벤치에 앉아 테이블에 놓인 부품을 마주하고 있다.

그리하여 여성 노동자들의 생산성은 낮아지고 질병 발생률이 늘어나던 가운데, 한 제조업자가 건강에 도움이 된다고 주장하며 최초의 산업 의자를 판매하기 시작한다. 바로 버밍햄의 탠 새드 워크스였다. 이제는 몇몇 디자인 역사가들만 아는 이름이 되었지만 이 회사의 제품군은 오늘날의 인체 공학적 의자에 가장 근접한 제품이었다.

탠 새드 의자는 철관 4개로 구성된, 다리가 좁고 오목한 좌판을 받치고 있는 형태다. 각각의 다리에 달린 나비 모양 암나사로 의자의 높낮이를 조절할 수 있으며, 곡선형 등받이는 앉는 이의 요추 부분에 닿아 등의 위치에 맞게 앞뒤로 돌아간다. 좌판 양쪽을 지나는 금속 막대는 곡선으로 구부려져 등받이와 연결된다. 이 금속 막대에는 구멍이 여러 군데 뚫려 있어 좌판과 등받이를 움직여 앉는 이의 신체에 맞게 조절할 수 있다. 좌판에 너트로 고정된 금속다리 4개가 의자를 고정하고, 다리 끝에는 주철로 만들어진 발이 달려 평평하지 않은 바닥에서도 의자를 단단히 지탱했다.

제2차 세계 대전이 끝난 후, 탠 새드는 활발한 홍보 활동을 펼쳤다. 이 회사의 제품 홍보 방식은 당시의 가구 업계에서는 매우 획기적이었다. 탠 새드에서 만든 의자가 '노동자를 위해서 디자인된 유일한 의자'로 꼽혔으며, 피로를 풀어주고 건강을 증진하며, 생산량을 25퍼센트 향상시켜 12일 만에 의자 가격에 달하는 이익을 낸다고 홍보했던 것이다. 실제로 리버풀의 루이스라는 회사에서는 생산량이 향상되는 효과를 보고 첫 주에 의자를 2개, 그 다음 주에 30개, 그 다음 주에는 400개를 주문했다. 탠 새드는 두 가지 모델을 판매했는데, 공장용 제품은 3중 합판 목재로 된 좌석과 등받이가 달린 모델로 28실링이었으며, 사무용 제품은 좌석에 렉신 모조가죽 커버를 씌운 것으로 33실링이었다. 그리하여 1921년 12월에 탠 새드는 전국 유통망을 구축하는 데 성공한다. 이후 1923년에는 그레이트 웨스턴 철도 회사, 레버 브라더스, 남아프리카 정부와 뉴 웨일즈 정부 등을 주요 고객으로 확보하기에 이른다.

탠 새드는 언론인이 업무용 의자를 추천하는 기록을 남긴 첫 번째 사례이기도 했다. 이 회사가 〈런던 타임스〉에 증정품을 보냈을 때, 한 의학 특파원은 가벼움과 단단하고 튼튼한 지지력을 인정하며 "몸의 긴장이 적당히 유지되어 부상의 위험을 줄여준다."고 평가했다. 이 의자를 사용해본 〈타임스〉의 한 근무자 역시 극찬을 아끼지 않았다. 그렇게 탠 새드 의자는 훌륭한 기능을 갖춘 다른 모델들과 어깨를 나란히 하면서 1925년에 〈석세스〉 런던 에디션에 실린 생산성과 장비에 관한 기사에서 '피로 퇴치용 의자'로 소개되기도 했다.

그러자 다른 제조 회사들과 사업가들도 사무용 의자에 관심을 기울이기 시작한다. 당시 최신 테크놀로지였던 전화 교환과 전기·전자 분야 공장을 비롯해 새로운 세대의 관리자들이 산업 이론을 현실의 사업 조직과 장비에 적용하기 시작하면서 공장 노동자를 대상으로 한 의자 관련 아이디어들도 사무실에까지 전파되었다. 또한 북아메리카와 유럽의 발명가들은 자세에 대한 높은 관심을 만족시킬 수 있는 사무용 의자들을 새롭게 만들어냈는데 이번에도 혁신을 주도한 것은 아웃사이더들이었다. 대표적 예로, 프랑스 엔지니어 앙리 리베르^{Henri Liber}는 1919년에 플램보라는 회사를 설립해 U-형 금속 트랙을 따라 등받이를 위아래로 조절할 수 있는 비서용 의자를 선보인다. 한편, 전후 독일은 그들의 특기인 표준화와 공공 보건에 대한 추진력을 의자 제조 분야에서도 발휘했다. 1920년대 후반, 사무용품 제조사이자 혁신적인 카드 파일 시스템으로 유명했던 프라이부르크의 포르트슈리트는 스프링 구조로 등을 지지해주는 시스템과 앉아서도 의자의 높이를 조절할 수 있는 레버를 갖춘 포르트슈리트-슈툴을 선보였다. 이는 높이 조절 레버가 일반 기능이 되기 50년도 전에 거둔 성과였다. 이 제품의 광고는 프러시아 복지부의 의자 평가에서 90점을 받은 것을 당당하게 과시하는데, 이는 정부에서 의자를 평가한 최초의 사례이기도 했다.

　포르트슈리트는 떠오르는 신예 사진작가이자 그래픽 디자이너인 안톤 슈탄코프스키Anton Stankowski를 고용해 모더니스트 스타일로 된 최상급의 광고를 만들었지만, 의외로 바우하우스의 건축가들은 사무용 의자에 대해 거의 아무런 기술적인 기여도 하지 않았다. 마르셀 브로이어Marcel Breuer가 1926년에 내놓은 회전식 금속제 비서용 의자는 평평한 좌석에 직선형 등받이가 고정된 구조였는데, 두 가지 모두 당시의 자세 전문가들이 피해야 한다고 말하는 것들이었다. 이렇듯 실제로 앉는 이들에게는 환영받지 못했던 모더니스트의 기능주의는 바로크 시대의 장식만큼이나 사용자의 희생을 강요했다.

자세의
미국화

　　　　　　흥미롭게도, 1920년대의 유럽 의자 제조사들은 관리자와 임원들을 위한 사무용 의자 개발에는 활발하게 움직이지 않았다. 임원 사무실은 여전히 사무용 공간이라기보다는 권좌가 놓인 방, 높은 명망을 과시하는 무대에 가까웠다. 따라서 기능적으로 특화된 가구는 이러한 무대에는 어울리지 않는 소품이었다. 이때 인체 공학적 의자를 향한 다음 단계로 도약했던 것은 미국의 한 사업가, 윌리엄 J. 페리스William J. Ferris였다. 인디애나 주 엘크하트에서 금속제 유모차를 만들었던 그는 성인용 의자를 새롭게 디자인해서 생산하려고 했다. 전해지는 바로는, 그가 미 특허청을 방문했을 때 대기실에 있던 또 다른 방문객 둘의 포트폴리오에서 원하던 설계를 발견했다고 한다. 그들은 전쟁 중에 탠 새드와 일했던 젊은 퇴역 군인으로 페리스와 탠 새드를 연결시켜주게 된다. 두 회사 사이의 계약이나 특허 교환에 관한 기록은 남아 있지만 사이가 원만했던 것만은 확실하다. 1925년에는 탠 새드가 페리스의 회사 상표인 두모어 체어(탠 새드에서 사용했던 이름은 두모어였고, 원래 회사 이름은 두/모어이다. ─옮긴이)라는 이름을 사용하기도 했으니까. 그러나 이후 탠 새드는 의자 대신에 손수레 방식의 유모차에 집중하다가 부모들에게 철저하게 외면당하고 1975년에 도산한다.

이후 페리스의 회사는 원형 좌석이 회전하고 발에는 바퀴도 달린 모델을 비롯한 산업용 의자들을 생산했다. 특히 이목을 끌었던 임원과 관리자용 의자에는 팔걸이, 가죽 커버 그리고 금속 부분에 나무 느낌의 도장을 옵션으로 제공했다. 두/모어는 이 제품들의 건강 관련 효능에 대해 매우 강력하게 홍보했는데 기존 의자들은 앞으로 구부정하게 앉는 자세를 조장해 복부에 피가 몰리고 심장에 무리를 주는 반면 두/모어 체어는 "치질, 신장 질환, 변비, 소화관 장애, 만성 소화 불량, 전립선 질환 및 혈관 경화를 예방할 수 있다."는 식이었다. 또한 그들은 바닥부터 훑는 판매 전략에도 능했다. 영업 사원들은 이 샘플 의자를 든 채 전차를 타고 고객 사무실까지 찾아갔다. 가져간 의자는 매니저에게 허락을 구한 후, 직원 중 한 명에게 맞도록 세심하게 조절해주고 그 직원이 직접 사용하도록 놓아두었다. 의자의 기능 덕분이든 주목을 받았기 때문이든, 샘플 의자를 시범적으로 사용한 직원들 대부분이 그 의자를 계속 쓰기를 원했고, 부러운 눈빛으로 쳐다보던 다른 동료들도 매니저에게 의자를 바꿔달라고 요청했다.

1930년대 초부터 두/모어는 건강함에 이어 편안함에 대한 전략적인 홍보에 들어갔다. 자세 연구를 위한 법인을 설립하고 내과 의사에게 컨설팅을 받은 점을 내세웠으며 맞춤식 의자를 만들기 위한 절차와 두/모어 체어에 앉아서 할 수 있는 미용 체조법까지 개발했다. 우드필드 임원용 의자는 "등받이 구조가 특별하게 설계된 덕분에 사용자가 사무실 내에서 복부 근육 운동을 할 수 있어 뱃살을 빼는 데 효과적이다."라며 홍보되었다. 스프링으로 고정되어 기댈 수 있는 기능 자체는 새로운 것이 아니었지만, 자세 연구소의 광고에서 근육질의 남자가 로잉 머신에 앉아 있는 모습도 보여주고, 한 남성 임원이 우드필드 의자에 똑바로 앉아 있는 모습과 등받이를 뒤로 젖혀 기댄 모습을 겹쳐 보여주면서 근육 운동 효과를 시각적으로 강조하는 방식이었다. 의자의 팔걸이와 좌석에는 더 두꺼운 패딩이 들어갔다. 일반 직원용으로는 등받이와 좌석에 공기가 잘 통하는 에어 덕트 체어가 등장했다. 이렇게 다양한 제품군 덕분에, 두/모어는 미국 정부와 벨 전화 시스템의 공식 의자 공급 업체가 될 수 있었다. 이렇듯 큰 성공을 거두었지만 두/모어는 이에 그치지 않고 회사의 배급처에 자세 전문가들을 고용해서 의자를 사용자에 맞게 조절해주고 올바른 자세를 가르치는 등 서비스를 제공했다. 또한 배급처들에게 고객과 계약을 맺어 1년에 두 번 의자를 청소하고 수선하는 유상 서비스를 제공하도록 권장했다. 뉴욕 배급처만 해도 열두 명의 영업 사원들 외에, 여섯 명의 현장 정비사들을 고용하고 있었으니 얼마나 전문저긴 서비스를 펼쳤는지 짐작할 수 있다.

지금 기준으로는 권위적으로 느껴지는 시스템이지만, 과학적 전문성에 어필하는 이 방식은 당시 의자 판매량에 큰 영향을 주었다. 상품 라인 역시 체계적이었다. 공장용, 사무원용, 관리자용, 임원용 그리고 법관 의자와 같은 최고 임원들을 위한 '고위 관료' 모델이 있었는데, 가장 고급 모델은 나중에 해리 트루먼Harry Truman 대통령이 집무실에서 사용하기도 했다. 자연히 좋은 평가가 쌓여갔다. 뉴욕의 의류 전문 지역에서 사업을 하던 제조업자들은 직원들의 허리 통증이 줄어들었으며 정해지지 않은 시간에 휴식을 취하는 일 또한 줄어들었다고 보고했다. 스테이트 팜 상호 보험 회사의 한 간사는 1939년에 쓴 글에서 출근율 99퍼센트라는 성과를 낼 수 있었던 것은 회사 사무실에 두/모어 체어가 739개나 마련되어 있었기 때문이라고 말하기도 했다.

자세를 중요하게 생각한 의자 제조 회사는 이뿐만이 아니었다. 찰스 E. 핍Charles E. Pipp은 두/모어와 유사한 기능을 갖춘 '펩 체어'를 만들었다. 최고 경영자를 위한 고급 스위트룸 구축 전문 회사인 건로키 컴퍼니는 1923년 워싱턴 시리즈를 선보였다. 에번 S. 하터Evan S. Harter는 1927년 임원용 의자를 생산하면서 최초로 등받이와 좌석이 연동되는 구조를 선보였다. 그러나 의자와 관련된 테크놀로지와 앉는 자세에 관한 테크닉을 가장 체계적으로 연계한 회사는 신예였던 두/모어였다. 이 회사의 건강 캠페인은 제2차 세계 대전 이후 디자인 부흥기의 기반을 다지는 역할을 하게 된다.

그러나 막상 제2차 세계 대전이 벌어졌을 때는 금속 자재가 부족해져서 사무용 의자의 혁신을 잠시 멈출 수밖에 없었다. 두/모어를 비롯한 회사들은 의사 처방 없이는 임원용 의자를 생산할 수 없었다. 그럼에도 전쟁은 의자 제조 기술이 발달하는 데 간접적으로 큰 영향을 미친다. 철강 기술 자체는 이미 성숙한 기술이었지만, 산업 금속 공학자들이 국방 산업과 관련된 작업들이 진행하면서 관을 형성하고, 누르고, 구부리고, 용접하는 더 향상된 기법들을 개발해냈던 것이다. 또한 전투기 조종석부터 조작 체계 설계에 이르기까지 인간과 기계의 상호작용에 대한 새로운 차원의 연구와 분석이 이루어졌고 군 당국의 인적 요소 연구에 대한 지원을 통해 새로운 분야의 전문가들도 등장했다.

1950년대와 1960년대에는 업무용 의자 디자인의 초점이 건강에서 멀어졌다. 비록 두/모어는 기존 시스템을 유지했지만, 새로운 경쟁자들은 생리학적인 장점 대신 아름다움을 추구했다. 우선 전쟁 때문에 15년 동안 중단되었던 사무실 건축이 재개되어 건설 붐이 일었다. 대형 건설사와 건축주들은 1920년대와 1930년대에 유행했던, 금속 재질이 외부로 노출된 디자인 대신에 전쟁 기간과 그 이후에 개발된 플라스틱을 금속 소재들과 함께 활용해 조각 작품처럼 장식하는 형태를 선호했다.

그런 의미에서 놀 인터내셔널의 고전적인 가구는 당시 건축가와 고객의 입맛에 딱 맞는 스타일이었다. 에로 사리넨Eero Saarinen의 튤립 의자, 찰스 폴록Charles Pollock의 통짜로 된 플라스틱 외피의 회전의자도 주목을 받았지만, 그중에서도 찰스와 레이 임스 부부Charles and Ray Eames가 유리섬유와 알루미늄으로 만든 작품들은 전후 시대의 아이콘으로 부각되었다. 이 시기에는 대중문화, 의학적 견해, 예의범절에 관한 책 등 모든 요소가 편안하고 부드럽게 몸을 받쳐 주는 의자를 선호해서 바른 자세를 유도하는 테크놀로지는 시대에 뒤떨어진 것이 되었다.

1950년대 초반 사리넨 밑에서 일했고 다른 스타 디자이너들과도 교류한 닐스 디프리언트에 따르면, 당대의 디자이너들은 인적 요소에는 관심이 없었다. 1980년대 출판된 놀 컴퍼니의 사사에서 폴록은 자신이 1965년에 디자인한 임원용 의자에 대해, 압출 성형 알루미늄 관으로 만들어졌다

1920년도에 등장한 두/모어 체어 광고

건강과 사기를 증진시킨다는 목적으로 미국 내 전역에서 홍보된 최초의 의자다. 고급 제품 라인으로 확대되었으며 관리자 및 임원들을 위해 호화스러운 커버를 씌운 모델도 등장했다. 두모어 컴퍼니는 업계 최초로 항공 교통 관제사나 응급 서비스 관제사처럼 의자에 오랫동안 앉아서 작업하는 전문 인력을 위해 특별히 고안된 의자를 생산했으며, 지금도 활발하게 공급하고 있다.

고 설명하며 "내부에 뼈대가 없고… 녹슬거나 더러워지거나 변색되지 않는다."는 점을 강조했다. 두/모어도 유명 디자이너 레이먼드 로위^{Raymond Loewy}를 고용해 자사의 제품에 새로운 활기를 불어넣고자 했다. 의자의 기본 구조에 변화를 주는 대신에 디자인에 집중한 것이다.

인체 공학에
눈뜨다

1950년대와 1960년대에 주목받았던 의자들 중 대부분은 예전에는 표준에 속했던 자세 기준에서 벗어나 있었다. 가령 폴록의 팔걸이의자에는 허리 지지대가 없었고, 이 의자의 외피는 등과 좌석 사이에 고정된 각도를 강요했다. 그러다 점차적으로 자세를 중요시하는 새로운 움직임이 되살아났는데, 처음에는 '인적 요소'라는 이름으로 불리다가 나중에 '인체 공학'이라는 이름이 붙게 되었다. 1967년 당시 항공 교통 관제사들은 곧 부서질 것처럼 허약하게 생긴 튜브 프레임 회전 의자에 앉아 테이블에 몸을 기댄 채로, 그 위에 배치된 각종 기기를 다루어야 했다. 미국 연방 항공국은 이러한 업무 환경을 혁신하고자 시중에 나온 의자 12종을 테스트해 관제사 의자에 적합한 지침을 발표했다. 이 지침으로 등받이의 움직임부터 좌석의 형태와 조절하는 방법 등 세세한 부분까지 바람직한 기준이 정의된다.

이를 바탕으로 진행된 입찰에서 두모어가 미국의 모든 항공 교통 관제사를 위한 새로운 의자를 개발하고 생산할 업체로 선정되었다. 이 때 납품되었던 두모어 체어는 같은 디자인으로 A, B, C 사이즈가 모두 대량 생산된 첫 번째 사례로 알려져 있다. 이 계약은 두모어에게 이후 매우 중요한 틈새시장이 되는 24시간 업무용 좌석 시장을 여는 계기가 되었다. 또한 이를 계기로 많은 건축가와 건축주들이 의자가 건강에 미치는 영향에 대해 다시 관심을 기울이게 되었다.

1970년대 중반에 이르자, 당시 사무용 의자 생산 업체들 중 가장 큰 두 회사에서도 자세를 바르게 해주는 의자를 생산하기 시작했다. 스틸케이스 430 시리즈는 항공 우주 산업과 인적 요소에 대한 연구를 바탕으로 고안되었으며, 허먼 밀러Herman Miller의 에르곤 체어는 위스콘신 대학의 디자이너 윌리엄 스텀프William Stumpf의 저속 사진 촬영을 활용한 연구를 기반으로 만들어졌다. 에르곤 체어의 디자인은 전체적으로 신체에 잘 맞는 곡선을 형성하며, 의자 가장자리도 몸이 편안하도록 마무리되었고 등받이의 높이와 팔걸이의 위치도 적절하다. 또한 새롭게 개발된 발포 고무와 플라스틱의 장점을 적극적으로 활용해 편안함과 이동성을 모두 갖추면서도 독특한 외형을 창조한 최초의 의자였다. 이로써 에르곤 체어는 새롭게 정립된 인체 공학을 바탕으로 다시 자세를 바로잡는 의자가 떠오르는 데 결정적인 영향을 미친다. 에르곤 체어에서 나타나는 스텀프의 자세에 대한 아이디어들은 다양한 실험과 검증이 반복되었던 당시의 분위기를 반영한다. 탠 새드와 두모어는 효율성과 생산성을 적극적으로 홍보했지만, 스텀프는 인체 공학적 디자인이 생산량을 1퍼센트 이상 끌어올릴 수 있다는 주장을 공공연히 불신했다.

그는 1980년 〈프로그레시브 아키텍처〉를 통해 말한 것처럼 "사람들은 의자에 허리 지지대가 있건 없건 관계없이 자신이 원하는 대로, 똑바로, 옆으로, 그리고 뒤집어서 앉는다."는 사실을 인지하고 있었다. 그래서 높이를 조절하고 충격을 완화시키기 위해 미국에서는 처음으로 독일에서 발명된 가스 실린더를 적용한 의자를 만들어낸 것이다.

에어론 체어, 립 체어, 프리덤 체어

이 의자들은 상호 보완적인 기능을 갖추고 있다. 에어론 체어(상)는 냉각 효과를 주는 그물망과 뒤로 크게 젖혀지는 등받이가 장점이다. 립 체어(좌)는 좌석을 앞으로 밀어주고, 위쪽 등받이와 아래 쪽 등받이를 별도로 조절할 수 있으며 요추 지지대가 곡선형이라 편안하다. 프리덤 체어(우)는 사용자가 조절을 거의 하지 않고도 몸을 뒤로 크게 젖힐 수 있으며, 선택 사항으로 세트로 된 머리 받침대와 발 받침대가 제공된다. 이 의자들에서 공통적으로 추구하는 것은 하나의 이상적인 자세를 유지하는 것보다 뒤로 기대어 앉거나 자세에 변화를 주는 편이 건강에 유익하다는 생각이었다. (허먼 밀러 [사진가: 닉 메릭Nick Merrick, 헤드리히 블레싱Hedrich Blessing 소속], 스틸케이스 주식회사, 닐스 디프리언트 제공)

다른 디자이너들도 비슷한 목표를 추구했다. 헨리 드레이퍼스의 닐스 디프리언트는 의학 의자 전문가 재닛 트라벨$^{Janet Travell}$ 박사와 함께 항공 의자와 산업 의자를 개발하면서, 의자를 뒤로 젖힐 때 좌석 아래쪽 지지대가 좌석과 만나는 부분을 구부리는 대신 무릎 쪽이 구부러지게 하는 새로운 메커니즘을 고안했다. 이로써 발을 땅에 붙인 채 뒤로 몸을 젖힐 수 있어 좀 더 안정적이고 편안한 자세를 취할 수 있게 되었다. 아르헨티나 태생의 미국인으로 박학다식한 에밀리오 암바즈$^{Emilio Ambasz}$와 이탈리아인 지안카를로 피레티$^{Giancarlo Piretti}$는 정형외과 의학과 혈관 의학을 공부한 후 1978년 '척추형 좌석 시스템'을 선보였다. 독창적인 방식으로 등받이가 고정되며 좌석이 용수철로 고정되는 구조로 더욱 편안하게 휴식을 취할 수 있는 의자였다. 부틸 고무 재질의 주름 원통으로 감싸진 독창적인 연결부가 이 의자에 새로운 첨단 기술 이미지를 부여해주었다.

이러한 의자들이 시장에 등장할 즈음, 사무실의 성격도 시대에 맞게 변화했다. 컴퓨터의 보급으로 본체와 키보드가 관리자들과 몇몇 임원들의 책상에까지 놓이기 시작한 것이다. 그러나 펜과 종이, 전화기가 사라진 것은 아니었다. 이러한 사무 환경에서 이상적인 의자란 더 다양해진 업무 활동에 적합한 여러 가지 자세를 돕는 도구라 할 수 있었다. 이에 덴마크 디자이너 자콥 젠슨$^{Jacob Jensen}$과 인체 공학자 비베케 레슬리$^{Vibeke Leschly}$는 '사이보그 체어'를 개발해낸다. 의자 높이와 각도 그리고 좌석 깊이를 조절하는 압축 공기 실린더가 장착되어 있는 의자였다. 이 중에서 가장 돋보이는 혁신은 좌석 각도 실린더로, 체중이 변화하면 실린더가 의자 뒷부분의 위치를 자동적으로 조금씩 변화시킨다는 점이다. 사용자들은 무의식적으로 척추 위치를 약 4도가량, 분당 1도 정도의 속도로 움직임으로써 근육과 척추 뼈가 지탱하는 허중을 변화시킨다. 이 의자의 미국 제조사인 루드 인터내셔널에 따르면, 사이보그 체어는 몸과 의자가 닿는 지점을 변화시킴으로써 혈액 순환을 촉진하고 근조직에 영양을 공급한다. 멀리 떨어진 펜을 집기 위해 몸이 약간이라도 들리면 실린더가 초기 상태로 돌아가 새로운 순환을 시작하는 식이다. 그러나 이러한 놀라운 성능에도 이 의자는 1990년대 초 생산이 중단된다. 아마도 1,300달러나 되는 놀라운 가격 때문이었을 것이다. 그래도 사이보그 체어는 몸의 테크닉에 대한 관점이 얼마나 크게 혹은 적게 변화되어 왔는지를 보여주었고 두모어의 포스처 매틱과 마찬가지로 사용자의 무의식적인 자세 교정을 유도했다. 다만 두모어가 사용자가 의자를 조절하지 못하게 해서 최적화된 자세로 고정시키려고 했던 반면, 사이보그 의자는 의도적으로 사용자를 살짝 불안정하게 해 지속적으로 자세를 바꾸게 만들었다. 이는 마치 의자에 있어 하이 모더니즘에서 포스트 모더니즘으로의 전환을 상징하는 것처럼 보이기도 한다.

1970년대 후반에 등장했던 이 의자들에는 중요한 공통점이 있었다. 다양한 자세를 취할 수 있고, 의자에 앉은 채로 여러 가지 활동을 할 수 있다고 광고되었다는 점이다. 이 시기에 뒤로 기대어 쉬는 자세는 바로 앉는 자세만큼이나 중요하게 여겨졌다. 또한 여성도 직장에서 평등한 권리를 찾고자 하면서, 비서용 의자에도 편안한 자세를 취하기 위한 기능과 조절 장치가 붙게 되었다. 실제로, 에밀리오 암바즈는 "1980년대에 디자인한 임원용 의자의 머리 받침대는 쓸모없는 후광 같은 것이며 개인적으로는 비서용 의자를 애용한다."고 말하기도 했다.

인체 공학의
비약적인 발전

인체 공학적인 의자를 만들고자 하는 움직임은 1980년대에 본격적으로 꽃을 피우게 된다. 그보다 조금 전인 1978년에 미국 항공 우주국은 《인체 측정학 자료집Anthropometric Source Book》을 발간하면서 우주 탐사 프로그램의 무중력 상태에서 측정한 결과를 담았다. 이 책에 담긴 많은 측정치 중에서, 상체와 허벅지 사이 그리고 허벅지와 종아리 사이의 자연스러운 각도가 128도라는 것이 파악되었다. 이러한 자세를 최초로 측정한 곳은 미국 항공 우주국이 아니었다. 미국 외과 의사인 J. J. 키건J. J. Keegan은 1953년에 사람들이 옆으로 누워서 잠들 때 자연스럽게 근육이 이완되는 각도가 135도라는 것을 관찰했으며, 유럽 연구자들도 1930년대에 유사한 결론에 이르렀다. 이 사실은 앞으로 6장에서 더 자세하게 살펴보게 될 것이다.

그러나 이러한 연구 결과가 엔지니어와 디자이너에게까지 널리 알려진 것은 《인체 측정학 자료집》을 통해서였다. 비슷한 시기에 덴마크 외과 의사 A. C. 만달A. C. Mandal은 앉아서 생활하는 시간이 점점 늘어나면서 허리 문제도 함께 증가하는 추세를 염려하며, 잘못된 학교 책걸상 때문에 어린 아이들의 척추가 변형되고 있다고 주장했다. 물론 좌석은 뒤쪽으로 기울어져 있고 허리 지지대도 장착되어 있지만, 아이들이 타이피스트처럼 꼿꼿이 앉지는 않았다. 읽고 쓰고 물건을 잡는 동안 아이들은 자연스럽게 책상에 기대어 앉게 되는데, 이러한 자세가 아이들의 요추를 뒤틀고 변형시키는 원인이 되었던 것이다. 이에 대해 만달이 제시한 해법은 좌석을 앞으로 15도 기울이고 책상면 또한 의자와 마주 보게끔 10도 정도 기울여 아이들의 몸통과 다리 사이 각도를 크게 벌려주는 것이었다. 허리에 문제가 있는 사람들이 고통을 경감하기 위해 의자를 앞으로 기울이는 모습에서 아이디어를 얻은 것으로 보인다.

이렇게 앞쪽으로 기울어진 의자는 1884년부터 간혹 등장했지만, 진정한 전성시대는 1980년대에 왔다. 먼저 스칸디나비아와 프랑스의 여러 학교가 만달의 원칙이 적용된 제품들로 책걸상을 교체했고 성인용 의자도 이에 영향을 받았다. 미국에서는 텍사스 출신 기계 공학 교수이자 전직 항공사였던 제롬 콩글턴^{Jerome Congleton}이 좌석의 큰 굴곡에 따라 앉으면 자연스럽게 미국 항공 우주국과 만달 박사가 권장하는 각도를 취하게 되는 의자를 디자인했는데, 오늘날에는 '보디빌트'라는 상표로 알려져 있다. 1970년대 후반에는 노르웨이 회사 헤그에서 밸런스 체어를 선보였다. 앞으로 기울어진 좌판 아래에 정강이를 기댈 수 있는 받침대가 달려 있어, 무릎을 굽혀 앉아도 앞으로 미끄러지지 않았다. 이 독특한 의자는 테크놀로지와 몸의 테크닉이 어떻게 서로 상호작용할 수 있는지 보여준다.

다만 지금까지 우리가 살펴본 여타 테크놀로지와 마찬가지로, 밸런스 체어 역시 학습을 통해 익숙해져야 하는 도구였다. 제조사의 설명으로는 밸런스 체어를 사용하려면 일반적인 의자를 쓸 때 사용되지 않았던 근육을 활성화해야 하는데 여기에 1주에서 4주 정도 적응 기간이 필요하다고 한다. 또한 의자에 앉거나 일어서는 방식도 새로 배워야 하므로 결과적으로 새로운 몸의 테크닉을 조합해 익혀야 하는 테크놀로지라 할 수 있었다. 이에 대한 반응은 극과 극이어서 효능에 만족한 사용자들은 이러한 노력에 충분한 가치가 있다고 생각한 반면 효과를 보지 못한 이들은 정강이 통증과 혈액 순환 문제를 호소했다. 이는 추상적인 디자인 관점에서 이상적이라고 여겨지는 형태가 인체 치수가 아닌, 몸에 배인 습관과 충돌한 첫 번째 사례라고 할 수 있다.

개인용 소비재를 판매하는 운동화 산업에서는 유사한 문제를 제품 종류를 다양화하는 방식으로 해결했다. 발의 특성과 달리기 스타일에 따른 여러 종류의 신발을 만들어서 50달러에서 150달러의 가격에 직접 판매했던 것이다. 그러나 인체 공학 의자는 기본적으로 소비재가 아닌 내구재였고, 가격도 500달러에서 1,500달러 사이로 비쌌다. 게다가 고객이 실제 사용자인 사무 노동자인 것도 아니었다. 나름의 미적 감각과 생리학적 목적을 추구하는 건축가나 인테리어 디자이너가 중간에 끼었고, 최종적으로 구매를 결정하는 것은 회사의 고용주였다. 실제 사용자들이 샘플 의자들에 대해 의견을 제시할 수 있는 경우도 별로 없었으며, 설사 그런 기회가 주어져도 의견 일치를 보기 어려웠다. 사용자들은 설명서조차 읽지 않았다. 운동화라면 별 상관없었겠지만 1980년대 사무용 의자는 팔걸이 하나만 해도 조절 장치가 세 가지 이상 장착되어 있었고 전체 조절 장치를 합하면 열 가지가 넘었다. 하지만 사용자 태반이 기울임이나 등받이 높낮이 조절 방법을 몰랐으며, 다섯 중 한 명꼴로 의자 높이를 조절하는 방법조차 모르는 이들도 있었다.

　한편, 컴퓨터의 보급으로 사무 작업을 수행하는 몸의 테크닉이 변화되었다. 1980년대 이전의 사무 노동자는 컴퓨터를 계속해서 사용하는 업무와 아예 사용하지 않는 업무를 하는 인원으로 구분되었는데 점차 그 경계가 모호해지더니 임원들도 컴퓨터를 사용하게 된다. 이에 따라 사무실에서 일하는 이들은 자판을 조작하고, 문서를 읽고, 전화와 팩스를 사용하고, 얼굴을 보고 이야기하는 등 다양한 활동들을 번갈아 수행하는 방향으로 몸의 테크닉을 변화시켰다. 그런데 당시 유행하던 벽 없이 열린 구조의 사무실에서 거대한 임원 및 관리자용 사무 의자는 시대에 뒤쳐져 보였다. 이에 임원들은 더 작은 의자가 새로운 사무 환경에 적합하다고 생각하게 된다. 그 예로 1989년 〈뉴욕 타임스〉에 실린 텍사스의 백만장자 로스 페로Ross Perot의 사진을 보면 천 재질 커버를 씌운 관리자용 FS 체어에 앉아 있다. 이는 클라우스 프랑크Klaus Franck와 베르너 소어Werner Sauer가 디자인한 빌칸사의 제품으로 앉는 이의 무게와 움직임에 따라 몸에 맞게 자동으로 조절되는 새로운 세대의 의자였다.

당시 미국에서는 많은 기업에서 직원을 줄이는 추세였고, 소득 격차도 더욱 커졌지만, 더 많은 이들이 평등하게 편안한 의자에 앉을 권리가 있다는 디자이너들의 주장은 점점 더 힘을 얻었다. 이렇듯 사람이 의자에 맞추는 것이 아니라 의자가 사람에 맞추어져야 한다는 인식이 일반화되면서 활동적인 생활에 적합한 '수용적인' 의자가 주목을 받았다. 이에 허먼 밀러는 윌리엄 스텀프와 도널드 채드윅Donald Chadwick이 디자인한 에쿠아 체어를 선보였다. 유리로 강화된 열가소성 폴리에스테르 소재 통짜 외피가 H자 형태로 좌석을 구성하고, 그 아래에 의자를 기울이는 연결부가 무릎 쪽으로 배치된 형태였다. 앉는 이가 의자를 뒤로 기울이면, 통짜 외피가 휘어지면서 자동으로 위쪽 등과 아래쪽 허리를 받쳐주게 된다.

허먼 밀러의 이웃이자 라이벌이었던 스틸케이스는 1986년에 볼프강 뮐러 데이지그Wolfgang Muller-Deisig의 디자인을 라이선스해 센서 체어라는 이름의 의자를 선보였다. 발포수지를 소재로 사용한 곡선형 등받이와 폴리프로필렌 외피가 사용자의 등을 따라 휘어지는 디자인이었는데 뮐러 데이지그는 이 의자가 "몸이 움직이는 대로 움직인다."고 설명했다. 비록 등받이 높이에 따라, 그리고 커버로 쓰이는 천의 재질에 따라 다양한 모델이 있었지만, 센서와 에쿠아는 임원과 직원 모두를 대상으로 판매되던 최초의 의자였다. 또한 기계적 연결부 대신에 힘에 반응해 휘어지는 소재를 성공적으로 사용한 최초의 의자이기도 했다. 이제 신분의 높낮이와 관계없이 모두가 비슷한 의자에 앉게 되었다. 지위가 높은 사람의 의자에는 가죽 커버나 크롬 장식이 붙기도 했지만, 기본 구조만큼은 직원용 의자와 큰 차이가 없어졌다.

유연한
의자

    디자인 분야에서, 그중에서도 신체와 관련된 디자인에서 종종 그렇듯이 센서와 에쿠아 같은 우아한 걸작들은 수년에 걸친 연구와 실험 그리고 개발 작업이 낳은 결과였다. 1980년대 후반에 이르러서는 인체 공학적일 뿐만 아니라 처음 앉았을 때 편안하고 안락해 보이는 의자가 아니면 경쟁에 낄 수조차 없었다. 이탈리아 건축가 마리오 벨리니Mario Bellini는 6년간의 개발 작업 끝에 1985년, 스위스 회사 비트라를 통해 '페르소나'라는 독창적인 의자를 선보였다. 이 의자는 지금도 많은 건축가들에게 가장 앞서가는 스타일의 의자로 인정받고 있다.

그러나 21세기의 여명기에 접어들면서 인체 공학 이론은 더 이상 새로운 의자 개발을 주도하지 못하게 된다. 동시에 꼿꼿하게 허리를 핀 채 움직이지 않는 것이 바른 자세라는 과거의 고정관념 또한 사라졌다. 이제는 인체 공학자 칼 크로머Karl Kroemer가 '자유 자세'라고 불렀던, 지속적으로 변화하는 자세가 더욱 건강한 자세로 인식되고 있다. 그럼에도 여전히 몸을 움직이는 새로운 방식에 대한 탐구는 지속되고 있으며 그 결과 에쿠아처럼 스텀프와 채드윅이 디자인하고 허먼 밀러에서 제작한 에어론 체어라는 혁신적인 의자가 등장해 큰 성공을 거두었다. 다만 전문가들 사이에서는 논쟁의 대상이 되었다. 이 의자가 다른 어떤 모델보다 더 극단적으로 몸을 뒤로 젖히는 기능을 추구해서였다. 에어론 체어는 인터넷 시대에 발맞추어 등장해서 주류 사무 의자 중에서 가장 대담하게 기술을 과시하는 외형을 보여주었다. 등과 어깨 부분에서 넓어지는 곡선형 성형 플라스틱 프레임에 펠리클이라는 합성 섬유를 팽팽하게 덧댄 형태였는데 사실 그렇게 급진적인 아이디어는 아니었다. 1890년 이전에도 미국에서 생산된 몇몇 팔걸이 회전의자에 줄기를 짜서 만든 등받이와 좌석이 유행을 탄 적도 있었으니까. 또 오리지널 에쿠아가 등받이 높이에 따라 두 가지 모델을 갖춘 반면, 에어론 체어는 대형과 소형 모델이 있었지만 치수 간 비율은 모두 표준 모델과 동일했다.

이 의자의 핵심은 뒤로 크게 젖힐 수 있다는 점이다. 무릎 위치가 아닌 발목 위치에서부터 약 30도까지 뒤로 기울일 수 있는데, 앉는 이의 몸이 책상에서 떨어져 뒤로 회전하기 때문에 의자의 균형을 유지하기 위해 매우 강력한 용수철이 필요했다. 이 때문에 일부 인체 공학자들은 이 기능에 우려를 표했다. 또 굴곡 없이 이어진 에어론 체어의 등받이가 앉는 이의 엉덩이를 앞으로 밀어내어 척추 건강에 좋지 않았다. 펠리클은 통기성은 뛰어났지만, 프레임과 맞닿는 의자 가장자리에서는 쿠션감이 없었으며, 별도의 쿠션을 대서 허리를 지지해야 하는 불편함이 있었다.

이러한 한계에도 에어론 체어는 시장에서 큰 성공을 거두었다. 세련되고도 우아한 외형에다 앉을 때 독특한 감각이 느껴지기 때문이었다. 몇몇 디자이너들이 이를 착석감이라고 불렀는데 그 특유의 움직임으로 앉은 이가 뒤로 기대어 쉬는 편안한 자세를 취하도록 부드럽게 이동시켜주는 것이다. 이러한 점을 강조했던 허먼 밀러의 영리한 광고를 보면 젊은 남성과 여성이 즐거운 표정으로 뒤로 쭉 기대앉아 있다. 쓰임새도 다양해서 등받이를 꼿꼿하게 고정시키면 강력한 권좌의 이미지를 풍기고, 고정을 풀고 뒤로 기대면 다른 그 어떤 용수철 의자들보다 더 편안한 흔들의자가 되었다. 밀러의 대변인은 이 의자를 '교차-기능' 의자라고 불렀는데, 1990년대에 크게 유행했던 크로스-트레이닝 운동화나 산업 기술에 대한 교차 훈련에 비유될 수 있는 의자라는 의미였다.

스틸케이스에도 여기에 대항할 만한 진보적인 프로젝트가 있었으니 바로 립 체어다. 이 의자 역시 기존과는 근본적으로 다른 스타일의 움직임에 초점을 맞추었다. 스틸케이스의 컨설턴트들은 허리와 등이 개별적이면서도 연속적으로 지지되어야 한다고 생각해서 각 부위마다 고정되는 정도를 개별적으로 조절할 수 있는 최초의 의자를 만들어냈다. 이 의자는 착석감 또한 에어론 체어처럼 매우 독특했는데 등받이 아래 부분은 척추에 자연스럽게 맞아떨어지고, 윗부분은 사용자의 체중에 맞게 별도로 조절할 수 있었다. 에어론 체어와 립 체어를 비교하다 보면, 두 가지 디자인이 합쳐지면 어떨까 하고 상상하게 된다. 에어론 체어는 뒤로 젖혀지는 기능뿐만 아니라 등 윗부분을 안정적으로 받쳐줄 수 있고 립 체어는 허리와 등 부분을 별도로 조절할 수 있어 '라이브 백'이라는 상표까지 등록했으니 각자 뚜렷한 장점이 있는 셈이다. 또한 립 체어는 뒤로 젖히면, 사용자의 요추 부분과 의자 뒷부분 사이가 빈 공간 없이 완벽하게 맞물리며 등 전체를 편안하게 받쳐준다. 즉 라이브 백은 편안함의 기준을 높이는 경험인 것이다.

에어론과 립 체어는 각 제조사의 분위기가 디자인에 어떻게 영향을 미치는지를 알려주는 예이기도 하다. 밀러사의 칼뱅주의 문화는 기본적으로는 엄격하지만 장난스러운 부분들도 숨겨져 있다. 이러한 장난기 덕분에 이렇게 뒤로 크게 젖혀지는 의자가 나올 수 있었던 것이다. 반면 스틸케이스는 대형 파일 캐비닛으로 유명한 회사답게 의자에 금속을 많이 사용한다. 60파운드에 달하는 립 체어를 지탱하는 바퀴도 플라스틱으로 코팅

된 금속으로 되어 있다. 에어론 체어는 쉬는 동안 일에서 가능한 한 멀리 떨어지는 자세를 취하게 해준다. 반면에 립 체어는 사용자가 뒤로 기대더라도 눈높이를 유지한 채 몸을 앞으로 밀어준다. 이는 스틸케이스에서 "멀리 보면서 도달하는 영역"이라고 표현하는, 편안한 가운데 작업을 지속할 수 있는 자세다. 비용에 민감한 사무 공간 설계자들은 의자를 뒤로 젖힐 때 필요한 공간을 절약할 수 있다는 점에도 주목했다.

립 체어의 맞춤형 등받이와 에어론 체어의 뒤로 크게 젖혀지는 기능을 관통하는 하나의 단어가 있다면 바로 유연성일 것이다. 인류학자 에밀리 마틴Emily Martin은 에이즈가 확산되던 시기에 널리 회자되었던 면역 시스템과 새로운 비즈니스 조직 사이의 유사성에 주목할 필요가 있다고 주장했다. 최근 기업들은 효율성이나 생산성 대신에 명민함을 새로운 슬로건으로 내세우고 있는데 의자 디자인 역시 이러한 추세가 반영되었다. 에어론과 립 체어의 디자인 철학은 안정성보다는 예기치 않은 놀라움이나 계속되는 변화에 대한 개방적인 태도에 더 가치를 둔다. 대학생 특유의 톡톡 튀는 감성 또한 교정해야 할 나쁜 습관이 아니라 육성해야 하는 회사의 잠재적 자산으로 인식되고 있다.

이렇듯 유연성은 새롭게 주목받고 있지만, 아직 보편적인 가치로 받아들여진 것은 아니다. 예를 들어 금융 기업과 법률 회사 대부분은 자사의 고객이 여전히 전통적인 형식미를 선호한다고 믿는다. 이들은 과거 미국 대통령들이 앉던 건로키 워싱턴Gunlocke Washington 시리즈 의자의 주요 고객이다. 밸런스 체어처럼 바른 자세를 유도하는 의자는 독립 프로그래머들 사이에서 강력한 지지를 얻고 있다. 미네소타 주의 물리치료사이자 자세 이론가인 데니스 자차코브Dennis Zacharkow는 지난 10년간 기대어 앉는 기능이 완전히 배제된 업무용 의자인 잭백 체어를 홍보해왔다. 그는 기존 의자들의 요추 지지부가 구부정한 자세를 유발한다고 믿어서 업무 효율을 최적화하는 자세를 연구한 끝에 이 의자를 발명해냈다. 다만 잭백 체어는 구조가 상당히 복잡해서 사용자가 앉은 상태에서 다른 사람이 의자를 조절해주어야 하는 한계가 있다. 그래도 컴퓨터를 장시간 사용하는 작업자 사이에서는 인기를 끌고 있으며 구매자의 95퍼센트 이상이 이러한 직업군에 속해 있다. 자차코브는 컴퓨터 관련 여러 전시회에서 적극적인 홍보활동을 펼치고 있다.

꼿꼿하고 바른 자세를 추구하는 이 모든 고집스런 시도에도 불구하고, 미래는 반대쪽 방향, 즉 무릎을 편하게 펴고 기대어 앉는 자세 쪽으로 향하는 것처럼 보인다. 〈네이처〉에서 베란다 체어를 이상적인 피로 방지 의자로 칭송하면서 말했듯, "인도의 나긋한 기후가 늘어진 W 모양을 인도인들에게 알려주었고, 이러한 편안함은 전 세계 사람들에게 퍼져나갔다." 이는 다음 장에서 살펴볼 서양식 안락의자와 평행을 이루는 이야기이기도 하다.

안락의자,
건강을 위한 도구가
비만의 상징이 되다

안락의자의 고전적인 이미지는 1950년대 초에 완성된다. 백인 남성 임원이 퇴근 후에 양복 혹은 셔츠를 입은 채로 안락의자에 앉아 파이프 담배를 피우며 고된 하루를 마무리하는 모습. 이것이 당시 안락의자가 상징하는 풍경이었다.

사 물 의 역 습

늘날 사람들은 사무용 의자를 선택할 때 앉아서 등을 기댄 자세
가 얼마나 편안한가를 가장 중요한 고려 사항으로 꼽는다. 휴식을
취하는 용도로서 의자의 역할이 더 중요해졌기 때문이다. 가령 1984년에
등장한 닐스 디프리언트의 제퍼슨 체어는 머리 받침이 내장되어 있어 기댔
을 때 자동으로 조절되었다. 하지만 의자가 아무리 뒤로 크게 젖혀져도 침
대에 비할 바는 아니다. 이렇게 의자에 기대앉는 자세를 자연스러운 행위
로 인식하기 시작한 것도 얼마 되지 않았다. 앞서 다루었듯이 의자는 한때
일부에게만 허락된 특권이었으니까. 그중에서도 가장 이야깃거리가 풍부
한 것이 안락의자인데 고대의 유한계급에서 시작해, 프랑스 혁명 이전의
상류층 여성, 빅토리아 왕조의 애서가들을 거쳐 20세기 독일의 병약한 환
자들까지 하나로 묶어주는 카테고리라 할 수 있다.

침대를
책상으로

수면은 지극히 일반적이고 자연스러운 인간 활동이다. 수유, 걷기, 앉기 같은 행동과 마찬가지로 하나의 테크닉이라는 점에서 수면은 문화적인 행동이기도 하다. 인류학자 캐럴 M. 워스먼Carol M. Worthman은 어릴 적에 형성된 수면 습관이 성인이 되었을 때 스트레스에 대응하는 자세에 영향을 미친다고 보았다. 예를 들어 발리 섬의 시골 아이들은 항상 부모에게 업혀 다닌 까닭에 시끄러운 환경에서도 잠드는 법을 익힌다. 그 결과 이들은 성인이 되어서 위협적인 상황에 부딪쳤을 때 갑자기 잠에 빠지는 증상을 보이는데, 이러한 현상을 공포 수면이라고 한다. 또한 수면에 관한 몸의 테크닉은 산업 사회에서 계속 진화하면서 의학의 영향을 크게 받았다. 불과 얼마 전까지만 해도 미국 유아 중 75퍼센트가 엎드린 자세로 잠들었지만 1990년대 초반부터 소아과 의사들이 유아 돌연사 증후군의 확률을 줄이기 위해 등을 바닥에 대고 누운 자세로 아이를 재울 것을 권장하면서 이러한 자세는 거의 사라졌다. 이로 말미암아 여러 장점과 의도하지 않았던 결과를 얻게 되었는데, 이에 대해서는 10장에서 살펴볼 것이다. 사실 우리는 침대 테크놀로지가 수면 테크닉과 건강에 미치는 영향에 대해 놀라울 정도로 무지하다.

수면과 휴식은 물질문화의 형태를 띠기도 한다. 가령 일본 이불은 조리 샌들과 다다미 판을 포함해서 하나의 문화를 구성한다. 그리고 서양식 침대는 발을 감싸는 형태의 신발과 입식 가구들을 아우르는 시스템에 포함되어 있다. 이러한 침대 문화를 처음 도입한 것은 고대 그리스인이다. 근대의 거대한 침대 틀이나 내부가 스프링으로 꽉 찬 매트리스와 달리, 고대 그리스와 로마의 침대는 이동이 가능하도록 나무나 금속 같은 재질로 가능한 한 가볍게 만들었다. 오늘날 우리는 고대인이라 하면 긴 의자에 편안히 누워서 포도송이에 주렁주렁 달린 포도 알을 음미하는 풍경을 떠올리는데 이는 사실과 거리가 멀다. 아마도 19세기 아카데미 회화에서 퇴폐적으로 묘사된 장면이 강렬한 인상을 남겨서 이러한 이미지가 굳어진 것뿐이다.

서양 문화에서는 건강한 사람이 침대에서 일하는 것을 탐탁지 않게 여기는 편이었지만 비스듬히 기대어 창작 활동을 한 작가들의 수는 놀라울 정도로 많았다. 로렌스 라이트 Lawrence Wright 는 그 대표적인 예로 키케로 Cicero, 호라티우스 Horatius, 대 플리니우스와 소 플리니우스 the Plinius, 밀턴 Milton, 스위프트 Swift, 루소 Rousseau, 볼테르 Voltaire, 그레이 Gray, 포프 Pope, 트롤럽 Trollope, 마크 트웨인 Mark Twain, 로버트 루이스 스티븐슨 Robert Louis Stevenson, 프루스트 Proust, 윈스턴 처칠 Winston Churchill, 이디스 시트웰 Edith Sitwell 을 열거했다. 이밖에도 팡탱라투르 Fantin-Latour 는 침대에 누워서 그림을 그렸고, 글린카 Glinka 와 로시니 Rossini 는 누워서 작곡했다.

이러한 현상을 연구한 1960년대 캘리포니아 데이비스 대학의 심리학자들은 진지한 작업을 할 때 기대앉는 것이 도움 된다는 사실을 밝혀냈다. 그러나 수많은 학생 교본에서는 침대, 소파, 라운지 의자를 피하고 단순하며 직선형 등받이가 달린 의자를 권장했다. 이는 편안함이 집중을 방해한다는 당시의 인식 때문이었는데 아마도 이러한 이유와 대학교 예산 문제 때문에 기숙사의 학습용 의자가 푹신하지 않았던 것으로 보인다. 또한 이 대학에서는 첫 학기를 보내는 학생들이 지켜야 할 '학습 테이블' 규정도 있어서 특히 1학년 여학생들은 평일 저녁마다 책상에서 정해진 만큼 시간을 보내는지 기숙사 사감들의 감시를 받았다. 그런데 대학생 331명을 대상으로 한 어떤 설문조사에서 조사 대상자 가운데 171명은 책상에서 나머지

160명은 침대에서 공부했지만, 두 그룹의 학점 평균에서 유의미한 차이는 나타나지 않았다. 이렇게 침대에서 공부하는 학생이 많은 이유 중 하나는 의자가 너무 딱딱한데다 과제를 하다보면 일반 책상보다 더 넓은 공간이 필요했기 때문이었다. 닐스 디프리언트의 '최고의 의자는 침대'라는 주장은 이런 점에서 어느 정도 일리가 있다.

고대에는 기대앉는 자세가 지금보다 훨씬 더 진지한 행위였다. 실제로 고대 부유층을 추모하는 그림을 보면 등장인물들이 서 있거나 똑바로 앉아 있는 모습이 아닌, 긴 의자에 누운 듯 기대앉는 자세로 고인을 추억한다. 이러한 몸의 테크닉은 오로지 부유한 계급만의 특권으로 본래 아시리아와 페니키아의 통치자들이 긴 의자에 기대앉아 식사하던 관습을 기원전 8세기부터 고대 그리스인과 에트루리아인, 로마인이 모방한 것이다. 누운 자세는 게으름의 전형처럼 보이지만, 사실은 다른 귀족적인 테크닉이 그렇듯이 고도의 기술이 필요한 행위였다.

고대 그리스·로마 연구가이자 문화 역사가인 마거릿 비서^{Margaret Visser}가 관찰한 바에 따르면, 왼쪽 팔꿈치로 우아하게 기대어 힘든 기색 없이 오른손만으로 자연스럽게 식사를 하기 위해서는 수년간의 학습이 필요하다고 한다. 고대 그리스의 심포지엄은 이런 식으로 기대앉은 신사들의 주회였으며 로마인도 이러한 관습을 유지했다. 다만 긴 의자를 두세 명이 함께 쓰는 것을 선호했으며, 반원 형태의 의자를 쓰기도 했다는 점에 차이가 있을 뿐이었다. 당시 젊은 남성에게 기대앉아 대화하는 파티에 참석하는 것은 매우 중요한 삶의 전환점이었다. 반면 여성은 항상 의자에 똑바로 앉아야 했으며 심지어 앉는 것 자체가 허용되지 않는 경우도 있었다. 당시 귀족들의 별장에서 열리던 기대앉는 연회는 로마 제국이 최후에 이르기까지 계속되었다.

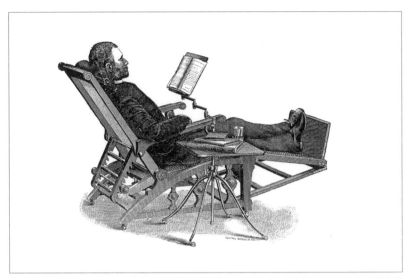

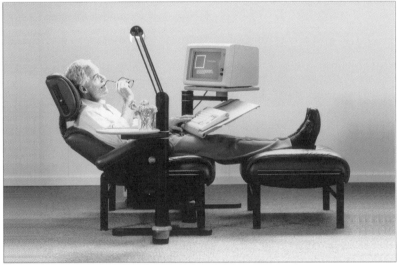

안락의자

19세기 후반 안락의자(상)에는 책이나 신문을 놓아둘 수 있는 액세서리들이 달려 있었다. 환자들은 물론 신체가 건강한 애서가들도 구입하는 일반적인 의자였다. 미국 디자이너 닐스 디프리언트가 1986년에 디자인한 제퍼슨 체어(하)는 최고 경영진들을 위해 만들어진 고가의 업무용 가죽 커버 라운지 의자였다. 이 의자의 생산 업체는 안타깝게도 1987년 금융 위기에서 살아남지 못했고, 결국 생산을 중단했다. (미국 산업에 대한 워쇼Warshaw 수집품, 아카이브 센터, 국립 미술사 박물관, 스미소니언 협회 및 닐스 디프리언트 제공)

그러나 고대 사회가 저물고 특권을 누리던 귀족층이 사라져감에 따라 사회적 테크닉과 신체적 테크닉 모두 점차 자취를 감추었다. 이후로 기대 앉는 자세는 단지 특정한 궁중 예식이나 법정 예식에서 제한된 경우에 한 해 행할 수 있는 왕족의 특권으로만 남았으나 로마식 긴 의자만은 완전히 사라지지 않고 고대에 대한 그림과 기록 속에 보존되어 동료애와 대화를 촉진하는 의자로 알려지게 된다.

건강을 위한
기대앉기

전제군주들은 고대 이후에도 침대와 긴 의자를 지속적으로 활용한 계층이었다. 그뿐만 아니라, 조절 가능한 등받이와 발받침이 달린 안락의자를 개발하게 만들어 역사 속에 등장시 킨 장본인이기도 했다. 가구 역사가 클라이브 에드워즈Clive Edwards는 기계 식 의자의 효시가 영국 엘리자베스 1세를 위해 만들어진 '스툴'이라고 본 다. 이 의자는 실크 재질에 황금으로 장식된 커버와 황금술이 달려 있고 철제 망, 스프링과 꺾쇠가 연계되어 올리고 내릴 수 있는 쿠션 등받이가 장착되어 있었다고 한다. 다만 실물이 보존되지 않아 현재는 볼 수 없다.

또 기록도 소실되어서 얼마나 자주 쓰이던 의자인지, 의학적 질환을 개 선하기 위해 디자인된 것인지 등도 알려져 있지 않다. 반면 플랑드르의 귀 족 피에르 러마이트Pierre Lhermite가 엘리자베스 여왕의 라이벌이기도 했던 스페인의 필리페 2세를 위해 만든 요양용 팔걸이의자에 대해서는 더 많은 것이 알려져 있다. 21세기 글로벌 기업의 임원들과 유사한 방법으로 제국 을 통치했던 필리페 2세는 그가 다스리는 영토에서 보고되는 정보들을 세부 사항 하나하나까지 꼼꼼하게 살펴보고자 했다. 그 탓에 늘 수면 부족에 시달리고 스트레스를 받으며 생활할 수밖에 없었다. 그를 위해 러마이트는 휴식을 취할 수 있는 팔걸이의자를 설계한다. 이 의자는 누빈 패딩으로 된 등받이와 발받침에 2개의 톱니바퀴 막대를 장착해 견고하게 고정시킬 수 있어 곧추선 자세에서 완전히 기대어 누운 자세까지 다양한 형태를 취할 수 있었다. 러마이트는 그의 회고록에서 "나무와 가죽과 일반적인 철로 만든 것이지만 편안함에 있어서는 같은 무게의 금이나 은보다 열 배 이상의 가치가 있다."라며 자신의 발명품을 자랑했다. 역사학자 패멀라 튜더 크레이그Pamela Tudor-Craig에 따르면, 편안함이라는 단어가 물리적이고 세속적인 복리에 적용된 최초의 사례가 바로 이 팔걸이의자라고 한다. 그 전까지는 일반 기도서에 나오는 '위안의 말씀' 같은 문구처럼 영적인 위로의 의미로만 사용되었다는 것이다. 오늘날 기계식 가구는 이렇듯 16세기 필리페 2세에 그 뿌리를 두고 있다.

17세기에 접어들자 기대앉기 적합한 의자들이 왕족과 귀족들 사이에서 퍼져나갔다. 그 대표적인 예로 영국의 찰스 1세와 스웨덴의 찰스 10세가 가지고 있던 '수면 의자'를 들 수 있는데, 찰스 10세는 바로 이 의자에서 임종을 맞이했다고 한다. 작가 존 에블린은 1644년도에 작성한 일기에서 로마에 이런 종류의 의자가 있음을 기술한 바 있고, 1687년 프랑스 궁정 기록에는 수면 의자가 무려 30개나 있었다고 적혀 있다. 18세기 후반에는 장인들이 숨겨진 기능이 포함된 '가변형' 의자들을 내놓았는데 특히 덴마크 궁정 건축가 C. F. 하스도프C. F. Harsdorff가 설계한 날개 모양의 등받이에 금이 세공된 부드러운 갈색 가죽의 안락의자는 2000년 4월 소더비 경매에 등장하기도 했다. 갈고리가 달린 금속 막대가 브래킷과 연결되어 등받이를 뒤로 젖힐 수 있고, T자 형태 좌석 쿠션 아래쪽에 있는 판이 팔걸이와 함께 하나의 단을 형성하고 있어 돌려서 **빼면** 발받침으로 사용할 수 있는 구조였다. 이 고가의 낡은 의자는 마지막 소유자였던 덴마크 골동품상이 일할 때 즐겨 앉았다고 한다. 이렇듯 치유를 위한 편안함과 기대앉을 수 있는 기능은 미국 포퓰리즘적인 혁신이 추구하는 바와는 무척 거리가 있었기 때문에, 그 시작이 철저하게 상류층 문화에 기인할 수밖에 없었다.

다만 이러한 고급 의자들 외에 건강을 위한 안락의자는 덜 부유한 계층에게도 퍼지고 있었다. 17세기 후반 영국에서는 안락의자를 전문적으로 생산하는 가구 제조사가 하나둘씩 생겨나기 시작했다. 수면 의자 등받이 양쪽에 날개를 달아 낙상을 방지하고 바람을 막아주는 기술이 보편화된 것도 이 즈음이다. 또한 출산한 산모와 유아를 위한 해산 의자가 디자인되기도 했다. 등나무 줄기를 꼬아 만든 안락의자들은 상대적으로 저렴했으며 어떤 의자는 팔걸이에 선을 연결해 등받이의 각도와 발받침의 움직임을 연계시켰다.

1766년에는 런던의 고급 가구 제작자 두 명이 L자 손잡이를 돌리면 등받이가 기울어져 긴 의자로도 사용할 수 있는 병원 침대 틀을 특허 받았다. 19세기 초중반, 고급 가구 제작자와 의사는 나폴레옹 전쟁과 크림 전쟁에서 부상을 입은 병사들의 요구에 따라, 사용이 편리한 안락의자들을 계속 발명해내는데 이러한 병실용 의자 중 몇몇은 병실보다 도서관에 더 적합했다. 그 중 하나가 19세기 초에 윌리엄 포콕 William Pocock 이 디자인한 의자로, 실용성과 예술적인 요소를 적절히 조합해서 높은 평가를 받았다. 이 의자는 등받이와 등을 조절할 수 있게 되어 있어서 기울이면 의자 아래에서 길고 날렵한 발받침이 자동으로 확장되었다. 또한 똬리를 틀고 있는 뱀처럼 장식된 독서대가 비스듬히 달려 있어 책읽기도 용이했다. 요컨대 포콕의 안락의자는 숙고하는 스타일의 시작이라고 볼 수 있다.

휴식의
에티켓

　　　　　　　　기대앉는 자세가 고대에서 비롯된 남성의 연회 관습이라는 사실은 이미 살펴보았다. 반면 근대 초기 유럽에서 나타난 기대앉는 자세는 여성에 의한 사회적 혁신이었으며 유래 또한 이국적이었다. 16세기까지 지속되던 내전들이 끝나면서, 고급 실내 장식과 더불어 생활과 대화의 기술에도 새로운 관심이 쏠리기 시작했다. 귀족 남성들은 여전히 그들의 가발이 돋보이게끔 디자인된 높은 등받이의 팔걸이의자를 선호했으나 새로운 세력으로 떠오르던 여성의 생각은 달랐다.

　이들 중 가장 앞서간 인물로 여겨지는, 마르키스 드 랑부예Marquise de Rambouillet는 새로운 저택 설계를 감독하면서 여기에 스페인 문화, 궁극적으로는 회교도 문화에서 유래한 알코브를 포함시킨다. 이는 벽면을 우묵하게 파서 만든 공간으로 그녀의 침실에 부속된 작은 응접실도 이러한 공간들 중 하나였다. 그녀가 여기에서 당대 최고의 문인들과 담소를 나누었는데 이것이 나중에 살롱 문화의 효시가 된다. 당시 그녀가 침대 겸용인 긴 의자에서 손님들을 맞이했던 것은 아마도 병약한 체질 탓이었겠지만 결과적으로 육체적 편안함과 세련된 대화를 잇던 고대의 문화가 새롭게 부활하게 되었다. 물론 손님들은 일반 의자에 앉았으므로 온전한 부활이라 보긴 어렵다. 그러나 또 다른 문화가 탄생하는 전환점이 되었다는 것에 의미가 있다. 앞서 필리페 2세가 전제 군주를 위한 편안함을 정당화시켰다고 한다면, 랑부예 부인은 이러한 정당성을 귀족 여성에까지 확대시켰던 것이다.

　17세기에 꽃피웠던 루이 14세의 궁전 문화는 유럽의 가구와 몸의 테크닉 양쪽에 큰 영향을 미쳤다. 여기에는 등받이가 기울어지는 의자와 소파도 있었지만 실제로 기대앉는 것은 여의치 않았다. 낮은 계급부터 순서대로 네모난 쿠션, 스툴, 사이드 의자, 팔걸이의자로 등급이 구분되었기 때문에 침대 겸용의 긴 의자나 소파는 궁전의 예법에 어울리지 않았던 것이다. 그러나 18세기에 궁중 예법의 중요성이 줄어들기 시작하면서 기대앉을 수 있는 가구들의 인기가 높아졌다. 이에 인체를 따라 가구도 곡선으로 제작되었고, 고급 가구 제작자들은 셰즈 롱그, 더체스, 베유즈 등 매력적이고 새로운 유형의 가구들을 만들어냈다. 장 프랑수아 드 트루아^{Jean-Francois de Troy}가 그린 〈몰리에르 작품의 낭독〉에는 호화로운 거실에서 낮은 팔걸이의자에 깊게 기대앉은 여성과 좌석과 팔걸이에 우아하게 흘러내린 가운의 모습이 세밀하게 표현되어 있다.

그 시기에 가장 특징적인 의자는 아마도 비스듬히 기울어진 등받이에 풍성한 패드가 부착된 팔걸이의자인 베르제르일 것이다. 디자이너 칼 라거펠드^{Karl Lagerfeld}는 이것이야말로 의자의 완벽한 형태라고 생각했으며 〈뉴욕 타임스〉 또한 "사용자 편의성이라는 면에서 매우 인체 공학적이다." 라고 묘사했다. 이 의자가 어찌나 편했던지 루이 15세의 딸은 누이처럼 수녀원에 들어갈 생각이 없느냐는 질문에, 자신은 삶의 편안함을 너무 좋아한다면서 옆에 놓인 베르제르를 가리키고 "이 의자가 나를 타락으로 빠뜨린 원인"이라고 말하기까지 했다. 18세기에는 이러한 편안한 자세를 가리키는 '롤링'이라는 고유의 단어도 등장했다.

그리하여 19세기 초반이 되자 더 이상 기대앉는 행위를 변명하기 위한 의학적인 이유 따위는 필요치 않게 되었다. 여성도 코르셋 없이 허리 라인이 위로 올라간 스타일의 옷 덕분에 편안한 자세를 취할 수 있었다. 그러나 모든 이들이 이를 좋게 보는 것은 아니어서 1842년 영국의 한 예법 작가는 '그리스풍 소파'에서 몸을 뉘인 채 손님들을 맞이하는 여성에게 "비도덕적이고 비뚤어진 자세는 좋은 벗들과의 교우, 특히 남성은 물론이고 여성과의 교우에 적절하지 않다.”고 경고하기도 했다. 그 후 빅토리아 왕조 시대가 시작되면서 안락의자 테크놀로지와 테크닉 모두에 극적인 변화가 일어난다.

기대앉기의
기계화

수세기 동안 사람들은 다양한 자세로 기대앉았고 의자의 형태 또한 계속 변화했다. 이 과정에서 우리가 알고 있는 형태의 안락의자가 탄생한 것은 19세기 후반의 일이었다. 이를 태동시킨 것은 중산층이었는데 역사학자 캐서린 C. 그리어Katherine C. Grier가 훌륭하게 드러냈듯이 이들에겐 서로 썩 어울리지 않는 두 가지 목적이 있었다. 자신의 교양 수준을 공적인 자리에서 드러내고픈 욕구와 편안한 분위기에서 가족들과 화목하게 지내는 생활에 대한 동경이었다. 노동자 계급의 삶의 질이 향상되고 사회가 더 유동적으로 변해감에 따라 중산층과 상류층은 자신들의 집을 예의범절과 교양을 표현하는 무대로 여기게 된다. 그리하여 18세기 상류층이 중요하게 생각했던 일상의 우아함은 19세기 후반에 꼿꼿한 올바름에 대한 직접적이자 은유적 표현들이 담긴 가구들에 그 자리를 내어주었다. 앞장에서 살펴봤듯 초기 타이피스트의 의자는 행실이 바른 여성에게 가장 적절하다고 여겨지던 바른 자세를 조장했다. 중산층은 물론 상류층 여성이 착용했던 코르셋 또한 몸을 굽히는 자세를 불편하게 만듦으로써 이러한 추세를 더욱 부추겼다.

그렇다고 빅토리아 시대 사람들이 편안함에 관심이 없었던 것은 아니다. 이들 역시 편안한 생활을 동경했다. 특히 미국인들은 1830년대와 1840년대부터 등장한 금속제 스프링에 열광했는데 이들이 이 의자에 매력을 느낀 이유는 비단 등받이가 탄력적이라는 점뿐만 아니라, 당대의 놀라운 기술적 진보를 느끼고 이에 참여하고 싶었기 때문이었다. 당시 스프링은 급격한 변화의 충격을 완화시켜 주는 기술로 여겨져서 철도 객차에서 침대에 이르기까지 모든 곳에 적용되었다.

또 19세기 후반에는 부드러운 곡선으로 이루어진 가구가 유행을 타기 시작했다. 그중에서도 라운지 의자가 가장 독보적이었다. 그러나 외형이 부드럽다고 해서 앉는 방식도 자유로웠을 거라 생각한다면 오해다. 중산층, 그 가운데에서도 특히 여성은 이 라운지 의자에 꼿꼿한 자세로 앉아야 했다. 의자의 외형은 마치 운동화처럼, '잠재 소비'의 예시에 불과했던 것이다. 즉 실제로는 행위로 이어지지 않지만 그럴 가능성이 있음을 제시하는 것이 목적이었다.

하지만 엄격한 예의범절의 공간인 거실을 벗어나면, 그 바깥쪽에는 새로운 세대의 안락의자가 마련되어 있었다. 당시에는 호화로운 도서관 의자가 개발되어 포콕이 시작했던 흐름을 이어갔으며 그 밖의 다른 의자들도 환자와 그들을 돌보는 간호인들에게 인기였다. 1830년, 런던의 가구 제작자 조지와 존 민터 형제George and John Minter는 앉는 이의 무게에 따라 자동으로 움직이는 안락의자를 발명했다. 조지 민터는 이 '스스로 움직이는' 의자를 1850년까지 2,000개 이상 판매했다. 이들은 1850년 광고에서 여전히 이 제품을 "환자용 의자"로 표현하고 있다. 이후 반세기에 걸쳐 남성에게 안락의자를 전파한 것은 바로 미국의 사업가들이었다.

뉴욕과 필라델피아의 가구 제조업자들은 1830년부터 영국의 환자 의자와 도서관 의자를 모방한 제품을 만들어왔지만 그 후 독자적인 안락의자

스타일을 개발하는 데 성공한다. 고급 나무를 소재로 했던 이전 영국 안락의자들과 달리, 미국인은 거실과 응접실에 대담하게 철제 가구를 도입했다. 미국에서는 철도가 상대적으로 길게 뻗어있다는 점 또한 더욱 편안한 의자가 나올 수 있는 환경이 되었다. 1852년 J. T. 해미트 J. T. Hammitt가 개발한 안락의자는 내장된 발받침과 위치 및 좌석 각도를 조절할 수 있는 레버가 장착된 최초의 모델이었다.

미국인은 열정적으로 기계식 가구를 개발했는데 1879년에서 1900년 사이에 시카고에서만 1,200명이 넘는 이들이 가구 및 관련 액세서리에 대한 특허권을 받았다. 이 발명가들은 좁은 집에서 산 덕분에 자신들처럼 기술적인 독창성을 중요하게 생각하는 중산층 도시 거주자들에 맞는 가구를 고안할 수 있었다. 미국은 특히 견고한 금속제 의자 제작에 독보적이었다. 1870년과 1871년에는 시카고 발명가 조지 윌슨 Goerge Wilson이 금속 재질 의자 프레임에 대한 특허를 받았고 1876년에는 뉴욕의 윌슨 안락의자 생산 회사가 이 특허에 바탕을 둔 제품을 개발해서 〈미국 산업 화보〉에 그림과 함께 소개했다.

이 의자는 최고로 단련된 강철과 리벳으로 만들어졌고 노브와 레버 조작을 통해 무려 열두 가지 형태로 변환되었다. "응접실 의자", "안락의자", "반 기울인 의자", "완전히 기울인 라운지 의자", "무릎 쪽이 올라간 환자 의자", "침대 의자", "독서대 의자" 등등이다. 또한 이 제품은 운송을 위해 작은 크기로 접을 수도 있어서 세세한 변형까지 합치면 그 수가 무려 서른 가지에 달했다. 이렇게 다양한 자세가 가능했던 것은 피벗과 래칫으로 구성된 절묘한 변형 시스템 덕분이었다. 이 자세들은 원래 환자들을 위한 것이었지만 허리 통증 때문에 앉아서 생활해야 하는 사람들에게도 적합했다. 19세기가 시작되고 125년 후에나 등장하는 허리 통증 전문 의자들이 홍보를 통해 강조해온 장점을 이 의자 또한 갖고 있었던 것이다.

하지만 다양한 자세를 취할 수 있다는 점으로 미국인을 매혹시켰던 첫 번째 안락의자는 잠시 유행했다가 이내 인기를 잃었다. 지그프리드 기디온이 목격했던 것처럼, 1893년 시카고 만국박람회에서는 눈에 거슬리는 철제 가구 대신 고전적인 스타일이 다시 주목받았기 때문이었다. 그러나 바로 이 시기에 새로운 세대의 안락의자가 등장할 준비를 하고 있었다.

모리스
체어의 시대

19세기가 끝나갈 무렵, 기계식 안락의자의 경쟁자로 모리스 체어가 부각되었다. 디자이너이자 작가이기도 했던 윌리엄 모리스William Morris는 사실 이 의자를 만든 장본인이 아니다. 실제로는 모리스의 조수였던 건축가 필립 웹Phillip Webb이 서식스 워크숍에서 발견했던 과거 디자인을 1860년대에 맞게 재구성한 것이었다. 이 의자에는 미국의 기계식 의자에 쓰였던 철제 프레임 대신, 견고한 목재 프레임에 등받이 경사 조절을 위해 움직이는 봉이 장착되어 있었다. 모리스는 산업화 이전 장인들이 추구하던 수공예품의 완성도를 동경했고, 동시에 그가 디자인한 제품들이 노동자의 삶의 질을 향상시켜주기를 바랐다. 그러나 이 두 가지 목표는 상호 모순적인 면이 있었다. 수공예로 정성껏 만든 프레임에 식물성 염료로 물들인 천을 씌운 모리스 안락의자는 대중적인 가격이 될 수 없었다. 그럼에도 국제적으로 성공을 거둘 수 있었던 것은 디자인 자체가 견고하고 이해하기 쉬운데다 안락의자의 콘셉트 자체가 모든 계급에게 매력적이었기 때문이었다. 그 결과 미국 제조업자들은 누구보다도 열광적으로 이 제품을 생산하게 된다.

이후 20세기에 들어서면서 모리스의 영향을 받은 구스타프 스티클리 Gustav Stickley가 기계를 활용한 고급 의자 생산에 그의 디자인을 적용시켰다. 20세기 모더니즘의 효시라고 할 수 있는 모리스 체어의 단순하고 분명한 형태는 여전히 남성이 선호하는 스타일이었다. 다만 프레임은 묵직한 오크 나무로 대체되었는데 이전까지 주로 쓰였던 호두나무가 북아메리카 숲에서 사라지고 있었기 때문이었다. 스티클리는 이 제품을 '육중한' 가구로 디자인해서 기대앉아 가정 내에서 한 자리를 차지하는 안락의자로 만들어낸다. 반면 모리스의 또 다른 추종자이자 19세기형 다단계 마케팅으로 비누를 팔아 부를 축적한 미국인 앨버트 허버드Elbert Hubbard는 독자적인 수공예 방식으로 모리스 체어를 생산했다.

그러나 스티클리나 허버드 둘 다 수공예 장인으로서의 이상을 지나치게 중요시하는 바람에 모리스 체어를 대중적으로 확산시키지는 못했다. 반면에 다른 부류의 제조업자들은 대중적인 시장을 개척해나갔다. 최신 기계를 이용해 이상주의자들이 '구조적 장식'이라고 칭송하는 수공예의 특성을 재현해내는 방식이었다. 이렇게 만들어진 의자는 시어스 로벅에서 수천 개나 팔려나가서 1902년 카탈로그에 "이 의자 없이는 집이 완성되지 않는다."라는 광고까지 실린다.

그러나 모리스 체어도 윌슨 체어나 막스 체어와 마찬가지로 이내 유행의 끝에 도달했다. 특징적인 소재로 선호되었던 어두운 오크 나무는 1916년 즈음 떠오르기 시작한 미션 스타일에 그 자리를 내어주었고 생산 과정을 단순화시키기 위한 꼼수와 미심쩍은 장식들이 그나마 남아 있던 모리스 체어에 대한 향수까지 망가뜨리고 말았다.

1921년 뮤지컬 〈지그펠드 폴리스〉에 나오는 어빙 벌린Irving Berlin의 〈올 바이 마이 셀프〉라는 노래에서는 고독한 주인공이 그의 '포근한 모리스 의자'에서 카드를 섞는다는 가사가 나오는데, 이 노래를 1950년대에 다른 가수가 다시 부른 버전에서는 모리스 의자에 대한 언급이 빠져 있다. 아마도 이를 이해하는 사람이 별로 없었기 때문이었을 것이다. 그로부터 7년 뒤인 1957년에 출판된 제임스 아지James Agee의 소설 《가족의 죽음Death in the Family》에서는 어린 아들이 죽은 아빠의 의자였던 '몰스체어'에 아버지의 체형과 그의 인격 전체가 새겨져 있었노라고 묘사한다. 이렇듯 모리스 체어는 잃어버린 시대, 떠난 사람의 유물이 되었지만 20세기 초 남녀 간의 감정적인 유대 관계를 보여주는 상징물이었다. 어떤 의자는 권위의 상징으로 여겨지고, 일부는 부유함의 상징으로 쓰인 데 반해 모리스 체어는 신발이나 모자처럼 대중에게도 매우 개인적인 사물이 되었던 셈이다.

또한 모리스 체어의 열풍은 19세기의 기계식 안락의자에 질렸던 소비자들조차도 가정적인 느낌을 주는 안락의자에는 관심을 기울인다는 사실을 가구 제조업자들에게 보여주었다. 그리하여 제조업자들은 모리스라는 이름을 넣기도 하고 간혹 빼기도 하면서 기계적 장치들을 감춘 클럽 의자들을 판매하기 시작했다. 1908년 시어스는 발받침이 장착된 '데이비스 자동 모리스 체어'를 판매했는데 그의 주장에 따르면, "고탄소 베세머 강철 코일 용수철 구조 덕분에 일어설 필요 없이 앉는 이의 몸무게에 따라 등받이 각도가 자동으로 조절되었다." 다른 제조업자들은 기존에 밖으로 드러났던 각도 조절용 봉을 감추거나 더 복잡한 래칫 구조를 갖춘 모리스 체어를 판매했다. 그중에서 미시건 주의 한 업체가 개발한 로열 이지 체어라는 이름의 의자는 스프링으로 고정되어 앉는 이가 버튼으로 손쉽게 등받이 각도를 조절할 수 있게 만들어져서 이후 열차 의자와 항공기 의자의 효시가 되었다.

유럽식과 미국식
기대앉기

모리스 체어가 하락세에 들어서면서, 디자이너와 제조업자들은 미국과 유럽에서 유행하던 스타일을 교환하기 시작했다. 미국인이 커버를 씌운 안락의자에 관심을 가졌던 반면, 유럽에서는 미국의 금속제 의자처럼 의학, 과학, 기술 분야에 대한 연구를 바탕으로 제작된 안락의자들이 인기를 끌었다. 양쪽 모두 제2차 세계 대전 이전에는 상업적 성공을 거두진 못했지만, 1950년대와 1960년대에 이르러 다시 안락의자 전성기를 구가한다.

당시 가장 주목할 만한 미국 회사는 바로 신시내티에 있던 C. F. 스트레이트로 남북전쟁 직후 설립되어 다양한 기업용 가구와 가정용 가구들을 생산해낸 거대한 제조사였다. 스트레이트 역시 초기에는 모리스 체어를 생산했지만, 1908년에 팔걸이의자 스트레이트 슬럼버 체어를 개발해 의자 커버와 디자인을 맞춘 오토만과 함께 판매했다. 대량 생산되었던 모리스 체어와는 달리, 스트레이트에서 나온 의자는 커버가 있어서 중상류층 가정의 거실에도 잘 어울렸다. 현재 이 의자의 실물은 남아 있지 않으며 스트레이트의 광고와 카탈로그에서도 내부 구조에 대한 내용을 찾을 수 없다. 다만 외형을 보건대 아마도 좌석과 등받이 각도가 고정된 형태로 추정되며 의자 전체가 기울어져서 약간 기댄 자세에서 완전히 누운 형태까지 3단계로 조절이 가능했던 것으로 보인다. 스트레이트의 광고에서 레버가 보이지 않으니 용수철 평형추가 옆 패널의 아래에 달린 걸쇠에 의해 조절되는 메커니즘이었을 것이다. 또한 이 의자는 앉는 이의 무릎 위치에서부터 기울어지도록 디자인된 의자들 중에서 최초로 대량 생산이 이루어진 모델이기도 했다.

스트레이트는 대공황에서도 살아남아 최소한 1950년대 초반까지 슬럼버 체어에 대한 광고를 지속했지만, 대중문화에 완전히 편입되지는 못했다. 그런데 이 시기에 또 다른 미국 중서부 회사가 대중에게 안락의자를 전파한다. 미시건 주 먼로에 사는 나무 세공업자 에드워드 M. 나버시 Edward M. Knabusch와 농부 에드윈 J. 슈메이커 Edwin J. Shoemaker가 그 주인공이었다. 사촌지간이었던 이들은 젊은 나이에 플로럴 시티 퍼니처 컴퍼니라는 회사를 설립하고 전화 의자나 인형 가구처럼 소박하지만 진기한 물건들을 판매했다. 이 물품이 의외로 반응이 좋아서 판매상들이 커버를 씌운 모델을 제작하라고 권하자, 이들은 재빨리 향상된 메커니즘을 개발해 1929년에 특허를 출원한다. 이 의자는 평행사변형 금속 막대가 양쪽에서 등받이와 연결되어 있는 구조로 되어 있는데, 지금도 매우 흔한 구조다.

하지만 움직임만큼은 오늘날 안락의자 사용자들도 놀랄만한 의외성이 있었다. 앉는 이가 등받이에 기대면 등받이만 기울어지는 게 아니라 좌석도 함께 올라갔다. 특허 출원 문서에 따르면 이러한 구조는 의자의 균형을 잡는 데 도움이 될 뿐만 아니라 사용자의 몸무게가 주는 압력에 의자가 예민하게 반응할 수 있게 해주었다.

이렇듯 플로럴 시티의 첫 번째 의자는 멋스럽지는 않았지만 무척 튼튼하고 쓰임새가 많아서 큰 인기를 끌었다. 그리하여 1929년에는 로열티만 받고 생산 권리를 다른 회사에 라이선스로 나누어주기에 이른다. 심지어 1931년에는 한 밀워키 회사가 한 달에 1만 2,000개를 생산하기도 했다. 이 의자는 사내 공모를 통해 레이지보이라는 이름을 얻고 이후 오랫동안 서민들에게 사랑받는 모델이 된다. 비록 대공황이 가구 시장을 덮친 1933년에 판매량이 감소했지만, 나버시와 슈메이커는 이러한 고난의 시기에 오히려 교훈을 얻었다.

당시 이들은 판매 영역으로 사업을 확장해 대형 쇼룸을 열었는데, 이를 통해 판매자 입장에서 가구 산업을 바라볼 수 있게 되었던 것이다. 또한 먼로에 위치한 이 매장에는 확장되어가는 도로망을 통해 디트로이트 및 털리도에 편리하게 오갈 수 있다는 장점이 있었다. 마침 최신식 공장 설립을 계획하고 있던 두 사촌은 이러한 장점들을 눈여겨보고 이곳에 공장을 세우기로 결정한다. 두 사람의 경력 또한 이를 준비하기에 적절했다. 우선 나버시는 나무 전문가로 숲에 가서 직접 선별하기도 했으며 슈메이커는 전형적인 모델 T 시대 기계 장인으로서 기계 메커니즘 전반을 꿰뚫고 있었다. 그리하여 이들은 디트로이트의 자동차 생산 라인 사례를 참고해, 가구 프레임을 여러 단계로 나눈 커버 공정에 통과시키는 생산 라인을 계획한다. 대공황 시대에도 이들의 매장이 성공을 거둔 것으로 보아 안락의자에는 여전히 강력한 잠재 시장이 있었던 듯하다. 비록 이들의 제품은 삐걱거리는 소리가 나는데다 가격도 상당했지만 결과적으로 잘 팔렸다. 이렇듯 나버시와 슈메이커는 효율적인 대량 생산을 위해 새로운 메커니즘을 끊임없이 디자인하고 개발하는 정력적인 발명가들이었다.

한편 유럽에서 안락의자는 좀 더 엘리트적인 코스를 밟았다. 우선 풋이라는 런던 회사는 목재 프레임에 커버를 씌운 거대한 도서관 의자를 홍보했다. 좀 더 우아한 발명들도 있었다. 굽은 나무 가구를 전문으로 하던 업체인 토네트가 1883년에 판매한 흔들의자형 소파였다. 곡선으로 휘어진 등받이에 등나무 줄기로 커버를 씌운 이 의자는 물결치는 라인과 분리형 머리 지지대 그리고 각도 조절이 가능한 등받이를 갖추고 있어 인체 공학적이며 미학적인 고전으로 등극했다.

또한 1904년 빈 출신의 건축가 요제프 호프만 Josef Hofmann 은 빈 근처에 있는 푸르케스도르프 정신 의학 요양소에 쓰일 팔걸이의자를 디자인했는데 너도밤나무 소재에 기울기가 조절되는 등받이와 밖으로 튀어나오는 발받침이 장착되어 있었다. 그는 이 의자의 콘셉트를 별장의 거실 의자에 적용하기도 했다. 그리고 1922년, 파리 의사 파스코 Pascaud 는 허리를 제대로 지지해주지 못하는 기존의 안락의자의 문제를 지적하고 이를 자신이 디자인한 안락의자 슈레포로 해결하고자 했다. 그가 디자인한 의자는 무릎 쪽을 올려주어 다리와 몸통 사이에 각도를 크게 만들어 주었는데 이는 베란다 체어에서 볼 수 있었던 편안한 W 형태와 유사한 특징이었다.

같은 시기, 유럽 디자이너들은 앉기라는 몸의 테크닉에 대한 이론적 접근법을 개발하고 있었다. 덴마크 출신으로 디자이너이자 건축가 그리고 교사이기도 했던 카레 클린트 Kaare Klint 는 인체 비율에 대해 공부하면서, 의자와 다른 가구를 삶을 위한 합리적 시스템으로 분석한 바 있다. 또한 1928년 프랑스에서는 르 코르뷔지에 Le Corbusier 와 샤를로트 페리앙 Charlotte Perriand 그리고 피에르 잔느레 Pierre Jeanneret 로 이루어진 팀이 파스코의 슈레포를 그린 그림에서 영감을 받아 셰즈 롱그 의자를 디자인했다. 이 의자의 가장 큰 특징은 머리 받침대부터 시작되는 S자 곡선이었다. 1930년 토네트는 이 디자인을 받아들여 튜브 형태의 관으로 만들어진 본체와 바닥의 베이스로 구성된 의자를 생산한다. 밑의 베이스를 제거하면 1883년에 생산했던 소파처럼 흔들의자로도 쓸 수 있는 제품이었다. 르 코르뷔지에는 가구 제작에서 합리주의적 명확성을 강조했다. 그는 의자가 단순히 '일상을 위한 기계'일 뿐만 아니라 의족과 의안처럼 '인간의 팔다리를 확장하는 개체'로서 앉는 자세를 지지해주는 보조 도구여야 한다고 주장했다. 그런 의미에서 토네트의 셰즈는 기대앉는 행위에 대한 남성적 스타일과 여성적 스타일을 훌륭하게 결합시킨 작품이었다.

허나 1930년대 유럽의 안락의자는 사치품이었다. 르 코르뷔지에는 자동차와 항공기 공장의 대량 생산에서 영감을 얻었지만 셰즈 의자는 다른 값비싼 흔들의자 소파보다도 장인의 수공예 작업이 더 많이 필요했다. 게다가 광이 나도록 연마된 금속 소재는 사소한 결함까지 적나라하게 드러냈다. 르 코르뷔지에의 의자는 그 뛰어난 아름다움뿐만 아니라 희소성 때문에 오늘날에도 엄청난 가격을 자랑한다.

이렇듯 미국인은 가정적이고 일반적인 의자를 더 많이 생산했던 반면, 유럽인은 부유한 수집가들이나 사용할 수 있는 의자를 개발했다. 이러한 디자인 중 대부분은 시제품 단계조차 통과하지 못했는데 그 중 하나로 디자이너 장 프루베Jean Prouvé의 '그랑 르포'가 있었다. 광을 낸 금속과 캔버스 천 소재의 이 의자는 등받이에 볼 베어링 구조가 적용되었고, 의자 균형은 용수철로 조절되는 설계를 보여준다. 그야말로 기계와 융합된 생활에 대한 모더니스트의 꿈을 보여주는 디자인이었으나 결국에는 신기루가 되었다.

두 세계 사이에서:
안톤 로렌츠

그런데 유럽의 모더니즘이 미국의 대량 생산과 결합될 수 있다고 믿었던 한 남자가 있었다. 헝가리 출신의 발명가이자 사업가였던 안톤 로렌츠Anton Lorenz였다. 그는 바우하우스의 하이 모더니즘과 미국 가구 산업 사이를 연결해준 인물이기도 했다.

1950년대와 1960년대에 가구 산업의 전설적인 존재였던 로렌츠는 의외로 미국에 자신의 제조 회사를 설립한 적이 단 한 번도 없었다. 또한 1950년대 이후로 발명가로서도 활동하지 않았다. 그의 가족과 친지들은 헝가리에 거주해서 그들과의 개인적인 서신들도 남아 있지 않다. 그는 자식이나 친한 친구도 없었지만 대신 후원하는 사람들과 가깝게 지냈는데 그들도 독립적인 발명가 혹은 디자이너들이었다. 한 변호사는 그의 삶에 대해 다음과 같이 말했다. "그는 아내를 위해, 그리고 그가 만든 의자를 위해 살았다." 이러한 로렌츠의 열정은 그가 함께 일했던 회사들뿐 아니라 경쟁자들에게도 영향을 미쳐서 오늘날 미국 대중문화의 변화를 가속화시킨 중요한 인물로 기억되고 있다.

로렌츠는 1891년 부다페스트에서 출생했으며 교사가 되어 1913년부터 중학교에서 역사와 지리를 가르쳤다. 그가 어떤 교육을 받았으며 병역은 어떻게 마쳤는지, 누구에게 언제 고용되었는지 같은 자세한 이력은 불분명하다. 그저 오페라 가수와 결혼한 후 아내를 따라 독일로 떠났다는 기록만 남아 있을 뿐이다.

그 후 1920년대에 로렌츠는 자물쇠 제조 업계에 투신해 교사 일을 더 이상 지속하지 않아도 될 정도로 성공을 거둔 후 베를린으로 이주했다. 거기서 그는 데사우의 바우하우스에 소속된 헝가리 건축가 마르셀 브로이어와 칼만 렝옐Kalman Lengyel을 만나 렝옐의 회사를 관리하게 된다. 이들이 디자인한 철관 소재 의자를 생산하는 회사였다. 로렌츠는 공격적으로 특허를 확보하는 방식으로 회사를 경영했는데, 특히 네덜란드 디자이너 마트 스탐Mart Stam의 특허를 잘 활용해 회사를 철관 가구 분야에서 독보적인 위치에 올려놓았다.

로렌츠는 동시대 사람들이 편안하게 쉬기 위한 도구로써의 관심을 보인다는 사실을 잘 알고 있었다. 그래서 그의 동료이자 바우하우스의 건축가 한스 루크하르트Hans Luckhardt는 1930년대 초 '움직이는 의자'를 디자인한다. 앉는 이가 기대면 연결 장치를 통해 발받침이 밀려 나와 롤러처럼 생긴 목받침에서부터 등과 허벅지 그리고 종아리까지 편하게 받쳐 주는, 나무판들로 만들어진 셰즈 롱그 의자였다. 또 좌석 옆모서리에 장착된 노브를 돌리면 나무판들이 움직여 기대는 각도를 조금씩 조절할 수 있었다. 이 의자는 지금까지도 시에스타 메디지날이라는 이름으로 계속 판매되고 있다. 가구 제작 업체나 금속 가공 업체에서 만들어진 이전의 환자 회복용 의자와 달리 시에스타는 이론적 목적이 뚜렷해서 앉는 이의 근육이 가능한 한 편안하게 이완되는 구조를 추구했다.

이는 루크하르트가 1934년부터 생리학을 공부했고, 로렌츠 역시 의학 서적을 탐독한 덕분이었다. 코치와 건축가들이 근대 운동화를 만드는 데 도움을 주었던 것처럼, 비과학자들이 인체 공학적 좌석의 선구자들이 되었던 것이다. 로렌츠는 도르트문트에 있는 카이저 빌헬름 산업 생리학 연구소에 이 의자 디자인을 검증하는 연구를 의뢰하기도 했다. 그리하여 소금물로 채워진 물탱크 속에서 피실험자의 모습을 사진으로 찍어 무중력에 가까운 상태에서 몸통과 허벅지 그리고 종아리 사이 각도를 측정하는 실험이 이루어졌는데 나중에 연구소 소장이 되었던 건서 레만^{Gunther Lehmann}은 이 연구가 편안한 휴식 상태에서 팔다리 위치를 파악하고자 하는 첫 번째 시도였다고 기록했다.

시에스타 의자는 주로 공공 기관용 의자로 사용되면서 성공을 거둔 것으로 보인다. 실제로 에어 프랑스는 전쟁이 일어나기 전, 커버를 씌우지 않은 버전의 시에스타 도입을 검토하기도 했다. 그 후 제2차 세계 대전이 일어나 베를린에 있는 로렌츠의 집과 사무실이 파괴되었지만, 로렌츠 본인은 마침 사업차 미국에 가 있었기에 같은 운명에 처하는 상황을 피할 수 있었다.

바카로운저의
등장

로렌츠가 미국에 맨 처음 정착한 곳은 시카고였는데, 아마도 루트비히 미스 반 데어 로에Ludwig Mies van der Rohe와의 친분 때문이었을 것으로 보인다. 두 사람은 한때 독일 법정에서 적으로 만난 사이였지만 서로를 존중해서 미국에서 받은 특허에 함께 이름을 올리기도 했다. 당시 로렌츠는 유럽에서 진행하던 사업에 손을 뗄 수밖에 없던 상황이라 2년간 인간 생리학 교육 과정을 이수하기로 마음먹었다. 그의 주장에 따르면 이 시간 동안 그 분야와 관련된 2,000권 이상의 책과 논문들을 공부했다고 한다. 그 후 1940년에 로렌츠는 시카고 가구 전시회에서 버펄로에 위치한 제조사 바칼로의 회장 넬슨 그레이브스Nelson Graves를 소개하고 그에게 자신이 개발한 안락의자를 독점적으로 생산하는 라이선스를 제안한다.

버펄로의 제철 공장과 가까이 있었던 바칼로는 철제 침대, 거실 가구, 수작업 공구 등으로 잘 알려진 회사였다. 임원들이 로렌츠가 열정적으로 인적 요소를 연구했다는 점을 높이 평가한 덕분에 그는 곧바로 바칼로에 채용되었다. 그리하여 1942년, 바칼로는 로렌츠의 특허를 바탕으로 안락의자형 휠체어를 생산한다. 그리고 1945년에 전쟁이 끝나자마자, 움직이는 안락의자라는 콘셉트를 내세워 등받이가 높은 모델을 가구 매장에 홍보하기 시작했다. 1946년에는 '바카로퍼'라는 야외용 접이식 의자도 등장해 큰 인기를 끌었다.

그러나 바칼로는 이후로도 수년간 커버를 씌운 의자를 생산하지 못했다. 라이선스에 따르면 바칼로는 로렌츠의 '물에 뜬' 자세를 구현하는 거의 모든 형태의 의자를 생산할 수 있었지만, 정작 바칼로의 공장에 커버가 씌워진 거실용 가구를 만들기 위한 설비가 없었던 것이다. 그래서 당시 바움리터 & 컴퍼니라는 제조업과 마케팅을 겸하는 역동적인 회사를 꾸리고 있던 네이던 안셀Nathan Ancell에게 하청 업체를 찾아달라 의뢰한다. 이에 안셀은 상업용 의자와 산업용 의자를 생산하는 회사 챈들러 인더스트리즈의 어니스트 F. 베허Ernest F. Becher를 떠올렸다. 베허는 병원 침대의 원리를 잘 알고 있었고 그와 비슷한 구조로 구성된 이 의자 디자인에 큰 관심을 보였다. 그래서 안셀은 가정에서 쓸 수 있는 실내용 버전을 만들면 상당한 수요가 있을 거라는 베허의 아이디어를 긍정적으로 평가하고 하청 업체 라이선스를 연결해주었다.

베허는 제2차 세계 대전 이후에 안락의자 붐이 일어나는 데 가장 크게 기여한 가구 업체 임원이다. 본래 그의 전문 분야는 자동차 의자였는데 1930년대 자동차 제조 업계에서는 의자에 기대앉는 각도의 중요성을 이미 잘 알고 있었음에도 마차 디자인을 물려받은 직선형 등받이를 썼다. 하지만 베허는 이전부터 자세를 진지하게 연구했던 경험 덕분에 루크하르트와 로렌츠가 개발한 디자인에 더 큰 잠재력이 있음을 알아볼 수 있었다. 그는 이러한 잠재력을 적극적으로 개발하고자 1947년에 자신의 회사를 바칼로와 합병하는 데 합의하고 제조 분야 부회장이자 회사의 최대 주주가 되었다.

그리하여 1947년 가을에 바칼로는 바카로운저라는 이름으로 커버가 씌워진 다양한 종류의 안락의자 라인을 선보이게 된다. 보수적인 스타일로 디자인된 이 의자에는 머리 받침대도 장착되어 있었다. 바카로퍼와 달리, 바카로운저는 환자용 의자에서 비롯되었다는 것을 굳이 드러내지 않았지만 로퍼와 라운저 모두 '물에 뜬' 자세만은 자랑스럽게 언급했다.

물론 로렌츠가 바카로운저의 유일한 디자이너인 것은 아니었다. 그레이브스와 베허는 버펄로 지역 가구 업계의 또 다른 거물인 발데마르 코헨 Waldemar Koehn을 영입했다. 코헨은 임원용 고급 가죽 의자를 만드는 사이크스 컴퍼니의 회장이었다. 베허와 그레이브스는 워싱턴 D.C.를 여행하는 동안 가구 업자들이 '로손 팔걸이의자'라고 부르는 형태를 변형시킨 의자에 대한 정부의 사양서를 얻게 되었다. 마침내 코헨은 여기에 나와 있는 머리 받침대와 높은 등받이가 장착된 의자를 바탕으로 새로운 디자인을 고안해낸다. 그레인 가죽 혹은 플라스틱 커버가 씌워진 이 의자는 바카로운저 시리즈에 포함되어 연방 정부와 상업용 가구 딜러들에게 큰 인기를 얻었다.

그러자 레이지보이와 버크라인을 비롯한 다른 안락의자 제조사들도 곧이어 이 디자인과 유사한 제품을 내놓았다. 이 의자는 남성성과 권위를 상징하면서 인체 공학적으로 머리를 지지해주어 편안함을 선사했다. 이로써 안락의자의 고전적인 이미지는 1950년대 초에 완성된다. 백인 남성 임원이 퇴근 후에 양복 혹은 셔츠를 입은 채로 안락의자에 앉아 파이프 담배를 피우며 고된 하루를 마무리하는 모습, 이것이 당시 안락의자가 상징하는 풍경이었다. 다른 제조사들도 유사한 느낌을 내려고 노력했다. 그러나 바칼로가 좀 더 폭넓게 그리고 지속적으로 이러한 이미지의 광고를 내보냈다. 이렇듯 바카로운저는 안락의자가 역사적으로 거쳐 왔던 명랑함, 회복, 숙고 스타일을 조합한 새로운 스타일을 창출했다. 1946년과 1955년 사이, 바칼로의 추정에 따르면 매년 평균 3만 개의 바카로운저가 판매되었다고 한다.

피로와
휴식

이 무겁고 비싼 가구가 성공한 이유는 단지 홍보를 잘했기 때문만은 아니었다. 우선 기술적인 부분이 사람들을 매혹시켰다. 로렌츠의 디자인에는 처음으로 내장형 오토만이 사용되었으며 노브나 버튼 조작 없이 움직임만으로 편안한 자세를 찾아 고정할 수 있었다. 그러나 이보다 더 중요한 것은 사회적으로 휴식에 대한 관심이 커지고 있었다는 점이다. 이러한 상황의 배경에는 제2차 세계 대전이 있었다. 제1차 세계 대전 때처럼 전투와 전쟁 물자 생산에 시달린 남성과 여성 노동자들은 모두 한계에 다다라 있었다. 이에 군에서는 사기를 유지하고 부상자를 수용하기 위해 편안하고 피로를 풀 수 있는 의자를 다각도로 연구했다. 예를 들어 영국의 스피트파이어 파일럿들이 임무를 완수하고 돌아와서 모리스 체어에서 휴식을 취하는 식이었다.

또한 미국에서는 부상당한 탱크 부대 장교의 아내인 마리 르두Marie LeDoux가 세인트루이스 출신 가구 커버 업자의 도움을 받아 전후 최초로 인체 공학적 안락의자를 개발해냈다. 첫 번째 바카로운저가 등장했던 해인 1947년에 처음 선보인 그녀의 의자는 굉장한 인기를 끌어 1949년에 이르러서는 195달러에서 300달러 사이 가격에 한 달 동안 무려 1,000개 이상 팔려나갔다. 〈더 뉴요커〉에 따르면, 이 의자의 고객 중에는 샤를 부아예Charles Boyer, 베티 그레이블Betty Grable, 이다 루피노Ida Lupino, 제임스 메이슨James Mason, 엘리너 루스벨트Eleanor Roosevelt도 있었다고 한다.

한편 산업 사회에서 올바른 자세를 유도하는 업무용 의자가 발전했던 것처럼, 정보화 사회가 도래하면서 사람들은 자신의 여가에 대해 좀 더 깊이 생각하게 되었다. 이에 바칼로는 외과 의사들을 회유해 자사의 의자를 추천하고 심지어 처방까지 하게 만들었다. 1951년 〈오늘의 건강〉에 실린 "휴식하는 법"이라는 기사에서는 소파나 침대에서 베개로 머리를 받치고 할 수 있는 스트레칭 방법이 소개하면서 "휴식을 위해서는 축 늘어지는 자세를 취해야 한다. 몸을 움직이거나, 꼼지락거리거나, 불필요하게 말을 하거나, 딱딱한 곳에 불편하게 눕는다면 이는 진정한 휴식이 아니다."라고 주장했다. 2년 후, 같은 잡지의 또 다른 기고자는 근육의 이완을 권장하면서, 독자들에게 "풀 하나를 문 채 하늘을 올려다보는 젊은이처럼 팔다리를 가능한 한 부드럽게 펴고 마음속에서 모든 생각을 떨쳐버리라."고 권했다.

물론 건강을 위한 휴식이 전후 안락의자 디자인에 영향을 준 유일한 요소는 아니었다. 주거 환경이 교외로 확대된 것 또한 강력한 영향을 미쳤다. 새롭게 개발된 지역에 지어진 단독 주택은 오늘날 미국 기준으로는 그다지 호화롭지 않았지만, 당시 아파트에서 살던 이들에게는 가구들을 더 놓을 수 있는 넓은 추가 공간이 생긴 셈이었다. 특히 서재와 거실이라는 개념이 큰 인기를 끌었다. 넓은 정원 또한 야외용 안락의자를 놓기 적당한 장소가 되었다. 전후에 등장했던 실내외 겸용 의자들 가운데 가장 돋보였던 것은 바와였다. 시카고 출신 에드거 바르톨루치Edgar Bartolucci와 잭 발트하임Jack Waldheim이 처음 디자인하고 생산했던 이 의자는 알루미늄 틀에 섬유 커버를 팽팽하게 씌운 단순한 형태였지만 의자 프레임의 기발한 기하학적 구조 덕분에 앉는 이의 무게 중심에 따라 편한 자세를 유지할 수 있다. 비록 편안함에서는 바와보다 한 수 아래였지만 인기는 더 많았던 아르도이라는 의자도 있었다. 이 두 가지 의자는 새로운 방식의 편안함을 추구하는 정신의 상징이 되면서 이후의 첨단 디자인에도 영향을 미쳤다.

1940년대 말에서 1950년대 초, 안락의자와 편안한 자세의 관계는 더욱 긴밀해졌다. 휴식의 치유 효과에 대한 대중들의 관심 또한 이 시기에 본격적으로 시작되었는데 1955년에 〈라이프〉 지에 실린 여가에 대한 기사가 이를 증명한다. 기사를 보면 "미국인들은 어떻게 휴식하는가?"라는 질문에 대한 첫 번째 대답으로 "편히 드러누워서."라는 답변이 나와 있었다. 이어서 편집자들은 한때는 눕는 행위가 실외나 침실에서만 한정되었으나, 이제는 사람들이 언제 어디서나 눕는 자세를 취한다고 주장했다. 가족들 사이에서건 칵테일파티에서건, 미국인은 발이 머리보다 높이 올라갈 정도로 늘어진 자세 또는 "껍데기에 담긴 굴처럼 길게 누운 듯한 자세로 축 늘어진다."는 것이다. 이어 미국인은 혼자 있을 때에도 누워서 음악을 듣거나 책을 읽는다는 주장으로 기사를 마무리하면서 열세 가지 라운지 안락의자들을 소개한다. 여기에는 어린 아이들을 위한 바카로퍼 스타일 라운지 의자도 있고, 심지어 '강아지용 소파'도 있었다.

이렇듯 미국인은 유럽인과 달리 가로로 눕는 자세를 선호하고 대화실 같은 새로운 실내 구조를 기꺼이 받아들였다. 또한 사람이 붐비는 모임들을 제외하면, 어디에서나 발을 위로 올리고 등을 기대는 자세를 선호했다. 이러한 경향 때문에 1964년 〈뉴욕 타임스〉의 한 풍자 작가는 '우리가 알고 있는 형태를 한 의자의 종말'을 예견하기까지 한다.

안락의자의
발전과 부작용

안락의자의 매출이 증가하면서, 제조사들은 생산 효율을 높이고 비용은 낮출 수 있는 방안을 모색했다. 우선 레이지보이는 항공기 부품 제조 회사에게 빌려주었던 공장에서 다시 조립

라인을 이용한 생산을 재개했음에도 여전히 바칼로의 생산량을 따라잡을 수는 없었다. 이 시기에 러시아 출신의 시카고 가구 제작자 모리스 푸토리언Morris Futorian은 로렌츠를 만나 안락의자의 생산 라이선스를 체결한다. 당시 로렌츠는 안락의자 생산의 독점 계약을 바칼로와 체결한 상태였으나 여기에 포함되지 않은 몇몇 특허가 있었다. 전쟁 중에 한스 루크하르트와 공동으로 소유하고 있다는 이유로 외국인 자산 관리국에 압류되어 있었던 것들이었다. 그래서 전쟁이 끝난 후에 이 특허들로 푸토리언과 라이선스 계약을 체결한 것이다. 이러한 행보를 두고 바칼로의 임원들은 배신이라고 생각했지만 특별한 법적 조치를 취하지는 않았다.

가구 업계 관계자들은 비용에 민감하다고 알려져 있는 푸토리언이 다른 대안을 찾거나 특허를 적당히 베끼는 대신 로렌츠와 정식으로 라이선스 계약을 한 이유를 궁금해 했다. 그는 이에 대해 단순히 로렌츠에게서 특허만을 샀던 것이 아니라 그의 조언까지 얻고자 했던 것이라고 답했는데, 실제로는 로렌츠에 대한 감사의 표시에 가까웠다. 푸토리언은 이 분야에 수완을 타고난 것으로 유명했기 때문이다. 그는 이전에 미시시피 북부 지역이 풍부한 목재와 낮은 임금의 노동력으로 조만간 가구 생산의 중심지가 될 것임을 예견했으며 비숙련공들에게 하나의 임무만을 수행하도록 훈련시켜서 작업 효율을 높이기도 했다. 또한 당시 미국에서 도시화가 활발히 진행되자 중산층 이하 계층에서도 안락의자의 수요가 증가하리란 걸 미리 파악하고 저렴한 의자를 생산했다. 한때 그 계층에 속한 적이 있었기에 이들의 취향을 누구보다 잘 알고 있었던 것이다. 심지어 그는 그 의자가 외견상으로도 충분히 싸구려처럼 보이게끔 수정을 거듭하기도 했다. 이러한 모델을 구입하는 사람들은 가격에 비해 쿠션이 너무 많으면 오히려 수상하게 여긴다는 이유였다. 물론 비싼 모델들도 생산했다. 1958년에

스트라토로운저 부서는 소비자가격을 기준으로 59.50달러에서 459.50달러에 이르는 열네 가지 스타일의 의자들을 선보여, 이 제품들만으로도 가구 매장 전체를 채우기도 했다. 그리하여 스트랫퍼드 컴퍼니는 10년도 되지 않는 기간 동안 스트라토로운저 브랜드에서 안락의자를 백만 개 이상 생산했고, 이러한 사실을 〈홈 퍼니싱즈 데일리〉에 광고로 실어서 당당하게 자랑했다. 1963년까지 이 회사에서만 팔려나간 안락의자가 무려 160만 개가 넘어간다.

한편 여전히 작은 회사였던 레이지보이도 이러한 흐름에 뛰어들었다. 레이지보이는 1952년에 분리형 오토만 대신 발받침이 내장된 안락의자를 최초로 생산했고, 계속해서 이를 개선하면서 등받이가 낮은 모델도 선보였다. 나버시와 슈메이커는 자신들의 독자적인 특허 시스템을 개발하기도 했다. 그러자 로렌츠는 새로운 세대의 안락의자를 선보였다. 똑바로 앉은 자세와 완전히 누운 자세의 중간 자세로, 발받침은 펴고 등받이는 약간 기울인 '텔레비전 의자' 자세를 고안해냈던 것이다. 미 육군 참전 용사이자 그의 이웃인 젊은 엔지니어 피터 플레처Peter Fletcher가 플로리다 워크숍에서 로렌츠를 보조했다. 그는 로렌츠의 아이디어를 경제성과 내구성을 겸비한 메커니즘 설계로 변환하는 역할이었는데, 연결부의 기하 구조에 대한 뛰어난 이해를 바탕으로 앉는 이가 외부 레버를 사용하지 않고 자신의 무게로만 세 가지 자세로 변형 가능한 시스템을 개발해냈다.

그리하여 1959년 6월 시카고 가구 시장에 이 TV 의자가 등장하자 〈홈 퍼니싱즈 데일리〉의 기자는 흥분을 감추지 못했다. 기자는 이 새로운 의자가 곧 "기존의 모든 안락의자를 쓸모없게 만들 것이다."라며 압승을 예상했다. 실제로 당시 로렌츠는 제조사 네 군데와 이 디자인에 대한 라이선스 계약을 이미 체결한 상태였다. 대부분의 의자는 발데마르 코헨이 선보였던 권위적인 디자인과 유사하게 높은 등받이에 머리 쪽에는 둥근 장식이 달린 형태였지만 독일 디자인을 채용한 스칸디나비아풍의 다리가 긴 모델도 있었다. 예상대로 수요는 폭발적이었다. 대중문화에서는 스포츠 중계와 안락의자가 함께 등장했으며 육상 선수들을 비롯한 유명인들이 TV에 나와 새롭게 출시된 안락의자를 홍보하기 시작했다.

1960년대 초에 이르자, 안락의자는 의학적인 용도에 더 이상 얽매이지 않으면서도 가구 매장의 주력 상품 중 하나가 된다. 이는 조립 라인을 이용한 생산으로 가격을 59달러 수준까지 낮출 수 있었기 때문이었다. 안락의자를 매장 전면에 배치했던 토피카의 한 가구 판매원에 따르면 이 시점부터 안락의자가 지역 농부와 일꾼에게도 인기를 얻기 시작했다고 한다. 즉 기계식 안락의자도 모리스 체어가 그랬듯이 문화 엘리트를 위한 고품질 수공예품에서 가격과 품질 사이에 절충이 이루어진 대중 상품이 된 것이다. 제조자들과 판매자들은 건강과 휴식에 대한 언급을 빼놓지는 않았지만, 한 자리에 앉아 텔레비전을 시청하는 기능에 대해서도 스스럼없이 홍보했다. 원래는 회복기 환자들의 심장에 이롭고, 피로에 지친 사람들에게 건강한 휴식 공간을 제공했던 안락의자는 이제 수동성과 비만의 상징이 되었다. 이에 대해 베테랑 독립 의자 디자이너 클라크 로저스^{Clark Rogers}는 유럽인들은 발받침을 확장하기 위해 의자에서 일어난다며 미국 안락의자 시장은 '소파에서 뒹구는 게으름뱅이들'의 요구에 맞춰지고 있다고 비판하기도 했다.

로렌츠가 이러한 상황에 대해 어떻게 생각했는지는 알려진 바가 없다. 그는 일반 안락의자가 건강에 도움을 준다는 점을 열정적으로 주장했지만, 그가 미국의 부유한 독립 발명가 중 한 명이 된 것은 역설적으로 건강에 해가 되는 자세를 발명한 덕분이었다.

로렌츠의 죽음과
안락의자 시장의 성숙

새롭게 등장한 텔레비전 시청용 안락
의자가 인기를 끌자, 많은 제조사가 라이선스 없이 로렌츠의 디자인을 표
절했다. 이에 로렌츠는 1960년 7월에 배포한 한 페이지짜리 광고에서 제
조사들뿐만 아니라 판매자들에게 경고를 보내며 로렌츠 특허 번호가 들
어간 태그가 달린 상품만 판매할 것을 촉구했다. 그러나 법정은 로렌츠의
손을 들어주지 않았다. 가장 중요한 소송이었던 로렌츠 대 F. W. 울워스 F.
W. Woolworth에서 연방 항소 법원은 로렌츠와 그의 조수들의 디자인이 자명
한 것이므로 보호받을 대상이 아니라고 판결했던 것이다. 비록 로렌츠는
여전히 기존에 라이선스 계약을 맺었던 업체들로부터 엄청난 수입을 얻고
있었지만, 업계에서의 입지는 점점 좁아졌다. 피터 플레처를 비롯한 로렌
츠 지지자들은 그의 복잡한 특허 시스템이 판사들에게 혼란을 주어 아이
디어에 담긴 독창성을 전달하지 못했다고 생각했다. 판사들 중 기술적인
배경 지식을 갖춘 사람이 아무도 없었던 것이다. 로렌츠는 울워스 판결로
부터 2년 후 간암으로 사망한다.

1960년대 초반 안락의자 산업은 남부로 이동했다. 먼저 모리스 푸토리
언이 1961년 노동 분쟁 이후 바칼로를 인수해 모든 생산 라인을 노스캐롤
라이나 공장으로 옮겼고, 곧이어 그가 소유한 지분을 카펫 제조사인 모하
스코에 넘겼다. 레인과 같은 대형 회사들도 안락의자 부서를 크게 키웠다.
이 시기에 디자인과 마케팅에 있어 돋보였던 제품은 1961년에 등장한 레이
지보이의 레클리나 로커였다. 마흔 가지 특허들로 보호받는 독특한 메커
니즘을 통해 당시 가장 인기 있던 자세들을 구현한 이 의자에는 무려 1만
5,000가지 스타일과 커버가 조합되어 있었다. 아마 단일 가구로는 역사상

가장 많은 수익을 올린 제품일 것이다.

실제로 레이지보이의 내부 문서에 따르면 1961년에 110만 달러에 불과하던 회사 매출이 1971년에는 5,270만 달러로 급상승했다. 광고를 분석해 보건대 안락의자와 흔들의자 두 가지로 쓸 수 있다는 점이 주효했던 것으로 보인다. 지난 세기 동안 미국인에게 익숙해진 두 가지 테크닉을 넘나들 수 있다는 사실이 남녀 모두에게 크게 어필한 것이다. 또한 의학적인 효용도 있어 보건용 의자와 재활 의학의 권위자인 재닛 트라벨 박사는 존 F. 케네디 대통령John F. Kennedy의 허리 통증에 이 흔들의자를 처방하기도 했다. 레이지보이 의자는 이후로도 승승장구해서 1966년에는 미국과 캐나다는 물론 영국, 서독, 남아프리카, 오스트레일리아, 멕시코, 독일에까지 뻗어나가게 된다.

이렇듯 미국 안락의자 산업은 1964년부터 지속적인 성장세를 보였다. 등받이를 내려 평평하게 만드는 메커니즘을 소파에 적용해 가족이 다 함께 기대앉게 해주는 제품 등 다양한 모델이 나왔고 비용도 저렴해졌다. 1974년 〈뉴욕 매거진〉 협찬으로 진행된 의자 경연 대회에서는 메이시의 99달러짜리 비닐 안락의자가 허먼 밀러에서 생산된 임스 스타일의 가죽 커버에 오토만까지 장착된 1,070달러짜리 알루미늄 안락의자와 함께 공동 2위를 기록하기도 했다.

다만 이 시기에 나온 안락의자의 기능들은 대부분 기존 테크놀로지를 개선한 것들이었다. 새로 나오는 모델들은 고전적인 긴 다리 가구들의 디자인과 유사하게 설계되었다. 오토만은 두 단계로 접혀 좌석 밑에 수납되었고 긴 등받이의 거추장스러운 느낌을 피하기 위해, 위쪽 등받이나 머리 받침대는 기댈 때만 위로 올라오게 만들어졌다. 어떤 의자는 발받침과 좌석 사이를 천을 덧댄 판으로 연결해 셰즈 모양새를 내기도 했다. 또한 그

간의 경쟁으로 안락의자의 메커니즘이 생산 공정을 단순화하는 쪽으로 발전해서 큰 의자는 물론 작은 의자들에도 더욱 쉽게 적용할 수 있게 되었다.

오늘날에는 독립 발명가들이 할 수 있는 일이 점점 줄어들고 있다. 큰 제조사들이 내부 직원을 고용하는 것을 더 선호해서 유명한 디자이너들도 많지 않다. 1960년대에 가장 유명했던 바카로운저는 레이먼드 로위가 디자인했지만, 오늘날 가장 잘 알려진 모델은 레이지보이의 내부 직원들이 디자인한 제품들이다.

안락의자가 건강에 유용하다는 관점도 새롭게 정의되었다. 탈공업화 사회에서 대중의 관심은 심장에서 허리로 이동했다. 이에 전문 카탈로그와 인터넷 상설 할인 매장에서는 로렌츠의 '물 위에 뜬' 자세와 유사한, 고정형 곡선으로 디자인된 의자를 판매했다. 하지만 가장 유명한 건강 관련 고급 기능은 마사지 기능이었다. 마사지 의자는 원래 미 공군 파일럿 조끼에 장착되어 미사일이 날아오는 방향을 알려주던 기술을 바탕으로 만들어졌는데, 작은 모터들이 장착된 소형 시스템으로 개발되면서 최소한 10여 개가 넘는 회사에서 생산되었다. 물론 안락의자 제조사들도 이를 열정적으로 적용했다. 그중 몇몇 의자 업체는 로렌츠와 루크하르트의 오리지널 시에스타가 차지했던 의료 시장으로 돌아가, 수면 설정들과 자동 일으키기 등의 기능을 선보이기도 했다.

이러한 새로운 모델들은 1950년대부터 계속된 안락의자의 성장세를 유지하는 데 공헌했다. 1998년에는 안락의자가 전체 81.6억 달러에 달하는 미국 가정용 의자 시장에서 약 4분의 1을 차지했고, 특히 캘리포니아에서는 35퍼센트 이상을 차지했다. 1997년 안락의자 시장 점유율 자료에 따르면, 레이지보이의 매출이 3억 8,600만 달러로 여전히 시장 점유율이 가장 높았으며, 이를 뒤따르는 액션 레인이 2억 6,500만 달러의 매출을 기록했다. 첫 번째 레이지보이 의자로부터 거의 75년, 첫 번째 바카로운저로부터 50년이 넘게 흐른 지금, 미국에서는 네 집 당 한 집 꼴로 안락의자가 놓여 있다고 추정된다. 외형도 많이 발전해서 이제 대부분의 안락의자가 거실 소파나 우아한 클럽 의자와 거의 구분이 되지 않는다.

그러나 미국 시장의 중심에는 여전히 가구 저널리스트인 수전 M. 앤드루스Susan M. Andrews가 '촌놈 의자'라고 표현했던 개념이 남아 있다. 이제 노쇠해가는 부유한 베이비 붐 세대를 타깃으로 잡고 있는 안락의자 업계는 이러한 표현을 탐탁지 않게 생각할지도 모른다. 하지만 이러한 촌놈 의자는 나버시, 슈메이커, 로렌츠, 푸토리언에 이르는 다양한 사업가들이 지혜와 노력을 모은 작품이라고 할 수 있다. 한 때 왕족들에게나 가능했던 편안한 자세가 이들의 노력을 통해 대중에게까지 전파된 것이다.

과연, 안락의자도 이 책에서 다루고 있는 다른 몸의 테크놀로지처럼 전 세계로 퍼져나갈 수 있을 것인가? 우리는 이미 인도 사람들이 19세기에 베란다 의자를 개발한 사례를 살펴본 바 있다. 이 의자에는 음료수 받침대까지 내장되어 있었다. 오늘날 두꺼운 커버가 씌워진 안락의자의 무게와 크기는 세계화의 장애물로 여겨지고 있지만 현대적인 운동화가 신발류 전체를 변화시킨 것처럼 새로운 소재와 형태가 안락의자를 변화시킬 가능성은 여전히 배제할 수 없다.

음악 건반,
복잡한 수공예품에서
대중적인 악기로

키보드는 음악을 연주하고 작곡하는 양쪽 모두와 밀접한 관련이 있다. 키보드는 또한 목소리와 펜이라는 제한적인 도구에 갇혀 있던 은밀한 이야기들을 꺼내어 전파해주기도 한다. 샌들과 안락의자처럼 키보드는 우리 몸과 환경이 상호작용하는 접점으로서 처음 등장한 이래로 꾸준히 우리 곁에 머무르고 있다.

사 물 의 역 습

고대 지중해 지방에서 전 세계로 퍼져 몸의 습관을 혁신한 도구 중 등과 허리를 변화시킨 도구로 의자가 있다면 손가락에는 건반과 자판, 즉 키보드가 있다. 샌들과 신발에 따라 우리의 걸음걸이가 정해지고, 의자에 따라 작업 방식과 휴식하는 방법이 정해지는 반면, 키보드는 앉는 자세뿐만 아니라 사고 능력에도 영향을 미친다. 키보드는 음악을 연주하고 작곡하는 양쪽 모두와 밀접한 관련이 있다. 키보드는 또한 목소리와 펜이라는 제한적인 도구에 갇혀 있던 은밀한 이야기들을 꺼내어 전파해주기도 한다. 샌들과 안락의자처럼 키보드는 우리 몸과 환경이 상호작용하는 접점으로서 처음 등장한 이래로 꾸준히 우리 곁에 머무르고 있다.

20세기에 문화가 격변했던 시기를 지나면서도, 음악 건반과 타자 자판 모두 지난 백년간 그 모습이 크게 변화하지 않았다. 피아노와 오르간의 아름다운 소리를 타자 자판이나 컴퓨터 키보드의 달그락거리는 소리에 비유하는 것이 몰상식하게 생각될지도 모르지만, 연주는 물론 타자도 심리학자조차 아직 명확하게 이해하지 못하는 복잡한 지적 테크닉이 수반되는 행위이다. 각각의 키를 누르는 연속적인 행위로부터 일종의 패턴을 만들어내는 것에 우리의 정신은 놀라운 능력을 보여준다. 사실 이러한 인간의 능력은 역설적으로 음악 건반과 타자 자판이 온갖 혁신적인 시도를 기각시킬 수밖에 없었던 원인이 되기도 했다. 1851년 등장해 여전히 특별한 라이벌 없이 사용되는 스탠턴 체스 세트처럼, 음악 건반과 타자 자판에서도 기존의 도구가 이상적이진 않지만 충분히 쓸 만해서 숙달된 전문가들이 굳이 새로운 것을 찾으려 하지 않는 상황이 고착된 것이다. 사회가 더욱 빠르게 변화하면서, 이 불완전하지만 친숙한 도구에 대한 우리의 애착은 오히려 더욱 커져가는 것으로 보인다.

오르간에서
피아노로

건반은 서양에서 유래했다. 기원전 3세기 중반 알렉산드리아의 크테시비우스Ctesibius가 수압을 이용해 '히드라울리스'라는 거대한 기계식 플루트를 만들었는데, 이것이 오르간의 선조다. 이 고대 오르간은 신성한 도구와는 거리가 멀었다. 마치 오늘날 농구장에서 쓰이는 전자 오르간처럼 이 악기는 운동 경기와 행사에서 대중을 즐겁게 하는 용도로 사용되었다. 손이나 주먹 전체로 연주했고 손가락을 쓰지 않았다. 초기 교부들은 이 악기를 탐탁지 않게 여겼다. 프랑크 왕국은 757년에 비잔틴 황제에게 최초의 오르간을 선물 받았지만, 100년 이상이 지난 후에나 오르간을 예배에 사용하기 시작했다. 오르간은 중세에 만들어진 가장 복잡한 기계에 속했다. 1361년에 제작된 할버슈타트 대성당의 오르간은 남자 10명이 20개나 되는 풀무를 발로 밟아주어야 연주가 가능했다.

할버슈타트 오르간의 건반 배치는 무척 흥미롭다. 오늘날 용어로 사용자 인터페이스라고 부를 수 있는 이 건반은 당시 새롭게 등장한 음악 스타일로 멜로디 라인이 두 가지였던 다성음악에 맞추어 기존 방식에서 변화된 것이었다. 이전 오르간에는 손잡이가 부착된 가로 막대를 옆으로 밀어, 막대에 있는 구멍이 파이프의 공기 통로를 열었다 닫는 방식이 사용되었다. 그러다가 나중에는 더 편하게 연주할 수 있도록 레버에 각각 용수철이 달리기도 했다. 다음 진화 단계라 할 수 있는 건반은 일종의 평형추 역할을 하는 나무 레버였다. 건반을 통해 더욱 짧은 음표의 연주가 가능해졌다. 오늘날의 흰색 건반에 해당하는 온음계만으로는 새로운 음악 스타일을 표현할 수 없었기에 반음계용 건반이 추가되어 열두 음조를 갖추게 되었다. 이들의 위치는 오늘날 피아노와 전자 신시사이저에 적용된 건반 배치와 유사하다. 올림음 혹은 내림음을 표현하는 건반이 자연음 건반보다 좀 더 짧고 위쪽에 있는 형태였던 것이다.

그러나 할버슈타트 오르간에 장착된 스페이드 모양의 건반은 여전히 손바닥 전체로 연주되었다. 당시 자료에 따르면, 각 건반의 폭은 대략 8센티미터였다. 15세기에 이르자, 건반은 폭이 좀 더 좁아지면서 직사각형 모양이 되었고, 손가락으로 연주할 수 있게 되었다. 16세기와 17세기에는 한 옥타브 간격이 16.7센티미터로, 오늘날 표준인 16.5센티미터 폭과 유사했다. 현대 피아노 건반은 키의 높이가 좀 더 높고, 색 조합도 다양해졌으며, 반음 건반의 위치도 수세기 동안 조금씩 변화해왔다. 그러나 우리가 알고 있는 음악 건반의 개략적 형태는 이미 약 500년 전에 만들어진 것이다.

오르간 제작은 국가끼리 첨단 테크놀로지를 과시하는 경쟁이기도 했다. 막스 베버Max Weber는 오르간의 기계적인 복잡함을 언급하며 초기 오르간 연주자들이 오르간을 직접 제작하기도 했다는 점을 지적했다. 과학 작가 토머스 레벤슨Thomas Levenson은 비잔틴과 카롤링거 왕조 사이의 오르간 개발 경쟁을 스푸트니크 이후 우주 경쟁에 비유한 바 있다. 인공위성과 마찬가지로 오르간은 그 나라의 지식과 문명 발전 수준을 보여주는 척도였다. 중세와 근대 초기에 걸쳐, 파이프 오르간에는 당시에 고안할 수 있는 가장 복잡한 메커니즘이 쓰였으며, 대부분의 사람들이 일상에서 경험할 수 있는 가장 인상적인 기계라고 할 수 있었다. 오르간의 음색은 사람을 압도하는 장엄함이 특징이었지만, 그 건반은 친밀하고 대중적인 용도로도 쓰였다. 휴대용 오르간이나 작은 고정형 오르간은 중세의 일상을 묘사한 그림에서 종종 등장한다.

이러한 종류의 오르간은 사람들에게 너무나 애용되었던 탓에 현재까지 온전한 모습으로 남아 있는 것이 거의 없다. 또한 건반은 현악기에도 적용되었다. 허디거디는 오늘날 바이올린 계열 악기의 한 변형으로, 송진으로 덮인 배나무 바퀴와 크랭크 사이에 현이 연결된 악기다. T자 모양 건반 키로 특정 위치에서 현을 눌러 음색을 조절할 수 있었다. 허디거디는 수도원 악기로 주로 음악을 가르치기 위해 오르가니스트룸이라는 이름으로 고안되었지만, 농부와 거지, 떠돌이 악사에서 궁정의 신하들에 이르기까지 민간에 널리 퍼졌다.

중세 유럽은 당시 이슬람 세계로부터 더 발전된 과학 문명을 받아들이는 등 문화적으로 많은 빚을 지고 있었다. 그러나 중세 유럽의 지식인들은 이전까지 끊임이 없는 하나의 현상으로 인식되던 것들을 개별적인 작은 부분으로 나누고 분석하는 능력을 갖추었다. 예를 들어, 고대 라틴어에서는 글자들이 구두점이나 띄어쓰기 없이 기록되었다. 단어와 문장이 계속 이어지기 때문에 학생들은 어디에서 끊어 읽어야 할지를 알기 위해 크게 암송해야 했다. 7세기에서 8세기 사이 아일랜드와 잉글랜드 수도원 교사와 서기는 단어를 한 글자씩 가르치는 대신 단어 전체를 하나의 그림처럼 묶어서 가르치기 시작했다. 이 성직자들은 또한 알파벳 용어집과 사전을 발명했다. 이는 고대 로마에는 존재하지 않는 것이었지만 이제 학생들이 종교인이 되기 위한 준비로 외국어를 배우게 되면서 필요해진 것들이었다. 그라티안Gratian이나 피터 롬바드Peter Lombard 같은 중세 작가의 책은 참조를 용이하게 하려는 의도가 명확하게 드러나게 디자인되어 있었다. 색인, 목차, 머리 제목은 중세 시대에 발명된 것들이었다. 중세 교과서에는 독창적인 도해들과 암기 시스템들이 풍부하게 들어가 있었으며, 중세의 교사들은 성적을 문자 등급으로 매기기 시작했다. 11세기 수도사 구이도 다레초 Guido d'Arezzo 는 보표를 고안해 음계를 선으로 구분된 공간에 알아보기 쉽게 배치했다. 역사학자 알프레드 W. 크로스비Alfred W. Crosby 는 이를 최초의 악보라고 불렀다. 건반 악기에서는 각각의 음이 특정 손가락에 지정되었다. 중세 계산판이나 동양의 주판 같은 다른 분야의 유사한 도구에서처럼, 관계가 단순화되면서 초보자는 더욱 쉽게 이해할 수 있었으며, 숙련자들은 더 세련된 기법을 발전시킬 수 있었다. 컴퓨터 과학자 데이비드 겔런터David Gelernter 는 이러한 음악 건반에 대해 지난 천 년간 세월이 탄생시킨 "인체 공학의 걸작"이라는 적절한 칭호를 붙이기도 했다.

중세 초기 오르간을 동작시켰던 뿔 용수철horn springs 에서 건반 악기의 다양한 동작 메커니즘이 어떻게 전이되었는지에 대해서는 여전히 명확하게 밝혀지지 않았다. 그렇지만 이를 둘러싼 환경적 요인이 무엇이었는지는 역사학자들이 개략적으로 파악할 수 있었다. 당시는 기계에 대한 독창적인 아이디어가 폭발적으로 생산된 시기였다. 가장 두드러지는 사례는 당시의 천문 시계로, 떨어지는 물체의 운동 에너지를 균일한 진동 운동으로 전환시킨 역사상 최초의 사례이기도 했다. 대성당과 왕궁에는 매우 정확한 시계가 움직이는 조각 인형들과 음향 효과와 함께 설치되었다. 이 시계는 대중에게 자국의 신기술에 대한 자부심과 즐거움을 선사하는 상징적인 존재가 되었다.

새로운 시계를 제작했던 장인들이 건반 설계를 할 때도 중요한 역할을 맡았을 것으로 추정된다. 이들은 당대의 최신 금속공학의 전문가였으며, 스트라스부르 대성당의 시계에서 보이는 것과 같이 복잡한 연결 장치를 설계하는 데도 능했다. 이들은 또한 천문학, 수학 그리고 음악 이론에도 능통했다. 악기에 대한 15세기의 저작들 중 현재까지 남아 있는 가장 중요한 논문의 저자 앙리 아르노^{Henri Arnaut de Zwolle}는 의사, 천문학자, 과학자이자 부르고뉴 공^{Duke of Bourgogne}의 시계 제작자이기도 했다. 아르노의 원고에는 건반을 이용해 현을 진동시키는 네 가지 방식이 그림과 함께 정확히 설명되어 있었다. 아르노를 비롯한 당대의 발명가들은 20세기로 치면 우주공학을 탐구하는 지칠 줄 모르는 연구자들과 같은 존재였다.

아르노가 묘사했던 악기는 근대 초기에 두 가지 주요한 형태로 갈라져 발전했다. 클라비코드에서 건반은 금속 현과 연결된 평평한 동판인 '탄젠트'를 작동시켰다. 탄젠트가 계속적으로 현을 진동시키기 때문에, 연주자는 연주 중에 음정을 조정하거나 소리를 키울 수도 있었다. 클라비코드의 가청거리는 반경 3미터에 불과했지만, 실내에서 연주할 경우 매우 섬세하고 우아한 소리를 들려주었다. 반면에 하프시코드의 건반은 눌렸을 때 나무 막대가 작동되고, 이 막대에 고정된 채가 움직여 현을 울리는 방식이었다. 음색은 맑고 정확하며 연주되는 공간을 가득 울렸으나 클라비코드

만큼 음의 표현이 풍부하진 않았다. 연주 중에 음량을 바꾸거나 특정 음정을 변화시키는 것이 불가능했으며 채는 시간이 지나면서 닳아버리기도 했다.

　300년 전 악기 제작자들은 건반 악기 연주에 새로운 기법의 가능성을 열어주는 테크놀로지를 개발하기 시작했다. 피렌체에서 하프시코드를 제작하던 바르톨로메오 크리스토포리Bartolomeo Cristofori는 사람 목소리와 닮은 음색과 표현력을 지닌 악기를 고안했다. 그렇게 탄생한 피아노포르테는 단순히 새롭게 발견된 소재를 어떻게 사용할까 생각하다 만들어진 악기가 아니었다. 새로운 표현 가능성을 능동적으로 탐구한 결과 만들어진 발명품이었던 것이다. 크리스토포리는 현을 진동시킬 더욱 강력한 방법으로 기존에 사용하던 탄젠트나 채 대신에, 양피지 조각들을 겹겹이 붙이고 가죽을 감싸 만들어진 해머를 사용했다.

　이 해머는 악기의 다른 부분과 직접적으로 연결되지 않았으며, 건반이 예전 클라비코드처럼 망치를 직접적으로 동작시키지 않았다. 건반을 누르면 레버가 해머를 동작시키는데, 그 직후 해머와 레버의 연결은 다시 해제된다. 크리스토포리의 에스케이프먼트escapement(피아노의 해머를 되돌아오게 하는 장치-옮긴이) 메커니즘 덕분에, 해머는 트램펄린에서 뛰어오르듯 현을 튕긴 후에 다시 새로운 스트로크를 대기하는 상태가 된다. 건반이 여전히 눌려 있는 상태라도 마찬가지였다. 피아노포르테의 현은 클라비코드에 비해 더 두껍고 더 강하게 당겨져 있어, 좀 더 강한 소리를 내고 더 빠른 연주도 가능해졌다. 레버들이 조합되어 해머의 힘은 여덟 배나 증폭되었다. 그럼에도 불구하고, 음색은 하프시코드에 비해 부드러웠다. 건반에는 펠트로 감싸진 나무토막 지음기가 연결되어 있어, 건반을 누르면 올라왔다가 건반에서 손을 떼면 현의 진동을 막기 위해 다시 내려왔다. 이후 18

세기에 모든 건반의 지음기를 들어 올려 음을 지속시키기 위한 페달이 등장했다.

건반에 불필요한 반발력이 발생하지 않도록 하기 위해 크리스토포리는 실크 소재의 체크 크래들을 달았다. 체크 크래들은 건반을 눌렀다 떼었을 때 다음 스트로크에 방해되지 않도록 건반을 원위치로 돌려놓았다. 그는 하프시코드에서 쓰였던 내부 설계를 변경해, 현들이 연주자의 손가락 동작을 발음체에 전달하는 장치인 액션에 더 가깝게 가도록 했다. 크리스토포리는 현대 피아노를 구성하는 주요 개념 대부분을 고안해냈다. 하지만 그 잠재력과 요한 세바스찬 바흐로부터의 관심에도 불구하고, 그가 만든 악기는 18세기 내내, 특히 그의 고향 이탈리아에서는 호기심을 자극하는 진기한 물건으로밖에 여겨지지 않았다.

피아노포르테에서는 페달을 쓰는 경우를 제외하면 해머가 현과 닿은 이후 연주자가 음색을 바꿀 수 있는 방법이 전혀 없다. 그럼에도 이 악기에는 세세한 음의 명암과 감각을 표현해낼 수 있는 잠재력이 있었다. 볼테르는 당시에는 이러한 능력이 충분히 탐구되지 않았다는 사실을 간과했던 것이다. 조작할 수 있는 것은 오로지 주어진 음을 얼마만큼의 시간 동안 얼마나 빠르게 치는지에 대한 것뿐이지만, 능숙한 피아노 연주자는 마치 물리 법칙을 초월한 듯한 연주를 할 수 있었다. 많은 정신 물리학자와 음향학자가 어떻게 피아노가 이렇게 연주될 수 있는가에 대한 수수께끼를 풀고자 오랫동안 노력해왔다.

제임스 진스 경Sir James Jeans은 피아노 건반은 손가락으로 눌러지든 우산 손잡이로 눌러지든 관계없다는 말을 하기도 했다. 기계공학자이자 음악가인 브렌트 길레스피Brant Gillespie는 연주자들이 한 악구 내에서 음을 겹침으로써 '불가능한' 음의 명암을 만들어낸다고 주장했다. 그는 아르페지오를 불분명한 음으로 연주함으로써, 분명한 음으로 연주되었을 때와 분명히 다른 소리가 들리게 되는 예시를 보여주기도 했다.

크리스토포리의 발명은 위대한 시작이었지만, 18세기 건반에서 가장 중요한 혁신은 카를 바흐Carl Philipp Emanuel Bach가 《올바른 건반악기 연주법에 관한 논서the True Art of Playing Keyboard Instrument(1753~62)》를 통해 선보인 새로운 운지법이었다. 그가 개발한 건반 테크닉은 하이든, 모차르트, 베토벤 모두에게 필수적인 기법으로 인정될 정도로 당대 음악인들에게 중요한 기법이었다. 그가 이룩한 혁신 중에서 가장 두드러지는 것은 엄지손가락의 중요성을 부각시켰다는 점이었다. 특히 엄지를 손 회전의 중심으로 활용하는 기법이 핵심이었다. 그의 운지법 이전에 나온 곡들 대부분은 네 손가락으로만 연주되었다. 그의 아버지, 요한 세바스찬 바흐는 엄지를 다른 손가락 밑으로 넣어 손을 돌리는 방식을 권장한 최초의 인물이었다. 이로써 건반 역사의 새로운 장을 여는 테크놀로지와 테크닉이 준비되었다. 피아노는 서양 음악의 중심 악기로 떠오를 준비를, 또한 전 세계로 퍼져나갈 채비를 마친 것이다.

현대적
피아노

대체로 이러한 변화에는 발명가나 장인만큼이나 실제 사용자도 큰 영향을 미친다. 건반이 확산되는 데 누구보다도 중요했던 음악가는 다름 아닌 루트비히 판 베토벤Ludwig van Beethoven이었다.

베토벤은 음을 더 강하고 역동적으로 사용하고자 했던 작곡자와 연주자 세대를 대표하는 인물이었다. 이러한 세대에 속하는 작곡가들은 피아노포르테의 한계를 넘는 음악을 만들었다. 이들은 작곡가가 원하는 소리를 악기가 내지 못한다면, 음악이 아니라 악기 디자인이 바뀌어야 한다고 생각했다. 베토벤은 모차르트의 곡들을 빈 왕궁에서 연주하던 어린 시절에도 이렇게 강렬한 스타일을 보였다. 당시 악보를 넘겨주던 조수는 망가진 현을 바꾸고 해머를 고치느라 바빴다고 회상하기도 했다. 베토벤의 시대 이전에 빈에서 유행했던 피아노는 영국제 피아노에 비해 더 부드럽고, 좀 더 '노래하는 듯한' 소리를 들려주었다. 베토벤의 난청은 1802년 그가 삼십대 초반이었을 때 시작되었는데, 그때부터 그의 음악 성향은 좀 더 큰 소리를 내는 쪽으로 발전했다. 베토벤은 현지 악기 제작자들과 공동으로 작업해 더 강한 연주가 가능하도록 악기를 개조했다. 더 무거운 프레임과 해머 그리고 현에 더 강한 장력을 적용한 모델에서는 똑같은 음을 빠르게 반복하는 것이 어려웠는데, 유명한 악기제작자 에라르Erard가 동일한 현을 계속 때릴 수 있도록 해머를 준비시키는 반복 메커니즘을 개발해 이를 해결했다.

이러한 테크놀로지의 발전에 더해 테크닉에서도 열정적인 혁신이 이루어졌다. 언제나처럼, 하나의 분야에서 탄생한 기법이 다른 분야로 전이되면서 혁신이 일어났다. 1831년 프란츠 리스트Franz Liszt는 20세의 나이에 파리 콘서트에서 파가니니Paganini의 놀라운 바이올린 연주를 듣고 난 후, 유사한 스타일을 피아노에 옮겨내기로 결심한다. 이후 그는 수년간 섬세한 기교와 강렬한 감정을 조화시킨 독특한 스타일을 완성시켜 당대의 가장 유명한 음악가 반열에 올랐다. 리스트가 바이올린 연주법을 모방해 정립시킨 테크닉은 결과적으로 테크놀로지의 변화를 촉진했다. 1840년대 초의 피아노는 연주할 때마다 음이 나가거나 현이 빠져버리곤 했다. 리스트가 요구한 피아노 개선 사항들은 이 악기가 이후 위대한 변화를 맞이하게 하는 데 결정적 역할을 했다.

19세기 피아노 연주자, 교사, 제작자 사이에는 긴밀한 유대가 있었다. 연주자가 악기에 대한 개선 사항이나 새로운 연주 기법을 떠올리면, 제작자가 이를 반영해 악기를 지속적으로 발전시켰던 것이다. 더 커다란 소리를 내고 싶다는 요구를 충족시킬 만한 궁극적인 대안이 현대적 피아노의 근간이 되는 주철 프레임이었다. 19세기 초에 쓰이던 금속이 포함된 나무 프레임은 점점 더 강해지던 현의 장력을 10톤까지 지지할 수 있었다. 휘어짐 방지를 위해 계절마다 프레임이 교체되곤 했다. 주철은 뛰어난 압축 강도로 보강된 나무보다 피아노 프레임에 더 이상적인 소재였다. 오늘날 그랜드 피아노에 쓰이는 철제 피아노 프레임은 현의 장력이 27톤까지 올라가는 환경에서도 안정적으로 견딜 수 있다. 여러 유럽과 미국 악기 제조사들이 이러한 프레임을 1820년대부터 선보였지만, 가장 큰 영향을 미친 모델은 1840년 보스턴 출신 조너스 치커링Jonas Chickering이 개발한 것이었다. 1870년대에는 뉴욕의 스타인웨이 앤드 선즈가 이후 그랜드 피아노에서 일반적으로 쓰이게 되는 프레임과 현을 고안했다. 스타인웨이는 자사의 디자인이 약 31톤의 장력을 견딜 수 있다는 점을 강조했다.

악기 제작사들은 주요 도시에서 콘서트홀을 운영하면서 자사의 악기와 소속 예술가를 선보이는 무대로 활용했다. 골프 장비와 운동화 업계보다 훨씬 전부터 이들은 스타급 연주자를 통해 최신 테크놀로지의 제품을 홍보하는 방식을 개척하고 있었던 것이다. 19세기 후반에 생산된 대부분의 악기에는 주철 프레임과 스타인웨이의 크로스 스트링 방식이 적용되었다. 각 제작사에는 독자적인 스타일과 기능이 있었고 후계자들은 이를 충실히 물려받았지만, 1890년대에 이르러 그랜드 피아노는 완전히 성숙기에 도달한 기술이 되었다.

주철 프레임 덕분에 솔로 연주자는 더 많은 객석을 갖춘 더욱 큰 무대에서 연주할 수 있게 되었으며 그로 인해 경력도 더 화려하게 쌓을 수 있었다. 그중 선택 받은 소수는 음반 로열티의 개념이 등장하기 수십 년 전임에도 높은 수입을 보장받았다. 대량 생산과 상업적 홍보를 통해 피아노는 아마추어 음악 애호가들에게까지 사랑받게 되었다. 이전까지 피아노는 프레임과 메커니즘에 관계없이 부유한 이들만을 위한 비싼 수공예품이었다.

그러다가 1850년대부터 피아노가 대중문화의 일부로 편입되기 시작했다. 최초의 레코드가 등장하기 전까지 그리고 그 이후에도 피아노는 가정에서 음악을 즐기기 위한 가장 실용적인 방법이었다. 피아노 연습이 인격 형성에 도움을 준다고 여겨져 피아노는 중산층 교육의 필수적인 부분을 구성하는 도구가 되었다. 특히 여성이 이러한 교육의 주된 대상이었다. 19세기 말에는 표준화된 부품들을 공급하는 회사가 늘어나는 등 규모의 경제가 이루어져, 피아노가 노동자 계급 중에서도 비교적 여유 있는 가정에까지 도달할 수 있게 되었다. 수형 피아노는 소형 그랜드 피아노와 경쟁할 수 있을 정도의 음색을 들려주면서도 과거 직사각형 피아노보다 공간을 훨씬 적게 차지했다.

게다가 영국에서는 약 15파운드에 피아노를 구매할 수 있었다. 지금은 수천 파운드를 지불해야 구입할 수 있는 훌륭한 소형 베히슈타인도 당시에는 고작 50파운드에 불과했으니 이때에 고급 피아노가 얼마나 저렴했는지 알 수 있다. 미국에서는 1890년대 시어스 로벅에서 98.50달러 모델을 홍보했다. 미국의 피아노 생산은 1909년에 수형 피아노 35만 6,000대, 그랜드 피아노 1만 대로 정점을 찍었다. 기계화를 통해 복잡한 수공예품이 이렇게까지 변화되고 확산되었던 사례는 다른 분야에서도 찾기 어렵다.

저가형 피아노 중에는 유명 브랜드를 베낀 복제품도 있었지만, 훈련되지 않은 귀로 듣기에는 나쁘지 않은 음색을 자랑했다. 이로써 건반이 드디어 대중에게까지 도달하게 되었다. 저렴한 피아노를 구매할 여력이 없던 이들은 아코디언이라는 대체품을 이용했다.

자동
피아노의 등장

대량 생산 덕분에 숙련공들도 18세기 귀족들의 하프시코드보다 더 우월하다고 평가되는 악기를 자신의 거실에도 들여놓을 수 있게 되었다. 그러나 이것이 과연 바람직한 일이었을까? 상아가 피아노의 부품으로 쓰이면서 코끼리가 대량 학살되었고, 피아노의 베니어판을 만들기 위해 열대림이 심각하게 파괴되었다. 문제는 이뿐만이 아니었다. 자동화된 생산 과정과 공격적 마케팅으로 피아노가 대중에게 확산되었지만, 피아노를 만족스럽게 다루기 위해서는 판매 사원이 설명했던 것 이상으로 많은 시간과 때로는 고통스러운 훈련이 필요했다. 19세기 초, 유명 연주자이자 피아노 교사였던 이그나즈 모셸레스Ignaz Moscheles의 고객이었던 런던의 귀족들은 그에게 '멋지지만 어렵지 않은' 곡들을 써달라고 요청하곤 했다. 딸들이 최소한의 노력으로 관객들을 감동시킬 수 있기를 바랐기 때문이었다. 겉으로 보이는 화려함에 집착했던 경향은 피아노의 권위적 학습법이 야기한 부작용이기도 했다.

그리고 이러한 경향은 지속적으로 유지되었다. 우리는 이미 19세기 후반에 기계식 메커니즘이 적용된 다양한 의자들이 등장했다는 것을, 그로 인해 빅토리아 왕조 시대부터 좋은 혈통을 상징하던 꼿꼿한 자세가 좀 더 편안한 자세로 변화되었던 것을 살펴본 바 있다. 비슷한 흐름이 피아노 학습에도 적용되었으리라 어렵지 않게 유추할 수 있다.

기계가 연주하는 음악은 19세기 이전까지 매우 간헐적으로 등장했던 개념이었다. 1430년경부터 핀이 박힌 바퀴로 현악기가 연주되거나, 1502년 만들어져 지금까지 남아 있는 배럴 오르간도 자동으로 연주될 수 있었다. 19세기 테크놀로지는 이러한 오래된 개념에 새로운 활력을 불어넣었다. 처음 등장한 시스템은 중세 시대에 나온 것들보다 크게 발전된 형태는 아니었다. 1829년 영국에서 조악해 보이는 배럴 피아노가 발명되었다. 거대한 실린더에 박힌 핀이 음악을 연주하는 방식이었다. 이러한 악기는 주로 여관이나 춤추는 무대 혹은 거리 공연을 위한 것이었지, 부르주아 계급의 거실에 놓일 의도로 만들어지지는 않았다.

19세기 자동화를 통해 새로운 도구는 물론 이러한 도구가 사용되는 용도도 늘어났다. 1815년부터 리옹을 비롯한 여러 도시의 제사 공장에서는 조셉 마리 자카르Joseph Marie Jacquard가 개발한, 구멍이 여럿 뚫린 일련의 카드를 사용해 복잡한 무늬를 자동으로 직조하기 시작했다. 이는 산업 공정 제어를 자동화했던 가장 초기의 형태 중 하나였다. 피아노와 오르간을 비롯해 그 밖의 건반 악기들에 대해서도, 기록된 음표를 재생하는 좀 더 발전된 시스템이 만들어질 여지가 있었다. 최초의 자동 피아노는 대중의 싸구려 여흥을 위한 단순한 악기에 불과했다. 1880년대와 1890년대에는 오르간들로부터 시작해 종이 두루마리에 뚫린 구멍들로 공기 압력을 조정하는 좀 더 섬세한 악기가 계속해서 등장했다. 1896년에는 이후 자동 피아노에 가장 큰 영향을 미친 피아놀라가 등장했다. 일반적인 피아노 건반 위에 올려놓고 사람이 연주하듯 음표를 자동으로 연주하게 하는 장치였다. 공기압으로 움직이는 종이 피아노 두루마리는 작동을 위한 명령들이 매체 위에 부호화되었다는 점이나, 하나의 재생 장비에서 다른 장비들로 재생되거나 이동될 수 있었다는 점에서, 최초의 음악 소프트웨어라고 할 수 있었다. 이후 10여 년 동안 이러한 장비가 발전을 거듭하면서 두루마리 인식기와 건반 제어 시스템이 피아노 본체에 통합될 수 있었다.

자동 피아노는 전례 없는 대담함으로 모든 곳에서 기교를 기술로 대체 시키는 장치였다. 18세기에 만들어진 자동 장치들은 그림을 그릴 수도 있었고, 심지어 체스를 둘 수도 있었지만, 본질적으로는 값비싼 장난감에 불과했다. 자동 피아노는 가격도 저렴했기 때문에 손쉽게 구입할 수 있었다. 공기압 주입을 위한 페달은 작은 모터로 대체되었다. 1910년에는 2세대 '재생 피아노'가 등장했는데, 연주의 섬세함을 담기 위해 독일 회사 벨테에서 개발된 시스템이 적용되었다. 당대의 거의 모든 유명 피아노 연주자들의 연주는 이 시스템으로 기록되었다.

1926년 한 자동 피아노 제조업자는 해머가 현을 때리는 속도를 기록해 연주 기록의 정확성을 향상시켰다. 이를 오늘날 CD로 제어되는 피아노에서 재생하도록 변환시키면, 원래 두루마리를 썼을 때 음이 튀던 문제가 사라지면서 놀라울 정도로 생생한 연주를 들려준다. 또한 피아노 연주자가 마스터를 편집해 잘못 연주된 부분들을 수정할 수도 있었다.

고음질로 녹음된 음악은 오늘날 MP3 파일 공유를 놓고 벌어지는 것과 매우 유사한, 저작권법에 대한 첨예한 논쟁을 일으켰다. 이러한 분쟁은 지적 재산권의 문제보다 더 큰 이슈로 번지게 되었다. 여러 작곡가, 연주자 그리고 비평가들은 이러한 새로운 도구가 피아노의 학습과 활용에 미칠 영향에 대해 엇갈린 의견을 내놓았다. 테크놀로지가 음악계를 위협하는가 아니면 음악을 발전시킬 기회를 제공하는가? 발터 베냐민Walter Benjamin을 비롯한 프랑크푸르트학파의 관점과 유사하게, 악단장이자 작곡자인

존 필립 수자 ^{John Philip Sousa}는 이후 널리 회자되었던 〈기계적 음악의 위험〉이라는 글에서, "피아노와 축음기가 음악 표현을 메가폰, 휠, 톱니바퀴, 디스크, 실린더 그리고 그 모든 돌아가는 부품들의 수학적인 시스템으로 환원시켜 버림으로써 음악을 영혼이 없는 밋밋한 것에 불과하게 만들 것이다."라고 경고했다. 비평가와 교사 중 테크놀로지를 옹호하는 편에 섰던 이들은 자동 피아노를 '깡통 음악'이라고 폄하하는 비판에 대해, 수준이 떨어지는 연주 공연을 듣느니 자동 피아노가 오히려 반가운 대안이라고 맞받아쳤다. 이들은 녹음된 음악을 들으며 음악에 대한 취향이 고양될 수 있을 뿐 아니라, 자동 피아노가 피아노 지도에도 도움이 된다고 믿었다. 음표들이 두루마리에 인쇄될 수도 있었기 때문이었다. 학생들이 복잡한 곡을 점진적으로 배울 수 있도록 속도도 조절할 수 있었다. 제1차 세계 대전과 제2차 세계 대전 사이 패츠 월러^{Fats Waller}를 비롯한 몇몇 유명한 연주자들은 실제로 이런 방식으로 피아노를 배웠다.

자동 피아노는 또 다른 새로운 기술의 등장으로 쇠퇴의 길을 걷게 되었다. 초기 축음기는 오늘날 기준으로 보면 조악하기 이를 데 없었지만, 이 매체의 신선함에 압도된 이들에게는 놀라울 정도로 생생한 소리로 들렸다. 쓸 만한 축음기도 피아노의 4분의 1 가격이면 구입할 수 있었다. 라디오 방송에서는 대중음악은 물론 클래식도 흘러나왔다. 자동차와 영화관이 중산층의 여가 시간과 돈을 차지했다. 피아노 레슨은 이제 더 이상 보편적인 활동이 아니었다. 1920년대 중반에 이르자, 비평가들은 피아노가 곧 말이 끄는 마차처럼 시대착오적인 것이 되거나 하프시코드나 비올처럼 골동품 애호가들의 호기심을 만족시키는 물건으로 전락할 것이라 예견했다. 그러나 이들의 비관적 전망은 잘못된 것으로 판명되었다. 피아노 산업은 대공황과 제2차 세계 대전 이후 다시 부활했다. 1980년에 미국에서는 연간 24만 8,000대, 일본에서는 39만 2,000대의 피아노가 생산되었다. 피아노는 중산층의 생활 속에서 과거에 차지했던 특별한 지위를 잃어버리긴 했지만, 비관론자들이 말했던 것처럼 음악적 기교가 소멸되는 일은 없었다. 녹음된 음악과 음악 방송은 건반에 도움을 주진 않았지만, 또한 건반을 사라지게 하지도 않았던 것이다. 좋은 의미에서건 나쁜 의미에서건, 변화를 가져오기는 했지만 말이다.

피아노 레슨이 더 이상 중산층의 통과 의례는 아니지만, 건반을 다루는 기교는 그 어느 때보다 높은 수준으로 발전하고 있다. 오늘날 젊은 피아노 연주자들은 전례 없이 훌륭한 기교를 갖추고 있는데, 이는 연주가 고음질로 녹음되면서 의도치 않게 나타난 결과이기도 하다. 사운드 엔지니어는 예술가의 연주 중에서 문제가 있는 부분을 아무도 눈치 채지 못하게 잘라낼 수 있다. 마치 예전 자동 피아노의 두루마리를 편집하듯 말이다. CD와 고성능 장비들이 들려주는 명료한 소리 또한 관객과 연주자 모두에게 영향을 미쳤다. 오늘날의 관객은 완벽한 연주를 기대하고, 연주자는 이를 위해 더욱 노력한다.

그러나 많은 비평가들은 이러한 흐름 가운데 무엇인가가 사라지고 있음을 감지했다. 보록도 이어서 "연주에서 약간이라도 감성을 느낄 수 있다면, 잘못된 음정들은 얼마든지 참을 수 있다."라고 말하기도 했다. 거의 흠잡을 데 없이 녹음된 음악은 또한, 특이하지만 정열적인 연주로 유명한 글렌 굴드 Glenn Gould와 같은, 불완전함이 매력의 일부가 되는 연주자에게 불리하게 작용했다. 피아노 건반을 숙지하고자 하는 훈련은 이제 누가 강요하는 것이 아닌 자발적인 노력이다. 그러나 완벽한 연주에 대한 부담감은 19세기 엄격한 피아노 교사들의 상상조차 뛰어넘는 것이 될 수도 있었던 것이다.

새로운 건반을
향한 시도

　　　　　　　　　음악가를 꿈꾸는 이들은 완벽한 연주
를 위해 더욱 혹독한 연습에 몰입하고, 음악 애호가들은 연주보다는 축음
기를 선호하는 두 가지 극단적인 경향 속에서, 일부 음악가와 발명가들은
제3의 길을 모색했다. 피아노를 배우는 젊은 학생들의 항의, 그리고 점점
더 증가하는 피아노 연주자들의 의학적 불만은 왜 좀 더 진지하게 다루어
지지 않는가? 인체 공학이라는 단어 자체는 1945년 이후에나 등장하지만,
이러한 의문을 품은 비평가들은 기존 건반의 결함을 알고 있었다. 아이들
을 가르치기 위해 더 작은 피아노를 만드는 것은 비현실적이었다. 그러나
풀 사이즈 건반의 옥타브 간격은 작은 손가락을 최대한 뻗어 닿기에는 무
척 고통스러울 만큼 먼 거리였다. 성인 전문 연주자들도 반음을 많이 쓰
는 음악을 연주할 때는 검은건반이 거북하게 느껴지기도 했다. 19세기 음
악의 도약, 아르페지오, 글리산도 같은 주법들은 까다로운 손가락 곡예가
필요했다. 피아노 건반의 전체 길이는 88개의 키로 늘어났으며, 이를 정복
하기란 쉬운 일이 아니었다. 피아노도 결국은 기계인데, 더욱 편안하고 편
리하게 연주할 수 있게 만들 수는 없는 것일까?

　가장 쉬운 변화는 조옮김을 조정하는 것이었다. 19세기에 건반과 해머
가 현과 평행을 이루던 악기에서는 건반에 연결된 악기 구조를 조정함으
로써 동일한 연주로 다른 조의 현을 치게 만들 수도 있었다. 건반 자체를
옆으로 이동시키는 방법도 있었다. 유명한 작곡가 어빙 벌린Irving Berlin은 베
저 브라더스에서 개발한 조옮김 피아노를 사용했는데, 현재 이 피아노는
스미소니언 박물관에 보관되어 있다. 조금 조악한 방식으로는, 가짜 건반
을 진짜 건반 위에 올려 가짜 건반의 각 키가 진짜 건반의 다른 키에 연결

되는 방식이 있었다. 다른 발명가들은 1780년부터 연주자의 팔이 더 쉽게 닿을 수 있도록 오르간과 유사한 건반을 곡선으로 배열하기도 했다.

19세기 중반에 빈과 파리에 있는 몇몇 악기 제조사에서 이러한 악기를 생산했다. 1870년경에는 유명한 베히슈타인에서도 팔 길이에 맞추어진 곡선형 건반을 판매했지만, 실제로 연주하기에는 매우 불편했으므로 당연히 실패한 상품이 되었다. 오스트레일리아 출신 발명가 퍼디낸드 클로트섬 Ferdinand Clutsam이 1807년에 오목 건반을 발명했다. 그의 건반은 가장 뛰어난 피아노들 중 하나인 뵈젠도르퍼 그랜드 피아노에 채택될 정도로 음악계에서 좋은 평가를 받았다.

1908년, 독일 회사인 이바하는 예술가들을 자사의 베를린 쇼룸에 초빙해 시제품을 연주하게 한 후 평가를 듣고자 했다. 이 시제품에 관심을 보였던 두 명의 젊은 예술가는 나중에 스타가 되었다. 에른스트 폰 도흐나니 Ernst von Dohnányi는 친구인 루돌프 간츠 Rudolph Ganz에게 이 시제품을 적극적으로 칭찬하면서 일반적인 건반에서보다 쇼팽의 연습곡들을 더 빠르고 정확하게 연주할 수 있었다고 말했다. 도흐나니와 간츠는 모두 다음 해 공연에서 이 악기를 사용했다.

클로트섬 건반의 문제는 기계적이나 미학적인 것이 아니라 사회적인 것이었다. 이를 통해 테크놀로지와 테크닉에 대한 중요한 시사점을 얻을 수 있다. 간츠에 회상에 따르면 클로트섬 건반은 편하고 쉬웠지만 콘서트 투어에 쓸 경우, 이바하 같이 큰 회사조차도 건반 수급을 항상 보장할 수 없었다. 무대마다 다른 건반을 쓴다거나, 연습 때와 공연 때 쓰는 건반이 다른 것은 혼란스러운 일이었다. 또한 법적인 문제도 있었다. 발명가들과 제조사들 간의 계약이나, 제조사들과 유명 연주자들 사이의 계약은 복잡한 진창을 이루고 있었고, 국제 라이선스에 대한 노력은 허사로 돌아갔다고 간츠는 나중에 회고했다.

피아노 테크놀로지는 엘리트 예술가들의 기교와 밀접하게 연관되어 있었다. 이들이 개인적으로 변화를 수용할지라도, 하나의 혁신이 순식간에 모든 콘서트홀에 적용되는 것은 불가능했다. 그러나 점진적인 수용은 아예 수용하지 않는 것보다 더 나쁜 결과를 가져올 수 있었다. 발명가들의 관심은 아마추어를 대상으로 하는, 완전히 새로운 건반 형태를 만들어내는 쪽으로 넘어갔다. 양코 건반은 건반에 곡선을 가하는 정도의 변화가 아니라 모양과 배열이 완전히 달라졌지만, 이러한 혁신 역시 다른 건반 관련 발명들과 비슷한 운명을 맞이할 수밖에 없었다.

폴 폰 양코Paul von Jankó는 헝가리의 귀족 출신으로 빈과 베를린에서 엔지니어링, 수학 그리고 음악 분야를 비롯한 다방면에 걸친 지식을 쌓았다. 그의 스승 중에는 안톤 브루크너Anton Bruckner와 헤르만 폰 헬름홀츠Hermann von Helmholtz도 있었고, 그가 발표했던 열두 음조 이상의 평균율에 관한 이론적인 연구는 오늘날에도 여전히 높이 평가받고 있다. 그가 기존 건반의 문제를 해결하려고 시도한 최초의 인물은 아니었다. 이전의 실험적 건반들 중에는 검은건반들을 거의 흰건반 위치까지 내린 것도 있었고, 아예 전체 건반 높이를 동일하게 한 것들도 있었다. 1882년 양코가 발명한 건반에서는 기존 하얀색 키보다 더 얇고 좁으며 모서리가 둥근 키들이 단음과 온음에 관계없이 균일하게 놓여 있었으며, 전체 음들이 위와 아래 2개의 단으로 배치되어 있었다.

양코 건반은 무척 복잡하게 보인다. 그러나 사실은 생각보다 쉽게 다룰 수 있다. 한 옥타브가 여섯 건반 정도의 넓이에 불과한 탓에 아이들이나 손이 작은 성인도 상대적으로 수월하게 연주할 수 있었다. 당연히, 손이 큰 사람들은 더 넓은 범위의 음계까지 닿을 수 있었다. 건반의 위와 아래

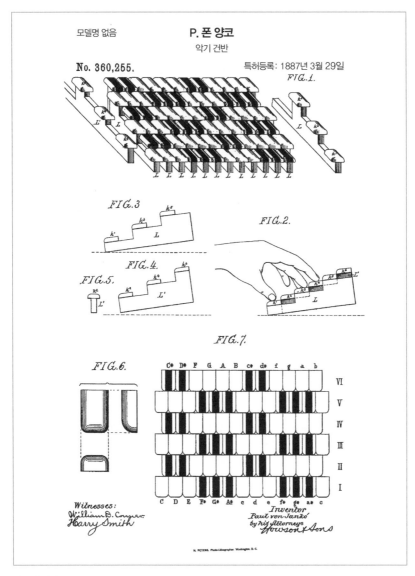

양코의 건반

양코는 수학과 과학 이론을 공부한 헝가리 출신 음악가로, 자신이 발명한 건반이 초보자부터 거장까지 모든 피아노 연주자들에게 도움이 될 것이라고 믿었다. 몇몇 주요 제조사는 생산에 들어갔고, 여러 예술가가 관심을 드러냈으며, 뉴욕에는 건반으로 연주하는 방법을 가르치는 학교가 설립되었다. 그러나 대부분의 피아노 연주자들과 비평가들은 쉽게 연주할 수 있다는 점이 오히려 연주의 질을 떨어뜨린다고 믿었다.

에는 동일한 건반들이 있기 때문에 아르페지오, 글리산도 등 복잡한 주법을 연주하기도 용이했다. 피아노 역사학자 에드윈 M. 굿Edwin M. Good은 이를 골라서 앉거나 여러 개에 걸쳐 앉을 수 있다는 점에서 발코니 의자들에 비유하기도 했다. 부드러운 곡선으로 된 연주면은 세 부분으로 나뉘어 있었지만, 어디를 누르더라도 동일한 건반을 움직이는 구조였다.

양코 건반 배열의 가장 큰 장점은 장조를 연주할 때 조바꿈이 쉽다는 것이다. 다른 조바꿈 건반 등의 메커니즘은 필요 없고 손 위치만 바꾸어주면 된다. 연속적인 음을 연주할 때 위쪽이나 아래쪽으로 연주할 수 있는 옵션도 있었다. 그래서 많은 전문가들이 이 건반을 극찬했다. 초보자나 아마추어가 다루기에도 쉬울 뿐 아니라 이전 건반으로는 불가능한 화음이나 아르페지오로 연주할 수 있었기 때문이었다. 이 건반의 유일한 문제는, 단음키과 온음키 크기가 같아서 촉각과 시각만으로는 건반을 구분하기 어렵다는 점이었다. 기존 건반에서는 흰색과 검은색 건반이 크기와 위치가 달라 손으로만 만져도 구분하기 쉬웠다. 양코 건반에서는 손의 위치를 파악하기가 좀 더 복잡했다.

양코 건반의 시작은 화려했다. 주요 신문들은 그가 새로 개발한 건반을 소개하기 위해 런던과 뉴욕에서 개최한 연주회를 비중 있게 다루었다. 유럽과 미국의 피아노 회사들은 1890년대 초부터 양코 건반이 장착된 악기를 생산하기 시작했다. 베를린의 한 음악 학교에서는 양코 피아노로 수업을 했으며 양코의 스승인 한스 슈미트Hans Schmitt는 수업에 이 건반용 연습곡들을 썼다. 다수의 유명한 유럽 피아노 연주자들도 이 악기를 받아들였으며 특히 리스트가 큰 관심을 표했다. 이 악기의 팬들은 베를린에서 양코 협회를 만들었고, 1891년 유명한 음악 업계 저널이었던 〈뮤지컬 쿠리에 Musical Courier〉에 양코 건반의 장점을 자세히 설명해주는 글을 연재했다. 예술 분야에서 도입 직후부터 이렇게 각광을 받았던 발명은 극히 드물었다.

그러나 양코의 명성은 서서히 사라졌다. 가장 큰 이유는 기술적인 문제 때문이었다. 맨 처음 디자인에서는 위쪽 열에서 지렛대 작용이 부족해 액션 부분을 누를 때마다 뻑뻑한 반응이 문제가 되었는데 이는 다른 발명가를 통해 개선되었다. 1911년에 수정된 액션을 평가했던 발명가, 제작자이자 역사학자였던 알프레드 돌지Alfred Dolge는 이를 '획기적 발견'이라고 평가했다. 그러나 돌지 역시 대부분의 피아노 연주자들, 교사들, 그리고 음악 제작자들이 이 건반을 탐탁지 않게 생각한다는 사실을 알고 있었다. 양코가 발명한 건반에서도 클로트섬 건반의 문제점이 동일하게 나타났다. 연주 투어에서 자신의 피아노를 가지고 다닐 수 있는 연주자들은 극히 드물었고, 다수의 지방 콘서트홀에서는 혁신적인 악기들을 쉽게 접할 수가 없었다. 양코 건반의 가장 큰 문제는 사실 좀 더 근본적인 부분에 있었다. 음악 권위자들의 말에 따르면, 입력 장치가 너무도 잘 작동하는 것이 문제였다.

1장에서 살펴본 바와 같이, 운동 경기에서는 뛰어난 기록을 낼 수만 있다면 스타일에 대한 논쟁이 잠재워진다. 크롤 영법, 안전 자전거 그리고 고반발 합성수지 볼링공이 그 대표적인 예이다. 그러나 음악은 단순히 능숙함만을 경쟁하는 분야가 아니다. 세기말 음악 비평가들은 오늘날과 마찬가지로 음악적 지성과 표현력을 희생하고 순수하게 기술적인 기교에 몰두하는 세태를 개탄했다. 회의론자 중 하나였던 콘스탄틴 슈테른베르크 Constantin Sternberg는 1891년 〈뮤지컬 쿠리에〉를 통해 "그만! 기교는 이제 그만. 감각을, 의미를, 그리고 감정을!"이라고 강하게 주장했다. 그리고 이러한 주장이 "대중과 음악 애호가들 그리고 예술가이기도 한 피아노 연주자들 스스로의 외침"이기도 하다고 말했다.

양코 건반은 음악인들에게 화려함을 부추기고, 아마추어들에게는 있지도 않은 재주를 끌어내려는 것처럼 보였다. 에드윈 M. 굿은 양코 건반의 디자인에서 더 미묘한 문제를 지적했다. 19세기 작곡가들은 표준 건반을 염두에 두고 곡을 썼는데, 어려운 악절에서는 거의 곡예에 가까운 기교를 요해 학생들을 겁먹게 했다. 악기를 제대로 다루며 모든 음표를 잘 소화하려는 피아노 연주자의 긴장과 분투는 콘서트홀을 찾은 관객들을 흥분시켰다. 그 당시 음악이 어려웠던 이유는 그래야만 인정받았기 때문이다. 쉽고 자연스럽게 연주해 긴장감을 없애는 것은 음악이라는 마법에서 주문을 깨버리는 셈이었다. 겉만 화려한 묘기에 빠지지 않으면서도 양코 건반이 가지고 있는 숨겨진 표현력의 가능성을 보여주는 곡을 누군가가 쓸 수도 있었겠지만, 아무도 시도하지 않았다.

양코 건반의 물결은 1920년대에 이르러 그를 지지하던 많은 제작자, 출판업자, 연주자 그리고 교사를 거의 다 잃고 유럽과 북아메리카의 유명 박물관 소장품으로만 남게 되었다. 돌지는 양코의 명함판 사진을 가지고 있었는데, 1911년 콘스탄티노플의 터키 국영 담배 회사에서 부서장을 하고 있을 때의 모습이 담겨 있었다. 아마도 의심의 여지없이 편안한 일자리였겠지만, 1880년대 젊은 박식가로 이름을 날리던 그가 꿈꾸던 미래는 아니었을 것이다. 둥근 아스트라한 모자와 코트를 입고, 콧수염은 풍부하게 기르고 턱수염은 깔끔하게 다듬었으며 슬픔에 가득 찬 눈은 먼 곳을 응시하고 있었다. 실망감이 섞인 그의 표정은 혁신적인 시도를 위해 뛰어넘어야 하는 기존 관습의 벽이 생각보다 높다는 것을 상징하는 듯하다. 그의 적은 아마도 새로운 운지법에 대한 전문 음악인들의 거부감만은 아니었을 것이다. 서양 피아노의 역사가 전통 건반의 단점을 기반으로 발전되었다는 사실이 그가 발명한 새로운 건반이 확산되지 못했던 근본적인 이유였다.

그리고 만약 양코 건반의 지지자들이 좀 더 어렵고 들어보지 못한 새로운 음악을 새로운 건반으로 만들 수도 있었다고 주장한다면, 이에 대한 대답은 분명하다. 아마추어들은 표준 건반에서 느꼈던 어려움을 양코 이후 작곡된 곡을 연주하면서 똑같이 느끼게 되었을 것이다. 초보자에게든 전문가에게든, 테크놀로지는 몸의 테크닉에 영향을 미치는 경우에만 의미가 있다.

양코 건반 이후 상업적으로 성공을 거둔 혁신적인 건반은 없었다. 그렇지만 꿈 많은 아마추어들은 끝까지 포기하지 않았다. 영국에서 가장 뛰어난 정형외과 의사 중 한 명이었던 그레이엄 애프리Graham Apley는 1991년에 새로운 건반 배치를 제안했는데, 각 옥타브의 장음계가 검은색과 흰색 건반이 번갈아가며 시작되는 방식이었다. 그 다음 해에는 앙리 카르셀Henri Carcelle이 프랑스 발명 분야에서 가장 유명했던 레핀 인벤션 콘테스트Lepine Inventions Contest에서 애프리의 건반과 유사하게 짧은 키와 긴 키가 번갈아 배치된 건반 배열을 선보여 1등을 차지했다. 이 건반은 악보를 가로가 아닌 세로로 표시하는 새로운 기보법으로 연주되었다. 그러나 이들도 양코 때와 동일한 문제에 직면했다. 혁신적인 도구를 사용해 취할 수 있는 이득이 과연 연주법을 다시 배우는 노력을 기울일 가치가 있을지를 두고 사람들이 대부분 의구심을 보인 것이다.

테크놀로지가
건반을 보존하다

기묘하게도, 새로운 스타일의 음악은 기존 건반을 위협하는 요소로 작용하지 않았다. 오히려 건반의 수명을 연장시키는 결과를 낳았다. 어쿠스틱 피아노의 발전이 정체되어 있던 19세기 중반에 새로운 세대의 전자 악기들이 등장했는데, 일부는 피아노와 오르간 소리와 비슷하고 다른 것들은 완전히 새로운 소리를 표현했다. 완전히 새로운 입력장치가 등장하기에도, 물리적 장비가 과거의 흔적을 찾아볼 수 없게 발전하기 적합한 시기로도, 이제 막 전기가 새로운 발견으로 떠오르던 19세기 후반보다 더 좋은 시점은 없었다. 이어지는 수십 년 동안은 예술에서 관습 타파가 정점을 이루어, 미래주의와 초현실주의 같은 여러 운동이 활발하게 일어났다. 그러나 이러한 변화 중에 그 어떤 것도 건반의 친숙한 배치에는 심각한 도전이 되지 못했다.

피아노 건반은 전자 음악의 초기를 지배했다. 알렉산더 그레이엄 벨Alexander Graham Bell과 전화의 발명을 놓고 선두를 다투다 결국 패배한 미국 발명가 엘리샤 그레이Elisha Gray는 1876년에 '음악 전보'를 선보였다. 일련의 진동기들로 구성된 열을 피아노 방식의 조작계를 통해 작동시키는 방식이었다. 영국 물리학자 윌리엄 두델William Duddell은 탄소 아크등으로 소리를 만드는 방법을 발견했는데, 이때도 친숙한 건반이 사용되었다. 역사상 가장 장엄한 전자 악기인 토머스 케이힐Thomas Cahill의 텔하모늄은 맞춤형 발전기 154개를 통해 수화기에 장착된 음향 혼에 전달되는 서로 다른 음향 주파수의 전류를 만들어냈는데, 길이는 18미터이며 무게는 200톤에 달했고 전용 빌딩의 1층에 수납되어야 했다. 이 기기에도 건반이 사용되었지만 한 옥타브에 12개가 아닌 36개 키가 달려 있었다. 그렇지만 이를 공부한 음악가들은 많지 않았다.

전자 음악이 등장한 초기에 사람들은 단순히 어쿠스틱 피아노나 오르간과 비슷한 소리 대신 처음 들어보는 새로운 악기의 소리를 듣고 싶어 했고, 새로운 스타일의 연주에 큰 기대감을 품었다. 가장 유명하며 수수께끼로 남아 있는 이 분야의 개척자는 레온 테레민Leon Theremin이다. 그는 현대 전자기기와 방송의 기반이 되는 초기 3극관이 사람 몸에 저장된 전하량으로 제어될 수 있음을 처음으로 밝혀냈다. 제1차 세계 대전 중 러시아 군대에서 일하면서 그는 전자 회로에 접근하는 사람에게 있는 자연적 정전 용량capacitance이 회로에 영향을 미쳐 신호를 발생시킬 수 있으며 이를 통해 회로를 감시병으로 만들 수 있음을 발견하게 된다. 이와 같은 원리에 따라 음악가의 신체가 기계의 일부가 되면서 연결된 선 없이 에너지를 흡수하거나 발산할 수 있는 것이다.

드포리스트의 관 디자인을 이용한 고주파 발진기는 신체의 정전 용량에 매우 예민했다. 안테나를 조절하는 손의 위치를 바꾸는 것으로, 조작자는 음색을 지속적으로 올리거나 내릴 수 있었다. 그가 만든 악기는 물리적 접촉이 거의 없이 연주가 가능한 최초의 악기였다. 처음에는 페달을 밟아서 음량을 조절하고 왼손으로 스위치를 조작해 음을 구분했다. 악기를 직접 만지지 않고 연주하는 모습을 극적으로 연출하기 위해 테레민은 나중에 왼손의 움직임을 감지할 두 번째 안테나를 추가했다.

테레민은 재능 있는 아마추어였고, 피아노 연주자가 아니라 첼로 연주자였다. 그의 에테르폰은 첼로와 비슷한 세 옥타브에서 네 옥타브 사이 음계를 가지고 있었고, 음색은 첼로에서 바이올린 사이를 넘나들었다. 그는 또한 에테르폰을 현 없이 지판으로만 연주되는 전자 첼로에 적용했다. 그러나 RCARadio Corporation of America(1986년 제너럴 일렉트릭에 인수됨─옮긴이)임원들이 테레민의 발명을 피아노의 전자식 라이벌로서 상업화하고자 했을 때, 그들은 지난 수 세기 동안 건반이 인기를 얻을 수밖에 없었던 이유를 재발견하게 된다. 에테르폰은 지금은 '테레민'이라는 이름으로 바뀌었으며, 이 악기를 연주하려면 매우 뛰어난 음악적 기교가 필요했다. 가수들도 자신의 성대가 울리는 정도를 피드백으로 활용하는 반면, 테레민의 경우에는 빈 공간에 손을 두었을 때 손동작을 어떻게 해야 한다는 그 어떤 시각적 힌트도 없다. 테레민 연주자는 절대 음감은 물론 음의 높이를 제대로 맞추기 위해 손의 위치 감각도 뛰어나야 했다. RCA는 500대도 팔지 못했고 일찌감치 손을 뗐다. 테레민은 결국 대중의 관심을 끌기 위해 키보드 모델을 시도했으나 이 역시 실패하고 말았다.

이렇듯 극단적으로 정교한 테크닉을 요구했던 탓에 로버트 모그^{Robert} 하기엔 Moog가 1950년대에 안테나 테레민의 생산을 재개한 이후에도 전문 연주자는 거의 없었다. 남아 있던 테레민 연주자들 중 가장 유명한 이는 클라라 록모어^{Clara Rockmore}였다. 절대 음감은 물론 몸동작과 음악적 기교를 완벽하게 마스터한 그녀는 이미 천재 바이올린 연주자로 이름을 날리고 있었다. 건반이 장착된 테레민은 괴상한 음색을 가진 오르간에 불과해, 쉽게 접근할 수는 있지만 음악적으로는 크게 흥미롭지 않은 악기였다. 안테나로 조작되는 테레민은 적은 수의 애호가들에게 소리의 실험실과 같은 존재였다. 이 악기는 주로 공상과학 영화나 비치 보이즈^{Beach Boys} 같은 그룹들의 음악에나 사용되었는데, 이에 대해 록모어를 비롯한 몇몇 테레민 대가들은 불만을 드러냈다.

테레민이 만약 키보드 모델을 좀 더 발전시켰거나 적어도 좀 더 연주하기 쉬운 지판을 적용했다면 어땠을까? 더 많은 작곡가들의 관심을 끌고 높은 판매량을 달성하지 않았을까? 동료 첼로 연주자이자 발명가인 프랑스인 모리스 마르트노^{Maurice Martenot}는 아무도 걷지 않은 길에 도전했다. 그의 옹드 마르트노는 테레민의 음향−발생 회로에 기반을 두고 있지만, 연주자의 손가락에 끼는 반지에 줄이 연결되어 피아노 건반 배열의 위 아래로 움직이는 방식으로 조작된다. 이로써 테레민 사용자들에게 골칫거리였던 음정의 문제를 해결할 수 있었다. 마르트노의 악기는 환영을 받으며 고전 음악의 계보에 편입된 최초의 전자기기였다. 양코 피아노에서는 소수의 연습곡들만 출판되었던 반면, 옹드 마르트노에는 아르튀르 오네게르Arthur Honegger, 올리비에 메시앙Olivier Messiaen, 다리우스 미요Darius Milhaud, 에드가 바레즈Edgard Varése의 작품들이 있었다. 파리 음악원the Paris Conservatory에서는 전쟁이 끝난 후 마르트노를 그의 악기를 가르치는 학과의 학장에 임명했는데, 이는 음악 발명가의 학문을 인정해주는 흔치 않는 일이었다. 마르트노는 테레민이 하지 못했던 방식으로 음색을 세밀하게 조절하는 인터페이스를 좀 더 친숙하게 만들 수 있었다.

건반의
세계화

옹드 마르트노가 등장했던 시기, 가장 보편적으로 보급되어 다양한 용도에 사용되던 건반 악기인 피아노는 기술적으로 침체기에 접어들어 1890년대 이래로 눈에 띄게 개선된 점이 없었다. 1948년, 피아노 학자 어니스트 허치슨Ernest Hutcheson은 자신의 교본 서문을 기술적인 요구 사항 목록으로 채웠다. 무엇보다도 건반 액션과 소스테누토 페달sostenuto pedal(특정 음만을 울리게 하는 페달로 그랜드 피아노 3개 페달 중 가운데에 위치한다-옮긴이)이 다소 불편하고 터치와 억양의 섬세함을 좀 더 극대화 할 수 있는 새로운 액션이 만들어지기를 기대했다. 그러나 그로부터 50년 후에도 어쿠스틱 피아노는 1890년대의 모습에서 크게 달라지지 않았다. 한때 장인 정신과 산업 혁신의 혼합물이었던 피아노는 이제 전통과 보존의 상징으로 마케팅되었다. 20세기까지 그 트렌드가 지속되어 그랜드 피아노와 수형 피아노의 판매량에서 그랜드 피아노가 우세를 보이는 것도 그러한 이유로 보인다. 노동력과 소재의 희소성으로 피아노의 가격은 기타 생계비에 비해 상당히 높게 올라갔다. 다른 대부분의 복잡한 소비재, 특히 자동차와 텔레비전은 지난 두서너 세대 이전에 비해 정비하는 횟수가 크게 줄었지만, 피아노는 여전히 장인 기술자의 지속적인 관리가 필요하다. 대신 오래된 피아노라도 수리한 뒤 다시 조립하면, 다른 오래된 전자 장비들과 달리 신모델이라 말해도 믿을 정도로 손색이 없었다.

일부 사람들에게 어쿠스틱 피아노는 장엄한 크기만 자랑하는 시대착오적 도구로, 고급 기계식 시계와 같이 과거 명작의 그늘에 놓인 과시용 기술로 인식되고 있다. 그런 생각 자체가 디자이너들이 기존 메커니즘에 과감한 변형을 시도하는 것을 어렵게 만든다. 다행히, 언제나 몇몇 이들은 안정된 자리를 용기 있게 박차고 나오곤 했다.

이런 이들이 손목시계, 짐수레 끄는 동물로 경작하는 법 그리고 악기를 개선하는 더 나은 방법을 찾아내곤 한다. 최근에 미국 회사인 판드리히 피아노는 그랜드 피아노의 느낌을 주는, 용수철이 적용된 수형 피아노용 액션을 개발했다. 오스트레일리아 피아노 재조립 전문가이자 판매업자인 론 오버스Ron Overs는 캐드를 이용해 완전히 새로운 액션을 고안했다. 그의 주장에 따르면, 그가 고안한 액션은 기존 액션에 비해 마찰을 최대 50퍼센트까지 줄였고 반응과 음향 출력 그리고 내구성이 향상된 제품이었다. 오버스의 액션은 양코 건반 이래로 피아노와 관련된 가장 근본적인 변화였다. 또한 과거에 허치슨이 요구했던, 연주의 섬세함을 좀 더 살릴 수 있는 새로운 액션을 처음으로 제대로 구현한 것이라고 할 수 있었다. 다수의 유명 콘서트 피아노 연주자들이 이미 오버스의 액션을 시험해보거나 콘서트홀의 그랜드 피아노에 장착하면서 적극적으로 지지하고 있다. 오버스는 제품군을 자체적으로 생산할 계획이며, 전 세계 제조사들이 액션 라이선 스에 대해 관심을 보이고 있다.

오버스 액션의 성공은 그 구성 자체만이 아니라 이 액션을 적용했을 때 피아노 연주자들과 교사들이 이미 익히고 있던 기교로 더 멋진 연주가 가 능하기 때문이기도 하다. 만약 연주자들이 더 적은 피로도로 동일한 효과 를 얻을 수 있다면, 오버스 액션은 어쿠스틱 피아노 시장을 부활시키는 데 크게 기여할 것이다.

한편 건반에서 가장 큰 변화는 어쿠스틱 피아노가 아닌 상대적으로 빠 른 기술적 변화를 보이는 전자 음악에서 시작되었다. 전후 신시사이저의 개척자는 레이먼드 스콧Raymond Scott이었다. 음악가이자 발명가인 그는 워 너브라더스 만화를 위해 혁신적인 사운드트랙들을 만들어냈다. 스콧의 클라비복스는 1950년에 발명되었는데, 건반을 통해 연속되는 음색을 테 레민과 유사하게 만들어낼 수 있었지만, 이후의 여러 번 개선했음에도 의 도했던 것만큼 대중화되지는 못했다.

전자 신시사이저 시장을 연주자에게 열어젖힌 인물은 스콧의 동료였던 로버트 모그였다. 모그는 음악 신시사이저의 새로운 가능성들을 현실로 만들어낸 두 명의 디자이너 중에 한 명이었다. 실리콘 접합 트랜지스터의 가격이 1957년 1,000달러에서 1964년 25센트까지 떨어진 덕분에 모그는 1만 달러 범위에서 악기를 만들 수 있었다. 건반은 트랜지스터 출력을 조 절하기 위해 모듈 형태로 연결되는 여러 장비 중에 하나에 불과했다. 트라 우토니움 스타일로 현을 미끄러뜨려 전기저항값을 변화시켜 다른 음을 내 는 방식도 똑같이 적용될 수 있었다. 모그는 새로운 '리본 컨트롤러'를 만 들었는데 일종의 전위차계로 손가락을 위나 아래로 움직여 조작하는 방식이었다. 사회학자 트레버 핀치Trevor Pinch와 프랭크 트로코Frank Trocco에 따르면, 이러한 장치들 대신 건반을 사용하도록 권고한 것이 다름 아닌 모그의 고객들이었다.

동시대에 또 다른 길을 개척했던 음악가이자 작곡자인 도널드 버츨러Donald Buchla는 음계가 21개인 키보드는 새로운 음악의 범위를 제한한다고 여겼다. 그의 독자적 신시사이저는 손가락을 대면 감응하는 판을 사용했다. 버츨러는 자신을 소개할 때 기계 제작자라기보다는 '옛날 방식을 고수하는 악기 제작자'라고 자랑스럽게 말했다. 그의 컨트롤러는 대담하고 혁신적이었지만, 그 때문에 전통적인 건반이 배치된 신시사이저에 비해 더 적은 수의 음악가들에게만 어필할 수 있었다.

기계적인 친숙함이 신시사이저 개발을 모그의 건반 모델 쪽으로 옮겨가게 만든 요인인 것은 사실이다. 초기 모그의 홍보용 사진에서는 건반이 맨 앞에 위치하며 잠재 구매자들에게 그들도 충분히 연주할 수 있는 악기임을 각인시키고자 했다. 옆에 놓인 LP 판은 이 악기를 통해 멋진 음악이 연주될 수 있음을 암시했다. CBS 레코드에서 1968년 선보인 월터 카를로스Walter Carlos, 지금은 웬디 카를로스Wendy Carlos의 〈스위치드-온 바흐Switched-On Bach〉는 역사상 가장 많이 팔린 클래식 음반 중 하나가 되었으며 글렌 굴드에게서도 그가 들었던 브란덴부르크 협주곡 연주 중에서 가장 뛰어났다는 칭송을 받게 되었다. 카를로스는 그때까지 1차원적인 악기라고 여겨지던 신시사이저에서 풍부한 표현의 가능성을 열어준 인물로 평가받았다. 오리지널 버츨러는 상대적으로 모호한 성격을 갖는, 학술적이며 실험적인 악기들의 유서 깊은 명맥을 이어가는 악기 중 하나로 남아, 새로운 종류의 소리를 찾는 작곡가들에게 사랑을 받았다. 카를로스는 모그를 이용해 건반 음악의 효시에 대한 헌사를 바친 셈이다. 비슷한 시기에 작곡가 모튼

수보트니크Morton Subotnick는 앨범 〈실버 애플즈 온 더 문Sliver Apples on the Moon〉을 버클러로 연주했다. 그의 앨범은 전자 음악의 독특한 가치를 분명하게 보여주는 사례로 남았다.

비틀즈와 롤링 스톤즈를 시작으로, 여러 세대의 록과 팝 음악가들은 모그 신시사이저 및 유사 제품들을 주류 음악계에 끌어들였다. 1980년대에는 일본 제조사들이 건반 신시사이저를 표준 악기로 만드는 데 크게 공헌했다. 피아노 연주자들은 자신의 악기를 가지고 연주 여행을 다닐 수 있게 되었고, 몇몇 공연 무대에서는 더 이상 피아노가 설치되지 않았다. 록 뮤지션들은 새로운 전자 피아노를 기타처럼 들어서 연주하며 극적인 몸동작을 취할 수 있게 되었다.

새로운 세대의 장비들, 특히 집적 회로 덕분에 전자 건반은 기존 어쿠스틱 악기들의 소리를 더 잘 모방할 수 있게 되었고, 신시사이저를 '박스 안 오케스트라'로서 피아노의 후계자로 만들어주었다. 음악학 연구가 제임스 파라킬라스James Parakilas는 록 음악의 현장에서 음악 인터페이스로써 건반의 활용도를 관찰한 결과, 신시사이저는 "건반 연주자들이 정말로 많은 종류의 소리를 낼 수 있게 되어 몇몇 동료 밴드 멤버들의 자리를 빼앗아버리는 동시에 그들이 원래 연주하던 피아노조차 쓸모없게 만들어 버리고 있었다."는 결론에 이르렀다.

건반 악기는 전 세계적으로 생산될 뿐만 아니라 점점 보편화되었다. 몇몇 고급 신시사이저는 단순한 조작을 통해 비서양권 음악에 맞는 음계들을 낼 수 있도록 사전에 프로그래밍되어 있기도 하다. 그 덕분에, 아랍과 아랍계 미국 음악에서 어쿠스틱 피아노는 중요한 악기로 여겨진 적이 한 번도 없었지만, 다재다능한 키보드 신시사이저는 이제 '아랍 연합Arab Org.'이 있는 곳 어디서든 마주치는 악기가 되었다.

앞에
놓인 길

악기를 연주하는 방식은 점점 다양해
지고 있다. 전자 음악가들은 혁신적인 소리와 음악을 만들기에 기존의 건
반으로는 부족하다는 생각을 하게 되었다. 현대의 많은 작곡가들은 우리
가 다음 장에서 살펴보게 될 컴퓨터 키보드를 사용한다. 이들 중 일부는
음계를 4분의 1이나 더 작은 단위로 나눌 수 있는 '미소음정microtonal' 혹은
'이명동음enharmonic' 건반을 사용하기도 한다. MIT 출신 전기 엔지니어 존
S. 앨런John S. Allen은 양코 모델과 외형이 유사한 '일반 건반'을 개발했다. 앨
런의 건반은 한 옥타브당 서른한 가지 음을 연주할 수 있었다. 앨런의 건
반을 비롯한 여러 혁신적인 악기 인터페이스 디자인은 본질적으로 음감
이 매우 발달한 소수의 연주자나 청중만을 염두하고 만들어진 것처럼 보
인다.

우리가 이미 살펴본 바 있는 현이나 활 그리고 신체 위치를 인식하는 기
술을 변형한 디자인도 등장했다. 인체 정전 용량을 활용했던 테레민은 시
작에 불과했다. 댄서의 동작 혹은 눈동자의 움직임을 소리로 변환하는 테
크놀로지도 개발되었다. 도널드 버츨러는 무선 지휘봉으로 연주할 수 있
는 악기도 발명했다. 새로운 컨트롤러를 개발하는 독립 악기 제작자, 학
자, 연주자들은 대형 제조사에서 자신의 발명품을 라이선스해 생산하는
것을 기대하지 않는다. 새로운 악기를 만든 성과로 음악원의 학장이 되었
던 마르트노 같은 케이스도 과거의 일이다. 오늘날 혁신적인 연주 도구를
만드는 전문가와 애호가들은 작은 규모의 동호회를 통해 연주를 하거나
CD를 제작하면서 서로 교류하고 있다.

반면에 최신 기술로 표준 건반을 전자식으로 개량하는 길로 나아가는

이들도 있었다. 이들은 새로운 음악을 만들기보다는 기존 음악을 좀 더 잘 연주하도록 하는 데 집중했다. 자동 피아노가 업그레이드된 형태의 기기들이 가장 큰 주목을 받았다. 1978년에 마란츠에서 카세트테이프에 인코딩된 데이터로 연주되는 최초의 전자식 자동 재생 피아노를 개발했다. 1988년에는 일본 제조사 야마하가 디스클라비어를 생산했다. 이는 가청 해머 속도를 100레벨 이상으로 구분해 피아노 연주자의 연주를 전자식으로 컴퓨터 디스켓에 녹음하고 재생할 수 있는 기기였다.

캘리포니아 출신 음악가이자 엔지니어인 웨인 스탄크^{Wayne Stahnke}는 연주를 기록하는 새로운 시스템을 고안해 오스트리아 피아노 제조사 뵈젠도르퍼의 기기에 적용했다. 새로운 유형의 센서를 활용해 건반의 눌림이 아니라 해머의 속도를 녹음하고, 최신 선형 모터로 피아노 연주자의 연주에 영향을 미치지 않으면서 해머와 페달의 동작을 복제하는 시스템이었다. 오늘날 뵈젠도르퍼 290 SE나 야마하의 2.7미터에 달하는 디스클라비어 그랜드 프로는 첨단 기술이 집약된 악기라는 점에서 중세와 근대 초기 유럽의 대형 오르간과 유사하다. 이러한 기기들은 당시와 크게 변하지 않은 건반으로 놀라운 범위의 음악을 들려준다. 다양한 기능을 갖춘 일렉트로닉 어쿠스틱 콘서트 그랜드 피아노는 30만 달러 이상의 높은 가격을 자랑한다.

이러한 하이브리드 피아노는 전자 건반 악기가 어쿠스틱 피아노의 소리를 구분할 수도 없을 정도로 완벽하게 재현하기 위한 중간 단계에 불과할까? 그렇지 않을 수도 있다. 어쿠스틱 피아노가 처음 등장한 지는 300년이나 지났다. 하지만 지금도 피아노가 음을 만드는 복잡한 원리는 과학적으로 완벽하게 밝혀지지 않았다. 각각의 음을 전자적으로 샘플링해 연주한다고 해서 어쿠스틱 피아노의 음이 복제되지는 않는다. 피아노의 현은 소리를 내면서 다른 현의 배음에 반응한다. 몇몇 피아노 기술자들은 음의 소멸을 늦추기 위해 음 하나를 내는 세 가지 현을 의도적으로 서로 약간 어긋나게 만들기도 한다. 어쿠스틱 피아노의 공명판과 확성기 그리고 진동하는 현 사이에서 어떠한 상호 작용이 일어나는지에 대해서는 아직도 더 연구되어야 할 점들이 적지 않다. 어쿠스틱 피아노 판매상들은 고객 중 다수가 전자 건반을 갖고 있으며 전자음에 싫증을 느끼고 한 단계 업그레이드한 건반을 원하는 젊은이라고 말한다.

전자 악기, 특히 전자 피아노에 적합한 새로운 표준 건반을 고안하려는 시도도 있었다. 로버트 모그는 건반 위 손가락의 위치(X축과 Y축)와 건반의 수직적 움직임(Z축)을 실시간으로 파악하는 '다중 터치 인식MTS: multiply-touch-sensitive' 건반 컨트롤러를 고안했다. 센서를 통해 인식된 정보는 MIDIMusical Instrument Digital Interface 회로에 연결된다. 건반 연주자는 모그의 방식을 비롯한 새로운 컨트롤러를 활용해 기존의 피아노로는 불가능했던 음악 효과를 창조하는 새로운 테크닉을 개발할 수 있다. 이러한 도구들의 목적은 단순히 악보를 좀 더 정확하게 연주하게 해주는 것이 아니라, 새로운 음악적 표현을 촉진하는 것이다.

엔지니어들은 어쿠스틱 피아노 액션의 움직임과 반응을 전자 피아노로 옮겨내기 위해 끊임없이 노력해왔다. 1990년에 이와 관련된 두 부류의 디자인이 발표되었다. 프랑스 음악 기술 연구자인 클로드 카도즈Claude Cadoz 와 동료들은 키를 작동시키는 모터 16개가 소프트웨어로 제어되는 건반을 선보였다. 같은 해 미국인 리처드 베이커Richard Baker 는 이와 유사한 '액티브 터치 키보드'를 발명한다. 각각의 키가 모터를 통해 다른 건반에 연결되고, 동시에 도르래로는 아날로그 컨트롤러에 연결되어 건반을 누르는 감각에 따라 음색이 변화하는 방식이었다. 세 번째 발명가 앨리스터 리델Alistair

Riddell은 어쿠스틱 피아노에서 사용할 수 있는 '메타 액션Meta Action'을 완성했는데, 키를 누르면 반응하는 솔레노이드solenoid, 전기를 통하면 전자석이 되는 관형 코일-옮긴이) 끝에 해머를 붙이는 방식이었다.

이러한 새로운 설계 중 그 어떤 것도 어쿠스틱 피아노에서 건반을 손가락으로 누르는 시점부터 음이 연주되는 시점까지에 이르는 전체 사이클을 완벽하게 재현하지 못한다. 우리가 이미 살펴본 바와 같이 피아노 연주자가 일단 키를 누른 후에는 현의 울림을, 그리고 그 울림으로 인한 소리를 제어할 방법이 거의 없다. 그럼에도 불구하고 어쿠스틱 피아노는 이론으로 설명할 수 없을 정도로 다채로운 음색을 들려준다.

그랜드 피아노의 액션은 프레임에 고정된 현을 비롯한 소리의 감쇠와 경화를 위한 부속들 사이의 물리적 관계로 모델링될 수 있다. 소프트웨어 시뮬레이션을 활용하면 복잡한 상호작용도 다양한 형태로 변환될 수 있다. 과거 유명했던 피아노나 하프시코드의 소리를 가상의 건반을 통해 재현할 수도 있는 것이다. 센서를 추가하면 어쿠스틱 피아노로는 가능하지 않았던, 이를테면 음이 커지는 효과를 구현할 수도 있다. 브렌트 길레스피는 어쿠스틱 피아노 액션에서 측정된 반응값에 가까운 출력을 내는 시스템을 고안해 박사 학위를 받았다. 그는 현재 터치백 키보드Touchback Keyboard라는 이름이 붙은 이 시스템을 개량하고 있다.

최신 기술을 활용해 500년이나 지난 과거의 테크놀로지인 어쿠스틱 피아노가 감추고 있는 신비로움을 밝혀내고자 한다는 점에서 길레스피의 노력은 역설적인 면이 있다. 음악 건반은 다른 기계 혁신의 부산물로 시작되었을 수도 있지만, 성당은 물론 가정의 거실을 아름다운 음악으로 채워주었다. 건반이 가장 성공적으로 적용되었던 악기인 피아노포르테는 발명 당시에는 음악계에 거의 아무런 영향도 미치지 못했다. 악기 제작자가 아닌 위대한 작곡가와 연주자들이 피아노를 변화시켰고, 이러한 변화 덕분에 피아노가 19세기에 가장 널리 퍼진 악기가 되었다. 새로운 연주 테크닉이 피아노 제작자에게 기술 혁신을 위한 영감을 불어넣어주었던 것이다.

20세기부터 작곡과 연주가 두 가지 다른 직업으로 분화된 탓에, 과거처럼 근본적인 변화를 일으킬 동력이 사라지고 말았다. 존 케이지^{John Cage}나 조지 크럼^{George Crumb}과 같은 작곡가들은 볼트나 스크류, 고무줄 같은 작은 물체들로 현에 변형을 준 '조작된' 피아노를 사용했다. 그러나 좀 더 근본적인 변화를 위해 해체와 실험을 거듭하는 '해커 정신'은 2만 5,000달러에 달하는 스타인웨이 그랜드 피아노가 아니라 2,500달러짜리 개인용 컴퓨터로 옮겨갔다. 혁신적인 악기들이 화려하게 등장하며 주목을 받기도 했지만, 키 21개로 한 음계를 표현하는 기존 음악 건반에 대한 우리의 애착은 오히려 더욱 강해지고 있다. 음악 건반은 테크닉이 종종 테크놀로지를 변화시키지만, 때로는 보존시키기도 한다는 사실을 보여주는 대표적인 사례가 된 것이다.

텍스트 자판,
효율적인 필기법과
여성 고용이라는
두 마리 토끼를 잡다

이제 수억, 혹은 수십억 세계인들에게 자판을 치는 것은 손으로 글씨를 쓰는 것보다 더
자연스러운 테크닉으로 자리 잡았다. 특히 서양에서는 필기가 우아한 예술이 아니라 까
다롭고 귀찮은 일로 여겨질 정도다. 우리 몸의 테크놀로지와 테크닉이 끝없이 확장되어
가면서, 자판은 마치 우리 몸의 일부처럼 친숙한 존재가 되었다. 허나 그렇게 되기까지의
과정은 결코 순탄하지 않았다.

사물의 역습

의외의 일이지만 음악을 연주하기 위한 건반은 문자를 찍기 위한 자판보다 적어도 오백 년 이상 먼저 등장했다. 대문자와 소문자를 다른 글자로 치더라도 오늘날 컴퓨터 자판에 배열된 키보드보다 그랜드 피아노 건반의 키 개수가 더 많고 특히 중세 오르간의 구조는 기계식 타자기보다 훨씬 복잡하다. 또한 글을 쓰기 위한 기계는 1870년대에 들어서야 본격적으로 개발되었으며 그 이전에는 이와 유사한 도구조차도 찾아볼 수 없었다.

또 의외인 점은 텍스트 자판이 처음 등장하고 125년 동안 확고한 물리적 인터페이스로 자리매김했을 뿐만 아니라 다양한 인접 영역으로 퍼져나갔다는 점이다. 가령 타자기는 비싼 가격에도 불구하고 상업과 공공 영역뿐만 아니라 학문과 문학에서까지 펜과 연필을 대체했다. 또한 텍스트 자판은 식자, 자료 입력, 전신의 중요한 요소가 되었는데 마이크로컴퓨터가 등장한 이래로 20년 동안 로마와 키릴 알파벳을 쓰지 않는 지역을 포함해 전 세계적으로 퍼져나갔다. 오늘날 음성과 필기 인식 장치 같은 대안들이 대대적으로 홍보되고 있지만, 텍스트 자판은 선조 격인 음악 건반과 마찬가지로 그 영역을 점점 더 넓혀가고 있다. 이제 수억, 혹은 수십억 세계인들에게 자판을 치는 것은 손으로 글씨를 쓰는 것보다 더 자연스러운 테크닉으로 자리 잡았다. 특히 서양에서는 필기가 우아한 예술이 아니라 까다롭고 귀찮은 일로 여겨질 정도다. 우리 몸의 테크놀로지와 테크닉이 끝없이 확장되어가면서, 자판은 마치 우리 몸의 일부처럼 친숙한 존재가 되었다. 허나 그렇게 되기까지의 과정은 결코 순탄하지 않았다.

몸의 테크닉으로써의 글쓰기

글을 익히는 것은 무척 어렵지만 모든 아이가 반드시 거쳐야 하는 과정이다. 계산에 암산법이라는 지름길이 있는 것과는 달리 글쓰기를 빠르게 해주는 방법은 없다. 특히 속기법은 글쓰기 중에서도 가장 어려운 기법에 속한다. 중국에서는 한자를 제대로 배우는 것만 해도 평생 걸릴 만큼 글자가 많지만 26개밖에 없는 서양에서도 빠르고 정확하게 글다운 글을 쓰기란 결코 쉬운 일이 아니다.

중세의 서기는 여러 힘든 과정을 극복해가며 필기를 했다. 당시 양피지는 무척 귀했고, 종이는 15세기 이후에나 널리 보급되었다. 그래서 서기는 깃펜을 하루에 최대 60번 이상 깎아가며 양피지에 일일이 괘선을 그려 넣어야 했다. 이렇게 열악한 조건에도 불구하고 중세 후반에는 개인 기록실들이 성행해서 글쓰기의 효율이 매우 높았다. 서기들은 한 손에는 펜을 들고, 다른 한 손으로는 양피지를 고정하거나 깃펜을 깎고, 나이프로 오타를 수정해가며 필기했다. 그런데 이들이 글쓰기 도구를 다루었던 테크닉은 현재 우리가 연필이나 펜을 쥐는 법과는 매우 달랐다. 깃펜은 무척 가벼워서 검지와 중지의 끝 부분과 엄지만을 사용해 쥘 수 있었고 팔목이 아니라 팔뚝 전체를 움직였는데 손은 필기면에 거의 닿지 않았다. 중세 서기들은 이러한 방식으로 가톨릭 기도서의 본문은 일주일 정도면 완성할 수 있었으며, 축약본은 하루에 두세 개도 만들 수 있었다. 이렇게 빠르게 쓸 수 있었던 이유 중에 하나는 이들이 사용하던 책상이 인체 공학적으로 디자인되어 있었기 때문이다. 우리는 앞서 고대 그리스와 로마에 책상이나 필기용 테이블이 없었다는 사실을 살펴본 바 있다. 반면 중세 서기는 사용자 방향으로 살짝 기울어진 강의대를 책상으로 사용했다. 이는 펜과 필기면 사이에 최적의 각도를 유지해주어서 지금도 읽기와 쓰기를 할 때 적절한 도구로 쓰인다. 또한 책상 옆에는 필사할 책을 놓아두기 위한 스탠드가 있었다. 오늘날 일반적인 컴퓨터 책상에도 있었으면 하는 도구다. 고급 서적을 짧은 시간 내에 필사하는 작업을 할 때는 이러한 기록실에서 서기가 작업하는 방식이 오히려 초기 인쇄기보다 효율적이었다.

구텐베르크 이후에도 글쓰기 기계를 제작하려는 노력이 있었지만, 비용만 많이 들고 결과가 조악했다. 게다가 필사본은 저자가 쓴 원문의 단순한 복제품 그 이상이었다. 역사학자 앙리 마르탱Henri-Jean Martin이 관찰한 바에 따르면, 필사본으로 옮겨 쓰는 행위를 통해 서기는 "원문의 내용과 주장에 '운동 기억에 가까울' 정도로 익숙해지며, 작가의 논증도 '거의 피부로 느낄 정도로 친숙'하게 이해하게 된다." 물론 필사는 몸을 움직이는 행위였지만, 작가와 정신적으로 일체가 되는 경험으로까지 승화될 수 있었고 이 과정에서 기존 오류가 수정되거나 새로운 오류가 포함되었다. 즉 중세의 서기는 지식 장인이자 작가의 협력자였던 것이다. 전문 필경사는 본문의 목적과 형식에 따라 다양한 서식과 스타일을 제공했는데 이러한 스타일의 열두 가지 견본이 제시된 문서가 현재까지도 남아 있다. 각 필경사의 필체는 무척 독특해서 중세 필사본 전문가들은 당시에 이들의 문서를 위조하는 것이 거의 불가능했으리라고 추정한다.

이렇듯 중세 필기법이 워낙 효율적이었기 때문에 초기 인쇄술이 당시 서적 디자인에 미친 영향은 미미했다. 그뿐만 아니라 오히려 손 글씨의 새로운 전성시대를 열기까지 했다. 인쇄술로 말미암아 서류 작업이 늘어나면서 국가와 종교, 경제 활동에서 필기의 중요성이 더욱 강조되었기 때문이었다. 그래서 인쇄술로 복제되는 책들도 원본은 손으로 써야 했다. 초기 조판 기술의 문제를 극복한 출판사들은 본격적인 첫 번째 상품으로 당시 지속적인 수요를 보였던 필기 교본을 출판했다. 그리하여 1520년대부터 루도비코 아리기 Ludovico Arrighi, 제귀오반니 안토니오 타글리엔터 Giovanni Antonio Tagliente, 조반 바티스타 팔라티노 Giovan battista Palatino 와 같은 이탈리아 필기체 대가의 교본이 많게는 30쇄까지 인쇄되어 널리 퍼졌다. 찬세리 혹은 이탤릭이라고 불리며 공문서에 사용되었던 이 서체는 유럽 전역의 식자층에 전파되어 이후 19세기까지 표준 서체로 쓰인다. 중세 사람들이 일상적인 생활에서 사용하던 필체에 기반을 둔 이 서체는 동시대에 나타났던 음악 건반처럼 직관적이면서도 인체 공학적인 도구였다.

서체의 대가들은 여기에서 멈추지 않았다. 이들은 인쇄 매체에서 현재까지 널리 쓰이는 로만 활자체 개발을 주도했다. 또한 17세기와 18세기에 걸쳐 캘리그래피를 새로운 기술적 경지로 끌어올렸다. 이로 말미암아 공식 문서의 서체와 일상적인 서신에서 쓰이는 대중들의 서체 사이에 간극이 생겼다. 이들의 성과 중에는 오늘날 서양 필기체의 기반이 되는 '라운드 핸드' 서체도 포함되어 있었다. 이 서체 역시 전문가가 쓰면 매우 우아한 모습이 되지만, 일반인이 제대로 배우기에는 쉽지 않다. 인각 기술 또한 서체 스타일에 영향을 미쳤다. 19세기에 목각판이 등장하기 이전까지 사용되던 동판화에서는 설명글을 일일이 손으로 새겨야 했다. 이때 조각가가 사용하던 도구인 뷰린의 외형을 본떠서 펜이 만들어진 것이다. 18세기에는 상업 발달로 회계 장부, 어음, 보험 계약 등의 상업 문서에서 라운드 핸드 서체와 코퍼플레이트 서체가 새롭게 각광받았다. 오늘날 사무직 직원이 워드 프로세서와 데스크톱 출판 패키지에 들어가 있는 복잡한 서식 옵션들에 익숙해져야 하는 것처럼 18세기와 19세기의 서기는 서체를 비롯해 문자와 관련된 다양한 표현을 마스터해야 했다.

한편 산업 사회가 진행되면서 유럽과 북아메리카에서 학교 시스템이 발전해 학교에 입학하는 아이들도 늘어났다. 이에 따라 깃펜이나 리드처럼 칼로 깎을 필요가 없고 가격도 저렴한 펜이 많이 팔렸다. 금속 펜은 수백년 전부터 존재했지만, 이는 소수의 사람들이나 소유할 수 있었던 사치품이었다. 그러던 것이 점차 보편화되면서 1830년대에는 잉글랜드 버밍햄 지역이 금속 펜촉 생산의 중심지가 되었다. 야금술과 기계 제작 기술이 발달한데다가 제품을 공급할 시장도 가까웠기 때문이었다. 금속 펜촉은 빅토리아 왕조 시대 가장 잘 팔리는 상품이 되었고 버밍햄은 큰 호황을 누릴수 있었다. 그래서 셰필드 강철 재질의 금속 펜촉을 만드는 장비와 노하우는 철저한 보안 속에서 비밀로 유지되었다. 보통 철 1톤이면 펜촉 150만개를 만들 수 있었는데 버밍햄의 펜촉 제조업자 조셉 길로트^{Joseph Gillott}는 1840년대 초에 한 해에만 620만 개나 되는 펜촉을 생산했다. 또 다른 선구자였던 조사이어 메이슨 경^{Sir Josiah Mason}의 공장에서는 1874년 당시 한 주에 3만 2,000개의 금속 펜촉을 생산했다.

다른 빅토리아 왕조 시대의 테크놀로지와 마찬가지로, 이 산업 제품 역시 낭만적인 상상력을 자극했다. 예일 대학 1857년 졸업생인 조지 프랫 George Pratt 의 시에서도 이를 확인할 수 있다.

금속 펜을 주오!
낡은 깃펜은 저리 치우시오!
내가 느낀 생각을 새겨 넣으리다
타는 듯한 마음과 의지로……

그러나 초기 금속 펜은 잉크 때문에 하루가 다르게 부식된다는 한계가 있었다. 여기에 지워지지도 않는 잉크가 잘 튄다는 단점까지 있었지만 그럼에도 금속 펜이 교육에 미친 영향은 지대했다. 빅토리아 왕조 시대부터 상대적으로 편리한 필기구가 일반 대중에게까지 전파되었기 때문이었다. 손과 팔로 다루는 강철 소재 테크놀로지라는 점에서 친족 관계라 말할 수 있는 펜촉과 피아노는 19세기 야금술이 이룩한 가장 위대한 성공 사례다.

피아노의 보급으로 새로운 교습법과 연습 장비가 쏟아져 나왔던 것처럼, 금속 펜은 글쓰기 교육을 대중화시켰다. 이전까지 다수의 학생에게 깃펜 쓰는 법을 가르치는 것은 선생에게 고문이었다. 그러나 금속 펜이 등장하면서 글쓰기 교육은 의사소통 수단을 배우는 것일 뿐만 아니라 육체와 정신을 단련하고 인격을 형성하는 과정이 되었다. 국립 프랑스어 연구소의 소장 베르나르 세르키글리니 Bernard Cerquiglini 는 이렇게 말했다. "손가락에 묻은 푸른 잉크 얼룩은 프랑스 교육의 훈장이다. 이 표시는 프랑스 학생들의 몸에 새겨진 프랑스 국기라 할 수 있다." 그리하여 20세기에는 파리를 돌아다니며 학생들이 쓸 잉크를 실어 나르는 작은 노란색 워터맨 잉크 트럭이 하나의 상징적인 존재가 되었다.

한편 프랑스에서는 17세기에서 비롯된 것으로 보이는 독특한 흘림체가 정립되었다. 이는 지금도 몇몇 레스토랑 메뉴에서 흔적을 찾아볼 수 있다. 독일인은 흑자체 중 하나인 프라크투르 서체와 유사한 고유의 둥근 서체를 개발했고 미국인은 글쓰기를 정형화된 훈련 과정으로 만들었다. 이 시점에서 필기의 기계화는 한 발 앞으로 다가온 상태였다. 필기체의 대가인 플랫 로저스 스펜서Platt Rogers Spencer는 자연에서 관찰할 수 있는 곡선의 아름다움으로부터 필체의 영감을 얻었지만, 그가 제시한 교육법은 지나치게 엄격했다. 당시 교사들은 필기체를 제대로 익히려면 습관처럼 몸에 배게 해야 한다고 주장했는데 이러한 남성적인 관점으로 말미암아 여성은 필기체 학습에서 배제되곤 했다.

이후 1880년부터 1900년까지, 19세기 마지막 20년 동안 금속 펜을 사용하는 새로운 테크닉인 팔머 메서드가 개발되었는데 이는 오늘날까지도 영향을 미치고 있다. 한편 스펜서풍의 소용돌이 장식 서체에 싫증을 느낀 서예가 A. N. 파머A. N. Palmer는 실제 생활에서 사용할 수 있는 효율적인 글씨체를 강조해 미국 글쓰기 교육에 큰 변화를 일으켰다. 스펜서가 심사숙고해서 아름답게 쓸 것을 권장했던 반면, 파머는 오늘날 근육 기억 학습법으로 알려진 방식으로 가르쳤다. 글을 쓰는 동작을 반복해서 무의식적으로 글씨를 신속하고 정확하게 쓰는 방식이었다. 여성이 빠른 속도로 사무노동자로 진입하는 당시의 추세를 견제하기 위해서였는지 파머는 글쓰기를 할 때 팔목과 손가락이 아닌, 팔 전체를 사용해 남성적이고 강인하게 움직이도록 가르쳤다. 그리하여 한 때 꼼꼼하고 세심한 필사 연습이 이루어지던 자리에, 파머의 문하생들이 전파하는 산업적 효율성에 따른 글쓰기가 들어서게 되었다.

타자기를 만드는 기술과 이를 활용해 타자를 치는 기법이 세상에 등장한 것은 절대 우연이 아니다. 더욱 효율적인 필기에 대한 사회적인 필요성이 논리적 흐름에 따라 필연적으로 도달한 결과라고 할 수 있다. 그러나 이러한 결과는 노동 착취라는 결과를 낳았다. 미셸 푸코^{Michael Foucault} 이래 많은 문화 역사학자들은 18세기와 19세기에 일어났던 노동의 합리화를 착취와 조작이라는 관점으로 바라본다. 이들의 관점은 종종 현실을 지나치게 단순화했지만, 당시 학생들에게 글쓰기 연습이 신체적인 고통이었으리라는 주장은 타당하다. 실제로 금속 펜은 또한 오늘날 누적 외상성 질환이라 불리는 증세를 야기하기도 했다.

문자 피아노에서
타자기까지

19세기 후반의 사무 환경을 생각해보면, 타자기는 혁명이라기보다는 발견에 가까웠다. 고장 나지 않고 효율적으로 잘 작동되는 기계가 이상적인 노동자라면, 글씨가 번질 뿐만 아니라 잉크를 수시로 찍어야 하는 펜이야말로 혁신이 필요한 부분이 아닐까? 표준화를 통해 필기의 효율성을 높이고자 했던 시도는 정보를 종이 위에 옮기는 과정에서 수작업을 최소화하는 테크놀로지를 개발하는 방향으로 흘러갔다. 그리하여 단순한 펜의 대체 도구가 아닌, 전신과 식자 등 정보 기술을 통해 혁신을 가져오는 수단으로 자판이 태동한 것이다.

1714년부터 유럽과 미국의 발명가들은 글자를 찍어내기 위한 여러 시스템을 제안해왔다. 그러나 19세기 중반에 이르기까지 그 어떤 설계도 손 글씨를 대체할 도구로 인정받지 못했다. 윌리엄 오스틴 버트^{William Austin Burt}

가 1829년 선보인 '타이포그래퍼' 혹은 '패밀리 레터 프레스' 같은 시스템은 글자를 예쁘게 찍어낼 수는 있었지만, 다이얼이나 레버를 사용해서 많은 내용을 적기에는 너무 번거로웠다. 결국 이 도구는 오늘날의 라벨기 같은 용도에서 벗어나지 못했다. 다른 기계들 역시 일반적인 용도라기보다는 펜으로 글씨를 쓰기 어려운 이들에게 필요한 신체 보조 도구 정도로 여겨졌다. 북아메리카에서는 찰스 서버Charles Thurber가 1843년에 발명한 도구가 가장 잘 알려져 있었는데 이동식 회전 실린더 위에 종이를 올려놓고 글씨를 새기는 방식이었다. 바퀴 옆에 놓인 자판에는 시각 장애인들도 사용할 수 있도록 글자가 양각으로 새겨져 있었다. 미국과 프랑스 발명가들도 시각 장애인을 위한 요철 문자 시스템을 개발했지만 상업적으로 성공을 거둔 제품은 없었다.

이렇듯 그 당시만 해도 자판은 장애인에게 도움이 될 만한 물건이 아니었다. 그런데 전혀 다른 분야인 전보 통신에서 이 자판이 혁신을 일으키게 된다. 19세기는 많은 기업이 전보 통신을 다량으로 사용하기 시작하던 시기였다. 특히 전보는 첨단을 달리는 기술이어서 수많은 젊은 남성과 여성이 전신 기사가 되고자 했다. 이들 중 일부 남성에게는 과학과 기술을 탐구할 여건이 주어졌는데 이들은 열정적으로 자기들만의 인적 네트워크를 형성해서 서로 경쟁하고 협력하게 된다. 마치 오늘날의 프로그래머들처럼 말이다. 토머스 에디슨 역시 이러한 환경적 요소와 뉴욕 금융 커뮤니티의 지원 덕분에 그 천재성을 발휘할 수 있었다.

이러한 전신 기사 중에서도 일부만이 발명가가 되었지만 이 엘리트 집단은 고용주에게 골칫거리였다. 능숙한 전신 운영자가 흔치 않았기에 급여도 높고 대우도 좋아야 했던 것이다. 전신 메시지는 전자기식 음향기로 수신되었기 때문에, 각각의 전신 기사에게는 '필적'이라고 불리는 특유의 리듬이 있었다. 또한 능숙한 운영자는 수신자가 받아 적는 속도보다 빠르게 글자들을 전송함으로써 초심자와 차별되었다. 전신 장비라는 놀랍고 새로운 기계 장치도 결국에는 인간의 귀와 머리, 손 그리고 펜을 필요로 했던 셈이다. 그래서 고용주들은 뛰어난 실력을 갖춘 인력 없이도 더 빨리 작업할 수 있는 대안을 찾고 있었다. 이때 주목받은 것이 건반이었다. 음악 건반은 이미 익숙한 인터페이스였고, 피아노 역시 점점 더 튼튼해지고 기능적으로 발전하고 있었으므로 대안으로 삼기에 적절했던 것이다.

그리하여 1850년대 초, 킹스 칼리지의 물리학 교수 찰스 휘트스톤 경Sir Charles Wheatstone은 피아노와 유사한 건반을 사용해 일련의 타자기들을 고안해냈다. 사실 이 타자기들의 자판과 피아노 건반의 다른 점은 검은 키와 흰색 키가 번갈아서 고르게 배열되어 있다는 점뿐이었다. 또한 메시지 전달을 위해 디자인된 것도 아니었다. 글자를 테이프 위에 찍어낸다는 점을 볼 때 아마도 받아쓰기를 위해 고안된 것으로 추정된다.

다만 타자기에 대한 사람들의 인식이 바뀌었던 것은 기계 자체의 발명 이상으로 중요한 전환점이었다. 프란시스의 발명으로부터 10년이 흐른 후, 〈사이언티픽 아메리칸〉은 앨라배마 출신 존 프랫John Pratt이 런던에서 선보인 또 다른 '타자 기계'를 소개한다. 이 소개 기사에서 주목할 부분은 프랫이 발명한 기계의 디자인이 아니라 편집자들이 이 글을 통해 내비친 감정이었다. 손 글씨라는 테크닉은 고문처럼 괴로운 일이 되었으니 이제 근대의 테크놀로지로 대체할 때가 되었다는 것이 기사의 요지였다. "펜의 번거롭고 만족스럽지 못한 성능은 이 인쇄기와 비교할 만한 '혁명'으로 대체되고, 학교의 손 글씨 수업은 자신의 서명을 쓰는 정도에 그치고 나머지 글자들은 글자 피아노로 연주하는" 구성으로 변경되리라는 것이다. 이 기사는 널리 배포되는 정기 간행물로는 처음으로 기계를 사용해 글씨를 쓰게 될 미래를 예견했다.

　이 기사가 나온 후 여기에 영감을 받아 만들어진 듯한 발명품이 등장했다. 밀워키 출신의 아마추어 발명가 크리스토퍼 레이섬 숄스Christopher Latham Sholes와 칼로스 글리든Carlos Glidden이 동네 철물점을 뒤져서 마련한 재료로 제작한 것이었는데 이 특허 출원용 모델에는 흰색 키 6개와 검은색 키 5개가 피아노 건반처럼 번갈아 달려 있었다. 이 발명품을 내놓은 지 얼마 되지 않아 숄스와 글리든은 두 사람의 동료를 맞이한다. 한 명은 숄스와 다른 발명품을 함께 만들었던 기술자 새뮤얼 소울Samuel Soule이었고 다른 한 명은 예전 신문 출판 업계 동료였던 제임스 댄스모어James Densmore 였다. 숄스와 동료들은 피아노 스타일 건반에서 벗어나 원형 키가 배열된 형태를 고안해냈고 이 형태가 타자기의 자판으로 굳어졌다. 다만 건반의 흔적이 완전히 사라지지는 않아서 자판의 키가 작동되는 구조는 여전히 피아노의 메커니즘과 유사했다.

　숄스 타자기가 시간이 지남에 따라 기술적으로 어떻게 변해가는지는 수집가들과 전문가들이 흥미로워하는 주제다. 1860년대와 1870년대에 걸쳐 많은 변화를 겪은 숄스 타자기는 결과적으로 타자기 경쟁에서 최후의 승자가 되었다. 사실 초기 숄스-글리든-소울 디자인에는 문제가 많았다. 우선 처음 발명된 이후 수십 년 동안, 사용자는 타자를 치면서 자신이 작업한 내용을 볼 수 없었다. 그뿐만 아니라 종종 타이프바가 서로 충돌했고, 일단 엉켜버리면 손으로 풀어줘야 했다. 서체도 한 가지만 사용할 수 있었다. 당시 라이벌 제조사들의 디자인은 주로 숄스 특허를 우회하는 데 주력했지만, 개중에는 독자적인 장점을 지닌 디자인도 있었다. 제임스 바틀릿 해먼드James Bartlett Hammond의 해먼드 타가지가 바로 그것이다. 해먼드 타자기는 원형 타이프휠을 사용했는데 이것을 교환해 다양한 폰트를 사용할 수 있게 해주는 타자기를 개발하고 있었다. 이 타자기는 종이가 기계 안에 들어가 있는 동안에도 작성한 글자를 읽을 수 있었다. 또한 타이프 휠과 타이프바 사이의 충돌이 구조적으로 불가능하게 만들어져 있었는데 키를 누르면 해머가 작동되어 리본을 거쳐 타이프휠에 일관적인 힘으로 종이가 닿아서 글자가 찍히는 식이었다. 이 구조는 글자를 고르게 찍어주 는 역할까지 했다.

해먼드가 고안한 이 같은 원리는 여러 용도로 쓸 수 있어 제2차 세계 대 전 이후 성공을 거둔 타자 시스템인 베어리타이프의 일부가 되었다. 컴퓨 터가 나오기 전까지 베어리타이프는 수학 자료까지 작성할 수 있는 가장 저렴한 타자기였다. 지금도 몇몇 제조사는 해먼드가 개척한 회전 타이프 휠이 장착된 워드 프로세서를 생산하고 있다. 그렇다면 숄스의 타이프바 방식이 승리한 요인은 무엇일까? 바로 지속적으로 제품을 향상시키는 시 스템을 독자적으로 구축한 것이었다. 이는 산업화 사회에서도 유례를 찾 을 수 없을 정도로 훌륭한 시스템이다.

이러한 시스템을 구축한 배경에는 숄스의 동료이자 미국에서 가장 저평 가된 사업자 중 하나인 제임스 댄스모어가 있었다. 그는 전 재산 600달러 를 타자기의 지분 4분의 1에 투자했고, 이후 지속적으로 다른 파트너들의 지분도 사들였다. 이보다 더 중요한 점은 그가 숄스 타자기를 지속적이고 점진적으로 개선시켰다는 점이다. 댄스모어는 숄스를 지속적으로 압박해 연이어 새로운 모델을 개발하게 했다. 또한 초기에 법원 속기사가 중요한 고객군이 될 것이라고 예측하고 숄스가 새로운 모델을 개발할 때마다 워 싱턴의 유명한 속기사 제임스 O. 클레페인James O. Clephane에게 시제품을 보 내 혹독한 테스트를 거쳤다. 그 결과, 새로운 개선 사항들이 도출되었고 이는 다음 제품에 꾸준히 반영되었다. 이렇게 해서 숄스는 4년간 무려 30

종에 달하는 새로운 모델들을 출시했다. 댄스모어는 또한 뉴욕 주 일리온의 레밍턴 암즈 컴퍼니라는 이상적인 제조 파트너를 발굴하기도 했다. 이 회사는 국방 무기를 제조하는 과정에서 개발한 첨단 기계 조립 기술과 전문적인 제조 기법을 갖춰 타자기를 제조하는 데 적격이었다.

1874년 선보인 레밍턴 모델 1 타자기는 스프링 기반 캐리지와 고무 플래튼, 타이프바 세그먼트 및 자판 배열에 이르기까지 20세기 기계식 타자기에 쓰이는 대부분의 원리가 도입된 최초의 제품이었다. 그러나 당시 기준으로도 성능이 뛰어난 제품은 아니었으며 무엇보다도 타자를 빠르게 칠 수 없다는 것이 문제였다. 125달러라는 가격도 지금 기준으로 치면 최고급 개인용 컴퓨터를 구매할 수 있는 수준이었다. 그 결과 1874년부터 1880년 사이에 레밍턴 모델 1의 한 해 판매량은 1,000대 이하에 그쳤다. 레밍턴에서 대소문자 변환 기능이 들어간 업그레이드 모델을 내놓은 이후에도 시장에서는 별 반응을 얻지 못했다. 특히 사업가에게 인기가 없었는데 이는 사업가가 상대하는 고객들이 타자기로 친 글자를 광고 전단에나 쓰는 것으로 낮추어 보았기 때문이었다.

그뿐만 아니라 타자기로 작성된 문서와 서명이 법적으로 유효한지에 대해서도 여전히 논란의 여지가 있었다. 그래서 시어스 로벅 앤드 컴퍼니는 교외 지역 고객들에게 보낼 전단을 직원들이 손으로 직접 작성했고 미국 정부는 19세기 말까지 타자기 이용을 공식적으로 허용하지 않았다. 많은 사람들이 수고스러운 손 글씨에서 벗어나고 싶어 했지만, 막상 기회가 주어지자 망설인 것이다. 이렇듯 손 글씨를 배울 필요가 없어지리라는 예상은 보기 좋게 빗나가서 오히려 파머의 서예 학교들이 타자기보다 더 빠르게 미국 전역으로 퍼져나갔다.

타자기가 직면했던 어려움은 가격을 내리거나 더 뛰어난 기술을 개발하는 것으로 해결될 문제가 아니었다. 그러나 시간이 지남에 따라 서서히 조직과 사회 내에서 타자기에 대한 인식이 바뀌기 시작했다. 회사와 정부 조직은 규모가 점점 커졌으며 이에 따라 외부는 물론 조직 내부에서도 의사소통이 더 많이, 자주 이루어져야 했다. 물론 멋진 필기체로 직접 쓴 문서는 여전히 개별 고객에 대한 예의로 여겨졌지만, 모든 문서를 손 글씨만으로 작성할 수는 없었다. 또한 공공과 민간에서 사무 노동자가 늘어나면서 학교에서 받는 필기 훈련으로는 새로운 관료적 사회에서 요구되는 문서 작성의 일관성을 유지할 수 없었다. 이때 타자기는 제각각인 필체로 말미암은 혼란을 없애고 산업과 상업이 중심이 되는 표준 서체들을 정립시킨다. 다양한 합자와 축약으로 문서 작성의 효율성을 향상시켰던 흑자체처럼 타자기 또한 간소화된 문자 집합을 더 신속하게 쓸 수 있게 함으로써 비슷한 효과를 거두었던 것이다.

오늘날에도 익숙한 타자기 서체인 피카와 엘리트는 흑자체만큼이나 특성이 배제된 표준형 서체로서 다양한 용도로 쓰였다. 물론 타자기가 제공하는 서체가 이 뿐만은 아니었지만 기본적인 호환성을 유지하고자 하는 제조사 간 암묵적인 합의로 다양성은 최소화되었다. 각 제조사마다 약간씩 다른 자모를 쓰거나 타자기마다 활자 디자인과 정렬 방식이 조금씩 달랐지만 이 점은 큰 문제가 되지 않았다. 그리하여 장식을 위한 인쇄기를 제외한 타자기 폰트는 대체로 일관성을 유지해왔다.

이후 1886년에는 레밍턴을 비롯한 타자기 제조사들이 타자기를 연간 5만 대나 판매하기에 이르렀다. 회사와 조직에서도 타자기로 작성된 서체와 문서를 서서히 받아들였다. 작가들을 위한 잡지 〈더 라이터〉의 출판사에서는 가능한 한 타자기로 작성한 원고를 받기를 원했다. 매년 수백 편이 넘는 원고를 다루어야 하는 만큼 표준화된 텍스트를 선호하는 것은 당연했다. 또한 도서 식자공들도 제2차 세계 대전 이후에는 원고를 타자기로 작성할 것을 요구했다. 1889년 〈보스턴 글로브〉의 편집장은 타자기로 작성된 원고의 경우 기사 채택의 가능성이 10퍼센트 높아진다고 말하기도 했다.

표준화된 활자에는 사회적인 이점도 있었다. 우선 카본지가 등장하면서 더 이상 수고스럽게 손 글씨로 문서를 필사할 필요가 없어졌다. 외부로 반출되는 모든 문서는 카본지를 통해 자동으로 사본이 만들어졌다. 더 중요한 것은 자판이 새로운 경영 트렌드에 부합된다는 점이었다. 이전까지 딱 부러지게 역할을 정의하기 힘들었던 서기 업무를 좀 더 체계적이고 위계에 맞게 나눌 수 있었던 것이다. 이러한 트렌드의 일환으로, 뉴욕 기독교 여성 청년회에서 속기와 타자 강습을 시작하면서 여성 또한 이 업무에 진출하게 되었다. 이미 피아노로 훈련되었으니 텍스트 자판에도 쉽게 적응할 거라 생각했던 것이다. 초기에는 회의적이었던 고용주들도 결국에는 이러한 흐름을 기쁘게 받아들였다. 여성 타이피스트를 고용하면 남성에 비해 임금을 25퍼센트 정도 적게 줄 수 있었다. 그 결과 여성 타자기 운영 부서가 마련되었다. 이는 효율성을 위해 조직이 체계적으로 분화된 사례임과 동시에 여성과 남성의 고정관념에 따른 역할 배분까지 보여주는 사례다.

자판은 더러 고용주가 노동자를 압박하는 무기가 되기도 했다. 가령 웨스턴 유니언 텔레그래프 컴퍼니는 1907년에 전신 기사 파업이 일어나기 전까지 자동 전송 시스템 도입을 거부하다가 파업 후에 노동조합에 속한 남성 모르스 전신 기사 대신 자동 전송 장비를 사용하는 여성 노동자로 대체했다. 드디어 지난 60년 동안 여러 시제품과 실험을 거쳐 성능이 향상된 장비들이 전신 기사의 독특한 기법과 지식을 대체하게 된 것이다. 회계 장부를 관리하는 업무 또한 자판과 기계식 계산기가 조합된 장비로 옮겨갔다. 이로 말미암아 사무 노동자를 반숙련 계급과 전문가 계급으로 나누는 서열화가 가속화되었다. 이러한 상황에서 새로운 테크놀로지를 받아들이면서도 기존 작업 방식을 고수할 수 있었던 것은 오직 기계식 조판공들뿐이었다.

신문 업계에서 널리 사용된 오트마르 머건탈러Ottmar Mergenthaler의 라이노타이프에는 다수의 행과 열이 배치된 독특한 자판이 있었는데 자판의 키가 알파벳 사용 빈도순으로 배열되어 있어 일반 타자기와 상당히 달랐다. 이 때문에 타이피스트들이 정기간행물 조판에 진출하기까지는 수십 년이 걸렸다. 남성 조판공은 전신 기사와 달리 자동화 기술을 환영했다. 여성은 주로 수동 식자공으로서 자리를 잡아가고 있었다. 라이노타이프 컴퍼니는 여성도 자사의 기계를 문제없이 다룰 수 있다고 주장했지만, 남성은 중장비와 납 용융조 주변에서 일하는 위험성을 과장하며 여성을 배제하고자 했다. 이후 천공 테이프가 도입되면서 이러한 핑계는 의미를 잃었지만 주조 활자 조판은 여전히 주로 남성의 영역으로 남았다.

테크놀로지에 어울리는
테크닉을 찾다

1880년대와 1890년대 사람들은 새롭게 등장한 고가의 기계들을 실제로 어떻게 활용했을까? 오트마르 머건탈러의 회사에는 라이노타이프 운용자에게 사용법을 가르쳐주는 훈련 과정이 있었고 토머스 에디슨도 새로운 축음기를 구매한 사람에게 대리인을 보내 사용법을 가르쳤다. 그러나 대부분의 타이피스트는 타자기 사용법을 스스로 터득했다. 사실 자판에는 정해진 사용법이나 테크닉이라 할 만한 것이 없었다. 가령 숄스 같은 발명가나 마크 트웨인을 포함한 타자기 애호가 중에는 신문 기자 출신이 많았는데 이들은 글 쓰는 일이 엄지, 검지, 중지를 빠르게 움직이는 작업이며 네 번째와 다섯 번째 손가락은 본격적으로 사용하기에는 힘이 너무 약하다고 생각했다. 피아노 연주자들은 이미 오래전부터 이 손가락들로 매우 강한 음을 내왔는데도 말이다. 사용자들은 각자의 방식을 개발해갔지만, 거의 모두 글자를 하나하나 찾아가며 타이핑해야 했다. 속기록이나 일반 문서를 보면서 작업하는 타이피스트들도 문장이나 절을 하나씩 읽은 후, 자판을 보며 이를 타이핑하는 식으로 작업했다. 이런 방식은 속도가 무척 느린 탓에 네 손가락만 사용해도 충분했다.

타자를 치는 방법이 새로운 기교가 될 수 있다는 것을 발견한 이들은 발명가가 아닌 사용자들이었다. 이들은 이 기교 역시 음악 건반의 운지법과 마찬가지로 체계적인 분석과 연습을 통해 향상시킬 수 있다고 믿었다. 이러한 선구자들은 기법을 연구하는 공동체를 형성해 서로 협력하고 경쟁했다. 그 결과 자판의 배열을 암기하고 열 손가락 모두를 사용하는 타이피스트가 여럿 나타나게 된다. 그중에서도 독보적인 인물은 미시간 주 그랜드 래피즈 소속 법원 속기사였던 프랭크 R. 맥거린Frank R. McGurrin이었다. 그가 이런 기술을 익힌 것은 1878년에 회사 사장과 레밍턴 모델 1 타자기를 다루는 새로운 방식을 놓고 내기를 걸었기 때문이었다. 그는 사장이 농담 삼아 어느 지방 법원에서 한 타이피스트가 창밖을 보면서도 엄청나게 빠른 속도로 타이핑을 하는 것을 보았다고 말한 것을 진지하게 받아들였다. 그는 나중에 회상하면서 "그 여자가 할 수 있는 일이라면 나도 해내고야 말리라고 마음을 먹었다."라고 말했다. 맥거린은 그때부터 양손의 모든 손가락을 사용하기 시작했는데, 그 해 말쯤에는 새로운 문서도 자판을 보지 않고 타이핑해 분당 90단어를 기록하게 되었다. 그렇게 2년이 지난 후에 맥거린은 사장이 말했던 그 타이피스트를 만나게 되었는데, 알고 보니 그녀는 그런 기법을 생각해본 적도 없었다. 그저 음악 건반을 연주하는 기법을 텍스트 자판에도 적용했던 것이다. 이렇듯 새롭지만 어찌 보면 당연하다고 할 수 있는 발견은 사장의 농담으로부터 시작되었다.

1880년대부터 타자기 제조사들은 타자 속도를 겨루는 대회를 주최하기 시작했다. 자연히 새로운 모델은 더 적은 힘으로 더 빠르게 타자를 칠 수 있게 발전했다. 맥거린은 그중 가장 빠른 레밍턴 타자기 사용자로 명성을 쌓아갔다. 1888년 신시내티에서 열린 대회에서 그는 유명한 이중 자판 타자기 제조사 캘리그래프의 에이전트인 루이스 트라웁Louis Traub과 대결했는데 받아쓰기에서 분당 95단어, 보고 쓰기에서는 분당 98단어를 달성해서 각각 83단어와 71단어라는 성적을 기록한 트라웁을 월등한 차이로 제쳤다. 이 시합은 캘리그래프 자판의 단점을 여실하게 보여주어 캘리그래프의 몰락을 촉진했다. 자판을 보지 않고 치기에는 키들이 너무 멀리 떨어져 있었던 것이다. 결국 트라웁은 시합 이후 자신이 운영하는 타이핑 학교에서 캘리그래프 장비를 모두 치운 다음, 레밍턴 타자기로 터치 타이프 강습을 시작했다. 이는 이중 자판의 시대가 끝났음을 상징했다. 이 대결 이후 맥거린은 전국을 순회하며 레밍턴을 시연하고 홍보했는데, 나중에는 분당 125단어까지 달성했다고 한다.

이렇듯 뛰어난 기량에도 불구하고, 맥거린은 제자를 키우지 않았으며 책도 쓰지 않았다. 대신 '속기 및 타자 연구소'를 운영하는 남편을 둔 신시내티의 M. V. 롱리M. V. Longley 부인이 독자적인 터치 타이프 기법을 개발해서 책을 낸다. 그녀가 이 기법을 개발한 것은 1880년대에 레밍턴 타자기에

첨부된 제조사의 안내문이 너무 부실하다고 느꼈기 때문이었다. 그녀는 피아노와 오르간 운지법을 인용하면서 올바른 손 위치를 "손 전체를 자판 위에 얹을 때, 양손 새끼손가락은 왼쪽과 오른쪽 끝에 있는 키까지 뻗을 준비가 되어 있으며 엄지손가락은 스페이스바를 누를 준비가 된" 자세라고 기술했다. 지금은 당연하게 쓰이는 이 방식이 당시로서는 매우 대담한 일탈이었다. 다만 롱리 부인의 기법은 속도보다는 자판 대신 타이핑하고자 하는 문서를 보면서도 이를 정확하게 옮겨낼 수 있는 능력에 좀 더 초점이 맞추어져 있었다.

롱리 부인은 1880년대 중반에 은퇴했지만, 메인 주 속기 및 타이핑 강사 베이츠 토리Bates Torrey가 1889년에 《실무 타자법Practical Typewriting》을 출판하며 이 방식을 더욱 널리 전파했다. 토리는 맥거린의 뛰어난 사례와 함께 열 손가락 타자를 연마한 시각 장애인 타이피스트들의 사례도 언급했다. 또한 그는 손을 고정된 위치에 놓아야 하며, 같은 단어는 항상 동일한 손가락 움직임으로 타이핑해야 한다고 주장했다. 열 손가락을 활용하는 방식에 '터치'라는 단어를 처음 붙였던 이도 토리였다. 그의 책은 학교 교재를 비롯해 독학이나 통신 학습에도 유용하게 구성되어 있었다. 토리의 책이 성공하자 다른 타자 교본들도 쏟아져 나왔고, 터치 타이핑은 미국 서부 지역을 중심으로 널리 퍼져나갔다. 이러한 교본의 저자 가운데는 오마하의 A. C. 반 산트A. C. Van Sant도 있었다. 컴퓨터 타자 훈련용 CD-ROM의 기반이 된 그의 운지법은 지금도 타자 교육에 일반적으로 사용되고 있다. 이렇게 해서 타자기가 등장한 지 25년 만에 타이핑 테크닉이 완성되었다.

박제되어버린 기술과
비평가들

　　　　　　　　　　맥거린의 레밍턴 타자기와 초기 타자 교
본에 사용되던 자판 배열은 19세기 후반부터 보편화된 자판이라는 이름
으로 불리게 된다. 숄스의 초기 타자기 자판에서는 키가 알파벳 순서였지
만 레밍턴에서 해머가 원형으로 배치되면서 쉽게 얽히게 되자 재배치되었
다. 숄스와 댄스모어는 넘버 2 레밍턴 모델에서 새로운 키 배열을 고안해
1878년에 특허를 받았다. 음악 건반의 개략적 형태가 1500년 이전에 이미
정착되었듯이 현재의 텍스트 자판 역시 당시의 특허 도면에서 크게 달라
지지 않았다.

　숄스와 댄스모어가 정확히 어떤 논리로 자판 배열을 새롭게 구성했는
지 밝혀낸 사람은 없다. 이를 알아내려면 작동 가능한 모델 1과 모델 2 타
이프라이터를 나란히 놓고 다양한 글자 조합을 실험해보아야만 한다. 우
선 이 배열이 여러 목적을 절충하기 위한 타협의 결과라는 점은 분명하다.
자판 중간열의 DFGHJKLM은 거의 알파벳 순서로 배치되어 있다. 마지막
글자 M은 나중에 아래 열로 옮겨졌고, 원래의 C와 X도 나중에 서로 위치
가 바뀌었다. 위쪽 열에는 모음들이 알파벳 순서와 관계없이 배치되어 있
다. 이는 글자의 사용 빈도에 따라 배열된 신문 활자 케이스와 비슷하다.
물론 쿼티 자판이 이 패턴을 똑같이 따르진 않았지만 신문 업계 출신인 숄
스와 댄스모어가 비슷한 생각을 바탕으로 만들었으리라는 점은 추론할
수 있다.

　숄스와 댄스모어는 사용자가 타자기를 어떻게 사용할 것인지에 대해 매
우 중요한 가정을 했다. 눈으로는 활자 케이스들을 바라보면서 엄지와 검
지를 사용해 작업하던 식자공들의 작업 방식을 그대로 따라갈 것이라고

예상했던 것이다. 확실히 쿼티 자판은 이러한 방식에 적합한 배열이었다. 20세기에 가장 뛰어난 평론가 중 한 명인 어거스트 드보락August Dvorak의 관찰에 따르면, 쿼티 자판에서는 왼쪽 엄지와 검지, 그리고 오른쪽 검지로 타이핑되는 위치에 가장 자주 쓰이는 글자들이 배치되어 있다. 가운데 열의 키들이나 O와 P의 경우처럼 가장 자주 쓰이는 글자들을 중심에 놓으면서도 가능하면 알파벳 순서를 유지하는 식으로 적절하게 균형이 맞추어진 것이다.

1875년부터 타이핑 효율을 높여주는 새로운 자판 배열들이 제시되기 시작한다. 터치 타이핑 방식이 널리 퍼지면서 타이핑 속도를 높이기 위해 새로운 배열을 고안하는 것은 당연한 일이 되었다. 그러나 맥거린이나 롱리 부인, 토리는 자판 배열에 그 어떤 수정 사항도 제안한 바가 없다. 그들이 자판이 달라져서 기존에 습득한 기교가 가치를 잃게 되는 상황을 두려워했던 것 같지는 않다. 맥거린은 부유한 은행가가 되었고, 롱리 부인은 은퇴했다. 토리를 비롯한 타자 교사들의 경우 자판 배열이 바뀌면 교본 수정판을 판매할 수 있다는 이점도 있었다.

그럼에도 쿼티 자판이 유지되었던 것은 비록 최선의 대안은 아니었지만, 전문 타이피스트가 쓰기에 충분히 괜찮은 배열이었기 때문이다. 게다가 레밍턴은 현명하게도 자판 배열을 특허법으로 독점하려 들지 않았다. 레밍턴과 경쟁했던 언더우드와 로열 또한 독자적인 배열을 개발하는 대신 보편화된 자판을 유지했다. 당시 자판 배열에 혁신을 일으켰던 이들은 탈부착식으로 교환 가능한 타자기 제조업자들이었는데, 그 가운데서도 조지 C. 블릭컨스더퍼George C. Blickensderfer가 두드러지는 인물이었다. 그가 제작한 타자기 블릭의 가운데 열에는 DHIATENSOR 순으로 키가 배치되어 있다. 블릭컨스더퍼의 주장에 따르면, 이 글자들만으로 영어권 단어 중 70퍼센트를 타이핑할 수 있다고 한다.

보편화된 자판이 확산되는 시기에 이르자 타이피스트의 지위도 변화했다. 대부분의 타이피스트가 독립 작가, 변호사 혹은 법정 속기사였던 과거와 달리 이제 이들은 장비가 없는 대규모 노동자 집단에 불과했다. 콘서트홀에 표준화된 건반이 장착된 피아노를 설치하듯이 고용주들은 사업장에 표준 타자기를 배치했다. 더 이상 장비를 교체하거나 수리할 필요도 없었고, 새로 뽑은 인력을 재교육할 필요도 없었다. 타이피스트들은 고용되자마자 업무에 투입되었다. 학생들 또한 가장 널리 퍼진 배열을 기준으로 타이핑을 익히고자 했다. 경제학자 폴 데이비드Paul David는 이러한 표준화에 대한 압박을 '네트워크 외부효과'라고 정의하면서 논문에서 쿼티 자판을 대표적인 사례로 들기도 했다.

20세기 초반에 쿼티 디자인에 대한 도전은 사무 기계 산업의 바깥쪽에서 일어났다. 산업 분야의 합리성을 연구하던 이들은 시장의 보이지 않는 손을 숭배했고, 과거의 잔재로 말미암아 혁신의 기회가 제약받는 것을 안타깝게 생각했다. 그 대표적인 인물로 프랭크와 릴리안 길브레스 부부를 꼽을 수 있다. 이들은 인간의 기교를 분석하는 새로운 방식을 개발했는데 타자기 분야에서는 장애인에게 적합한 장비와 테크닉을 고안해냈다. 또한 타이핑의 연속 동작에 주목해 챔피언 타이피스트들의 타이핑 동작을 슬로우 모션으로 촬영해 연구하기도 했다. 이때 길브레스의 작업을 도왔던 조수 윌리엄 딜리William Dealey의 처남이 어거스트 드보락이다.

드보락은 오늘날 가장 잘 알려진 대안적 자판을 고안한 발명가로 잘 알려져 있지만 본래 그의 관심사는 타이핑의 생산성에 관련된 거의 모든 영역이었다. 드보락이 딜리와 몇몇 공동 저자들과 저술한 타자 교본에서도 자판 혁신에 대한 내용은 거의 다루어지지 않았다. 그가 특히 관심을 쏟은 분야는 타이핑 테크닉의 세부적인 기교에 대한 것이었다. 특히 빠르고 가벼운 터치를 통해 긴장을 줄이는 방법에 집중했다. 드보락은 기량을 갈고 닦고자 하는 타이피스트와 교사에게 다른 분야에서 최고가 된 이들을 관찰하도록 했다. 그들의 '느슨하고 가벼운' 움직임으로부터 어떤 점들을 배울 수 있을지 보여주었던 것이다. 당시 점점 더 늘어나고 있던 타이핑에 대한 심리학적 연구 결과들 또한 그의 주장을 뒷받침해주었다. 카네기 재단의 후원으로 출간된 드보락의 저서들은 지금 읽어도 인상적인 고전이다. 그의 논조는 가식적이지 않으면서도 권위를 갖추고 있었고, 타이핑을 배우는 학생들에게 자신들이 과학적으로 기교를 발전시키는 과정에 동참하고 있다는 믿음을 심어주었다. 드보락은 또한 타자 교습법의 관습적인 신조에 맞서 싸웠는데 특히 터치의 중요성에 대한 과장과 '사소한 정확성에 대한 광적인 집착'에 반대하는 입장을 고수했다.

혁신적인 자판 배열을 고안하는 것 역시 드보락과 딜리에게는 중요한 문제였다. 그는 보편화된 자판 때문에 타이피스트들이 훌륭한 테크닉을 개발하지 못한다고 믿었다. 실제로 길브레스가 인터뷰했던 타자 경진 대회의 어떤 코치는 "젊은 여성들은 자신의 타자 속도가 기계적 구조 때문에 더 빨라지지 못한다고 생각한다."라고 말하기도 했다. 그 코치는 더 나아가 대부분의 타자가 왼손으로만 타이핑하는 경향이 있다고 지적했다.

실제로 각 손가락에 할당되는 작업량은 고르지 않았다. 왼손에 너무 많은 부하가 걸리는 탓에 왼손과 오른손을 번갈아 가며 쓰는 이상적인 리듬을 만들 수 없었다. 또한 인접한 두 손가락으로 이중 글자를 타이핑해야 해서 오타가 잦았다. 드보락은 쿼티 자판의 문제를 극복하는 과정이 타자 교습 시간의 최소한 절반, 많게는 4분의 3 이상을 차지한다고 추정했다.

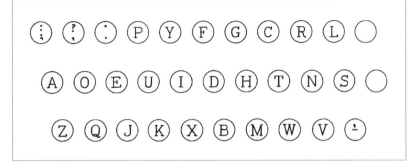

어거스트 드보락과 윌리엄 L. 딜리의 새로운 자판

드보락은 딜리와 함께, 효율성을 향상시킨 새로운 자판을 고안했다. 드보락이 주장했던 빠른 속도는 과장으로 드러났지만 이 배열의 가장 큰 장점은 편안함이었다.

드보락과 딜리는 기존에 수정된 자판들을 무시하고 새로운 배열을 개발했다. 모음들은 왼쪽 손 가운데 열에 놓고 가장 자주 쓰이는 자음들은 오른쪽에 배치해 한 음절마다 양손을 번갈아 가며 사용하게 한 것이다. 이렇게 하면 오타의 가장 큰 원인이었던, 인접한 글자를 눌렀을 때 나타나는 이중 글자를 90퍼센트 정도 줄일 수 있었다. 또 가운데 열에서 기존의 수정 자판보다 더 많은 작업이 이루어질 수 있었으므로 자판에서 '허들을 넘는 듯한' 손가락 곡예가 줄어들었다. 보편화된 자판에서는 자주 쓰는 단어 중 100개 정도만이 가운데 열을 사용해서 타이핑되었는데, 단순화된 자판에서는 그 수가 3,000개로 늘어났다. 그 결과 타자 속도가 상당히 빨라졌는데 실제로 중학생과 고등학생을 대상으로 한 드보락과 딜리의 연구에서는 분당 평균 48단어를 기록했다. 이는 보편화된 자판에서 기록한 분당 최대 28.4단어보다 월등한 수치였다. 드보락과 딜리의 배열은 1936년에 특허를 받았으며, 상당한 주목을 끌었다. 그러나 시기에 맞지 않았다. 대공황으로 타자기 시장이 정체된 것이다. 판매상들은 중고 거래를 막기 위해 잘 작동하는 오래된 기계들을 매입해 파기했지만, 주요 브랜드 제품들은 워낙 튼튼하게 만들어진 탓에 일반적인 사무 환경에서 적절히 정비만 해주면 수십 년은 끄떡없었다. 상황이 이렇다 보니 가장 잠재력이 큰 시장으로 여겨지던 학교들도 새로운 타자기를 구매하기를 꺼렸다. 새로운 자판이 산업이나 상업 영역에서 받아들여질 거라는 확신이 없다는 점도 구매를 망설이는 요인이었다. 게다가 노동 시장에서 타이피스트는 이미 공급 과잉 상태였다. 드보락은 새로운 자판을 도입하면 타이피스트 수를 줄일 수 있어 비용 절감 효과가 있다고 회사들을 설득했지만 고용주의 구매 결정에 영향을 주는 것 또한 타이피스트들이었다. 그들에게 있어 새로운 자판은 강제 해고의 위협을 의미했다. 게다가 드보락은 또 다른 전략적인 실수를 저지르고 만다. 단순화된 자판을 레밍턴의 무소음 타자기에 도입한 것이다.

드보락은 이 기계가 이상적인 스타카토 터치에 적합하다는 점을 높게 평가했지만 이는 타이프바의 소음이 주는 청각적인 피드백이 타이핑 리듬에 끼치는 중요성을 간과한 처사였다. 이 레밍턴 모델은 자판을 눌렀을 때 반응도 불분명했고, 전체 메커니즘도 딱 떨어지는 느낌이 부족했다. 심지어 본인조차 교본에서 이 기계의 감각에 익숙해지기 전까지는 "전문 타이피스트들도 불편할 수 있다."는 점을 인정했을 정도였다. 드보락은 제2차 세계 대전 당시 미 해군의 위임을 받아 단순화된 자판을 사용할 때 얻을 수 있는 생산성을 증명하는 여러 연구를 후원했지만, 그의 권장 사항들은 군대에서도 무시되었다. 전쟁 기간에 미국 정부에서 구매한 타자기 85만 대는 모두 쿼티 자판이 설치된 모델들이었던 것이다.

외국 제조사들도 쿼티 배열에 도전했지만 하나같이 실패하고 말았다.

프랑스의 한 제조사가 1909년에 영국 디자인을 자체적으로 변형해 프랑스 어에 적합한 배열을 적용했지만 빛을 보지 못했다. 사실 당시의 프랑스 타 자기 시장은 국제 기준으로 보면 여전히 작은 시장에 불과했다. 1913년, 프랑스 제조사들은 4,000대를 생산했고 2만 8,000대를 수입했는데 주로 쿼티 배열로 표준화된 미국 제조사에서 생산된 것들이었다. 저명한 프랑 스 정신 생리학자이자 테일러리즘을 반대했던 장 모리스 라이Jean-Maurice Lahy도 미국식 열 손가락 타자 기법을 바꾸려 했지만, 그 영향은 미미했다.

결국 1930년대 말에는 터치 타이핑 테크닉과 한 쌍을 이루는 테크놀로

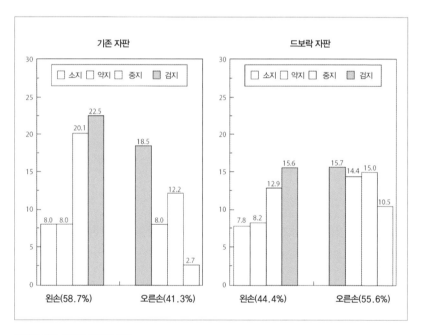

자판에 따른 손가락 작업량 분포
어거스트 드보락은 나타난 자료를 통해 본인이 개발한 자판 덕분에 손가락의 작업량이 고르게 분포되었음 을 주장했다. 그러나 그의 자료는 기존의 자판 역시 타이피스트들과 타이핑 교사들이 다섯 손가락 타이핑 기법을 개발하기 전에 쓰였던 네 손가락 타이핑에 적절한 배열을 갖추고 있음을 보여준다. 단지 오른손 중 지만 사용 빈도가 낮을 뿐이다. (스콧 오버Scot Ober 제공)

지인 쿼티 타자기가 로마자를 사용하는 대부분의 국가들뿐만 아니라 비-로마자 국가의 자판에까지 영향을 미친다. 또한 타이피스트들은 고된 훈련을 통해 습득한 기교들을 공유하며 하나의 공동체를 형성했고, 이를 불분명한 이득과 바꾸고 싶지 않다는 뜻을 명확히 밝혔다. 실험실에서 쿼티 자판에 대해 얼마나 비판적이었든 상관없이 실험실 밖에서 그들의 입장은 분명했다. 드보락은 1960년대까지 그의 디자인을 위해 험난한 싸움을 계속했지만 전후 민간에서 일어난 활황기에서도 시류의 덕을 보진 못했다. 비록 그는 예리한 분석가이자 뛰어난 교사였지만 자신의 아이디어를 위에서부터 실현시킬 관료적인 기교도, 아래에서부터 홍보 활동을 펼칠 요령도 모두 부족했던 것이다.

문화적
변화

　　　　　　　　몇몇 컴퓨터 업계의 선도자들은 자판의 문체 해결법으로 아예 자판 자체를 없애버리는 방안을 논의했다. 실제로 1980년대에 매킨토시의 그래픽 유저 인터페이스가 처음 등장했을 때, 마우스가 자판의 몇몇 기능을 대체했지만, 사용자들은 얼마 지나지 않아 펑션 키와 자판 단축키를 요구했다. 1980년대 후반에는 애플과 다른 몇몇 회사의 공상가들이 휴대용 태블릿에서 필기 인식이 되는 새로운 종류의 컴퓨터를 주창했는데 이는 실패작들만 연달아 내며 끝나버린다.

애플과 마이크로소프트는 펜 기반의 조작 방식을 되살리기 위해 큰 노력을 기울였지만 휴대용 기기가 더욱 작아질수록 누군가는 휴대용 쿼티 자판을 끼워 넣을 방법을 찾아냈다. 이러한 휴대용 자판은 팜 파일럿

PDA용으로 시장에 다수 나와 있다. 그래픽을 선호하는 애플 역시 뉴턴 메시지패드의 최신 모델에는 탈착 가능한 자판을 포함시켰으며, 최신 매킨토시 운영 시스템에는 유닉스 기반 텍스트 커맨드 옵션을 포함시켰다. 탈부착식 자판이 달리지 않은 PDA의 경우, 데이터 입력을 위해 컴퓨터에 연결할 수 있게 되어 있다.

1990년대 후반에는 필기 인식에 쏟아지던 관심이 음성 제어로 넘어갔지만, 결과는 유사했다. 기술의 미래에 대한 근본적인 낙관론을 형성하는 데 실패하고 재무적 어려움을 겪게 되었다. 비록 음성 인식 소프트웨어가 발전해서 문맥에서 철자를 추론하는 등의 기능을 갖추었지만 자판을 대체할 수 있는 궁극적인 대안이 될 수는 없다. 여전히 오타의 확률이 높을 뿐더러 사용자가 제대로 된 발음을 하지 못하는 경우가 허다하고 이미 작성된 문구를 수정하기도 어렵기 때문이다. 물론 타이핑은 향후 그 역할이 더 줄어들겠지만 새로운 작업을 하는 과정에서는 반대 현상이 나타날 수도 있다.

그리하여 자판의 새로운 국제 체제가 떠오르고 있다. 강도 높은 '생산' 타이핑은 이미 많은 자료가 전산화되어 있고 그저 포맷 변경이나 수정만이 요구되는 상황에서 그 필요성이 낮아졌다. 타이핑 작업 자체도 자판 생산이 그러하듯, 저임금 국가로 아웃소싱될 수 있다. 하지만 젊은 직장인들은 타이핑 기술이 그들을 미래가 없는 직업에 가두리라 생각하지 않는다. 책상 위에 자판을 놓는 것이 그가 속한 계급의 위치를 깨는 행위라고 여기던 최고 경영진 세대들은 모두 은퇴한 지 오래이며 이제는 유명한 수학자를 비롯한 전문 직업인도 가장 복잡한 수식까지 표현할 수 있게 해주는 소프트웨어를 사용한다.

몽상가들은 여전히 작은 무선기기를 꿈꾸지만, 21세기는 숄스의 배열에 충실하게 돌아가고 있다. 도서관에서는 카드형 색인이 사라졌고 사무실 건물에서는 저명한 사전들을 더 이상 볼 수 없게 되었다. 쿼티 자판은 산업 프로세스를 제어하는 동시에 가정의 엔터테인먼트 시스템을 조작하는 데도 사용된다. 큰 도시에 사는 이들은 은행원보다 숫자 키와 모니터가 설치된 자동화기기를 더 선호한다. 공중 전화기와 가정용 전화기 모두 다이얼 방식은 없어지고 키패드가 보편적인 방식이 되었다. 휴대용 공학 계산기는 계산자보다도 저렴한 가격에 판매 중이며, 자판은 단순히 글자를 쓰거나 재무 분석을 하는 데만 사용되는 것이 아니라 산업 프로세스부터 엔터테인먼트까지 모든 것을 제어한다. 동양 국가들은 서양 키를 조합해서 자국의 글자를 표기하고 있으며, 새로운 표준인 유니코드는 주요한 국제 언어들에서 쓰이는 대부분 글자들을 자판을 사용해 표기할 수 있게 해 준다.

이렇듯 자판은 타자기 산업 초창기에 예견되었던 것 이상으로 보편적인 것이 되었다. 우선 19세기와 20세기 초에 필기 연습에 허비되는 시간을 과감하게 줄이는 데 성공했으며 장애가 있는 사람들에게는 해방구가 되었다. 오늘날에는 기계음을 조합해 목소리까지 낼 수 있다. 어린 아이가 자판을 지나치게 사용할 경우 펜이나 연필을 사용하기 어려워질 수도 있다는 단점이 있지만 새로운 세대의 컴퓨터 기반 시험들을 개발하고 있는 한 미국 대학 연구자들은 이미 손 글씨가 부자연스러운 것이 되었다고 믿는다.

우리는 앞서 신발을 신고 의자에 앉는 것을 통해 인류가 테크놀로지의 쳇바퀴에 올라선 과정을 살펴보았다. 이렇듯 편안함이 향상되고 능력이 확장되면 이러한 몸의 테크놀로지에 대한 우리의 의존도도 높아진다. 자판으로 말미암아 문화적으로도 단계적인 변화가 있었다. 시각 예술과 시,

음악 그리고 친밀한 개인 의사소통에 이르기까지 모든 것이 기계로 만들어진 입력 도구에 미묘하게 영향을 받았던 것이다.

1894년, 루시 C. 불^{Lucy C. Bull}이라는 한 타이피스트가 〈애틀랜틱 먼슬리〉에 타자기의 영향력을 성찰하는 글을 기고했다. 여기서 "성직자, 강연자 그리고 잡지 기고자들의 노동을 지원하기 시작한 이 기계는 결국 사업을 위한 도구로 거의 완벽하게 상업적 용도에 맞게 만들어져 있다."는 구절은 지금에 와서 더 심오한 의미를 지닌다. 그녀는 약혼자에게 보낼 편지를 타이핑해보았던 한 남자의 사례를 언급하며 손으로 썼을 때 나타나는 문맥상의 강조와 문학적으로 미묘한 뉘앙스들이 타이핑한 편지에서는 사라진다는 점을 지적했다. 더욱 흥미로운 부분은 그녀가 이 글을 쓸 당시 자판이 아직 기계적 한계가 있었음에도 전산화 이후 자판이 더욱 널리 쓰이리라는 것을 예견했다는 점이다. 그녀는 모두가 자신의 기계를 갖게 될 것이며 따라서 전문 자판 운용자가 불필요해지리라고 예견했다. 그녀가 자신이 쓴 글에 제목으로 달았던 기계와 운용자를 결합시킨 "타이프라이터가 되기"라는 문구는 20세기와 21세기를 상징하는 표어로 부족함이 없다.

안경,
인쇄 매체 발달이 낳은
위대한 산물

수세기에 걸쳐 때로는 존경의 대상이 되기도 하고 때로는 놀림거리가 되기도 했던 안경은
열등감과 우월감 모두를 상징했다. 정보를 수집하고 퍼뜨리는 것과 관련된 인류의 테크
닉들은 안경을 비롯한 광학 테크놀로지에 크게 의존하고 있지만, 우리는 이 테크놀로지
가 불러오게 될 결과 전부를 파악하고 있지는 않다.

사물의 역습

지금까지 우리는 인간의 능력을 향상시키도록 고안된 도구들을 살펴보았다. 과학적으로 그릇된 방법이라는 것이 밝혀졌지만 유아의 영양을 개선하기 위한 젖병, 다른 테크놀로지들로 인해 위험해진 지면으로부터 발을 보호하기 위한 샌들과 운동화, 최적의 자세와 건강을 위한 업무용 의자와 안락의자, 그리고 음악과 문서의 더 효율적인 생산을 위한 건반과 자판. 물론 여전히 맨발로 사는 사람들도 있고, 구부정하게 앉는 사람들도 있으며 안락의자는 게으른 삶의 상징이 되었다. 또 음악 건반과 컴퓨터 자판 모두 이상적인 형태라고 할 수는 없다.

안경은 장기적으로는 신체를 변형시키기까지 한다는 점에서 다른 몸의 테크놀로지와 유사하다. 의자나 자판과 마찬가지로 안경도 자세에 영향을 미친다. 많은 사람들이 한쪽 귀가 다른 쪽보다 약간 높아 안경이 기울어지거나 코의 형태로 인해 안경이 아래로 흘러내리기도 한다. 재활 의학 전문가에 따르면, 이러한 문제들을 해결하기 위해 고개를 옆이나 앞으로 기울이거나 입으로 숨을 쉬는 행위는 두통, 목 부위의 근육통, 안면 근육통을 야기할 수 있다. 신발과 마찬가지로, 나쁜 눈과 안경의 조합도 걷는 패턴을 변화시킨다. 근시가 심했던 프리드리히 니체Friedrich Nietzsche는 오십대에 들어서자 넘어지지 않도록 발을 높이 들며 좁은 보폭으로 걸었다. 기마대의 경우에는 말의 눈에 왜곡 안경을 씌워 말이 발을 높이 들어 걷게 만들기도 한다.

안경에는 우리가 지금까지 살펴본 다른 테크놀로지들과 크게 구분되는 특성이 있다. 신체를 변형시키거나 향상시키기 위한 기술이 아니라 수정하기 위한 기술이라는 것이다. 몇몇 도수가 약한 돋보기안경을 제외하면, 감각을 확장하기 위한 광학 렌즈들, 이를테면 쌍안경, 망원경, 현미경을 안경처럼 쓰지는 않는다. 점점 증가하는 안경을 쓰는 인구는 다른 이들과 동일한 능력을 갖기 위해 얼굴이 달라지는 것을 감내하는 사람들이라고 할 수 있다. 안경은 시력을 수정하는 원래의 목적을 넘어, 착용자의 얼굴만이 아니라 몸과 마음에 영향을 미치고 급기야 쓰는 사람과 별개로 생각하기 어려운 하나의 가면이 된다. 아서 코난 도일 경Sir Arthur Conan Doyle은 〈금테 코안경The Adventure of the Golden Pince-nez〉에서 셜록 홈스의 입을 빌어, "안경만큼 주인에 대해 자세히 말해주는 물건도 없다."라고 말한 바 있다.

읽고 쓰는 능력이 널리 퍼지면서 안경의 중요성은 앞서 살펴본 의자와 마찬가지로 더욱 커지고 있다. 우리는 독서용 안경을 마치 신발과 의자처럼, 문명화된 사회에서 자연스레 생겨난 물건들로 생각한다. 그러나 우리가 신발과 의자에 의지하게 되면서 과거에는 발바닥에 자연스럽게 생겼던 보호용 굳은살을 잃고 바닥에 편하게 앉는 방법을 잊게 되는 것처럼, 우리는 안경으로 인해 수렵-채집인 시절에 누렸던, 세상을 직접 대면하는 시야도 잃게 되는 것이다. 노년기에 이르면 거의 모든 사람이 안경을 쓰게 된다. 오늘날의 사회 경제도 안경의 존재를 기본 전제로 하고 있다. 인쇄 매체들의 작은 글자도 대부분의 독자가 안경을 쓰고 읽는다는 것을 가정하는 것처럼, 기계 장비나 전자 기기 내부의 부품들에 적힌 글자는 돋보기를 대야 알아볼 수 있을 정도로 작다. 컴퓨터 모니터가 등장하면서 글자를 자유롭게 확대할 수 있게 되었지만, 새로운 세대의 휴대용 단말기에서는 또다시 글자 크기가 심각하게 제약된다. 이러한 환경에서 안경은 자판과 마찬가지로 정신뿐 아니라 신체의 필수적인 인터페이스라 할 수 있다.

안경은 최소한 2,000년 전부터 존재했던 것으로 추정된다. 렌즈의 원리도 그 이전부터 이미 알려져 있었다. 그러나 중세 유럽에서 인쇄매체의 발달로 식자층이 확대되기 전까지 안경은 본격적으로 보편화되지 못했다. 수세기에 걸쳐 때로는 존경의 대상이 되기도 하고 때로는 놀림거리가 되기도 했던 안경은 열등감과 우월감 모두를 상징했다. 정보를 수집하고 퍼뜨리는 것과 관련된 인류의 테크닉들은 안경을 비롯한 광학 테크놀로지에 크게 의존하고 있지만, 우리는 이 테크놀로지가 불러오게 될 결과 전부를 파악하고 있지는 않다.

에덴동산 신화에는 유대교와 기독교의 우화 이상의 의미가 있다. 고고학자들과 인류학자들에 의해 이 이야기가 농경시대 이전 고대인들이 무척 건강하고 여유로운 삶을 살았음을 암시한다는 사실이 밝혀지고 있다. 구석기 시대 우리 선조들은 현대인보다 몸집이 크고 힘이 셌으며 치아가 튼튼하고 건강했다. 고고학으로는 이들의 시력이 어떠했는지 직접적으로 알 수 없지만, 상당히 좋았다고 생각할 만한 근거는 있다. 이들의 생존은 사냥감이나 먹을 수 있는 과일 등을 멀리서 알아볼 수 있는 능력에 달려 있었기 때문이다. 이들도 40대 이후에는 수정체가 딱딱해져서 가까이 있는 물체에 초점을 맞추기는 어려웠을 것으로 추정된다. 그러나 행동 생물학자 야코프 폰 윅스쿨Jakob von Uexkull이 명명한 이들의 지각 세계는 시야의 중간 거리에서부터 뒤쪽에 걸쳐 형성되어 있었다. 또한 이들은 무척 강인했지만 40세 넘게 생존한 이는 극소수에 불과했다.

이들에게도 다른 고민거리가 있었겠지만, 구석기 시대 우리 선조들에게서 근시는 거의 살펴볼 수 없었다. 근시란 빛의 초점이 망막보다 앞에 맺히는 증상으로, 이로 인해 멀리 놓인 물체를 알아보기 힘들게 된다. 눈을 비비거나 가늘게 뜨게 만들기도 한다. 태어날 때부터 근시인 경우도 있지만, 대부분은 어린 시절 혹은 청년기에 증상이 나타난다. 이 시기에 수정체와 각막이 커지는 속도보다 안구가 더 빠르게 길쭉해지면서 초점을 맞추기 어려워지기 때문이다.

20세기까지 남아 있는 수렵-채집인들의 시력을 연구한 결과로 판단한다면, 근시는 수렵-채집인에게서 매우 드문 것으로 보인다. 오스트레일리아 원주민의 근시 비율은 지극히 낮다. 반면, 이들에게는 집단적으로 약한 원시가 나타난다. 비슷한 시력인 경우에도, 오스트레일리아 원주민이 유럽계 오스트레일리아인보다 사물을 더욱 또렷하게 본다. 마찬가지로, 바누아투, 부건빌, 말레이타 등 남태평양 섬들에서, 가봉의 숲에 사는 사람들에게서, 그린란드의 에스키모들에게서도 근시 비율은 무시해도 좋을 정도로 낮다. 1960년대에 이루어진 알래스카 에스키모에 대한 연구에서, 오래전부터 이 지역에 살았던 성인의 근시 비율은 2퍼센트에 불과했지만 아이들이 학교에 다니기 시작하면서 아이들의 근시 비율이 50퍼센트로 올라갔다. 문맹률이 높다고 항상 시력이 좋게 나타나는 것은 아니다. 대중 교육이 도입되지 않았던 농경 사회, 이를테면 제1차 세계 대전 당시 이집트에서도 근시 비율이 상대적으로 높게 나타났다. 이집트와 인접한 지역을 떠도는 누비아인과 베두인족 사람들 중에서는 코란을 열심히 읽는 이들이 많았지만, 이들에게서는 근시를 거의 찾아볼 수 없었다. 그렇다면 하나의 사실만이 남는다. 수렵-채집인들 사이에서는 근시가 높은 비율로 나타난 적이 없었다. 연구 사례가 충분하지 않은데다 기존 연구들도 방법론적으로 완벽한 것이 아니지만, 지금까지 나타난 결과를 놓고 본다면 도시, 문자와 관련된 특정 삶의 방식이 좋은 시력을 유지하기 위한 진화론적 선택압selective pressure(경쟁에 유리한 형질을 갖는 개체군의 증식을 재촉하는 생물, 화학 혹은 물리적 요인-옮긴이)을 해소해버리는 것으로 추정된다.

뛰어난 시력을 자랑했던 수렵-채집인의 아이들이 서양식 교육을 받기 시작하면 근시 비율이 높아지는 이유는 무엇일까? 최근의 한 연구에서는 유럽에서 도입된 정제 전분이 인슐린 레벨을 높여 아이들의 안구 성장에 영향을 미쳤을 가능성이 시사되기도 한다. 다른 유전적 혹은 생리학적 원인도 있을 수 있지만, 책을 포함해 글씨가 빼곡하게 적힌 인쇄 매체들이 많아진 것도 근시에 어느 정도 영향을 미치는 것으로 보인다.

그러나 전문가들도 아직까지 그 정확한 과정을 밝혀내지는 못하고 있다. 읽기, 특히 한자 같은 매우 조밀한 표의문자들을 읽는 동안에는 의식이 망막 중앙 부분에 집중되는데, 그로 인해 주변부 다른 신경들이 제외된다. 그 결과 글자를 읽고 있는 이에게 글자 외의 부분은 뿌옇게 보이며, 이 부분에서 배출되는 뉴로펩티드가 안구를 과하게 자극해 길게 늘어나게 만든다는 것이 하나의 가설이다. 가까운 곳에 초점을 너무 오랫동안 유지하는 경우에도 안구가 길어진다. 그러나 이 그럴듯한 설명은 불완전하다. 동일하게 먼 곳에 오랫동안 초점을 맞추고 있다고 길어진 안구가 짧아지거나 하지는 않기 때문이다.

상세한 메커니즘이 어떠하든, 쓰기와 관련된 테크놀로지와 읽기와 관련된 테크닉이 아이들의 자라나는 신체에 미치는 영향 가운데는 의도하거나 원하지 않았던 결과도 있는 것으로 보인다. 미묘한 법률적 의미를 파악하기 위해서든 상세한 기술 도면을 이해하기 위해서든, 자잘한 글씨에 집중하다보면 큰 그림을 놓치기 쉽다. 실제로 비교 문화 심리학자들은 도시 생활이 세부적인 디테일에 대한 인식도를 높여주는 반면 좀 더 큰 패턴을 발견하는 능력은 떨어뜨린다는 사실을 발견하기도 했다. 이처럼 문화는 우리의 시각 도구뿐만 아니라 우리의 관점 자체를 변화시키기도 한다.

안경 이전의
시대

시력 조정이 필요한 사람들은 두 부류로 나뉜다. 첫째, 책을 읽는 데 불편하지는 않지만 먼 곳이 뚜렷하게 보이지 않는 근시를 가진 사람이다. 다른 쪽은 노안이 있는 이들인데, 안구 근육이 더 이상 가까운 거리에 초점을 맞추지 못하기 때문에 빛을 굴절시켜 주는 보조 기구가 필요하다. 고대 지중해 지역과 중세 초기 유럽의 장인들이나 예술가들은 종종 돋보기를 사용했을 것으로 추정된다. 시각 생리학 교수이자 기술 역사학자인 제이 M. 이녹Jay M. Enoch은 세밀하게 제작된 유물들 중에 자체적으로 돋보기가 달려 그 섬세한 디테일을 볼 수 있게 만들어진 것들을 다수 발견했다.

기원전 1550~1500년경에 제작된 것으로 추정되는 소머리 각배에는 소의 한쪽 눈 '각막'을 통해 보이는 세밀한 사람 머리 실루엣이 새겨져 있다. 기원전 350~300년경 고대 그리스 반지에는 금박 그림들이 투명 유리에 둘러싸여 있어 마치 떠있는 것처럼 보인다. 랭스에 보관된, 실제 십자가의 파편으로 여겨지는 나무 조각은 확대경으로 쓰이는 오목한 보석 2개 사이에 끼어 있다.

　로마인은 수정(투명 석영)을 다루는 데 익숙했고, 나중에는 유리도 잘 다루었다. 아리스토파네스의 《구름Clouds》에는 그리스인과 로마인이 볼록 렌즈를 만들었다는 것이 언급되어 있다. 그러나 이들은 안경을 만들지는 않았다. 고전 학자 니컬러스 호스폴Nicholas Horsfall이 관찰한 바와 같이, 이들은 글을 읽고 쓸 줄 아는 노예와 자유인의 전문적인 보좌를 받았다. 렉터lector가 글을 읽어주었고, 스크리바scriba 혹은 노타리우스notarious(비서 혹은 속기사)는 주인의 말을 받아 적었다. 어두운 겨울에 사용했던 램프는 오늘날 기준으로 보면 조악한데다가 연기가 심하게 나서 밤에는 글을 읽거나 쓰기가 불편했다. 이 때문에 로마인은 종종 안구 염증에 시달리기도 했다. 엘리트들은 인간형 음성 인식기와 워드 프로세서를 이용해 걷고 여행하고 목욕하는 가운데 생각하는 바를 기록했다. 책을 읽어주고 말을 받아 적는 비서들은 주요 정치인의 측근으로서 항시 대기하고 있었지만, 이들이 독립적인 개인으로 인식되는 경우는 거의 없었다. 교회의 신부도 수도사나 젊은 평신도와 유사한 관계를 형성했다.

　대부분의 전문가는 중세뿐 아니라 고대의 장인들도 돋보기를 이용해서 섬세한 작업을 했다고 믿는다. 이들이 만들어낸 작품의 디테일을 제대로 감상하려면 시력이 좋은 사람도 돋보기가 필요하다. 중세 서기들이 작업장에서 일하는 모습을 그린 여러 그림에서는 이러한 도구를 찾아볼 수 없는 것이 사실이다. 어떤 이들은 아주 근시가 심한 젊은 작업자들에게는 돋보기 같은 광학 도구가 필요 없었을 것이라 생각하기도 한다. 그러나 더할 나위 없이 정교한 걸작들이 모두 젊은 장인들의 작품이라고 보기는 어렵다. 아마도 이들이 사용했던, 표면이 연마된 수정이나 볼록한 거울 형태의 렌즈는 일종의 영업 비밀 같은 것이었으리라 짐작된다. 카라바조Caravaggio,

베르메르Vermeer, 앵그르Ingres와 같은 거장들이 카메라 루시다 같은 이미지 도구를 사용했는지 여부에 대해 화가들과 학자들이 시끄러웠던 사례에서 보듯, 예술가가 사용하는 도구는 기술 선호적인 21세기에서도 논쟁을 일으키곤 한다. 화가가 크리스털이나 보석을 가지고 작업한다는 것이 알려진다고 해서 왕족이나 귀족 후견인들이 이를 불명예스럽게 여기진 않겠지만, 이들의 작품에 대한 평가나 가치는 낮아질 수도 있었을 것이다.

중세 철학자들은 굴절의 원리, 즉 빛의 구부러짐을 이용해 사물을 확대해서 볼 수 있다는 점에 대해 관심을 보였지만, 13세기 이전까지 이들은 동시대 사람들이 이용하던 렌즈의 존재를 알지 못했던 것으로 보인다. 시력에 문제가 있는 이들이 글자 위에 올려놓고 썼던 수정이나 유리 같은 투명 물질에 대해 처음으로 기록을 남긴 중세 철학자는 로저 베이컨Roger Bacon이었다. 그렇지만 그의 기록에는 시력 교정용 안경이 언급되어 있지 않았으며 이미 사용되던 돋보기에 대해서만 나와 있다.

왜
유리인가?

최초의 안경을 만든 사람은 피사와 베네치아의 이름 없는 장인들이었다. 여기에 프랑스와 독일의 장인들이 포함될 수도 있다. 1306년, 지오다노 다 리발토Giordano da Rivalto라는 피사의 한 수도사는 피렌체에서 설교 중에 안경을 예찬하며, "가장 뛰어난 예술이자 세상에 무척 필요했던 안경을 피사 장인인 지인이 20년 전부터 만들기 시작했다."고 말했다. 도미니크 수도회의 또 다른 수도사는 1313년에 이전까지 비밀로 숨겨졌던 안경 제작 절차를 복제하는 데 성공한다. 수정으로 돋보기를 만들던 장인들이 길드를 형성하고 있던 베네치아에서도 피사에서 만들어진 용어인 오키야리^{occhiali}(지오다노 다 리발토의 설교에서 처음 문서화되고 이후로도 안경을 가리키게 된 이탈리아어)를 사용했다.

광학을 학문적으로 연구하던 학생들이 이러한 안경을 무시하는 상황에서 피렌체는 안경의 중심지로 떠올랐다. 피렌체에서 안경 제작이 꽃핀 것은 투시 화법에 관심이 깊었던 예술가 집단과 이들에게 아낌없는 후원을 보내는 것으로 유명했던 피렌체 왕조의 영향이 컸다. 안경은 피렌체의 중요한 수출품이 되어, 하나의 독립적인 산업 분야가 형성되었고 이탈리아의 왕궁들로부터 주문이 쏟아졌다. 1462년, 밀라노의 프란체스코 스포르차 대공^{Duke Francesco Sforza}은 피렌체의 안경 제조 솜씨를 유럽 최고라고 칭송하며 외교관을 통해 신하들에게 하사할 안경 36개를 한꺼번에 주문하기도 했다. 피렌체에는 이 주문을 2주 이내에 공급할 수 있는 대형 공방도 여럿 있었다.

후계를 이은 대공의 아들도 많게는 200개를 한꺼번에 구매하기도 했다. 피렌체 안경은 가격도 저렴한 편이었다. 12개에 1 다카트 금화^{ducat}(중세 유럽의 여러 나라에서 발행된 금화-옮긴이)라는 가격은 피렌체의 숙련공도 감당할 수 있는 수준이었다. 스포르차 대공이 주문한 12개의 안경에는 '젊은이들이 멀리 볼 수 있도록' 오목 렌즈가 달려 있었다. 이는 근시 교정용 렌즈에 대해 명확하게 기록된 최초의 사례로, 이탈리아에서 근시 인구가 늘어나고 있었으며, 이에 따라 근시를 고치기 위한 기술도 발전하고 있었다는 사실을 말해준다. 피렌체 안경은 또한 최초로 노안을 체계적으로 교정하고자 했던 안경이었다. 독서용 돋보기 안경은 다섯 살 간격으로 분류되었고, 근시 안경도 등급별로 나누어져 있었다. 17세기에는 갈릴레오^{Galileo}를 비롯한 과학자들이 석유램프로 조절된 열을 활용한 유리 성형 방법을 개발해 품질 좋은 광학 유리를 제작하는 새로운 길을 열어주었다.

피렌체는 또한 새로운 기술 분야가 성장하기에 제도적으로 매우 적절한 환경을 갖추고 있었다. 베네치아에서는 안경 제조를 고유의 고급 유리 산업의 확장으로 보고, 장인들이 지역을 떠날 경우 친척들을 감옥에 가두겠다는 협박까지 할 때도 있었다. 피렌체에서는 안경 제작자들을 위한 별도의 길드도 없었고, 장인들은 여성이나 심지어 어린아이에게도 자신의 기술을 가르쳐 주겠다고 공공연히 말했다. 장인의 기교와 지식이 널리 퍼지기 이상적인 환경이었던 것이다. 피렌체가 두드러지긴 했어도, 안경 제조가 성행한 유일한 지역은 아니었다. 이탈리아의 다른 도시들과 여러 수도원에서도 안경 제작자들이 증가하고 있었고, 안경 제조 산업은 북유럽으로도 퍼져나갔다.

피렌체뿐만 아니라 이탈리아 전역의 도시와 수도원에서 안경 사업이 번영하던 시기와 제지 공장과 인쇄소가 유럽 전역으로 퍼지던 시기가 일치하는 것은 그저 우연에 불과할까? 인쇄된 매체와 안경은 동일한 시장을 대상으로 한다. 즉 성직자, 평신도, 서기, 학생, 상인, 장인 등 독서를 비롯한 세심한 작업에 매진하는 사람들이 그 대상이다. 1340년에도 피렌체에서는 6세부터 13세까지의 어린이 중에 절반이 학교에 다녔고, 15세기 말에는 프랑스 발랑시엔 지방 사람 중 70퍼센트가 글을 읽었다. 그중 책을 소유한 사람은 극소수였으며, 이들은 종종 책을 안경과 한 쌍으로 생각했다. 일부 초기 장정에는 안경을 넣을 수 있는 수납공간까지 마련되어 있었고, 안경테를 끼울 수 있는 홈이 마련된 책도 있었다. 책을 만드는 과정에도 안경이 필요했다. 원고 채식사들이 초기에는 수정을 이용했고 나중에는 안경을 쓰고 작업했다. 아마 구멍을 내고 절단을 하는 장인과 활자 주조 업자 역시 마찬가지였을 것이다. 안경은 또한 인쇄의 경제성을 높여주었다. 작은 크기의 판본들로 종이 비용을 절약할 수 있었기 때문이다. 더 많은 학자들과 장인들이, 특히 중년을 넘어선 나이 많은 이들이, 더 긴 시간 동안 더 섬세한 작업을 할 수 있게 되었다. 역사학자 린 화이트 주니어 Lynn White Jr.의 말에 따르면, 이러한 시각 보조 도구들은 유럽인의 사회생활에 지대한 영향을 미쳤으며, 특히 연배가 있는 남성이 문자를 더 이상 읽을 수 없는 나이에 이르러서도 이러한 도구 덕분에 권위적인 지위에 더 오랫동안 머무를 수 있었다고 한다. 이들이 권력을 유지하면서, 인쇄 매체의 주요한 소비자층이 되기도 했을 것이다. 안경과 인쇄는 당시 사회를 구성하는 거대한 기술적 복합체의 일부라고 할 수 있었다.

이렇듯 안경은 유용하게 사용되는 도구였지만 외관은 19세기와 20세기 기준으로 보면 조악하기 이를 데 없었다. 유리는 오늘날에 비해 무거웠고, 노안 렌즈는 두 배로 볼록하고 근시 렌즈는 두 배로 오목했다. 불순물도 섞여 있었으며 어떤 것에는 미심쩍은 의학적 견해를 바탕으로 렌즈에 색이 들어가 있었다. 착용 위치를 고정하는 장치 같은 것도 없었다. 그래서 렌즈가 착용자의 속눈썹에 닿을 정도로 얼굴에 밀착해서 써야만 했다. 많은 판매상은 행상인들로, 어떤 안경이 맞을지는 써보는 수밖에 없었다. 렌즈 도수를 측정할 수 있는 표준 같은 것도 존재하지 않았다.

이러한 그 모든 단점을 감안하면, 안경이 처음 등장한 이래 3세기에서 4세기까지 명성과 악명을 동시에 얻은 것도 당연하다고 할 수 있다. 이 테크놀로지는 한편으로는 읽기라는 특권적인 테크닉과 연계되어 있었지만, 다른 한편으로는 과학적인 근거도 없는 조악한 도구에 불과했다. 광학을 연구하던 중세 학자들은 안경에 관심이 없었고 안경의 개발에 아무런 기여를 하지 않다.

존엄하고도
어리석은 안경

르네상스 시기에도 렌즈는 지적인 이미지를 상징했으며 곧이어 풍자적인 이미지까지 얻게 되었다. 토마소 다 모데나Tomaso da Modena는 1352년에 베네치아 근처 트레비소의 산 니콜로성당 챕터 홀을 장식할 그림을 그리면서, 도미니크 수도회의 유명한 수사들 40명이 읽고, 쓰고, 생각하는 모습을 담았다. 그림 속에서 루앙의 니콜라스Nicholas of Rouen 추기경은 돋보기를 들여다보고 있으며, 프로방스의 휴고Hugo of Provence 추기경이 코에 안경을 걸고 글을 쓰고 있다. 15세기 초, 얀 반 에이크Jan van Eyck는 당대 유럽에서 꽤 부유했던 브뤼주의 캐논 조지 반 데르 파엘레Canon George van der Paele를 그렸는데, 이 그림에서 성모의 현시를 바라보고 있는 그의 손에는 작은 크기의 성무 일과서와 함께 그의 학식을 상징하는 안경이 접힌 채로 들려 있었다.

이렇게 유명한 성직자들에게 안경은 두 가지 의미가 있었다. 그들에게 안경을 착용자의 속세에서의 신분을 보여주는 표식이자 이들의 성격을 드러내는 사물이었다. 토머스 모어Thomas More가 안경을 쓴 모습으로 그려졌던 것은 자신이 그렇게 기억되기를 선택해서였을 수도 있다. 이러한 트렌드는 안경이 나타나기 전의 과거를 그리는 그림에도 나타나, 베르길리우스Vergilius와 성 제롬St. Jerome 같은 고대 지식인들의 학식을 드러내는 표현으로 안경이 잘못 쓰이기도 했다.

르네상스 예술가들과 작가들은 대체로 안경을 미심쩍은 도구라고 생각했다. 이들은 지혜의 도구를 허영에 빗대기 좋아했고 나이 든 사람들을 덕망이 아닌 어리석음의 상징으로 표현했다. 안경은 나이로 인한 자신의 허약함을 겉으로 드러내는 도구일 뿐 아니라, 착용자를 자기기만과 대

죄로 이끄는 올가미라고까지 폄하했다. 한스 발둥Hans Baldung Grien의 1510
년 목판화에서 욕망은 곰의 주둥이, 당나귀의 귀와 뿔 그리고 나중에 '남
성의 시선'으로 알려지게 되는 거대한 안경으로 묘사된다. 세바스찬 브란
트Sebastian Brant의 유명한 《바보들의 배Ship of Fools》의 서두에는 당나귀 귀에
안경을 쓴 책 애호가가 방울 달린 광대 모자를 쓰고, 파리채로 무장한 채
도서관을 지키려는 모습이 담긴 목판화가 나온다. 그가 그렇게 소중하게
여기는 도서관에는 그가 이해할 수 없는 책만 가득하다. 라블레Rabelais의
《가르강튀아Gargantua》의 제목 페이지 목판화 한가운데에서 바보 같은 표정
을 짓고 있는 인물도 안경을 썼다. 독일 의사이자 연금술사 하인리히 쿤라
트Heinrich Khunrath는 1599년 발표한 논문에서 안경에 대한 이러한 호의적이
지 않은 시각을 요약한 바 있다. 그는 논문에서 또 다른 예시로 안경을 쓴
올빼미가 불 켜진 두 촛불 옆에서 십자 장식을 한 촛대를 들고 있는 장면
을 묘사하고 있다. 그 밑에는 다음과 같은 설명이 있었다.

횃불, 빛, 안경이 무슨 소용인가?
보지 않으려고 결심한 이들에게

올빼미가 무엇을 상징하는지는 모호하지만, 안경에 대한 양가적인 감정
은 후기 르네상스 독자들에게 그리 낯설지 않았을 것이다.

16세기가 끝날 무렵에는 신고전주의 학문이 발전해 이론과 정치에 대한
논쟁이 확산되었다. 이로 인해 더 많은 서적과 팸플릿이 출판되었고, 이러
한 인쇄 매체를 읽기 위한 시각 보조 도구의 중요성은 더욱 높아졌다. 특
히 학식을 갖춘 40대 이상인 사람들에게 안경은 필수 도구가 되었다. 노안
을 겪는 이들 중에서 취향이 까다로운 특권층, 이를테면 위대한 서적 수집

가이자 암호학자인 어거스트 공Duke August the Younger of Brunswick-Wolfenbüttel 같은 사람들은 아우크스부르크를 비롯한 당시 안경 생산 중심지를 찾아가 그중에서도 가장 뛰어난 장인에게 안경 제작을 의뢰했다. 피렌체 공방들과 달리, 어거스트 공의 안경 제작자는 그가 주문받은 단 2개의 안경을 제작하기 위해 1년이라는 긴 시간을 쏟았다. 이 안경 제작자는 나중에 사냥용으로 눈을 보호하는 안경도 만들었는데, 이 안경에는 후방 거울과 관점관perspective tube이라고 불리는 확대경 세트까지 갖추어져 있었다. 어거스트 공은 안경을 열심히 사용했지만, 남아있는 초상화에서 안경은 보이지 않는다. 아마도 자신의 시력에 신경을 쓰는 것 이상으로, 안경으로 인해 놀림거리가 될 수도 있음을 염두에 둔 것으로 보인다. 어쨌거나 그는 자신의 성격을 테크놀로지로 표현하지 않았다. 캐논 반 데르 파엘레가 과거에 자신을 드러내는 수단으로 기꺼이 안경을 활용한 것과는 대조적이다.

남부 유럽에서는 안경이 자아를 확장하고 강조하는 도구로 높이 평가되는 풍조가 퍼졌다. 특히 이탈리아와 스페인에서 이러한 경향이 짙었으며, 상류층에서부터 시작되어 곧이어 사회의 모든 계층으로 퍼져나갔다. 의사들은 여전히 안경의 의학적 가치에 대해 회의적이었지만, 사용자들의 관심은 점점 더 높아졌다. 16세기 후반에는 끈을 머리 뒤로 둘러 고정하거나 귀에 걸어 오랜 시간 동안 편안하게 착용할 수 있는 새로운 안경테가 나타났다. 읽어야 할 문서들이 많아지면서 근시가 더 널리 퍼졌을 수도 있고, 단지 한때의 유행에 불과했을 수도 있다. 그러나 1580년경 판화로 남겨진 파두아 대학의 의학·철학 교수 지롤라모 카피바치오Girolamo Capivaccio의 경우처럼 코드 달린 안경이 위엄 있는 모습의 초상화에까지 등장했다. 스페인에서는 가장 신분이 높은 사람들 사이에서 안경이 유행했다. 1623년, 한 재판 공증인은 안경에 대한 논문을 통해, 안경이 영적인 보상은 물론 세속적인 장점도 있는 도구라고 주장하기도 했다. 안경은 귀족 사회에 단단히 뿌리내렸다. 1630년대에 후세페 데 리베라Jusepe de Ribera가 그린 자긍심 높은 산티아고 기사단 기사도 안경을 쓰고 있었으며, 국왕 필립 2세도 안경테가 달린 모자를 소유하고 있었다고 전해진다.

안경이 엘리트들에게 인정받게 되면서 그저 단순한 보조 기구가 아니라 패션과 지위를 상징하는 사회적인 물건이 되었다. 당시 스페인 사람들은 《돈키호테Don Quixote》의 48장에서 로드리게스 부인Doña Rodriguez이 썼던 것과 같은 커다란 안경테를 선호했다. 커다란 안경알이 귀 뒤로 고정된 모습은 엘 그레코의 위대한 작품 중 하나인 1600년경 추기경 초상화를 대표하는 특징이 되었다. 이 안경은 재판소장의 날카로운 시선을 강조하는 것처럼 보이기도 하지만, 학자들은 이 그림을 그린 예술가와 모델의 진짜 목적은 그게 아니었다고 주장한다. 궁중에 있는 추기경의 적들에게 자신이 교황으로부터 직접 임명되었다는 사실을 환기시키고, 모든 음모에 맞서 자리를 유지하리라는 강인한 의지를 각인시키려는 것이 진짜 의도였다는 것이다. 그는 초상화에 최신 테크놀로지를 드러냄으로써 자신의 기량과 수완을 과시하고자 했다. 궁극적으로는 추기경이 종교 재판소장 자리에서 물러나게 되면서 안경도 그 권위를 잃고 말았지만 말이다.

바르톨로메 무리요Bartolomé Murillo의 작품 〈계단의 4인Four Figures on a Step(1660년경)〉에서는 귀부인으로 보이는 여성이 귀족들에게만 허용된 커다란 안경을 쓰고 있다. 18세기 스페인의 안경 패션은 지속되었지만, 안경을 거드름이나 어리석음을 상징하는 도구로 생각했던 북부 유럽인은 이를 조롱거리로 삼곤 했다.

과학과
안경

          스페인 사람들이나 그들을 조롱하던 북부 유럽인들 모두, 이후 안경에 대한 논쟁의 양상을 완전히 뒤집어버릴 변화가 17세기부터 시작되었다는 사실을 눈치 채지는 못했다. 과학자들이 빛의 물리학과 렌즈의 효과를 이해하기 시작했던 것이다. 고대와 중세 사람들은 눈에서 광선이 나와 사물을 볼 수 있게 된다고 믿었다. 17세기 초에 나타난 세 가지 과학적 성과로 인해 이러한 모델이 수정되었다. 갈릴레오는 망원경을 제작해 달에도 지표면과 유사한 지형이 있다는 것을 발견했고, 그 과정에서 렌즈가 사람의 시력을 전까지 상상할 수 없을 정도로 향상시킬 수 있다는 사실도 밝혀졌다. 요하네스 케플러^{Johannes Kepler}는 《굴절광학^{Dioptrice}(1611)》에서 빛의 광선이 눈의 수정체를 통과해 망막에 비치는 과정을 통해 화상이 형성된다는 것을 보여주었고, 르네 데카르트^{RenéDescartes}의 《굴절광학^{Disptrique}(1637)》에서는 굴절에 관한 법칙들이 정립되었다.

    이러한 발견과 현미경의 발달은 한때 수공예에 불과했던 렌즈 가공이 과학적으로 발전할 수 있게 되었다는 것을 의미했다. 안경은 시야를 선명하게 하는 것만큼이나 왜곡하기도 하는 의심스러운 도구라는 과거의 오명을 떨쳐버릴 수 있게 되었다. 이때부터 안경은 오늘날과 같은, 사람 눈의 불완전한 부분을 교정하는 도구라는 인식을 얻게 되었다. 스페인 귀족들은 무거운 안경이 위엄을 상징한다고 느꼈을지도 모르지만, 당시의 안경은 분명 니노 데 게베라 추기경의 수도사 의자만큼이나 불편한 도구였을 것이다. 이 시기에 이르러 안경은 과학을 기반으로 혁신되어 좀 더 편안하고 유용한 도구가 되기 시작했다. 광학 이론을 적용해 오늘날 일반적으로 쓰이는 요철 렌즈를 최초로 제안한 사람은 케플러였는데, 그가 만든 렌즈의 곡면은 시야 주변의 왜곡을 없애주었다.

광학에 대한 과학적 연구가 활성화되었지만, 17세기 후반과 18세기에는 아직 안경이 일상적인 테크놀로지로 받아들여지지 않았다. 팔걸이의자나 건반, 자판과 마찬가지로 제대로 만든 안경은 여전히 사치품에 속했고, 구매할 여력이 있는 소수를 위해 숙련된 장인들이 만들어내는 고급 수공예품이었다. 케플러의 곡면 렌즈에 대한 설계는 18세기 초 한 러시아 이론가를 통해 더 발전되었지만, 이 디자인은 19세기까지도 널리 보급되지 못했다. 싸구려 독일제 안경은 영국에서 4펜스 정도면 구할 수 있었지만, 광학적으로 조악했고 안경테도 허술했다. 강철이나 귀중한 금속이 들어간 안경테를 갖춘, 품질 좋은 안경의 가격은 1실링 이상이었고, 북아메리카에서는 그보다 더 비쌌다.

가격이 이렇게 비쌌음에도 불구하고, 개인에 시력에 맞게 안경을 제작하기 위한 과학적인 표준은 존재하지 않았다. 구매자는 여러 안경을 써보면서 자신에게 맞는 것을 찾아야 했다. 18세기에는 안경의 일반화에 크게 기여하는 중요한 발명이 이루어졌다. 1720년대에 영국의 안경 제작자들이 안경테 끝에 경첩을 달아 다리를 접을 수 있게 만든 안경을 선보였다. 어떤 것에는 더 작게 휴대할 수 있도록 이중 경첩을 달기도 했다. 이 새로운 디자인은 렌즈를 얼굴 앞에 바르게 위치시킬 수 있는 가장 좋은 방법이었으며 곧바로 안경의 표준 형태로 자리 잡게 되었다. 안경을 구매할 여력이 있는 이들은 너도나도 이 형태의 안경을 구매했다. 그러나 스페인 외의 지역에서는 여전히 시각 보조 도구를 사용하는 것이 자신의 결점을 인정하는 약간 부끄러운 행동으로 여겨졌다. 이중 경첩 안경을 가지고 있던 조지 워싱턴George Washington은 공적인 장소에서 안경을 쓸 때, "나라에 봉사하느라 머리만 하얘졌을 뿐 아니라 눈도 거의 장님이 되었다."라고 말하며 종종 양해를 구했다고 알려져 있다. 뉴욕 역사학회에 전시된, 18세기 및 19세기 초의 경첩 형태나 슬라이드식 안경들은 패션 아이템이 아닌, 실용적인 광학 도구 느낌의 외관을 보여준다. 일반적으로 다리 끝은 지름 2~3센티미터의 원형으로 마무리되어 있었고, 옆머리에 눌러서 고정하는 형태였다.

여전히 안경은 고가의 제품이었으며 안경을 쓰는 행위도 어색함을 주곤 했지만, 안경에 대한 사회적 인식은 조금씩 변화되었다. 일부 정치인들은 자신이 사용하는 시각 보조 도구를 자랑스럽게 여기기까지 했다. 뉴욕 역사학회에 있는 패트릭 헨리Patrick Henry와 애런 버Aaron Burr의 초상화에서 이들은 머리 위에 안경을 올려놓은 모습으로 그려져 있다. 안경을 통해 교육 수준을 어필하고자 했지만, 영원히 기억될 모습을 안경 쓴 얼굴로 남기고 싶지는 않았던 것으로 보인다. 벤저민 프랭클린Benjamin Franklin은 이런 어중간한 태도를 깨어버렸다. 그는 볼록 렌즈와 오목 렌즈를 한 안경테에 접합해 최초의 이중 초점 안경을 만든 장본인이기도 하다. 책을 읽다가 먼 곳을 바라보려면 안경을 바꾸어 써야 하는 번거로움을 없앤 것이다.

과학자, 발명가 그리고 예술가 중에서도 당당히 안경을 쓰는 이들이 나타났다. 노년기에 접어든 장 바티스트 샤르댕Jean-Baptiste Chardin은 자화상에서 거북딱지로 만든 안경을 쓴 모습으로 그려졌다. 그렇지만 안경이 사회적으로 승인되었다는 것을 가장 강력하게 보여준 이들은 미국의 한 형제였다. 1801년에 화가 렘브란트 필Rembrandt Peale은 그의 동생인 젊은 식물학자 루벤스 필Rubens Peale의 모습을 그렸다. 렘브란트가 처음에 그린 그림에서는 루벤스가 안경을 손에 쥐고 있었다. 하지만 식구들과 친지들은 루벤스가 심한 원시 때문에 언제나 안경을 쓰고 있기 때문에, 그림 속에서도 그가 안경을 쓰고 있어야 한다고 주장했다. 렘브란트는 지인들의 요청에 따라 동생의 얼굴에 두 번째 안경을 솜씨 좋게 그려 넣었다.

인공적인 도구를 수용하다

안경 덕분에 새로운 시야를 얻었던 루벤스 필은 새로운 태도를 개척한 인물이라 할 수 있었다. 19세기에 안경은 큰 변화를 겪었다. 19세기 초에 안경은 무겁고 비싼 사치품 혹은 조악하고 쓸모없는 싸구려 제품으로 취급받았다. 그러나 19세기 말에 안경은 최신 테크놀로지가 집약된 도구가 되었다. 첨단 정밀 장비로 다시 태어난 안경은 당시 중산층은 물론, 노동자 계층에서도 상대적으로 부유한 이들이 구매할 수 있을 정도의 가격이었다. 당대의 첨단 화학, 물리 그리고 의학 기술이 안경 제작의 과정 속에 융합되어 새로운 산업과 직업을 창출했다.

15~16세기와 유사하게, 인쇄 테크놀로지와 독서 테크닉은 시너지 효과를 발휘했다. 책은 시각 보조 도구의 수요를 창출했고, 높은 품질의 안경은 더 많은 이들에게 책을 전파했다. 우리는 이미 많은 의학 관계자들이 처음에는 분유를 모유보다 더 뛰어난 대안으로 환영했던 적도 있다는 사실을 살펴본 바 있다. 직접 연주하는 음악보다 자동 피아노의 두루마리에 녹음된 유명 연주자의 음악이, 나중에는 조악한 축음기에서 재생되는 음악이 선호된 적도 있었다. 마찬가지로, 기고문을 검토하는 잡지 편집자도 우아하고 읽기도 좋은 손 글씨보다 타자기 잉크 리본으로 찍힌, 조악한 활자로 타이핑된 글을 더 선호했다. 이러한 흐름 속에서 인간의 감각과 테크놀로지 사이에 앞으로 어떠한 관계가 형성될 것인가에 대한 논쟁이 주목

을 받게 되었다. 점점 더 증가하는 인간과 기계의 공생 관계에서 긍지를 느껴야 하는가 아니면 위협을 느껴야 하는가? 안경은 다른 그 어떤 발명품보다도 이러한 논쟁을 더 강렬하게 불러일으키는 도구였다. 음악 건반과 글자 자판이 정보를 기록하고 전달하기 위한 표준을 수립했다고 한다면, 광학과 안경은 서양의 인류가 정보를 얻고 흡수하는 방식을 변화시켰다고 할 수 있었다.

테크놀로지의 변방에 있던 이들이 다른 분야에서 발견된 테크닉을 적용함으로써 얼마나 많은 것이 혁신되는지 우리는 이미 살펴보았다. 최초의 광학 안경은 1790년 스위스 시계제작자 피에르 루이 기낭Pierre-Louis Guinand이 개발한 것이다. 그는 나중에 수공업자 출신인 뮌헨의 물리학자 조세프 프라운호퍼Josef Fraunhofer와 함께 일했다. 안경 제조의 선두에 섰던 이는 의사도 안경 제작자도 아니었다. 베를린 근방 라데노Rathenow 지방 목사였던 요한 하인리히 어거스트 던커Johann Heinrich August Duncker였다. 그는 물리와 수학에 능통한 광학 애호가이자 발명가였다. 안경 제작에 관한 그의 논문은 수세기에 걸쳐 표준으로 여겨졌다. 던커는 하나의 구동 장치 메커니즘으로 렌즈 11개를 동시에 정확하게 세공할 수 있는 기계로 특허를 받았다.

박애주의자였던 그는 시중에 유통되는 조악한 안경들이 야기하는 문제에 분노했으며, 전쟁 희생자들을 돌보는 데도 관심이 많았다. 그는 장애를 갖게 된 참전 용사와 전쟁미망인들을 고용해 군인들과 가난한 아이들을 위한 무료 안경을 만들어 나눠주었다. 라데노는 역사상 최초로 정밀 제품에 대한 대량 생산 중심지가 되었다. 1820년에 이르자 이 도시에는 200개 이상의 공장이 위치하게 되었고 전 세계에서 가장 발달한 광학 중심지가 되었다. 던커가 독일 광학 산업에 미친 영향은 기계식 방적기가 영국 섬유 산업에 미친 영향에 비유될 정도였다. 독일은 전 세계의 광학 산업을 지배하고 있었다. 미국도 제1차 세계 대전이 일어나기 전까지는 광학 유리 공급을 독일에서의 수입에 의존했을 정도였다.

19세기 중반에 대학에서 훈련된 과학자들은 광학 산업과 안경 맞춤 기술을 한 단계 더 발전시켰다. 1862년, 네덜란드 안과 의사 헤르만 스넬런 Hermann Snellen은 오늘날에도 여전히 널리 사용되는 시력표와 시력 등급을 고안했다. 독일에서는 화학자 오토 쇼트 Otto Schott와 물리학자 에른스트 아베 Ernst Abbe가 예나에서 차이스 렌즈를 만들어 19세기 후반 광학 기술의 세계적 선두 주자가 되었다. 반면, 물리학자 헤르만 폰 헬름홀츠는 시각 생리학의 현대적인 이론을 정립했으며 개선된 검안경을 발명했다. 이 검안경으로 망막을 직접 검사할 수 있었으며, 그 덕분에 안과학이 의학적 전공으로 정립될 수 있었다.

헬름홀츠는 또한 인간의 눈에 대한 이해를 넓힘으로써 광학의 지위를 향상시켰다. 그는 인간 눈의 불완전함이 전능한 설계가 아닌 다윈의 진화론적 적응의 사례라는 점을 강하게 주장했다. 인간의 눈은 그 자체로는 불완전한 사진기에 불과하지만, 인간의 정신과 연결됨으로써 이해를 위한 훌륭한 도구로 진화했다는 관점이었다. 그의 주장에 따르면, 우리의 정신이 이미 눈에서 감지되는 영상을 무의식적으로 계속해서 조작하고 있기 때문에 광학 도구로 시각을 향상시키는 것은 우리의 지각 수준을 향상시키기 위한 합리적인 과정일 뿐이다. 에디슨의 전기등이 발명되면서 새로운 세대의 진단 장비가 제작되어 시력 교정에 대해 좀 더 정확히 파악할 수 있게 되었다. 여기에는 적절한 도수를 처방하기 위해 다양한 렌즈 조합을 시험할 수 있는 굴절 도구도 포함되었다.

독서 열풍과
근시

그 어떤 과학 기술도 던커의 혁신 이후 이어지는 100년 동안의 안경처럼 일반 사람들의 일상적인 외모와 행동을 급격하게 바꾸어 놓은 적이 없었다. 새로운 지식을 통해 안경이라는 도구 자체가 발전하기도 했지만, 결정적으로 안경에 대한 수요가 폭발적으로 늘어나면서 이러한 발전이 촉진되었다고 할 수 있었다. 독서가 대중에게 퍼지면서 수천만의 사람들이 시각 보조 도구의 필요성을 인지하게 되었다. 특히 19세기 중반부터 북유럽과 북아메리카의 정부 관료들은 유창하게 읽고 쓰는 능력이 확산될수록 경제적으로는 물론이고 군사적으로도 유리해진다는 사실을 파악하게 되었다. 중산층과 도시 사람들이 읽고 쓰기 시작하면서 이 능력은 전원 지역과 시골에도 퍼져나갔고, 나중에는 소년들만이 아니라 소녀들에게도 퍼져나갔다. 새로운 산업 프로세스와 군사 무기들에서는 문서화된 설명서를 이해하는 능력이 계급과 지위에 관계없이 중요해졌다. 타자기의 역사에서 살펴본 바와 같이, 여성이 사무와 관련된 일자리들을 점령하기 시작했다.

근대 안경 산업의 고향이라고 할 수 있는 프러시아는 엄격히 통제된 학교 시스템을 구축하는 데에서도 세계를 선도해나갔다. 매슈 아널드^{Matthew Arnold}는 1866년 학교 심리 위원회에 제출한 보고서에서 독일의 교육 시스템을 "그 완벽함과 섬세함으로 외국인들의 상상력을 자극한다."고 서술한 바 있다. 1871년 프랑스와의 전쟁에서 독일이 승리를 거둔 바탕에는 훈련 조교만큼이나 프러시아 교사들의 공이 컸다고 알려져 있다. 전쟁이 시작될 무렵 프러시아의 문맹률은 이미 5퍼센트 이하였고, 프랑스와 잉글랜드도 1900년에는 그 차이를 거의 따라잡았다. 이 무렵에 이르자 북유럽과 서유럽의 거의 모든 사람이 읽고 쓰는 능력을 갖추게 되었다. 문맹 퇴치는 역사상 가장 인상적인 정부 정책이었다. 증기기관 인쇄기, 나무 펄프 종이, 국가 우편 시스템 덕분에 폭발적으로 쏟아져 나온 인쇄 매체들도 이 정책의 원인이자 결과라고 할 수 있었다.

읽기에 대한 사회적 인식이 변화한 것도 19세기에 들어서였다. 이제 더 이상 사무나 행정 엘리트의 특성이 아니라, 복잡한 장비와 다양한 인쇄 매체가 일상이 된 새로운 산업 사회를 살아가기 위해 누구나 익혀야 할 필수적인 정신적 기교가 된 것이다. 각국의 정부가 정책을 집행하고 의견을 수렴하기 위해서도 대중이 글을 알아야 했다. 제조사들의 마케팅은 포스터와 광고에 의존했다. 읽기는 19세기 테크놀로지의 운영하기 위해 반드시 필요한 지적 테크닉이었던 셈이다.

진보의 가치를 높이 추앙했던 빅토리아 시대 사람들이 19세기에 이렇게 읽고 쓰는 기술이 대중에게 빠르게 확산되었다는 사실을 알았더라면 무척 기뻐했을 것이다. 21세기 초반 학자와 작가들은 19세기를 활자와 교육 분야가 혁명적으로 발전했던 황금기로 인식한다. 물론 고대에서부터 르네상스 시대에 이르기까지 많은 이들이 책에만 너무 몰두하지 말라는 경고를 하기도 했다. 19세기 초반 독일 고전주의의 황금기에도 사회 비평가들은 독서광이 되지 않도록 주의를 주었다. 문맹도 바람직하지 않지만, 지식에 대한 과욕도 위험하다고 여겼다.

1860년대에는 이러한 위험을 경고해온 비평가들에게 기대하지 않았던 우군이 가세했다. 의사들이 읽기가 학생들의 신체에 미치는 영향에 대해 관심을 기울이기 시작했다. 우리는 공장과 사무실에 인체 공학의 물결이 일기 수십 년 전부터 자세가 건강에 미치는 영향을 우려한 발명가들이 교실 의자를 혁신하고자 노력했던 사례를 이미 살펴본 바 있다. 1870년대에는 시력 측정을 위한 새로운 도구가 의외의 현상이 벌어지고 있음을 분명하게 드러내주었다. 아이들에게서 근시가 나타나고 있었던 것이다.

당대 유럽인에게 교육의 표준으로 인식되었으며 정밀한 기술력과 광학의 나라로 여겨졌던 프러시아에서 이와 관련된 첫 번째 증상이 관측된 것은 어찌 보면 당연한 일이었다. 이러한 증세를 처음으로 진단한 사람은 브레슬라우Breslau였다. 젊은 시절 그는 시력에 대한 최초의 대규모 유행병학 연구라 할 수 있는 〈학생 10,060명을 대상으로 실시한 눈의 조사(1867)〉를 발표했다. 이 연구에서 그는 기존 학교의 침침한 조명과 비좁은 의자를 문제로 지적했다.

그는 여행을 다니면서 베두인과 같은 유목민들, 수렵-채집인들 그리고 독일의 외곽 지역에 사는 문맹 농부들의 눈을 조사하기도 했다. 이들의 뛰어난 원거리 시력은 그에게 깊은 인상을 주었다. 콘 박사는 19세기 사람들에게 근시 인구가 증가하는 원인을 읽어야 할 인쇄 매체가 너무 많다는 점이나 작업에서 지나친 세밀함이 요구된다는 점과 같은 교육과 산업의 문제점 때문이라고 지적했다.

콘의 영향으로 상트페테르부르크, 티플리스, 뉴욕, 신시내티의 의사들은 학생들을 대상으로 근시를 비롯한 시력 이상 상태에 대한 실험을 수행했다. 1886년 콘은 하버드를 위시한 수백 개 대학교가 참여하는 마흔 가지 연구에 대한 목록을 만들기도 했다. 학년이 높아갈수록 근시 비율은 증가한다는 증거가 명백했고, 과다한 독서가 학생들의 눈 상태를 영구적으로 변화시킨다고 추정되었다. 콘이 진행했던 연구에서, 시골 아이들에게서는 5퍼센트에 불과한 근시 학생 비율은 김나지움Gymnasium(중·고등학교에 해당하는 독일의 9년제 학교-옮긴이) 졸업반 학생들에게서는 50퍼센트까지 증가한다. 책을 통해 지식을 쌓는 행위는 동시에 시각에서는 예리함을 앗아가는 것으로 보였다.

콘의 이러한 우려는 혼자만의 것은 아니었다. 다른 여러 유럽 국가와 북아메리카에서 제국의 중학교 과정을 예찬했지만, 독일의 의사와 정치인 및 학부모들은 높은 자살률과 신경 쇠약을 유발하는 과도한 부담을 개탄했다. 콘과 유사한 입장을 견지하던 이들은 근시를 과밀한 도시화, 환경오염, 산업의 압박, 지저분한 공기와 운동 부족으로 야기된, 또 하나의 신체적이자 정신적인 '문명의 질병'으로 생각했다. 홍수처럼 밀려드는 정보 앞에 개인은 압도되어버리고 만다. 말 그대로 근시안적인 산업사회에서 인류는 성공을 위해 노력하다 신체와 정신이 병들고 마는 모순적인 상황에 처하게 된 것이다.

반면 또 다른 관점을 가진 저명한 의사들과 비평가들은 근시와 안경의 확산을 환영했다. 콘은 시력 검사의 국제 표준을 만든 네덜란드 동료 F. C. 돈데르스^{F. C. Donders}의 이러한 태도에 분통을 터뜨렸다. 돈데르스 역시 근시율이 높아지는 것은 심각한 문제라고 인정했지만, 그에 적절한 안경을 처방함으로써 근시를 예방할 수 있다고 주장했다. 심하지 않은 근시는 "섬세한 수작업과 과학적 조사에 대한 능력을 길러준다."고 주장하기도 했다. 돈데르스는 약한 근시가 변화된 사회에 적응하는 자연스러운 결과이므로 굳이 예방하거나 치료할 필요가 없다고 생각했다. 그는 주로 책을 보고 연구하는 학자의 눈이 날씨를 살피고 밭을 경작하는 농부의 눈과 다른 방향으로 발달하는 것이 당연하다고 주장했다.

다른 독일의 한 전문가는 교육을 받고 기교를 익히는 것에는 신체와 정신의 희생이 요구된다고 주장했으며, 또 다른 이는 근시를 국가를 위해 생명을 바치는 군인에 비유하기도 했다. 콘은 이러한 주장에 대해 거부감과 동시에 위험을 느꼈다. 그러나 다른 많은 이들은 돈데르스의 주장이 다윈의 진화론적 적응을 증명하는 사례가 될 수 있다고 생각했다.

콘은 학교에 더 나은 조명과 의자를 강하게 요구했다. 활자 연구를 통해 의학적으로 가장 적절한 글꼴과 크기를 찾고자 했으며, 교과서 종이에 색을 입히는 것까지 검토했다. 그러나 이러한 개선 사항 중 다수가 실제로 되었음에도 근시 퇴치에는 큰 효과가 없었다. 학교마다 다양한 보건 위생 프로그램이 시도되었지만 교정 가능한 근시의 비율은 계속 높았다. 이렇게 되자 문화 보수주의자들은 근시를 환경적 요인이 아닌 유전적인 요인으로 설명하기 시작했다. 1896년에는 콘 역시 교육 개혁에서 대중 실험으로 관심을 옮기게 되었다. 그의 실험 결과는 독일 해군이 해병대 포병에 배치하기 위한 시력 좋은 젊은이들을 찾는 데 도움이 되었다.

영국과 미국에서는 학교에서 근시가 만연한 현상에 대해 독일처럼 심각한 사회 문제로 인식하지 않는 분위기였다. 안경을 착용하는 사람들이 늘어나는 것을 생리적 퇴보라기보다는 기술적 진보의 신호로 해석하는 분위기가 자리를 잡고 있었기 때문이었다. 1893년 영국 의학 협회의 연례 회의에서 안과 분야 회장은, 대중이 계몽되고 문명이 진보함에 따라 미래에는 "안경을 쓰지 않는 사람이 거의 없을 것이기 때문에, 맨눈으로 다니는 사람이 오히려 주목을 받을 것"이라고 말하기도 했다. 그의 이러한 연설을 〈애틀랜틱 먼슬리〉에 보도한 어니스트 하트Ernest Hart의 기사에서는 당시 일반인들의 시력에 대한 관점이 잘 드러나 있다. 기사의 요지는 시력이 천성적으로 아주 좋은 사람은 거의 드물다는 사실이 과학적 연구를 통해 밝혀졌으며, 안경 쓴 사람들이 증가하는 것은 1870년대부터 근시가 과학적으로 진단되어 적절한 안경이 처방되었다는 사실을 보여주는 현상이라는 것이었다. 테크놀로지를 통해 시력을 교정하고 향상시키는 것은 부끄러운 일이 결코 아니었다.

자랑스러운 보조 기구로
떠오르다

스페인의 황금시대 이후 처음으로 남성은 안경을 착용했고 이를 최신 과학의 표시로서 과시하기 시작했다. 안경을 착용하는 학생과 젊은이들이 점점 많아지면서 안경은 엘리트 계층이라는 표식이 됨과 동시에 대중적인 놀림거리가 되기도 했다. '눈 네 개', '네 개의 눈'이라는 놀림이 처음 시작된 때는 영국과 미국에서 1860년대와 1870년대까지 거슬러 올라간다. 독일에서도 비슷한 표현으로 브릴렌슈랑어Brillenschlange라는 단어가 있다. 코브라의 목에 있는 안경 무늬를 가리키는 이 말은 '안경 쓴 여자'를 뜻했다.

근시를 부끄러워하지 않았던 이들은 놀림을 당하고만 있지는 않았다. 안경이 단순히 시력을 과학적으로 교정하는 것이 아니라 개성을 표현하는 방식 가운데 하나라는 인식이 퍼져가고 있었다. 예를 들어 1880년 런던 〈새터데이 리뷰Saturday Review〉의 한 작가는 "인간 신체의 그 어떤 인공 부속물도 몸의 특성과 그토록 비슷하게 만들어지지 않았다."며, 안경을 통해 웃고, 찡그리고, 조소하며 심지어 식사까지 하는 사람들을 알고 있다고 말했다. 당시 대표적인 인물은 시어도어 루스벨트Theodore Roosevelt였다. 그는 남성성을 보여주고 강조하기 위해 카우보이로서 다코타 준주로 떠나 그곳에서 큰 성공을 거두고 돌아왔다.

가장 유명한 일화는 거기서 자신을 '눈 네 개'라 불렀던, 무기를 들고 있던 깡패를 때려눕힌 일이다. 스페인-미국 전쟁에서 그는 자신만의 특별한 코안경을 쓰고 기병대를 지휘해 산 후안 힐San Juan Hill을 오르면서 안경에 대한 편견을 오히려 자산으로 만들었고, 그 모습은 러시모어 산에 영원히 기록되었다.

사실 스프링 혹은 그 밖의 압력 시스템으로 2개의 렌즈를 착용자의 코에 고정시키는 코안경은 이미 크게 유행하는 액세서리였다. 앞서 말한 〈새터데이 리뷰〉의 작가는 코안경의 인기를 언급하면서, 이 특이한 안경이 이전까지 다리 달린 안경을 쓰던 이들에게 가져다주는 변화를 놀라운 눈으로 지켜보았다. "친구라도 거의 알아보기 어렵다. 옷을 적당히 걸친 것 같은 얼굴이 되고, 과거 안경을 착용했을 때 진지한 느낌과는 크게 대조적인, 다소 웃음을 주는 표정이 되는 것이다." 스프링 압력과 무게가 코 옆면에 자국을 남긴다는 것, 코안경은 거의 항상 불안정하고 쉽게 부서진다는 것, 많은 안과 의사과 안경사가 눈동자와 적절한 거리를 지속적으로 유지할 수 없다는 점을 문제라고 지적한다는 것 모두 중요치 않았다.

　20세기 말에는 하버드와 바사르 대학 교실 전체가 코안경으로 가득했다. 코안경의 매력은 우월 의식을 심어준다는 것이었다. 이전 손잡이 달린 안경처럼, 우월하며 심문하는 듯한 눈빛을 만들어줌으로써, 이를테면 쌍통식 외알 안경이 되었다고 할 수 있었다. 표면적으로는 안경알을 보호하기 위한 검은색 리본이 주로 극적인 제스처를 위해 사용되었던 것처럼, 코안경은 연극조의 과장된 태도를 조장하기까지 했다. 아서 코난 도일은 코안경을 통해 많은 단서를 얻었다. 아마도 이러한 오만함에 대한 인식 때문에, 19세기 군 장교들이나 민간인 고용주들은 종종 부하들에게 코안경을 지적하거나 아예 안경 없이 작업하라고 지시하기도 했던 것으로 보인다. 안경 없이는 작업 성과가 떨어지는데도 말이다.

　코안경은 곧 더 강력한 경쟁자를 만나게 된다. 1913년 캔자스시티의 지역 신문인 〈스타Star〉는 "병약함을 부끄러워하지 않는 시대"를 감지하고 "2개의 전동 램프처럼 커다랗고 부엉이 같이 둥근 렌즈"가 "두꺼운 거북딱지와 모조 셀룰로이드" 테에 들어가 있는 모습을 묘사했다. 새로운 소재들

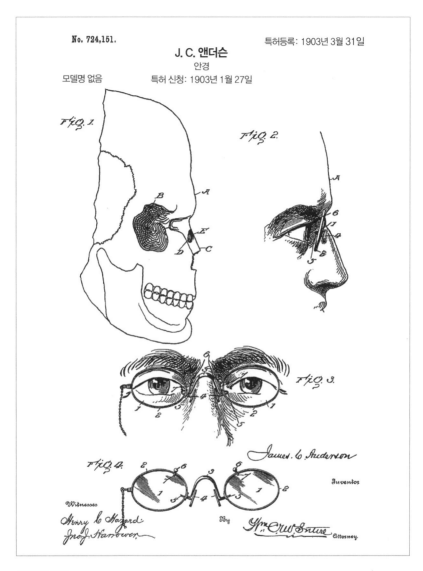

No. 724,151.

J. C. 앤더슨
안경

모델명 없음

특허등록: 1903년 3월 31일

특허 신청: 1903년 1월 27일

최초의 코안경

스프링 압력 하나만으로 고정되는 코안경은 남녀 모두에게 유행이 된 첫 번째 안경이었다. 많은 안과 의사, 안경사가 안경을 제대로 쓰기 어렵고 안경알이 계속 떨어지는 불편함을 지적했다. 그러나 당시 사람들은 이 디자인이 다리 달린 안경을 썼을 때 나이 들어 보이는 인상을 피하게 해준다고 생각했다.

이 드디어 성능과 표현의 범위를 동시에 확장시키기 시작했던 것이다. 사람들의 관심에서 멀어졌던 고전적인 안경테 디자인이 다시 주목받았다.

1920년대와 1930년대 새로운 소재들은 당대의 유명인들을 끌어들였는데, 이들은 크고 둥근 안경이 젊고 대담해 보이는 인상을 준다는 점을 적극적으로 활용했다. 해럴드 로이드Harold Lloyd, 버스터 키튼Buster Keaton 그리고 영원히 기억 속에 남을 조지 번스George Burns가 여기에 해당했다. 르 코르뷔지에는 평범한 전조등 모양 안경을 근대와 탈근대의 기하학적 아이콘으로 변화시켰다. 《프레시지옹Précisions》에서 그는 "새로운 실력자의 특징은 모자에 꼽힌 타조 깃털이 아니라 그의 눈빛에 있다."고 언급했다. 정보를 모으는 것뿐만 아니라 투사하는 듯 보이는 이 안경은 필립 존슨Philip Johnson과 I. M. 페이I. M. Pei가 선호했다고 한다. 여성 패션 권위자인 다이애나 브릴랜드Diana Vreeland와 캐리 도너번Carrie Donovan 또한 이 디자인을 매력적으로 느꼈다.

금속제 안경과 코안경은 우드로 윌슨Woodrow Wilson, 조르주 클레망소Georges Clemenceau 그리고 특히 데이비드 로이드 조지David Lloyd George 등 베르사유 세대라고 불리는 이들의 선호품이었다. 경화 고무, 셀룰로이드 혹은 플라스틱으로 만든 크고 둥근 안경이 의도적으로 다른 사람들의 시선을 끌고자 했던 반면, 코안경은 빛이 눈에서 나온다는 중세의 시각 이론을 형상화한다. 눈에서 발산하는, 찌르는 듯 탐색하는 빛, 공적인 공간을 파고드는 강렬한 시선. 코안경은 그래서 20세기의 대단한 심문관들이라 할 수 있는 하인리히 힘러Heinrich Himmler와 라브렌티 베리야Lavrenty Beria 그리고 베리야의 가장 유명한 피해자인 레온 트로츠키Leon Trotsky의 선택을 받았다. 금속테는 또한 루스벨트처럼 되고자 하는 마초적인 기질을 가진 근시 남성의 선택이었다. 작가 이자크 바벨Isaac Babel은 '코에는 안경을 걸치고 마음은 이미 늙은 유대인'이라는 그에 대한 선입견을 뛰어넘고자 루스벨트보다 한 술 더 떠 러시아 내전 때 반유대주의 코사크 기병대와 함께 달리기도 했다. 루스벨트가 평생 코안경을 사용했던 것은 자신보다 더욱 활기가 넘쳤던 사촌 형제에 대한 어릴 적 경외감 때문이기도 하다.

우리가 지금까지 살펴본 다른 테크놀로지들과 마찬가지로, 코안경은 루스벨트의 신체 언어를 어릴 적부터 변화시켰는데, 이를테면 머리를 뒤로 젖히는 습관을 갖게 해 사람들과 이야기할 때 자신의 코를 바라보는 것 같은 모습으로 이야기하게 되었다. 루스벨트가 대단한 점은, 이러한 건방져 보일 수 있는 습관을 그에게 한해서는 낙관적인 태도의 상징으로 만들어 버렸다는 점이다. 반면, 히틀러는 공적인 장소에서는 안경을 쓰지 않았으며, 연설문과 문서는 특별히 커다란 글자를 찍을 수 있는 타자기로 작성해서 준비시켰다.

안경과
대중의 취향

제2차 세계 대전으로 시력을 교정하는 방식에 큰 변화가 찾아왔다. 군대에서는 교정 가능한 시력을 가진 병사들을 열외로 둘 여유가 없었고, 대공황 시대 많은 지원병들은 적절한 검사를 받은 뒤 제대로 된 안경을 생애 최초로 지급받았다. 이로 인해 정확한 시력 교정에 대한 대중의 기대치도 높아졌다. 전후 영국에서는 최소한 대처 시대 이전까지 안경 혜택이 국가 건강 보험 시스템의 상징적 특징이 되었으며, 파편화된 미국 건강 보험에서도 안경 플랜은 회사 복지 프로그램에 빠지지 않고 포함되었다. 한때 특이함의 상징이었고 몇몇 지역에서는 퇴보의 상징이었던 안경이 대중에게 받아들여졌을 뿐만 아니라 하나의 특권으로 인식되기도 했다. 오늘날 미국인과 영국인의 60퍼센트는 안경이나 렌즈를 착용한다.

전후 신체 및 성격과 시력 보조 도구 사이의 관계는 표현과 감춤이라는 두 가지 방향으로 전개되었다. 전쟁 기간 동안 성행했던 딱딱한 베이클라이트와 그 외 열경화성 플라스틱은 상상력을 자극했고 개인의 얼굴 형태에 따라 새로운 디자인을 실험하는 것이 가능했다. 이러한 도약이 처음으로 시도된 것은 여성용 안경이었다. 언제나처럼, 개척자는 산업의 주류가 아닌 바깥쪽에서 나타났다.

뉴욕의 예술가이자 창문 디스플레이 디자이너였던 알티나 쉬나시 미란다Altina Schinasi Miranda는 도시에 전시된 여성의 안경에 지루함을 느끼고는 날카로운 느낌을 주는 새로운 안경을 디자인해 유행에 민감한 앞서가는 여성의 관심을 받았다. 1950년대에는 수요가 폭발했고, 패션 기자들은 안경으로도 매력을 발산하거나 심지어 섹시해질 수 있다는 사실을 발견했다. 그때부터 유명인들과 권력자들은 마치 화장하는 것처럼 얼굴 형태와 의복 스타일에 따라 어울리는 안경테를 맞추었다. 역사극에서 시대에 맞는 안경을 찾거나 미래가 배경이라면 적절한 미래적 안경을 고안하는 것은 할리우드 제작 디자이너들의 잘 알려진 기교 중 하나다. 예컨대 〈터미네이터〉에서 아널드 슈워제네거Arnold Schwarzenegger가 쓰는 선글라스를 생각해 보라. 캐릭터들의 안경은 이를 찾는 수요자들을 만족시키기 위해 제품으로 다시 태어나기도 한다.

대중문화와 연예인 문화에서 안경의 가치는 새로워졌다. 기술이 급격하게 발달한 1990년대에는 테이프로 고정시킨 플라스틱테 안경이 '괴짜스러운 멋'으로 칭송되었다. 20세기 중반, 윌리엄 골딩William Golding의 〈파리대왕

Lord of the Flies〉에 나오는 피기의 안경에는 불을 일으키는 치명적인 능력이 있었지만, 피기 스스로는 희생자로 태어났다. 1997년 시작된 J. K. 롤링J. K. Rowling의 《해리 포터Harry Potter》 소설 시리즈에서 괴롭힘 당하던 아이는 반대로 주인공이 되며 해리 포터 스타일의 둥근 안경도 팬들 덕분에 다시 인기를 얻게 되었다.

안경은 시력을 향상시키는 도구이기도 하지만 눈을 보호하기 위한 도구이기도 한데, 이는 1940년대 군사 연구의 의도되지 않았던 긍정적 효과라고 할 수 있다. 초기 플라스틱 렌즈는 폴리메틸 메타크릴산이라는 물질로 만들어졌다. 퍼스펙스, 플렉시글라스, 루사이트 등의 제품명으로 알려진 이 소재는 긁힘에 취약했다. 제2차 세계 대전 동안 몇몇 미국 폭격기 유리판에 피츠버그 플레이트 글라스에서 개발한 CR-39라는 접착제가 사용되어 무게를 줄이고 폭격기의 이동 거리를 넓힐 수 있었다.

로버트 그레이엄 박사Dr. Robert Graham가 전쟁이 끝나고 CR-39를 가지고 실험을 진행한 결과, 다루기 어렵고 끈적이는 이 소재로 렌즈를 만드는 기술이 개발되었다. 미국 정부에서 규정한 강도 기준 때문에 광학 유리가 소재로서 매력이 떨어진 반면, 1970년대 후반 화학자들이 플라스틱 렌즈에서 긁힘 방지 코팅을 개발해냈다. 그 결과, CR-39는 렌즈를 만들 때 가장 선호하는 소재가 되었고 1980년대 렌즈 시장의 대부분을 장악하게 되었다. 안구 보호에 대한 연구는 CR-39로 끝나지 않았다. 더 비싸지만 충격 보호 성능이 훨씬 뛰어난 폴리카보네이트가 운동 경기용 보호 장비의 표준이 되었다. 수많은 공장에서는 종업원이 눈이 나쁘든 그렇지 않든 폴리카보네이트 안전 안경을 반드시 착용하도록 규정되어 있다. 눈을 위한 일종의 안전모인 셈이다.

군사 항공 또한 현대 선글라스 산업을 형성하는 데 도움을 주었다. 색이 들어간 안경은 중국에서 이미 존재했고, 르네상스 이후에는 서양에서도 찾을 수 있었다.그러나 과학적인 요소가 반영된 선글라스는 20세기에 등장했다. 바슈 & 롬이 1920년대에 구름에 반사된 빛 때문에 어려움을 겪는 미 육군 비행사들을 위해 레이 밴 녹색 고글 렌즈를 생산했다. 대공황 중 플라스틱 선글라스가 고작 25센트에 불과할 때, 바슈 & 롬은 이 새로운 렌즈를 플라스틱 테에 끼워 레이 밴 상표로 판매하기 시작했다. 19세기에 햇빛은 사람들에게 그저 좋은 것이었다. 그러나 전후 연구를 통해 자외선에 대한 경고가 강력해졌고 그 결과, 야외용 안경의 기능 중에서 자외선 차단이 중요해졌다.

반면, 다른 트렌드도 커지고 있었다. 광학 렌즈를 눈을 보호하는 외부 장치로서가 아니라, 안구 표면 자체를 교정하거나 아예 재구성하는 용도로 쓰는 것을 목표로 하는 움직임이었다. 우리가 이미 살펴본 노동자 의자가 발전된 과정과 마찬가지로, 이 작업 역시 전쟁 동안의 발견에서 기원되었다. 영국 안과 의사인 해럴드 리들리Harold Ridley는 전투 중에 부상을 입은 영국 공군 전투기 파일럿들을 치료하면서, 조종석 덮개의 PMMA 파편들이 눈에 튀었을 때 거부 반응이 나타나지 않는다는 사실을 발견했다.

그는 딱딱하고 흐린 죽은 세포들이 일정 범위에 퍼져 있는, 백내장이 심하게 진행되어 제거가 불가피한 나이 든 환자들의 수정체를 이 플라스틱이 대신할 수는 없을까에 대한 의문을 갖기 시작했다. 백내장은 전 세계적으로 시력 상실의 주된 원인이었고, 백내장 수술을 받은 환자들은 수술 후에 특별히 제작된, 알이 두꺼운 안경을 착용해야 했다. 리들리는 그의 명성이 날아갈 위험을 무릅쓰고, 영국 의사 동료들 대부분의 비난을 감수하면서 안구 내 렌즈 삽입술이라는 새로운 수술 방법을 개발하는 데 성공했다. 1949년 첫 번째 수술 이후, 전 세계적으로 2억 명 이상의 사람들이 이 수술을 통해 인공 수정체를 이식받았다. 한편 1930년대부터 지금까지 개발된 새로운 플라스틱들은 300년 전 르네 데카르트에 의해 처음 제안된 테크놀로지인 콘택트렌즈를 현실로 가능하게 만들었다. 사상 처음으로 일반인들이 의학 기구를 그들 자신의 눈 표면에 직접 붙였고, 이로 인해 안구는 신성하게 여겨지던 상징성을 다소 잃게 되었다.

각막 수술의 목적은 일반적으로 근시를 치료하는 것이지만 원시와 난시도 치료할 수 있었다. 가장 인기 있는 수술인 라식은 1995년 미 식품 의약국의 허가를 받았다. 오늘날에 이 수술을 받는 환자는 한 해에 100만 명으로 추정되며, 그 시장 규모는 25억 달러에 이른다. 특수한 칼로 안구의 원형 덮개를 들어내고, 각막을 노출시켜 컴퓨터로 제어되는 레이저로 이를 수정한다. 라식은 만족도가 높고 빠른 기간에 시력이 안정되기 때문에 미국에서 가장 일반적으로 선택하는 수술이 되었다. 부작용이나 야간 시력 손상이 문제로 나타나지만 라식 수술을 받는 사람들은 증가하는 추세다. 아무리 기술적으로 발전했다 하더라도 여전히 안경을 얼굴에 걸치는 것이 불편하기 때문이다.

몸의 테크놀로지는 무거운 기기에서 가벼운 기기로 진화한다. 충분히 가벼워지면 안경처럼 몸에 걸치게 되기도 하고, 궁극적으로는 라식 수술처럼 신체를 직접 수정하는 방식으로 진화하기도 한다. 발레리 스틸이 2000년 패션디자인공과대학교의 전시회에서 보여준 것처럼, 패션은 21세기에 코르셋을 기각했다기보다는 천과 고래수염 그리고 강철을 다이어트 프로그램들과 운동 기계들로 대체했을 뿐인 것이다.

근시의
복수

안전한 수술 절차가 개발되었다고 해도 안경에 대한 수요는 당분간 유지될 것으로 보인다. 노안을 해결하기 위한 이식 수술은 여전히 초기 실험 단계이며 노안의 진행에 대한 비전통적인 이론에 기반하고 있다. 노안용 콘택트렌즈도 여전히 개발 초기 단계이며, 많은 이가 소프트 렌즈조차도 불편하게 생각하고 있기 때문에, 안경은 여전히 시력 교정을 위한 가장 흔한 형태로 남을 가능성이 크다. 안경에는 새로운 소재가 계속 적용되겠지만, 기본 원칙 자체는 음악 건반의 경우에서처럼 수백 년 전에 정립된 것에서 크게 벗어날 것 같지는 않다.

시력 교정은 앞으로도 계속 필요할 것이다. 21세기 정보화 사회에서 시각은 여전히 중요한 감각이 될 것이며, 우리 눈은 다양한 매체로부터 지속적인 영향을 받게 될 것이다. 근시는 미국과 다른 산업 국가에서 계속 퍼져나가고 있다. 1970년대 초에는 12세에서 54세 사이의 인구 중 25퍼센트가 근시로 추정되었다. 그러나 매사추세츠에서 1996년 진행된 연구에서는 23세부터 34세 인구 중 근시가 60퍼센트라는 수치를 보여주며, 65세 이상 인구에서는 이 비율이 20퍼센트로 떨어진다. 콘택트렌즈는 또한 시력 교정에 드는 비용을 높인다.

난시의 원인에 대해서는 여전히 다양한 의견이 나오고 있다. 유전적 요인도 난시가 될 가능성에 영향을 미친다. 부모가 모두 난시일 경우 아이도 난시가 될 확률은 부모 중 한쪽이 난시가 아닌 가정에 비해 여섯 배나 높다. 그러나 환경적 영향이 유전적 요인보다 더 크다. 유행병학자들은 난시가 학업과 강한 상관관계가 있음을 밝혀냈다. 미국 정통파 유대인 중학교에서 남학생들은 수업이 있는 날이면 수업을 받는 시간과 숙제하는 시간을 포함해 하루에 대략 16시간 동안 공부하는데, 이들의 근시율은 81.3 퍼센트에 달한다. 하루에 8시간 공부하는 여학생들의 근시율은 36.2퍼센트다. 수업 프로그램이 엄격하게 짜인 아시아 국가들에서도 비슷한 경향이 나타난다. 홍콩에서는 고등학교 학생 가운데 75퍼센트와 대학생 중 90퍼센트가 근시다. 싱가포르의 의과 대학 학생들은 무려 98퍼센트가 근시다. 싱가포르 공군은 조종사를 뽑을 때 시력 조건을 통과할 지원자를 거의 찾을 수 없다. 그러나 환경적 조건만을 놓고 보면 이해할 수 없는 수수께끼도 있다. 아이슬란드는 단일민족으로 구성되어 있으며 대부분의 인구가 오래전부터 글을 읽을 수 있었는데, 왜 근시율은 1935년의 3.6퍼센트에서 겨우 40년 만에 20.51퍼센트로 급격히 증가하게 된 것일까?

싱가포르는 사회적 규율이 엄격하고 문맹률이 지극히 낮다. 또한 정밀 산업이 발전하고 있으며 교육열도 높다. 19세기 프러시아와 많은 면에서 유사하다. 당시 헤르만 콘 박사가 경고하던 문제점들이 싱가포르에서도 똑같이 나타나 결국 극단적으로 높은 비율의 근시 인구라는 결과를 낳은 것처럼 보이기도 한다. 생물학자 조슈아 월먼Joshua Wallman은 새로운 합병증을 발견했다. 어릴 적부터 안경을 써서 근시 교정을 하며 자란 아이는 의도하지 않게 안구의 성장에 영향을 줄 수도 있다는 점이 동물 연구로 시사된 것이다. 그 결과로 안구가 더 길쭉해질 수 있다는 점도 제시되었지만, 이 가설은 아직까지 증명되거나 기각되지 않았다.

독서와 같은 정신 활동이 우리 몸에 의도치 않았던 영향을 미치기도 한다. 오랜 인류의 역사를 거치면서 우리의 시선은 수평선으로부터 눈앞에 가까이 놓인 것들로 이동했다. 이제 우리가 주목하는 것들은 눈앞에 놓인 인쇄된 종이나 전자 모니터 혹은 멀어봐야 텔레비전 화면이다. 우리는 테크놀로지를 활용해 세상을 바꾸는 동시에 그 과정 속에서 스스로 변화한다. 사실은 우리 자신만 변화시키는 것이 아니다. 계몽주의 시대 이후로 창조자는 종종 시계공에 비유되었는데, 이러한 비유에서는 심지어 조물주마저도 렌즈를 통해 사물을 들여다보고 있다. 안경이 우리 자신의 이미지를 바꾸었던 것처럼, 신을 형상화하는 이미지도 변화시킨 셈이다.

헬멧,
부상을 막는 군사 도구가
자존감까지 키워주다

헬멧은 신발이나 의자처럼 편리함과 효율성을 향상시키는 역할을 하지 않는다는 점에서
특이한 도구라 할 수 있다. 음악 건반이나 문자 자판처럼 학습과정이나 의사소통을 단순
화하지도 않고, 안경처럼 감각을 강화하거나 확장하지도 않는다. 헬멧은 보호를 목적으
로 편안함과 효율을 희생시킨다.

사물의 역습

헬멧은 20세기와 21세기에 대표적으로 두각을 나타낸 몸의 테크놀로 지이다. 동시에 역설적으로 인류가 가장 오래전부터 사용해오던, 의자보다 오래된 그리고 실제로 앉는 용도로도 종종 사용되는 우리 몸의 도구이기도 하다. 우리가 지금까지 살펴보았던 친숙한 도구들과 달리, 유독 헬멧은 시대착오적이라는 이유로 18~19세기에 외면을 받았다. 비록 군대에서만은 항상 필수적인 장비였지만, 헬멧은 오랫동안 소방관이나 경찰의 전유물로만 남았다.

헬멧이라는 테크놀로지는 일반적인 연대기 순으로 발전하지 않았다. 무기물로 된 갑각류처럼 진화했으며 그 과정이 매우 독특하다. 어떤 형태가 천 년 동안 사라졌다가 새로운 분기점에서 홀연히 재등장한다. 같은 외형을 유지하면서 소재와 생산지가 시간에 따라 변화하는 경우도 있다. 중세 헬멧을 연구하는 학자가 산업화된 근대의 군사 지휘관에게 조언을 해주기도 하고, 유럽 왕조의 갑옷 장인이 쓰던 해머와 지그^{jig}(가공 위치를 표시하거나 소재를 누를 때 쓰는 보조 도구−옮긴이)가 새로운 디자인을 만드는 데 쓰이기도 한다. 헬멧은 위기를 회피하고자 하는 태도를 상징하지만 때로는 호전적인 자세를 의미하기도 한다. 민족을 하나로 뭉치게 하는 촉매로 쓰이거나 박애주의를 표방하는 기호가 될 때도 있다. 심지어 이러한 이분법의 양 끝단에 있는 사상들을 동시에 대변할 때도 있다.

헬멧은 신발이나 의자처럼 편리함과 효율성을 향상시키는 역할을 하지 않는다는 점에서 특이한 도구라 할 수 있다. 음악 건반이나 문자 자판처럼 학습과정이나 의사소통을 단순화하지도 않고, 안경처럼 감각을 강화하거나 확장하지도 않는다. 헬멧은 보호를 목적으로 편안함과 효율을 희생시킨다. 헬멧은 머리에 얹어지는 무게를 2~3킬로그램까지 증가시키고, 뜨거운 날씨에도 열의 발산을 더디게 하는데다가 종종 시야를 방해하고 귀를 덮는다. 사람 머리 모양과 크기가 워낙 제각각이라 군대에서 부대원 모두에게 잘 맞는 헬멧을 만드는 것도 쉽지 않은 일이다. 헬멧이 불편하면 병사들이 전장에서 벗는 경우가 많아지고, 이는 적에게 머리를 노출하는 위험한 상황으로 이어질 수 있다.

몸에 걸치는 의복 중에 하나라는 관점으로 보더라도 헬멧은 독특하다. 정상적인 신체의 남녀가 일상적으로 착용하는 의복 중에서 유일하게 딱딱한 표면을 가지고 있기 때문이다. 그런 의미에서 '외두개골'이라고 칭할 수도 있다. 인류는 진화를 거듭하면서 상대방의 얼굴을 세밀하게 구분하고, 표정 변화에서 감정의 뉘앙스를 읽어낼 수 있는 능력을 얻었다. 그런 면에서, 헬멧은 단순히 기계적 보호 도구만이 아니라 안경과 유사하게 얼굴을 가리는 상징적인 프레임이기도 하다. 헬멧을 쓴 사람은 새로운 페르소나(진정한 자신과 달리 다른 사람에게 투사된 성격−옮긴이)를 얻는다. 코린트

식 헬멧 속에서 앞을 노려보는 고대 그리스의 장갑 보병, 제1차 세계 대전에서 강철 헬멧을 쓴 독일 병사, 제2차 세계 대전에서 둥그런 헬멧을 쓴 군인, 무중력 상태의 우주비행사, 미국 국기 모양이 그려진 헬멧, 잠수부가 쓴 헬멧 등은 이들의 정체성을 대변한다. 영웅과 악당도 그들이 쓰고 있는 헬멧으로 함축될 수 있다. 또한 집단이 공유하는 가치를 환기시키는 도구로서 사기를 돋우고 응집력을 강화시킬 수도 있다. 이러한 목적의 헬멧에서 도구로서의 디자인은 완벽하지 않아도 상관없었다.

머리를
보호하다

　　　　　　　이전부터도 인류는 조개껍데기나 풀, 천과 같은 자연 상태의 소재들을 활용해 머리를 보호하는 도구를 만들었던 것으로 추정되지만, 현재까지 유물로 남아있는 것은 거의 없다. 서아프리카 이보족의 헬멧을 비롯한 몇몇 헬멧들은 전쟁을 지중해나 근동 지방의 잔인한 대학살이 아니라 종교의식에 가까운 운동 경기로 만드는 데 큰 영향을 미쳤다. 전쟁이 좀 더 심각한 사안이었던 다른 이들은 효율을 중시한 갑옷을 만들었다. 20세기 초 남태평양 길버트 섬의 사람들은 상어 이빨이 박힌 창과 이 창을 막기 위한 단단한 갑옷으로 잘 알려져 있었다. 복어를 부풀려진 상태에서 죽인 뒤 그 껍질로 갑옷을 감쌌는데, 복어의 가시는 사람을 보호해주는 기능도 있었고 적병 중에 전투 경험이 부족한 이들을 위협하는 용도로도 쓰였다.

　최초의 금속 헬멧은 중동에서 기원전 3,000년 전후에 나타난 것으로 보인다. 조직적인 전쟁을 치를 수 있는 복잡한 문명사회로 성장하면서 헬멧이 출현하게 되었다. 머리 보호구의 개발은 사상 최초의 무기 경쟁으로, 당시는 아직 칼과 방패가 아닌 철퇴(손잡이의 끝에 무거운 것이 달린 무기들)와 헬멧 사이의 경쟁이었다. 최초의 헬멧은 가죽과 펠트로 만들어진 모자였는데, 호메로스 시대에 멧돼지의 엄니로 더 보강되었다. 가장 단순한 형태의 금속 헬멧에서도 외피 안쪽에는 편안함과 열 순환을 위해 쿠션 역할을 하는 레이어가 들어가 있었던 것으로 추정된다. 당시 머리 보호구의 유용성은 1960년대의 한 산업 연구를 통해 증명되었다. 금속 헬멧에 가해진 충격은 충격 지점이 움푹 들어가면서 헬멧 표면으로 분산된다. 이 연구를 기반으로 한 군사 역사학자 리처드 A. 가브리엘Richard A. Gabriel과 카렌 S. 메스Karen S. Metz의 계산에 따르면, 두께가 2밀리미터에 달하는 구리와 4밀리미터에 달하는 가죽으로 만들어진 수메리아 헬멧을 쓴 사람을 기절시키려면 인간의 한계를 뛰어넘는 힘이 필요하다.

보통은 그 반대로 생각하지만, 가브리엘과 메스가 관찰한 바와 같이 튼튼한 헬멧과 갑옷을 비롯한 방어 도구는 공격 무기의 발달을 촉진했다. 중세 유럽에 이르기까지 이따금씩 재등장했지만 철퇴는 헬멧을 쓴 병사와 싸우기에 불리한 무기였으며, 결국 의식에 사용되는 도구로 전락하게 된다. 기원전 3,000년경에 수메르인은 오늘날 나토 헬멧처럼 귀와 뒷목을 보호해주는 뛰어난 금속 헬멧을 이미 보유하고 있었다. 그리고 이러한 방어구를 뚫을 수 있는 새로운 형태의 도끼를 개발한 것도 수메르 사람들이었다. 이 도끼는 날카롭고 구멍이 달린 구리 날에 손잡이가 단단히 고정된 형태였다.

이러한 혁신은 인접한 도시 국가들이 서로 경쟁하며 군사 문화를 공유하던 메소포타미아로 빠르게 퍼져나갔다. 이집트인도 기원전 1,700년경 헬멧을 쓴 힉소스 왕조 군대의 침공을 받은 이래로 철퇴 대신 도끼를 사용했다. 대부분의 고대 사회에서 헬멧은 전투의 필수 도구가 되었다. 비슷한 시기에 아시리아 사람들이 처음으로 헬멧을 대규모 전쟁에 사용했다. 위에서 찍어 내리는 공격을 빗나가게 하기 위해 원뿔 모양을 한 이 헬멧은 '거칠 것 없는 전투 기계'로 불렸던 아시리아 군대의 이미지를 형성하는 주요한 요소 가운데 하나가 되었다. 아시리아의 금속과 연료 생산량이 매우 적었음을 감안하면 더욱 놀라운 일이다.

그리스인은 금속 헬멧에서는 후발 주자였지만, 서양의 전통적인 무기 체계는 중동이 아닌 그리스에서 창시되었다고 볼 수 있다. 그리스인은 무기와 방어구 발달 과정에서 예술적인 면은 물론 기술적인 면으로도 수메르인이나 아시리아인에 못지않은 큰 기여를 했다. 기원전 8세기 중반, 이들은 새로운 전쟁 방식을 고안하고 이 방식에 적합한 무기와 방어구를 개발했다. 그리스 보병은 일반적으로 자유인 신분의 농민 또는 시민이었는데, 이들은 자신의 무기와 장비에 많은 시간과 비용을 투자했다. 가장 잘 알려진 그리스 방어구는 코린트 헬멧으로 기원전 750년에 최초로 기록되었다. 뛰어난 장인의 솜씨를 보여주는 이 헬멧의 머리 부분은 두개골 윤곽에 맞추어져 있다. 헬멧 앞부분은 얼굴의 볼 부분을 가려주는 구성으로, 착용자의 눈과 목도 부분적으로만 노출되었다.

헬멧과 방패를 비롯한 방어구는 비싸기도 했지만 번거로움도 만만치 않았다. 고전 역사학자 빅터 데이비스 핸슨Victor Davis Hanson은 기원전 750년부터 500년까지 성행했던 코린트 헬멧의 특징이 어떻게 고대 그리스의 전술에 영향을 미쳤는지, 다시 말해 테크놀로지가 어떻게 테크닉을 형성했는지를 고찰했다. 이 헬멧은 귀 부분이 덮여 있었고 시야도 상당 부분 가렸다. 핸슨은 이러한 제약으로 인해 당시의 전술이 고정적인 스타일을 취하게 되었다고 보았다. 양측 모두 중장 보병들로 대형을 갖추어, 거대한 방패들도 대형 자체를 보호하면서 돌격한다. 두 부대가 마주치면 방패로 상대편을 밀어내면서 창으로는 상대 병사의 목을 비롯한 갑옷의 취약점들을 노린다. 병사에게는 아주 기본적인 명령들 외에는 소리도 잘 들리지 않고, 모든 전투가 헬멧 속 마치 밀실 공포증을 불러일으킬 것 같은 컴컴함 속에서 이루어지며, 주변 동료로부터의 압박이 시각을 대체한다. 헬멧 무게만 해도 2.2킬로그램으로 베트남 전쟁 때 미군 보병 헬멧과 무게는 같았지만, 20세기 헬멧과 달리 완충 장치는 없었다. 맞는 즉시 헬멧이 날아가 버리기도 하고, 헬멧을 쓰고 있더라도 뒤에서 머리를 맞으면 척추가 파괴되기도 했다. 전투는 그리스의 뜨거운 여름 햇살 아래서 벌어졌다. 중장 보병들은 땀도 엄청나게 흘렸겠지만, 당시 군인들의 일반적인 머리 모양은 짧게 깎은 머리가 아니라 장발이었다. 밀갈퀴 투구 장식은 신분을 과시하고 사기를 진작시키기 위한 것으로, 충격을 흡수하는 기능은 없었다. 오히려 불필요한 무게가 더해졌고, 헬멧의 무게 중심을 높여 사용이 불편했다. 병사들은 전투를 시작하기 바로 직전에나 코린트 헬멧을 내려 쓰곤 했다.

다른 학자들은 핸슨이 생각하는 것 이상으로 개인과 개인이 맞붙는 전투도 많았으며, 이러한 전투에서는 헬멧과 갑옷을 착용하지 않고 싸우는 경우도 종종 있었다고 믿는다. 핸슨도 장갑 보병들이 헬멧을 비롯한 장비들을 변형시키고 개인화시켜 같은 부대원들끼리는 서로를 알아볼 수 있었을 것이라고 추정한다. 그러나 코린트 헬멧은 여전히 대의와 영광을 위한 전투가 실은 얼마나 무서운 경험인지를 상상할 수 있게 해주는 도구다.

이렇듯 불편한데다가 전술을 제한하며 가격까지 비싼 도구는 250년 동안이나 사용되었다. 코린트 헬멧의 위상이 높아졌다는 점도 있었지만, 그보다는 전략과 전술이 이 헬멧에 맞추어 고착화되었기 때문이었을 것이다. 코린트 헬멧은 기원전 5세기경에 일반적으로는 청동으로 만들어졌지만 때로는 펠트만으로도 만들어졌을 것으로 추정되는 작고 둥근 머리 보호구인 필로스로 대체된다. 그로 인해 부상자가 증가했다. 이 변화는 위험을 무릅쓰고 이동성을 높이는 스타일로 전투의 양상도 변화하고 있었음을 상징한다. 다른 병사들은 천으로 만든 모자를 본뜬 트리키아 헬멧을 착용하기 시작했는데, 펠트로 된 후드를 청동으로 흉내 내느라 쓸데없는 무게가 추가되었음에도 불구하고 예전에 쓰던 헬멧에 비해 얼굴을 덜 가리게 되어 훨씬 넓게 보고 소리도 잘 들을 수 있게 되었다.

그리스인은 특유의 장인 정신으로 헬멧이 아름다운 외관을 갖추도록 설계했지만, 이들의 뛰어난 분석적 사고를 이러한 사고의 원천인 머리를 보호하는 데 그다지 적극적으로 활용하지 않았다. 자크 엘륄에 따르면, 헬멧의 기능에 대해 무심한 듯한 이런 그리스인의 태도는 테크놀로지가 극단적인 폭력의 수단으로 전락할 수 있다는 생각에서 비롯된 것이었다. 반면 필요한 모든 수단을 적극적으로 활용하고자 했던 절충주의자 로마인은 스페인으로부터 강력한 단검 글라디우스를, 갈리아로부터 청동 헬멧과 철제로 가장자리를 강화한 방패를 도입했다. 프랑스 역사학자 빅토르 뒤리Victor Duruy는 자긍심 높은 로마인이 적으로부터도 스스럼없이 장점을 흡수함으로써, '과학과 기술을 꾸준히 향상시켜 이를 통해 결국 세계를 재패'했다는 사실에 경이로움을 표하기도 했다.

로마인은 공화정과 제국 시대에 걸쳐 다양한 종류의 청동 헬멧과 철제 헬멧을 사용했는데, 이 헬멧들은 전장에서의 필요에 따라 지속적으로 개량되었다. 철제로 된 뒤집어진 승마용 모자 같은 원형이 시간이 지남에 따라 다양한 방식으로 보강되었다. 경첩을 달아 얼굴 옆면을 보호하고, 효과적으로 목을 보호하는 보호대를 장착하는 등 매우 복잡한 형태로 발전되었는데, 그중에는 고대의 헬멧들을 통틀어 최고의 걸작으로 꼽히는 것도 포함되어 있었다. 공화정 시대의 몬테포르티노 헬멧과 같은 단순한 디자인에서도 얼굴 보호대는 옆얼굴을 보호하면서도 시야를 가리거나 청각을 방해하지 않는다. 전문가들은 로마인이 무기를 사용하는 방식에 대해서는 각기 다른 견해를 보이지만, 로마 헬멧에서 구성 요소들이 밀접하게 결합된 형태를 갖추고 있다는 점에 대해서는 높이 평가한다.

할리우드 영화에서도 종종 등장하는, 청동을 입힌 철로 만든 가장 유명한 로마 군단의 헬멧을 전문가들은 '임페리얼 갈릭'이라고 부른다. 세련된 굴곡과 옆얼굴 보호대 및 목 보호대가 특징인 이 헬멧은 코린트 헬멧만큼이나 유명한 하나의 상징이 되었다. 독일의 군사 역사학자이자 고증학자 마르쿠스 융켈만Marcus Junkelmann은 이 헬멧을 "고대 헬멧이 진화를 거듭해 도달한 더할 나위 없이 훌륭한 결론이며, 그 이전 모델들의 장점만을 정제한 완벽한 조합"이라고 칭송했다. 융켈만은 2.5킬로그램에 달하는 무게 때문에 이 헬멧이 이전 모델들보다 불편하지만, 다른 그 어떤 헬멧보다도 훌륭하게 머리를 보호해주었다고 믿었다.

로마 헬멧은 그 정점에서 1~2세기 정도밖에 머무르지 못하고 기원전 5세기 그리스 헬멧의 전철을 밟게 된다. 단순한 원뿔 형태로 후에 스팽겐헬름Spangenhelm(고리쇠투구)이라 불리는 헬멧이 복잡한 로마 헬멧의 자리를 대체하게 되는 것이다. 이 헬멧은 통째 철판이나 동판을 망치로 다듬어 만드는 로마 헬멧의 제작 방식 대신에 철판 조각들을 서로 이어 붙이는 방식으로 만들어졌고, 옵션 격인 얼굴과 목 보호대는 경첩이 아니라 가죽으로 연결되었다. 임페리얼 갈릭 헬멧은 개인 사업자로 활동하던 전문 장인들이 만들었던 반면 스팽겐헬름은 숙련도 면에서는 떨어지는, 국가 공방에 고용된 기능공들에 의해 만들어졌다. 이 헬멧은 고대 후기와 중세 초기에 구매할 능력이 되는 모든 전사가 선호하는 방어구가 되었는데, 여기에는 바이킹들도 포함되었다. 참고로 영화에서는 여기에 뿔이 추가되지만, 이는 거창한 것을 좋아하는 19세기 영화 미술 디자이너들의 상상력에서 비롯된 것이다.

중세를 풍류한
헬멧

중세 유럽의 전장에는 고대 후기까지 상대적으로 드물었던 무기가 하나 추가된다. 바로 유라시아 평원 유목민들이 사용하던 활이 보편화된 것이다. 근접전은 더욱 잔인해졌다. 보병들은 종종 머리에 부드러운 재질로 된 덮개만 쓰고 전투를 치렀고, 장미 전쟁 중 타우톤 전투의 전사자 무덤에서는 놀라울 정도로 많은 유해에서 머리 부상이 발견되었다. 갑옷은 귀한 물건이었기 때문에 유적지에는 전혀 남아 있지 않았다. 헬멧이 희생자들의 머리에서 날아간 탓에 머리 부상이 이렇게 많이 발견되는 것인지, 아니면 이들도 중세 전투를 묘사한 그림들에서처럼 가벼운 모자 외에는 머리 보호구를 아예 쓰지 않고 전투에 임했는지는 분명치 않다.

귀족이나 기사 그리고 이들을 보호하는 직업 전사 같은 중세의 전쟁 엘리트들은 헬멧을 착용했지만 일반 보병들은 머리 보호구를 거의 쓰지 않았다. 갑옷과 헬멧은 생사를 가르는 중요한 보호구이기도 했고, 소수만 참여할 수 있는 특권이자 위험한 여흥이었던 마상 시합이 생겨난 원인이 되었다. 스페인과 오스트리아의 황제 찰스 5세와 같은 왕실의 전사들은 마상 시합에 참여할 때 56킬로그램에 달하는 마상 시합용 갑옷에 머리에는 18킬로그램에 달하는 헬멧을 착용했다. 현재까지 남아있는 많은 헬멧에는 시합에서 막아낸 근접 무기와 투척 무기의 흔적이 남아 있다. 이러한 헬멧과 갑옷은 내구성이 대단했다. 고대 메소포타미아와 이집트에서 볼 수 있었던 철퇴는 감히 견줄 수도 없는, 자루의 무게만 무려 1킬로그램이었고 길이는 1.5미터로 그 위에 2킬로그램에서 3킬로그램에 달하는 쇳덩어리가 달린 전투 도끼를 두 손으로 잡고 달려드는 적의 가장 강력한 공격에도 견딜 수 있었다.

헬멧의 진화는 중세 전쟁의 무기 및 전략과 어떻게 상호작용했을까? 헬멧 구조가 어떠한 혁신을 거쳤는지는 남겨진 유물들을 통해 잘 알 수 있지만, 이러한 변화의 원인이 모두 명확하게 밝혀진 것은 아니다. 15세기의 통짜 헬멧 바벗을 사용한 이들은 누구인가, 왜 이 헬멧은 얼굴을 감싸지 않는 헬멧으로 시작해서 점점 더 코린트 헬멧과 유사해졌는가? 어쨌거나, 중세를 거치면서 두 가지 고전적인 헬멧 스타일이 대두했다. 그 중 첫 번째인 케틀 해트 또는 샤펠 드 페르는 넓은 챙이 달린, 뒤집힌 그릇 모양 헬멧이다. 이 헬멧은 얼굴까지 가리는 둥근 기사용 헬멧보다 더 적은 시간과 기술로 만들 수 있었기 때문에, 다수의 보병에게 보급하기 적합한 장비였다. 넓은 챙은 빗발치는 화살이나 공성전에서 날아오는 무기들을 막는 데 유용했을 것이다. 샤펠 드 페르는 또한 상대적으로 편하게 착용할 수 있었으며 시각이나 청각에 방해를 주지도 않았다. 일부 기사들도 이 헬멧을 선호했다. 13세기에 장 드 주앵빌Jean de Joinville은 루이 9세가 수 시간 동안 무거운 헬멧을 쓰고 있다가 잠깐 휴식을 위해 그의 케틀 해트를 빌렸다는 이야기를 연대기에 기록했다.

두 번째 부류인 샐릿 헬멧도 마찬가지로 다용도로 사용 가능한 디자인이었다. 이 헬멧의 챙은 목 뒤로 휘어 있어 목을 더 안전하게 보호할 수 있었으며, 회전형 얼굴 가리개가 달려 이를 올렸다 내릴 수 있었다.

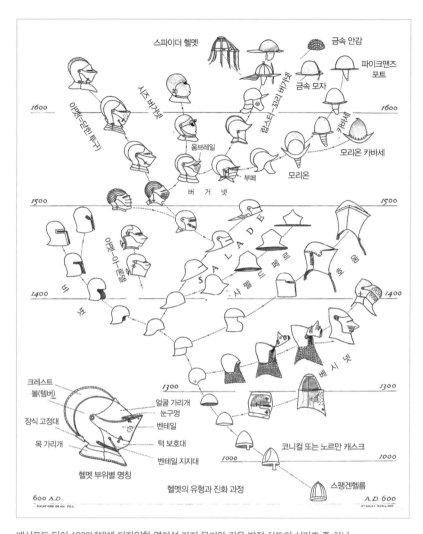

배시포드 딘이 1920년대에 디자인한 열여섯 가지 무기와 갑옷 발전 차트의 시리즈 중 하나

21세기 초 뉴욕의 저명한 어류학자인 배시포드 딘은 자신이 성립시킨 진화 체계를 열정을 기울였던 또 다른 분야인 무기와 갑옷에 적용해, 여기 보이는 헬멧의 형태학 계보를 작성했다. (메트로폴리탄 미술관, 무기 및 갑옷 부서 제공)

내렸을 때 밖을 볼 수 있게 얼굴 가리개의 눈 부분에는 가는 틈이 있었다. 베버^{bevor}라는 탈부착식 턱 보호대도 연결할 수 있었다. 샐릿은 캐틀 해트에서처럼 시야를 방해하지 않으면서도 필요시에는 방어용 추가 장비를 붙일 수 있는 선택권을 주었던 것이다. 샐릿은 북부 이탈리아에서 처음 고안되어 영국과 독일에서 널리 퍼졌으며 알브레히트 뒤러^{Albrecht Durer}의 유명한 판화 〈기사, 죽음, 악마^{Knight, Death, and the Devil}〉에 등장하기도 했다. 어떤 샐릿에는 눈 부분 틈이 얼굴 가리개가 아닌 헬멧 자체에 달리기도 했다. 중기병을 위한 샐릿은 캐틀 해트와 유사한 좀 더 단순한 형태였고 뒤통수 부분이 목 근처까지 사선으로 떨어지는 것도 있었다. 광을 내지 않고 망치질한 그대로 놔둔 것 같은 샐릿도 있었다. 시각적인 효과를 위해서가 아니라 단지 가격을 낮추기 위해서였던 것으로 보이지만, 이러한 '검은 샐릿'이 풍기는 사악한 느낌은 조지 루커스^{George Lucas}의 〈스타워즈^{Star Wars}〉 시리즈에서 다스 베이더^{Darth Vader}의 의상에 영감을 주었다. 대부분의 샐릿은 상대적으로 열려 있는 구조로, 공기가 잘 통했기 때문에 인기가 높았다. 코린트 헬멧과 유사한, 얼굴을 감싸는 디자인의 샐릿은 답답하고 더웠기 때문에 병사들이 전투의 마지막 순간에나 쓰도록 만드는 위험이 있었다. 불편함과 갈증이 얼마나 견디기 힘들었는지, 병사들이 전투가 벌어지고 있는 한가운데에서 치명적인 부상의 위험을 무릅쓰고 머리를 내놓게 할 정도인 것들도 있었다.

16세기 초, 헬멧 장인들의 기교는 정점에 도달했지만, 총기류가 이들의 자리를 위협하기 시작했다. 최고급 헬멧은 가장 강력한 석궁도 방어할 수 있었는데, 꼼꼼한 고객 중에는 석궁을 직접 들고 와서 실험을 하는 이들도 있었다. 최근에 수행된 실험에 따르면, 균일하게 갈아서 만든 새로운 유형의 화약을 사용하는 16세기 머스킷 소총은 총구에서 약 4,400줄에 해당하는 에너지를 낼 수 있었는데, 이는 석궁의 노리쇠에서 나오는 200 줄에 비해 20배가 넘는 강력함으로 2밀리미터 두께로 가공된 철판을 뚫기에 충분한 힘이었다. 16세기 후반에 등장한 방탄 철갑은 입고 벗기가 불편하기 이를 데 없었다. 20세기 실험을 통해 중세 후반 갑옷들도 착용 후에는 유연하고 편안하게 움직일 수 있다는 사실이 증명되었다. 그러나 이러한 갑옷에서는 무게가 아니라 열이 문제였다. 게다가 이 장비들은 종종 하인들이 끄는 짐마차로 옮겨져 예기치 못한 전투에서는 입을 수조차 없었다. 35세가 넘어 근력이 떨어지면 이러한 갑옷을 입고 움직이기가 어렵다는 것이 당시의 일반적인 견해였다.

헬멧의 위엄과
몰락

새로운 군사 전략도 갑옷과는 반대 방향으로 발전하고 있었다. 스웨덴의 구스타프 아돌프를 필두로 한 17세기 초 군사 지휘관들은 기동력과 속도를 최대한으로 끌어올리고자 병사들의 갑옷을 최소화했다. 헬멧은 가장 마지막까지 남는 방어구였다. 머리 부분이 강화되었으며 일체형 면갑, 코싸개 혹은 얼굴 보호대가 장착된 포트형 헬멧은 20세기 실용적인 금속 헬멧의 선조 격으로, 주로 총사들에게 인기가 높았다.

무기와 갑옷의 역사를 연구하는 이들은 역사적으로 방어구가 완전히 사라진 적은 결코 없었다는 점을 지적한다. 배시포드 딘^{Bashford Dean}은 갑옷 기술의 역사적인 발전에 대한 연구를 학문적 분야로 정립시키는 데 기여했으며 메트로폴리탄 미술관에 무기 및 갑옷 부서를 설립하기도 했던 인물이었다. 그는 17세기와 18세기에도 일부 지휘관들이 갑옷을 중요한 전술적 도구로 여겼다는 사실을 발견했다. 중요한 18세기 군사 지휘자들 중 몇몇도 갑옷을 착용했던 것으로 알려져 있다. 헬멧은 칼이나 속도가 떨어진 유탄으로부터 착용자를 보호해줄 수 있었다. 제프리 애머스트 경 Lord Jeffrey Amherst 의 1760년 초상화에는 옆자리에 반짝이는 헬멧이 놓여 있다. 일반적으로 장교들은 모자 속에 세크레트라는 작은 금속 스컬 캡을 쓰곤 했다.

15세기의 헬멧
불에 타고 부식되고 난 이후에도 여전히 위협적인 분위기를 풍기는 이 샐릿(1460년경)의 윤곽선은 양차 세계 대전의 독일군 금속 헬멧과 미국과 동맹국들의 케블라에서, 그리고 대중문화에서 20세기에 멋지게 부활했다. (메트로폴리탄 미술관)

비록 유럽 내에서는 점점 더 그 가치를 잃어가고 있었지만, 헬멧과 갑옷은 유럽 군대가 세계를 정복하는 데 크게 기여했다. 역사학자 제프리 파커 Geoffery Parker 는 근대 초기 유럽의 가장 큰 수출품은 폭력이었으며, 서양의 외골격과 외두개골이 다른 지역에 공포를 심어주었다고 지적했다. 20세기 초, 솔로몬 아일랜드의 한 원주민은 선조들에게 들었던, 유럽인을 처음 조우했을 때 이야기를 떠올렸다. 그의 선조들은 이들을 탈부착식 거북딱지 갑옷을 몸과 머리에 걸치고 창이 이들의 배를 스치면 오히려 크게 웃는 사람들로 기억하고 있었다. 신대륙에서 인디언들의 화살은 유럽의 철판 갑옷을 뚫지 못했고, 17세기경 갑옷과 헬멧의 가격은 무척 낮았다. 한 차례 약탈 이후 버지니아 식민지 개척자들이 도움을 요청하자 영국에서는 무기고에서 헬멧 2,000개를 한 번에 지급하기도 했다. 그러나 식민지에서도 헬멧을 썼을 때의 열과 피로가 문제가 되었고, 궁극적으로는 인디언들이 총포를 입수하게 됨에 따라 헬멧이 더 이상 사용되지 않게 되었다.

유럽에서도 헬멧이 완전히 사라진 것은 아니었다. 적의 강력한 화력을 뚫고 요새를 공략해야 하는 공병들은 독특한 헬멧을 착용했다. 프랑스 군대는 새로운 모델을 부지런히 개발했는데, 가장 무거운 헬멧은 무려 6.7 킬로그램에 달했다. 반면, 중세와 르네상스의 전통을 계승했던 19세기 기병대 헬멧은 전투는 고사하고 평상시 활동에도 적절하지 않았다. 1865년 〈런던 타임스〉의 한 기고자는 한 손으로 '엄청난 장식이 달린' 헬멧을 잡고 있어야 했기 때문에 도망치려는 말을 제어하지 못해 쩔쩔매던 중기병의 사례를 보도하기도 했다. 이런 헬멧은 박물관에나 보관되어야 한다고 주장하면서, 그는 중기병 연대가 헬멧을 잡느라 칼은 손목에 매단 채로 행진하던 이 상황이 실제로 일어난 일임을 강조했다.

사용자 맞춤형
헬멧

        19세기 군사용 헬멧 중에는 지금 남아 있는 것보다 디자인이 뛰어난 것도 있었을지 모른다. 하지만 당시 가장 잘 만들어졌던 것들도 머리 보호구가 향후 발전해야 할 방향을 제시하지는 못했다. 20세기의 헬멧은 수 세기에 걸쳐 발전한 다른 분야의 머리 보호구에서 더 많은 영향을 받은 것으로 보인다. 고급 무기 장인을 부릴 수 없었던 일반 사병들이나 소방관들은 중세 시대부터 강도와 내구성을 높인 특수한 가죽으로 머리 보호구 및 다른 보호 장비들을 만들어 사용했다. 가죽을 겹겹이 붙여서 헬멧에 보호용 빗면이나 굴곡을 만들 수도 있었다.

  1740년 뉴욕 소방관 자코부스 터크Jacobus Turck가 그와 비슷한 디자인을 미국에 처음 선보였던 것으로 추정된다. 이 디자인에 대해 알려진 사실이라고는 머리 높이가 높고 챙이 좁았다는 것뿐이다. 18세기 후반에 창설된 미국 의용군은 자부심 높은 민간인들로 구성되었고, 19세기 당시 서양에서 교양을 갖춘 남성의 상징이었던 원통형 모자를 썼다. 소방관 헬멧은 가죽으로 만들어졌다. 소방관 헬멧에 가장 큰 영향을 미친 인물은 수공예 장인이자 소방관인 뉴욕의 헨리 T. 그래타캡Henry T. Gratacap이었다. 그는 형태를 유지하고 열에 더 잘 견딜 수 있도록 가죽을 처리하는 방식을 개선했다. 그는 좀 더 단단한 레이즈드 스티치 방식으로 가죽들을 꿰매고, 유럽에서 공병과 소방관 헬멧에 사용되는 목 보호대를 적용하는 한편, 챙을 구부려 물이 좀 더 잘 빠질 수 있도록 기존 모델을 수정했다. 여기에 독수리가 들고 있는 듯한 모양으로 회사 휘장이 들어간 앞 판을 추가해 완성된 그래타캡 디자인은 1836년 처음 선을 보인 후, 1868년까지 꾸준히 생산되었다. 이 기간에 그래타캡 디자인을 도입한 헬멧은 전국적으로 한 주에 최대 100개까지 팔렸으며, 이 디자인은 20세기 전반에 걸쳐 미국의 표준으로 유지되었다.

사설 보험 회사 소속이었던 18세기 영국 소방관들도 비슷한 가죽 헬멧을 사용했는데, 19세기에는 야심찬 공무원들이 소방관의 역할을 맡게 되면서 이들은 이 그럭저럭 쓸 만한 모자에 만족하지 못했다. 1700년대부터 영국 소방관들은 군대식 제복을 착용했고, 제국과 왕정복고 시기 동안 파리 소방 구조대원들은 프랑스 육군에 속해 있었다. 프랑스 소방관들은 강철과 황동으로 된 아름다운 헬멧을 착용했는데, 단열재가 내장되어 있었음에도 열전도율이 지나치게 높았다. 1866년 런던 메트로폴리탄 소방서에 부임한 소방대장 에어 매시 쇼Eyre Massey Shaw는 기존의 고대 그리스식 가죽 헬멧 대신에 위풍당당한 프랑스풍 황동 헬멧을 도입했다.

이 헬멧은 20세기에 전기 화재가 빈번해지면서 특수 절연 소재로 덮인 압축 코르크 소재 헬멧이 개발되기 전까지 영국 소방관의 헬멧으로 사용되었다. 유럽과 미국 소방관 헬멧은 서로 다른 두 가지 전통을 상징했다. 기사도 정신으로부터 내려오는 준군사조직과 실용성을 강조한 시민 조직이었다. 유럽 스타일 소방관 헬멧은 위엄과 아름다움을 갖춘 덕분에 소방대원들의 사기를 진작시켰고 대중문화에서도 소방관의 이미지를 향상시키는 데 기여했다. 단열성이 부족하다는 단점도 충분히 만회할 만한 장점이었던 것이다.

19세기 악당들도 당시의 영웅들과 마찬가지로 헬멧의 새로운 가능성을 탐구했다. 플러그 어글리즈라는 뉴욕 시 갱단 이름은 이들이 천을 채워 넣은 길쭉한 펠트 모자를 쓰고 다닌 것에서 유래했다. 수십 년 뒤, 오스트리아의 도둑 네드 캘리Ned Kelly는 43킬로그램에 달하는 갑옷을 입었는데, 원주민 대장장이들이 오래된 농기구의 날을 갈아 만든 것이었다고 한다.

그는 그 위에 중세 대형 헬멧을 확대한 듯 엄청난 크기의 머리 보호구까지 썼다. 이 갑옷은 경찰의 마티니 라이플 총탄까지 막아냈고, 켈리는 몇 달 동안 경찰의 접근을 막을 수 있었다. 결국, 그는 다리에 총을 맞고 붙잡혀 처형되었지만, 이 사건은 19세기에 민간과 군대를 통틀어 헬멧의 전략적 가치를 대중에게 보여준 거의 유일한 사례였다.

19세기에는 광부, 빌딩 노동자, 중공업 노동자를 비롯해 위험한 직업에 종사하는 많은 이들이 헬멧을 착용하지 않고 일했다. 서양에서도 19세기 후반에 들어서야 노동 현장에서 일어난 사고에 관해 인식하기 시작했다. 전쟁 부상자들을 돕고자 형성된 조직인 적십자를 비롯한 자선 단체의 많은 후원자는 민간의 부상자까지 지원 범위를 확대하고자 하는 노력에 대해 처음에는 강하게 반발했다. 점진적으로 노동자의 부상이 고용주의 책임이라는 원칙이 법제화되면서 정부나 보험회사에서는 고용주가 안전 장비를 지급하도록 명령하거나 설득했다.

외두개골의
귀환

제1차 세계 대전이 시작되었을 때, 헬멧을 대량으로 확보하고 있었거나, 이를 계획한 국가는 어디에도 없었다. 정면으로 날아오는 소총 탄환을 막으려면 네트 켈리의 갑옷 같이 다루기 어려운 방어구를 입고 전쟁을 치러야 했을 테지만, 이러한 장비는 근대 전장에 어울리지 않았다. 그러나 전쟁 중에 새로운 무기가 대두되면서 금속 머리 보호구는 전장으로 돌아오게 되었다. 1890년대 프랑스 장교와 발명가가 격발 에너지를 이용해 대포 부속을 원래의 위치로 돌리는 메커니즘을 고안했다. 이를 통해 재장전이 기존보다 네 배 빨라졌으며, 전장 관측 장교는 포 사격의 정확성을 높였다. 잉글랜드만 하더라도 1917년 9월의 하루 동안 거의 백만 발에 가까운 포탄을 발사했으며, 전체 전쟁 기간 동안 500만 톤 이상의 화약을 소모했다. 포탄 파편에 맞은 부상자가 전체 부상자의 절반 이상을 차지하게 되었으며, 소총이나 기관총 총탄에 의한 부상보다 훨씬 많았다. 솜에서 치러진 전투처럼 병사들이 적진으로 돌격해야 했던 전투에서는 기관총도 대포만큼이나 위협적이었다. 뿐만 아니라 집중 포화는 참호 속에 있던 병사들에게도 위협이 되었는데, 신체적으로 고통을 줄 뿐만 아니라 심리적으로 황폐하게 만들었다. 신경 쇠약이 '포탄 충격shell shock'이라고 불리는 것은 이유가 있었던 것이다.

전쟁 초기에는 주요 국가의 중기병들만 헬멧과 흉갑을 착용했지만, 이들이 전장에서 할 수 있는 일은 많지 않았다. 한 프랑스 장교가 헬멧 사용을 제안했지만 조제프 조프르 장군General Joseph Joffre 은 헬멧 생산에 들어갈 만큼 전쟁이 길어지지 않을 것이란 판단에 이를 기각했다. 수많은 혁신이 그랬듯, 근대 최초의 헬멧도 현장에서 우연히 일어난 사고로 탄생한 케이스다. 부상을 입은 한 병사가 오귀스트 루이 아드리앵 장군General August-Louis Adrian 에게 모자 속에 넣어둔 밥그릇 덕분에 목숨을 건졌다고 말했다. 아드리앵 장군은 군모 안에 쓰기에 딱 맞는, 옛날 세크레트처럼 생긴 자신의 금속 스컬 캡을 떠올렸다. 이를 바탕으로 그는 유럽에서 17세기 포트 헬멧 이후 표준형 헬멧을 최초로 개발하게 된다. 그와 부하들은 당시 프랑스 소방관의 표준 헬멧을 개조해 반구형 모양을 유지하면서 좀 더 짧은 챙에 장식은 낮추었다. 이러한 변형에는 수십만 개를 대량 생산하기 위해 제조 과정을 단순화시키고자 했던 목적도 있었다.

그러나 아드리앵 헬멧에서 생산 과정이 단순화된 부분은 반구형 통뿐,

장식은 지나치게 복잡하고 섬세했다. 준비된 금속재를 가지고 70단계를 거쳐야 헬멧이 완성되었다. 여러 슬롯과 문양이 헬멧에 새겨지면서 시간과 비용이 증가한 반면 헬멧의 강도는 약해졌고 장식 때문에 최소 100그램 이상 무거워졌다. 그렇지만 프랑스 군대는 이 헬멧을 계속 사용했는데, 그 이유에 대해서는 배시포드 딘의 설명이 가장 그럴듯하다. 아름다운 프랑스 헬멧은 군대의 사기와 전의를 일깨우는 데 도움이 되었다. 딘에 따르면 착용자는 "그의 헬멧에 애착을 갖게 되고 이 형태가 훌륭하다고 믿고, 그 가벼움에 익숙해지며, 더 무겁고 더 나은 헬멧도 벗어던지고 싶어지는 상황에서도 기꺼이 이 헬멧을 쓰게 될 것이다." 우리가 앞서 살펴본 바와 같이, 프랑스 군대는 기동성과 활력을 강인함보다 더 중시했다. 아드리앵 헬멧은 프랑스의 전쟁 테크닉에 잘 맞는 테크놀로지였던 것이다.

반면 영국은 다른 방식으로 헬멧 디자인에 접근했다. 머리통 높이를 낮추어 강철 두께를 두껍게 유지하면서도 철판을 한 번에 눌러 만들 수 있는 헬멧을 개발했다. 이전의 케틀 해트와 마찬가지로, 위에서 떨어지는 물체로부터 머리뿐만 아니라 어깨도 보호해주었고, 직접 날아오는 총탄도 충분히 방어할 수 있었다. 제작 과정의 단순화를 중요한 문제로 생각했던 미군에서 초기 주문으로 200만 개를 넣어 당시로서는 인류 역사상 가장 거대한 헬멧 제작 프로젝트가 되었다. 프랑스 병사들처럼, 영국 육군 병사들도 머리 보호구를 자신과 동일시한 것으로 보인다. 그러나 배시포드 딘은 영국 헬멧과 매우 유사한 미국 헬멧의 효율성을 관찰한 후, 이 방어구가 뒷머리와 옆머리를 노출시킨다는 점에 대해 실망했다.

외두개골을 20세기에 재현해낸 것은 바로 독일의 헬멧이었다. 독일 군대는 치밀하게 계획을 세워 실행하는 것으로 유명했지만 이들도 예측하지 못한 것이 있었다. 헬멧에 쓸 남아메리카 가죽 공급에 차질이 생겨 압축 종이로 된 대용품을 써야할 상황이 된 것이다. 프랑스의 혁신은 한 병사의 다행스러운 사고에서 비롯되었고, 영국의 혁신은 실용적인 제조업자의 제안에서 시작되었던 반면, 독일 헬멧은 과학적 프로젝트에서 출발했다. 공학 교수 프리드리히 슈베르트Friedrich Schwerd는 강력한 자석을 사용해 부상당한 병사들의 머리에서 금속 파편을 제거하기 위해 노력했던 의대 학장 아우구스트 비어August Bier와 협력해 새로운 금속 헬멧을 개발했다. 비어는 체리 씨 크기에 불과한 파편이 뇌에 심각한 손상을 주는 것을 안타깝게 생각했다. 부상에서 살아남은 이들도 나중에 고통 속에서 죽어갔다. 군 지휘부는 비어의 추천에 따라 슈베르트를 베를린으로 불렀고, 그는 새로운 금속 헬멧에 반드시 필요한 요소를 정의했다. 이는 바로 "목에서 일정 간격 떨어져 있으며 앞쪽으로는 관자놀이를 거쳐 이마를 지나는 목 보호대"였다. 그는 독일 샐릿을 참고 모델로 삼았다.

　슈베르트는 정면에서 날아오는 소총 총탄을 막기 위해 헬멧의 전면부를 강화할 필요는 없다고 생각했다. 추가 요소를 접합하는 것은 헬멧 자체의 강도를 약화시키고 무게를 더해 부대원들이 헬멧 착용을 꺼리게 만들 수 있다는 것을 알고 있었기 때문이었다. 여러 회사들이 헬멧 제작에 최적인 야금술 공식을 발견하기 위해 경쟁했고, 전문가들은 심지어 헬멧 속의 환기 수준까지 측정했는데, 이에 대해서도 슈베르트의 철모 설계가 가죽 헬멧보다도 뛰어난 성능을 보였다. 무게와 보호 능력 사이의 타협에서는 기발한 해결책이 제시되었다. 탈부착이 가능한 판을 헬멧 앞면에 연결될 수 있었고, 연결부는 환기구를 겸할 수 있는 손잡이 2개로 구성되었던 것이다. 전 세계 역사상 그 어떤 방어구도 이렇게 많은 전문가에 의해 측정되고 평가된 적은 없었다. 강철의 두께에 비해 헬멧의 전체 머리통 모양은 놀라울 정도로 깊었다. 미국 제조사들은 같은 강철로 높이가 상대적으로 낮은 영국식 헬멧 머리통 모양조차 제대로 만들지 못했다.

독일 철모는 방어구의 역설을 드러냈다. 착용자의 목숨을 살리기 위해 개발된 장비지만, 동시에 독일군이 가능한 한 많은 적을 살해할 수 있도록 돕는 도구이기도 했던 것이다. 중세를 떠올리게 할 정도로 낭만적인 외형에 복잡한 근대의 의학과 야금학이 결합되었다. 전쟁 후 참전 용사들은 헬멧을 준군사적인 아이콘으로 재활용했다. 가장 규모와 영향력이 가장 컸던 전후 무장 사병 조직은 슈탈헬름, 즉 철모단이라고 불렸으며, 국가 사회당이 등장하기 이전에도, 극우주의자들의 군사 집단이었던 에르하르트 연대는 어금꺾쇠 십자 무늬로 장식된 강철 헬멧을 썼다.

헬멧은 20세기 전쟁에서도 없어서는 안 될 기본 장비가 되었지만 원칙은 크게 바뀌지 않았다. 제2차 세계 대전에서 독일과 영국은 각자 제1차 세계 대전에서 사용했던 헬멧의 디자인을 개조해서 사용했고, 일본은 자국의 전통 갑옷 혹은 동맹의 철모를 참고하는 대신 영국에서 영향을 받은 형태를 선택했다. 미국은 17세기 포트 헬멧과 유사한 반구형 머리통에 약간의 챙과 차양이 달린 헬멧을 사용했다. 이 디자인은 사실 배시포드 딘이 미 육군에서 소령으로 근무하는 동안 설계했던 것으로, 그는 군에 있을 당시 다른 나라의 장갑들을 비교하고 평가했을 뿐만 아니라 다양한 종류의 새로운 디자인을 준비했다. 딘은 특히 매끈하고 둥근 모양으로 총알이 굴절되어 튀어나갈 확률을 높이는 뛰어난 보호 기능과 단순한 생산 과정이 조합된 5번 디자인을 선호했다. 진주만 공습이 일어나기 몇 달 전에는 중세의 기교가 부활했다. 메트로폴리탄 박물관에서 딘의 후임자였던 스티븐 V. 그랑지Stephen V. Grancsay가 박물관 무기 제작실에서 미 육군에서 사용할 새로운 헬멧의 시제품을 만들었던 것이다. 이 무기 제작실에는 무기와 방어구를 만들기 위한 고대로부터 현대까지의 장비가 완벽하게 갖추어져 있었다. 헬멧의 실제 생산 또한 이곳에서 이루어졌다. 조지 S. 패튼 장군General George S. Patton의 제안으로, 존 T. 리델John T. Riddell이 개발한 육각형 거미줄 형태의 미식축구 헬멧용 완충장치가 새로운 군용 헬멧에도 별도의 플라스틱 안감으로써 적용되었다. 그 결과 완성된 M-1 강철 헬멧은 1971년 7월 9일에 공식적으로 미군 전체에 도입되었다. 디트로이트의 맥코드 라디에이터 앤 매뉴팩처링 컴퍼니는 7인치 깊이의 헬멧 머리통을 단일 프레스로 만드는 법을 익혔고 철판으로부터 완성된 헬멧에 이르기까지 27단계에 달하는 전체 생산 과정에 걸리는 시간을 22분으로 줄임으로써 M-1을 빠르게 확산시키는 데 크게 기여했다.

M-1은 독일 철모의 날카로운 외형이 풍기는 사악한 분위기에 대한 미국 모더니즘의 우아한 대답이라 할 수 있었다. 고전으로 등극한 다른 테크놀로지와 마찬가지로, 사용자가 즉흥적으로 고안할 수 있는 가능성도 열려 있었다. M-1 헬멧이 수명을 다하고 생산이 종료될 무렵, 한 미군 상사는 그 다양한 활용성에 대해 회상하는 글을 남겼다. 의자, 베개, 세면대, 냄비, 호두까기, 천막 말뚝 망치, 바퀴 받침 그리고 심지어 불발 클레이모어 지뢰에서 나온 화약과 함께 팝콘도 튀길 수 있었다. M-1은 베트남 시대 이후까지 널리 활용되었다.

제2차 세계 대전을 치르는 동안, 독일 전문가들은 자국 철모의 단점을 인식했다. 특히 무겁고 전면부가 노출된다는 점, 머리 전체와 차양, 목 보호대 사이 접합부 강도가 약하다는 점이 주된 단점으로 지적되었다. 새로운 디자인이 제안되었지만 히틀러는 이를 거부했다. 그 또한 당시 독일 대중처럼 기존 철모에 애착을 가지고 있었기 때문이었다. 동독은 서방의 디자인은 물론 소련의 헬멧 모양도 피하고자 노력한 끝에 모델 B/II를 채택해 통일 이전까지 사용했다. 냉전의 양 세력이 알고 있었든 그렇지 않든,

이 디자인은 미국에서 실험적으로 만들었던 헬멧과 유사했다. 배시포드 딘이 주관하고 메트로폴리탄 박물관의 무기제조실과 포드 자동차 회사가 협력해 1917년에 개발하고 우드로 윌슨 대통령에게 보고했던 "깊은 살라드 salade(샐릿)" 헬멧이 모델 B/II와 무척 비슷한 형태였던 것이다.

1978년에 드디어 슈베르트 대위는 무덤 속에서나마 만족하지 않았을까? 미군이 M-1보다 가벼우면서 훨씬 뛰어난 방탄 효과를 갖춘 합성 플라스틱 헬멧을 개발했던 것이다. 강화소재로 쓰인 케블러는 듀폰에서 개발하고 상표로 등록한 새로운 화학 중합물이었다. 군 디자이너들은 미국인의 두개골을 과학적으로 철저히 측정하고 분석해 헬멧이 처음부터 완전히 다시 설계되었으며 독일군 철모와의 유사점은 피상적인 것에 불과하다고 주장했다. 이 주장의 진위 여부를 떠나, 새로운 헬멧은 그레나다 전쟁에서부터 걸프전에 이르기까지 그 성능을 증명했고, '나치 헬멧'이나 '케블러 프리츠 Fritz (독일 군인을 일컫는 구어-옮긴이)' 등의 냉소적인 별명도 그 형태가 병사들과 대중에게 점점 더 익숙해지자 조용히 사라졌다. 실제로 샐릿은 우리가 이미 살펴본 바와 같이, 애초에 독일에서 유래한 것이 아니었다.

안전모의
인기

       제1차 세계 대전의 악몽으로부터 민간인의 생활에서도 헬멧은 용기의 상징이며 자아의 확장이라는 인식이 퍼지게 되었다.

유럽의 광부들은 독특한 머리 보호구를 계속해서 발전시켰다. 잉글랜드 콘월 지방 광부들은 합성수지로 처리된 두꺼운 펠트 모자를 씀으로써 터널 천정에서 떨어지는 돌로부터 머리를 보호했다. 일부 미국 광부들도 유사한 머리 덮개를 고안했다. 그러나 1920년대에 미 광산국의 한 공무원이 인터뷰한 바에 따르면, 새로운 헬멧 디자인이 쏟아져 나온 것은 광부들이 전쟁 기간 동안 헬멧의 중요성을 인식하게 되었기 때문이었다. 한 탄광 운영자는 사비를 들여 군용 철모를 광부들에게 나누어주었다. 헬멧은 캘리포니아와 웨스트버지니아에서도 보편적인 도구가 되었다.

미 해군 또한 민간의 혁신을 지원했다. 광부들이 사용하는 카바이드 램프를 만들던 가정에서 태어난 에드워드 W. 불러드Edward W. Bullard는 보병이었을 때 착용한 영국식 헬멧에 큰 인상을 받았다. 조선소에서 자주 일어나는 심각한 머리 부상을 우려했던 미 해군은, 불러드에게 민간 작업자들을 위한 머리 보호구를 개발하라는 지시를 내렸다. 이는 우리가 살펴본 바와 같이 영국이 전쟁 기간 동안 군수 공장에 최초로 산업용 업무 의자를 대량 설치했던 경우와 유사하다. 불러드는 캔버스 천에 접착제를 발라 겹겹이 겹치고 앞쪽과 뒤쪽 챙이 서로 맞물리는 검은색 모자를 디자인해 생산에 들어갔다. 증기로 고정된다는 점 때문에 '하드 보일드 해트hard-boiled hat'라고 불린 이 모자는 1919년에 첫선을 보였다. 겹겹이 층을 만든다는 점에서는 1980년대에 등장한 케블러 헬멧의 선조라고 할 수도 있었다.

이 모자는 떨어지는 물체로부터 광부들의 머리를 보호하기 위한 목적으로 만들어진 최초의 머리 보호구였다. 이러한 머리 보호구가 다른 산업 분야로 퍼져가는 속도는 무척 더뎠다. 아마도 노동자가 직접 구매해야 되는 시스템 때문인 것으로 보인다. 안전모를 필수 장비로 요구했던 첫 번째 건설 현장은 금문교 공사 현장이었다. 수석 엔지니어인 조셉 B. 스트라우스Joseph B. Strauss는 떨어지는 못으로 인한 부상을 경계해 샌프란시스코 회사였던 불러드와 공동 작업을 통해 대형 건설 현장에 하드 보일드 해트를 도입했다. 같은 해인 1938년, 불러드는 가볍고도 튼튼한 최초의 알루미늄 안전모를 생산하기 시작했다.

미국이 제2차 세계 대전에 참전할 즈음에는 산업 안전모 시장은 이미 어느 정도 형성된 상태였다. 진주만 공습이 일어난 1941년 12월 7일자 〈뉴욕 타임스〉에는 농무부에서 개발한 '헤비 코튼 면직물과 콩을 원료로 만든 플라스틱 헬멧'이 민간인 노동자들의 머리를 18킬로그램까지의 충격에서 보호해줄 수 있다는 기사가 나와 있었다. 이러한 이유로 정부 당국은 전쟁 중에 산업용 보호구를 적극적으로 확산시켰다.

1940년대 한 디트로이트 회사에서 발행한 소방관과 경찰관 관련 장비 카탈로그에는 군인이 포트 헬멧을 쓰고 분노에 찬 표정으로 기관총을 난사하는 모습이 나와 있었다. 그리고 바로 옆에는 민간 소방관이 좀 더 차분한 모습으로 그래타캡 스타일의 모자를 쓰고 이 회사의 최신 상품인 이산화탄소 소화기를 발사하는 모습이 대조를 이루었다. 보병 헬멧의 좀 더 가벼운 버전처럼 보이는 제품도 있었는데, 그 옆에는 "정부 검사관은 제복 수위, 안전 순찰관 그리고 정비공들이 강철 보호 헬멧을 반드시 착용하는지 여부를 검사한다."는 것을 상기시키는 문구가 있었다. 경화 섬유로 된 '헤드 프로텍터' 헬멧은 타격으로부터 머리를 보호하는 완충 쿠션이 달려 있어 전 세계인이 탄광과 제재소, 건설 현장을 비롯해 떨어지는 물체를 주의해야 하는 모든 곳에서 이 헬멧을 사용하고 있다고 홍보되었다. 이 제품에서는 거의 공 모양을 한 머리통과 이를 360도로 둘러싼 챙이 일정한 각도를 형성하고 있었다. 소재가 무엇인지는 정확히 나와 있지 않았던 '헤드 가드 세이프티 해트Hedgard Safety Hat'에는 머리를 지지해주는 독창적인 받침대가 있었는데, 아마도 M-1의 시스템에서 영향을 받은 것으로 보인다. 카탈로그에 따르면, 보호용 머리 장비 비용은 이 장비를 착용함으로써 적용받을 수 있는 보험료 할인 금액과 비슷해서 실제로는 공짜나 다름없었다. 이 장비들이 아직 법적으로는 의무화되지 않았지만, 보험료 할인이 될 만큼 개인적으로 이미 널리 쓰였던 것이다.

산업용 헬멧은 전쟁이 끝난 뒤 수년 동안 더욱 널리 퍼졌고 1956년 헬렌 마리 뉴얼Helen Marie Newell의 소설《더 하드해트The Hardhats》에서는 미국 공학을 상징했다. 뉴얼은 아이다 호의 건설 현장에서 성장했으며 전쟁 때는 항공기 정비원으로 일했다. 〈아이다 호 보터Idaho Voter〉에 실린 리뷰에는 "사람들의 생명을 살리는 이 금속 도구들이 서양인에게는 이제 익숙한 사물이지만 여전히 낯설기도 해 건설 현장의 노동자들을 마치 화성에서 온 생명체처럼 보이게 만든다."고 나와 있다. 1958년 11월, 〈파퓰러 사이언스popular science〉에서는 두 페이지에 걸쳐 작업용 헬멧 열다섯 가지를 소개하는 기사를 냈다. 민간 머리 보호구에 보도 가치가 부여된 셈이다. 1959년에는 주지사 넬슨 록펠러Nelson Rockefeller의 지휘 아래 뉴욕 주 상무국이 광고 회사와 협력해 뉴욕 주의 휘장이 들어간 알루미늄 안전모를 고위 공무원들에게 나누어주는 캠페인을 펼쳤다. 뉴욕 주의 시민을 '안전모를 쓴 실천가들'이라고 칭송하며 '안전모를 착용하는 환경에서' 회사의 성장과 번영을 촉진하자는 의미였다.

1960년대 후반 미국 하원에서는 산업 재해를 줄이기 위한 법안을 제정 중이었는데, 당적을 초월한 공감대가 형성되고 있었다. 리처드 M. 닉슨Richard M. Nixon 대통령은 1969년 8월, 국가가 노동자들을 위한 좀 더 나은 보호책을 마련할 것을 촉구했으며, 1970년 말에는 직업 안전 위생 관리국을 설립하는 새로운 법안에 서명해, 이 기관에 장비와 업무에 관한 표준을 수립하고 집행하는 역할을 부여했다. 물론 여기에는 안전모도 포함되었다. 록펠러의 실패한 홍보 캠페인으로부터 십여 년이 지난 후, 이제는 이미 뉴욕 시의 많은 건설 프로젝트에서 노동자들이 의무적으로 헬멧을 착용해야 했고, 주 혹은 시의 법이 이를 의무화하지 않을 경우에도 건축업자가 헬멧 착용을 요구하는 경우가 많아졌다.

1970년 5월에 건설 노동자 수백 명이 월스트리트로 쏟아져 나왔다. 오하이오 켄트 주립 대학에서 발생한 방위군의 발포 사건과 관련해 시위를 벌이는 반전 학생들에 맞서 반대 시위를 벌이기 위해서였다. 노동자들이 긴 머리의 학생들을 쫓아가 그들을 헬멧으로 구타했다고 보도되었다. 일부 '안전모'들은 이에 대해 자신은 미국 국기에 침을 뱉은 중년의 주모자에게 도발당한 것이라고 말했고, 다른 이들은 월스트리트의 사무직 종사자들도 노동자들만큼이나 이 반대 시위에 많이 참가했다고 주장했다. 5월 20일에는 건설 노동자와 부두 노동자 약 10만 명이 시청에서 배터리 공원 Battery Park 까지 애국적 노래와 슬로건을 외치며 행진했다. 이는 마치 육군과 해군에 의해 생겨난 산업용 안전모가 그 부모라 할 수 있는 군대에 도움을 주러 가는 것처럼 보였다.

현실이 어땠든 간에, 노동자들이 좌파 학생들을 공격했다는 보도는 저널리스트들과 사회 과학자들의 주목을 끌었다. 정치적 문구가 담긴 스티커와 전사된 미국 국기는 새로운 준군사 조직을 상징한다기보다는 도구를 개인화하고 개성적인 특성을 부여하고자 하는 전통이 반영된 것에 가까웠다. 보호 장비 생산자들이 만드는 다수의 머리 보호구는 완전한 챙 대신에 작은 차양이 달려 있어서, 적절한 보호 기능을 제공하는 안전모라기보다는 그저 단단한 모자에 불과했다.

시위자들과 반대 시위자들이 계속 충돌하면서, 경찰 또한 좀 더 자주 헬멧을 쓰기 시작했다. 1961년 여름부터 불법으로 열어 놓은 소화전을 잠

그러 다니는 임무를 맡은 뉴욕 순찰 대원들은 반항적인 젊은이들과 부모들이 던지는 벽돌과 유리병으로부터 머리를 보호하기 위해 플라스틱으로된 헬멧 안감을 지급받고 있었다. 헬멧을 쓴 시위 진압 경찰들이 1960년대 후반과 1970년대에 시위자들을 물리적으로 제압하기 시작하자, 시위자들도 자신을 지킬 헬멧을 직접 만들었다. 나중에 독일 외무부 장관이 되는 요슈카 피셔Joschka Fischer도 젊은 시절 하얀 헬멧을 쓴 경찰들과 맞설 때 검은 모터사이클 헬멧을 썼다. 재앙에 가까웠던 시카고의 민주당 집회 일 년 뒤인 1969년, 민주사회를 위한 학생 연합의 웨더맨 파벌은 시카고 경찰과 다시 조우하게 된다. 이번에는 시가전을 펼친 시위대들도 모터바이크 헬멧과 곤봉으로 무장하고 있었다. 제노바와 시애틀에서는 세계 무역 기구 회의가 열리는 것과 발맞추어 반세계화 시위들이 펼쳐졌다. 이 와중에 새로운 세대의 좀 더 과격한 시위 지도자들이 떠오르면서, 머리 보호구는 양 진영의 필수 장비가 되었다. 로스앤젤레스에서는 헬멧을 쓴 경찰의 이미지가 너무 강해서 〈LA 위클리LA Weekly〉가 2002년에 "시위 진압용 헬멧은 경찰들에게 코밑수염처럼 자연스럽게 어울린다."는 농담을 할 정도였다.

새로운 방어구가 경찰에게 도움이 되었을까? 영국 정부가 머리통이 길쭉한 전통적인 경찰모를 좀 더 납작하고 내구력이 강한 헬멧으로 교체했을 때, 정치색이 다른 영국의 논평가들은 모두 이러한 행보가 바람직하지 않다고 생각했다. 일본에서 조리 샌들이 특정 걸음걸이를 유도했던 것처럼, 1864년의 새로운 경찰 헬멧 역시 독특한 걸음걸이를 유도했다. 〈가디언Guardian〉의 앤디 베킷Andy Beckett에 따르면, "매우 꼿꼿하고, 가슴은 앞으로 내민 채 팔은 딱딱하게 돌아가는, 모자의 챙이 흔들거리지 않도록 내려쓰고 그 결과 미간을 찡그린 채" 걷는 경찰을 "영국의 현재 무질서에 대한 신경과민적 해결책이었던" 공권력이 없는 낮은 지위의 보안 경비원들과 구분해주었다. 이로 인해 새로운 헬멧은 싸움을 오히려 부추기는 결과를 낳을 수도 있었다. 〈텔레그래프 Telegraph〉의 칼럼리스트 톰 유틀리 Tom Utley가 볼 때, 새로운 '실용적인' 헬멧은 많은 이에게 "'여기 맞을 준비를 갖춘 이가 있다.'라고 말하는 것과 같으며, 따라서 사람들이 그를 때릴 것이다."라고 말하는 것과 같았다. 이로써 보호 도구는 경찰의 것이든 시위대의 것이든, 오히려 폭력과 도발의 원인이 될 수도 있었던 것이다.

작업용 헬멧은 1970년대의 그 강렬했던 인기를 잃은 지 오래였다. 헬멧을 다용도로 활용하는 과거의 전통은 이제 어느 곳에서도 볼 수 없게 되었다. 군대의 케블러 헬멧은 요리에는 적합하지 않았고 위장색이 들어간 디자인은 베트남 시기처럼 추억을 아름답게 윤색해주지도 않았다. 민간은 물론 군대에서도 헬멧은 그 어느 때보다 잘 디자인되었고 더욱 뛰어난 소재가 쓰였으며 이 도구와 관련된 가장 오래된 인체 공학적 문제인 환기까지 고려하고 있다.

오토바이 헬멧을 쓴
아이들

병사용 헬멧이 부활하고 노동자에게도 안전모가 보급되면서 운동선수에게도 머리 보호구가 확산되기에 이르렀다. 이러한 현상에는 문화적인 이유도 숨어 있었다. 헬멧이 용감한 보병과 광부를 상징할 수 있다면, 스포츠에 수반하는 고된 훈련과 위험을 대변할 수도 있다고 여겨졌던 것이다.

WHAT MRS. GRUNDY SAYS ABOUT THE HELMET.

MRS. GRUNDY's kind regards to *Mr. Punch*, and she can no longer remain silent. No wonder she is short-tempered. Everybody talks about her, but no woman is less understood. It is all very well for newspaper writers to ask "What will MRS. GRUNDY say?" but it is high time she answered that question herself. Now, about these blessed Helmets that have been stuck on to the policemen's heads. Did ever any silly body see such stupid dish-covers? She hopes and trusts the poor fellows use them as kitchen utensils when they get them home. They might boil potatoes, or serve as washhand basins, mouse-traps, or flower-pots, notwithstanding they are the very worst of hats. They seem on a fat policeman's head like the top stone of the Great Pyramid; while they cover up the lean ones as completely as if they were modelled on the dome of St. Paul's.

Is there no feeling for Art at Scotland Yard, or is it necessary that the Human (X. 32) Form Divine be rendered hideous as well as insolent? Who would like to be "moved on" by such an absurdity? A noble classic Helmet, with vizor, ear flaps, and a highly ornamental cat on top, would have been better; or if COMMISSIONER MAYNE is really and truly wedded to ugliness, he need not have gone further than the "pot-board" in his own back kitchen, the old iron saucepan is always ready to his hand.

There, it serves him right, why did he not seek her aid, instead of taking his own silly, obstinate way. She thinks if he had but asked her opinion, she could have helped him a little. . She has been turning her thoughts to Policemen's hats lately, and with no little success. Seeing that the old Policeman X in his long-faced hat, who was the

image of her glass mustard-pot, has only been replaced by new Policeman X in his helmet, the picture of her pewter pepper-castor, she looked up a few more domestic models.

The Beer-Jug, symbolic of the servant with whom the gallant officer chats at the street corner;

The Flower-Pot, because it suggests nothing in particular;

The Dinner-Bell, to mark the emptiness of his head; and The China Tea Saucer, as a hint of the shallowness of his brain.

But, after the Helmet, she washes her hands of the whole affair; and while this frightful snail-shell is growing more and more common, she sends you her designs, intentions, and indignation, to record what might have been, and so dismiss the subject from her thoughts for ever.

Answered as Easy as saying Jack Robinson.

AN admirable Lawyer, well known in the Central Criminal Court, has, on his elevation, "given rings" with the motto *Es esse*. Why has he omitted the third C?

OUR FOREIGN "RELATIONS."—Cousins-German.

풍자 잡지 〈펀치(Punch)〉에 실린 만평

그런디 부인이 경찰 헬멧을 보고 접시처럼 보여 바보 같다고 투덜거리는 내용이다.
런던 경찰의 새로운 전투 헬멧은 2000년대 초에 또 한 번 논란의 대상이 되었다.

광부와 경찰의 경우에서처럼, 첫 번째 머리 보호구는 일반적인 모자와 외형이 비슷했으며 강도가 강화되었다. 19세기와 20세기 중산모는 둥근 펠트 모자의 후예라고 할 수 있었다. 이 둥근 모자는 프록코트와 함께 신사의 일상복으로 구성되면서 가발과 깃털 달린 삼각 모자를 쓰는 왕실의 의복과 대조를 이루었다.

최초로 기록된 딱딱한 민간 스포츠 헬멧은 영국 공군의 잉여 자원으로 1923년에 민간에 판매된 비행 헬멧이었던 것으로 추정된다. 1940년대 초에 원래 레이서용으로 개발된, 경화 고무나 펄프로 된 외피에 턱에 거는 끈이 달린 머리 보호구가 병사들과 민간인들에게도 널리 사용되었다. 1941년에는 군 신경외과 의사 휴 케언스Hugh Cairns가 처음으로 민간용 헬멧의 효율성을 과학적으로 연구했다. 그는 모터사이클 사고에서 머리 부상의 위험에 주목해, 헬멧 소재에 대한 과학적 평가를 시작했다. 이러한 평가를 통해 고무보다 펄프가 충격 흡수에 네 배나 더 효과적이라는 사실도 발견했다.

뒤를 이어 말을 타는 기수들이 단단한 머리 보호구를 착용하기 시작했다. 1924년, 과거 강철 스컬 캡처럼 모자 속에 숨길 수 있는, 가볍지만 튼튼한 섬유 헬멧이 오스트레일리아에서 처음 선보였고, 다음해에는 미국 장애물 경마에서 필수 장비로 지정되었다. 이 헬멧은 이후 순종 경마에도 전파되었다. 1927년에는 말에서 떨어져 머리를 차인 어떤 기수가 유사한 헬멧을 쓰고 있었던 덕분에 생명을 건졌다. 머리 보호구가 공립 승마 학교는 물론 미국에서 열리는 각종 승마 경기에서 필수 장비로 지정되어 있다.

1930년대 후반 미식축구용으로 개발된 단단한 헬멧은 논란을 일으켰다. 원래는 머리 보호구가 전혀 없이 경기를 치렀던 미식축구 선수들은 시합이 점점 거칠어짐에 따라 1890년대부터 염소 털로 쿠션을 넣은 가죽 헬멧을 만들어 쓰기 시작했다. 1900년대 즈음에는 제조업체에서 운동선수를 위한 최초의 기성품 헬멧을 생산했다. 1917년에는 헬멧 외피 안쪽에 섬유 소재 끈이 그물처럼 연결되어 머리와 외피 사이에 충격 흡수를 위한 간격을 마련하는 구조가 고안되었다. 1920년대와 1930년대를 거쳐 이 구조는 발전을 거듭해, 머리 사이즈에 따라 조절되는 거미줄 모양의 충격 흡수 구조가 플라스틱 외피에 결합되기에 이르렀다. 더 가볍고 튼튼한 플라스틱이 소재로 사용되면서 이 충격 흡수 구조가 더 단단하게 외피에 고정될 수 있었고, 가죽과 달리 곰팡이도 슬지 않게 되었다. 미군 M-1 구조에 큰 영향을 주었던 이 구조의 유일한 단점은 제작에 필요한 소재를 구하기 어렵다는 것이었다.

제2차 세계 대전 이후에도 미식축구 헬멧은 꾸준히 개량되었고, 1949년에 전미 미식축구 연맹에서도 개량 헬멧을 공인했다. 1950년대 초에는 가죽 헬멧이 플라스틱 헬멧으로 완전히 교체되었다. 이 효율적인 헬멧은 머리 부상을 일부분 줄이기는 했지만 목 부상 위험이 세 배나 늘어났고 경추 손상으로 인한 사망이 두 배가 된 원인이기도 하다. 이러한 부상의 피해자들은 스포츠용품 업체들을 대상으로 소송을 제기했다. 1954년에 〈스포츠 일러스트레이티드Sports Illustrated〉는 이 헬멧을 "호전적인 화성인의 투구이며 착용자와 상대방 모두에게 치명적인 무기"라고 불렀다. 그러나 문제의 본질은 테크놀로지 자체보다는 이를 활용하는 테크닉이었다고 할 수 있었다. 다른 수많은 발명가와 마찬가지로, 미식축구 헬멧을 만드는 리델 컴퍼니가 자사의 제품이 사용자 행동을 어떻게 변화시킬지 정확하게 예상할 수는 없었을 것이다. 과거에 코치들은 선수들에게 공을 든 상대방을 덮칠 때 팔로 감싸 안으라고 가르쳤다. 그러나 헬멧이 단단해지면서 이를 망치처럼 사용해 상대방이 공을 놓치게 만드는 테크닉이 나타났다. 궁극적으로는 상대방의 턱을 노려서, 그를 쓰러뜨리는 것이 목적이 되었다. 헬멧 테크놀로지는 1990년대 초부터 계속해서 발전하고 있으며, 제조사들은 더 안전한 디자인을 약속하고 있지만, 미식축구가 관중을 위한 경기가 되었던 때부터 근본적인 문제는 변하지 않았다. 팬들은 폭력적인 경기를 즐기고 장려했다. 새로운 공격적인 테크닉들을 개발하기로 마음먹은 이들에게, 도전이란 새로운 규칙에서 빈틈을 찾는 일이 되었다.

전쟁이 끝난 후, 펄프와 고무는 발전을 거듭하던 새로운 플라스틱 소재로 교체되었다. 공기역학을 고려한 곡선이 예전 푸딩 그릇 디자인을 대체했다. 자동차 레이서용 최고급 모델에는 환기구와 벗겨짐 방지 장치들까지 장착되었고, 헬멧 디자인은 위험을 숨기기보다는 극화시키는 방향으로 발전했다. 무거운 레이싱 헬멧은 관성의 영향을 크게 받기 때문에 충돌 사고 시에 착용자의 목이 꺾이는 사태를 방지하기 위해 피터 허버드Peter Hubbard가 고안한 HANSHead and Neck System와 같은 추가적인 지지 장비들이 필요했다. 1958년에 떠오르던 아마추어 자동차 레이서, 윌리엄 "피트" 스넬William "Pete" Snell이 사고로 세상을 떠나면서, 그의 동료와 경쟁자들 모두 안전에 경각심을 갖게 되었다. 그를 추모하는 과정에서 선구적인 안전 장비 연구 기관이 설립되기도 했다.

그러나 미국의 모터사이클 애호가 단체들은 헬멧의 착용을 의무화하는 규정에 의문을 제기했다. 이 규정 이후 사상자가 줄어든 이유는 이 규정이 그저 모터사이클을 타는 행위 자체를 방해했기 때문이라는 주장이었다. 헬멧 착용에 반대하는 이들은 시속 24킬로미터 이상의 속도로 달릴 때 무거운 헬멧 때문에 머리 대신 목 부상을 당하는 결과만을 가져올 뿐이라고 덧붙이기도 했다. 그러나 모터사이클 사고를 당한 부상자들을 다루는 응급실 의사들은 헬멧 착용을 적극적으로 지지한다. 또한 자전거를 타는 사람들 중 다수는 머리 보호구 없이는 절대로 자전거에 오르지 않는다.

하키를 비롯한 여러 운동 경기에서, 헬멧은 그저 단순한 도구에 불과하다. 야구와 크리켓에서 헬멧을 쓰는 사람은 타석에 들어선 타자들뿐이다. 21세기 초 하키 선수들은 모두 헬멧을 쓴다. 1994년 머리 보호구가 필수 장비로 지정되었을 때 이를 반대해 예외를 인정받은 일부 선수들은 이제 모두 은퇴했다. 조롱의 의미로 다른 빙상 경기용 얇은 헬멧을 쓰던 모습도 사라졌다. 하키 선수의 헬멧은 그저 선수복을 구성하는 요소 중 하나가 되었고, 자동차 안전벨트처럼 일상적인 필수 안전장치가 된 것이다. 대부분의 운동 경기에서 논쟁의 주된 초점은 헬멧의 착용 필요성에 대한 것이 아니라, 어떻게 편안함과 안전함 사이에서 최적의 균형을 찾는가에 대한 것이다. 미국 재료 시험 협회, 스넬 기념 재단을 비롯한 국가와 민간의 실험실에서는 계속해서 충격을 감소시키는 새로운 소재와 방법을 실험하고 있다.

점점 발전하는 에너지를 흡수하는 소재들, 구조화 기법들 그리고 시뮬레이션 장비들 덕분에 헬멧은 이제 사고의 위험을 줄여주는 대표적인 테크놀로지로 주목받고 있지만, 동시에 그로 인한 장점과 단점도 보여준다. 만능 스포츠 헬멧은 존재하지 않는다. 미 소비자 안전 위원회에서는 각 운동 경기에 적합하게 디자인된 헬멧을 사용할 것을 권고하고 있다. 전용 헬멧은 이제 미식축구와 하키뿐만 아니라 라크로스, 스케이트보드, 스노보드, 인라인 스케이트, BMX 자전거, 승마, 익스트림 스포츠, 복싱에까지 확산되어 있다. 유명인사가 스키를 타던 중 사고를 당하는 일이 수차례 언론을 떠들썩하게 만든 덕분에, 스키 헬멧 또한 주목받고 있다. 많은 의학 연구자들은 이제 유소년 축구에서도 헬멧을 권장한다. 뇌진탕과 뇌 손상이 대부분의 부모나 코치가 인식하는 것 이상으로 자주 일어나기 때문이다. 어른들이 축구 경기를 하거나 자전거를 타다가 부상을 입을 확률이 아이들보다 더 높은데, 그 이유 중 하나는 이들이 보호 장비를 착용하기 꺼리기 때문이기도 하다.

이러한 다양한 헬멧 가운데, 새로운 콘셉트의 헬멧을 대표적으로 상징하는 것이 자전거 헬멧이다. 이 헬멧은 가장 흔하고, 가벼우며, 컬러풀하고, 때때로 가장 큰 논쟁을 일으켰다. 그리고 가장 최근에 등장한 헬멧이기도 하다. 1980년대 중반 산악자전거가 유행하면서 자전거 헬멧이 나타나기 시작했다. 이를 주도한 것은 가장 큰 자동차 레이싱 헬멧 제조사인 벨 스포츠였다. 자전거 인구를 포괄하는 잠재 시장의 크기는 어마어마했다. 1980년대와 1990년대에 이 시장을 공략하기 위해 벨을 비롯한 헬멧 제조업체들은 많은 노력을 기울였다. 새롭게 개발된 가벼운 소재들이 사용되었으며 설계에는 공기역학과 환기가 고려되었다. 덕분에 성능은 더 좋아진 반면 무게는 줄어들었다. 비록 가장 뛰어난 모델을 만드는 데에는 많은 시간과 비싼 수작업이 필요했지만 말이다.

디자인이 발전하고 구매자들도 늘어가면서, 한때 촌스럽다고 여겨지던 자전거 헬멧이 젊고 섹시한 이미지를 얻게 되었다. 2001년, 한 보고서에 따르면 미국에서 자전거를 타는 아동 가운데 69퍼센트, 어른 중에서는 43퍼센트가 헬멧을 착용한다. 이렇게 확산된 자전거 헬멧은 역설적인 결과를 보여주기도 한다. 1991년부터 2001년까지 10년간, 헬멧을 착용하는 사람들의 비율은 증가했지만 자전거를 타는 인구는 감소했고, 자전거 사고는 증가했다. 헬멧 착용은 보편화되었지만 자전거 인구 1인당 머리 부상 확률은 오히려 51퍼센트나 늘어났다. 헬멧을 강제하는 법률을 반대하는 사람들은, 이러한 통계가 소위 '위험 보상'의 결과라고 믿는다. 더 안전해졌다고 믿기 때문에 더 위험한 행동을 하게 된다는 것이다. 실제로도 안전 도구들의 한계를 시험하고자 하는 사람들은 항상 존재한다. 그러나 대부분의 자전거 안전 운동가들은 위험을 무릅쓰는 행동이 증가했다는 설명을 기각한다. 그들은 이 통계가 과장되었을 수 있다고 생각한다. 적대적인 교통 상황, 운전자들의 더 과격한 행동(결과적으로 위험 보상 이론가들은 안전벨트와 에어백 때문이라고 설명할 수 있다), 더 빠르게 달리는 자전거(아마도 위험 보상 이론가들은 헬멧으로 인한 안전에 대한 안심 때문이라고 설명할 수도 있을 것이다)를 사고 증가의 원인으로 지목한다. 양측으로 갈리는 의견 중에서도 서로가 동의하는 중요한 사안은 자동차와 자전거의 충돌 사고에서 헬멧이 신체를 보호할 수 있는 여지가 무척 적다는 점이다.

자전거 헬멧 착용을 의무화하고자 하는 법률을 반대하는 이들의 주장 중에서 가장 설득력이 있는 것은, 이러한 법률이 자전거 사고에서 실제로는 중요한 요인이 되는 자동차 운전자를 고려하지 않는다는 지적이다. 그로 인해 책임이 자전거 운전자에게만 지나치게 부가되고 있다는 것이다. 헬멧을 의무적으로 착용하게 함으로써 자전거를 타는 것 자체가 방해받는다는 주장도 있다. 특히 제대로 된 보호 기능을 갖춘 헬멧은 자전거 가격에 비해서도 저렴하지 않다. 충격을 받은 후에는 교체되어야 하는 소모품이기도 하며, 아이들 머리가 자라면서 이에 맞게 바꾸어주어야 한다. 이러한 이유로 영국 의학 협회는 자발적인 헬멧의 사용을 장려하는 반면 법적 의무화는 반대한다. 자전거 운동으로 취할 수 있는 건강 상 이익이 부상의 위험보다 훨씬 크기 때문이다.

오늘날 스포츠 헬멧은 고대 근동에서 나타났던 헬멧과 동일한 기능을 한다. 충격으로 인한 에너지를 분산시켜 두개골 골절이나 뇌진탕을 방지하는 도구인 것이다. 그 충격의 원인이 몽둥이가 아니라 아스팔트 바닥이라는 점만 다르다. 고대 헬멧과 마찬가지로 스포츠 헬멧이 집단의식을 고무시킬 수 있다. 고대, 중세 그리고 20세기 군대 헬멧의 일부 디자인 요소는 사기를 북돋우기 위해 고안된 것이었다. 비평가들의 관점에서 보면, 스포츠 헬멧이 선수들에게 과도한 자신감을 심어줄 수도 있다. 고대 그리스의 중장 보병들이나 중세 기사들과 마찬가지로, 오늘날 헬멧 착용자 중 다수가 덥고 답답한 느낌과 시야나 청각이 방해받는 것에 불편함을 느낀다. 전쟁용과 여가용 헬멧의 공통점은 이뿐만이 아니다. 1984년, 작가이자 아마추어 하키 선수였던 29세의 그레고리 바얀^{Gregory Bayan}은 〈뉴스위크 Newsweek〉에서 헬멧을 쓰지 않는 이유를 설명했다. 그는 올림픽과 프로 하키에서 개성적인 플레이가 사라졌음을 한탄하면서 "텔레비전에 비치는 선수들의 모습이 모두가 똑같은 기계인형 같아 아쉽다."고 언급했다.

부상의 위험을 막아주는 이 딱딱한 도구는 1980년대 후반에 전례 없이 특이한 형태로 발전하게 되었다. 유아 돌연사 증후군을 줄이기 위한 의학 캠페인이 시행된 결과 유아 헬멧이 등장한 것이다. 영유아의 질식 위험을 낮추기 위해 부모들은 바닥에 아기의 등을 대고 눕혀 재웠다. 그러자 지나치게 오랫동안 등을 대고 누워 있었던 탓에 많은 유아의 뒤통수가 평평해졌다. 부모들이 돌보고 있거나 깨어 있는 동안 아기의 자세를 수시로 바꾸어주면 대개 뒤통수의 모양이 원래대로 돌아가지만, 수천 명의 유아가 좀 더 심각한 증상을 고치기 위해 특별히 제작된 소아과 헬멧을 착용한다. 미국에서만 해도 이 헬멧을 만드는 회사가 열일곱 곳에 이른다. 유아용 헬멧은 생명이 달린 위험을 예방하는 테크닉이 치러야 할 작은 대가에 불과할 수도 있다. 그러나 아주 어린 나이에도 '딱딱한 머리'가 될 수 있다는 사실을 알려준다. 고대 전쟁에서 태어난 헬멧, 이를 착용하는 순간 우리는 화성에서 온 남자와 여자 그리고 어린이가 된다.

후기

엄지의 반란

신발을 신는 사람들의 발이 맨발로 생활하는 사람들과 다르게 생긴 것처럼 일상적인 테크놀로지는 때로 우리 몸의 형태를 변화시킨다. 더욱 중요한 것은, 이러한 테크놀로지가 몸을 사용하는 방법을 형성하는 데 영향을 미친다는 것이다. 테크놀로지, 그리고 이를 이용하는 테크닉은 지난 천 년간 함께 진화했다.

이와 관련된 가장 근본적인 질문은 정신과 육체 그리고 기계가 다음 세대들에 걸쳐 어떠한 방식으로 결합하게 될 것인가에 대한 것이리라. 50년이 넘는 기간 동안, 열정적인 기술애호가들은 수차례 '증강 인류augmented humanity'의 새로운 세대가 도래했다고 선언했다. 그러나 이들은 그러한 이상적인 상태가 실현되는 구체적인 방식에 대해서는 의견이 제각각이었다. 어떤 이들은 이러한 개념이 이제 우리가 매일 들고 다니는 더욱 휴대하기 편리해지고 더욱 강력해진 전자 장비들에 한정된다고 보고 있다. 지금의 휴대용 전화기나 PDA처럼 컴퓨터를 들고 다닐 수 있게 되며, 그 화면을 특별한 안경 디스플레이로 보는 것 정도의 발전을 예상하는 것이다. 이러한 안경은 또한 사용자들의 감정적인 상태를 상대방에게 알려주고 볼 수 있게 해 이를테면 강연자가 청중이 강의에 흥미를 느끼는지 그렇지 않은지를 확인할 수 있게 해줄 수도 있을 것이다. 이미 시중에는 달리는 이의 성취도에 대한 정보를 전달하거나 기록하는 스니커도 나와 있고, 모터사이클 헬멧에 인터콤과 내비게이션 안내 시스템이 내장된 모델도 있다. 다른 이들은 단순히 장비를 소지하는 것에 머무르는 소심함을 비판하기도 한다. 이들은 센서나 송신기를 수술로 체내에 심는 것도 머지않아 일반화될 것이라고 주장한다. 이를테면 청각 장애 아동이나 성인이 청력을 회복하기 위해 달팽이관을 이식하는 수술을 생각할 수 있다. 사이보그 혹은 기계 인간은 상당히 오래전부터 내려오던 아이디어로 많은 이들에게 강렬하게 기억되는 개념이기도 하다. 아마도 기술과 인간이 상호작용하는 과정에서 논리적으로 유추할 수 있는 다음 단계는 바로 이러한 모습이기 때문일 것이다. 사이보그에 대한 정치적인 관점은 폴 버호벤Paul Verhoeven의 오리지널 〈로보캅Robocop〉 영화에서부터 도나 해러웨이Donna Haraway나 크리스 헤이블즈 그레이Chris Hables Gray의 작품으로까지 확장되고 있다. 이들은 인간과 기계가 연결된 사이보그를 현실 세계에서 남자와 여자, 자본가와 노동자로 분명하게 구분된 역할을 전복시키는 상징으로 활용한다.

우리 몸을 기계로 바꾸는 것이 인류가 나아가야 할 방향일까? 조지 워싱턴은 나무로 된 의치는 사용한 적이 없고, 그의 마지막 의치(하마 이빨, 사람 이빨, 그리고 코끼리와 하마 상아가 박힌 황금 판으로 만들어졌고 황금 스프링으로 연결되어 있었다)는 당시 장인이 만들 수 있는 최고의 작품이었다. 하지만 그는 여전히 큰 불편함을 감수해야 했고, 식사와 대화에 어려움을 겪었다. 이러한 문제로 식사와 대화에서 소극적이었던 모습은 오히려 그의 권위를 더 높여주는 역할을 했을 수도 있다. 어떤 경우든, 2002년에 이르러 미국인 열 명 중 한 명이 의치를 제외한 임플란트 종류를 최소한 하나 이상 설치한 사실이 그리 놀라운 일은 아니다. 조지 워싱턴을 생각하면, 이 나라는 사이보그에 의해 세워졌다고도 할 수 있을 것이니까. 워싱턴이 이례적인 경우도 아니었다. 토머스 제퍼슨의 기록계와 반 정도 뒤로 기댄 작업 의자, 벤저민 프랭클린의 이중 초점 렌즈 또한 인간과 기계를 결합하는 데 있어 커다란 진보라고 할 수 있다.

소독제와 항생제가 없던 시절, 미국 독립 전쟁에 참여해 부상당한 자들은 사지의 일부를 절단해야 했고, 이 때문에 의족 및 의수 산업이 급격히 성장하게 되었다. 오늘날, 반응 속도가 향상된 보철물들, 휠체어, 시각 보정물 그리고 그 밖의 다양한 보조 장치는 19세기의 가장 무모한 상상을 뛰어넘는 발명들이다. 미국에서는 인공 다리를 연결한 십대 수영 선수가 발에 물갈퀴 다는 것을 금지하는 것이 불평등한 조치인지를 따지는 소송도 있었다. 그러나 의사와 치과 의사의 최우선 권장 사항은 타고난 능력이나 원래의 신체 구조를 유지하는 것이다. 기술 트렌드는 안경에서 콘택트렌즈로 그리고 다시 레이저 수술로 진행되었다. 치과 치료 또한 틀니에서 예방 처치와 자신의 이빨을 최대한 보존하는 방향으로 천천히 이동했다. 그리고 일부 치과 연구자들은 성인들에게서도 아이들처럼 치아가 자연스레 새로 날 수 있다고 믿는다. 이뿐만 아니라 향후에는 팔과 다리를 포함한 다른 신체 부위도 재생이 가능하다고 여기는 것이다. 그 어떤 로봇도 잘 훈련된 안내견의 능력을 따라올 수는 없다.

처음 등장한 지 천 년이 지난 조리가 여전히 가장 맵시 있는 샌들로 사랑받고 있을 만큼 인간의 신체는 매우 보수적이다. 기술적으로 가장 진보된 갑피와 밑창을 자랑하는 운동화 중에 다수가 적어도 200년 이상 된 운동화 끈 방식을 채용하고 있다. 가장 진보적이고 혁신적인 사무실 의자들도 여전히 100년 전에 고안된 스프링 고정형 허리 지지대 원리에 의존하고 있다. 몸을 받쳐 주는 안락의자의 곡선은 19세기 도서관 의자와 크게 다르지 않다. 안락의자 업계 측에 따르면, 내장 데이터 포트를 비롯한 기술을 이용해 안락의자를 향상시키고자 하는 열기가 잦아드는 추세라고 한다. 쿼티 배열만 그 모든 혁신적 시도를 견뎌온 것은 아니다. 자판 자체의 평평한 전통적 디자인에 대한 대안들도 값비싼 틈새시장용 제품으로만 남았다. 혁신적인 제품을 만든 이들이 마케팅에 어려움을 겪었다는 점도 있었지만, 불편함이 크지 않은 상황에서 새로운 테크닉을 굳이 연마하고자 하는 사용자가 거의 없었기 때문이었다. 피아노가 중산층 사이에서 특권적인 위치와 인기를 잃기 시작했던 시기로부터 백 년이 지난 지금도, 피아노는 여전히 그 익숙한 건반과 함께 가장 일반적인 악기로 남아 있다. 컴퓨터를 이용한 설계 및 제조 방식 덕분에 이중 초점 렌즈 대신 초점이 안경면에 따라 자연스럽게 변화하는 다초점 렌즈도 나오고 있지만, 머리 위로 올려 쓴 안경다리는 18세기에 고안된 경첩에서 큰 변화가 없다. 최신의 NATO 헬멧은 중세 샐릿 투구의 외형을 떠오르게 한다. 그러나 가만히 생각해보면, 우리의 발뼈와 척추와 손가락과 눈과 귀와 두개골 역시 크게 변하지 않았다. 자동 변속 자동차 역시 과거로부터 익숙한 핸들과 레버로 동작한다. 버튼을 눌러 변속하는 아이디어는 거의 대부분 실패작에 담긴 기억으로만 남아 있다. 21세기 자동차들은 여전히 초기 근대의 범선과 마차로부터 비롯된 핸들과 페달로 조작되고 움직인다. 특허나 실험적인 콘셉트카에서나 나오는 조작 장치가 실제로 적용되는 경우는 거의 없다. 반면, 많은 테크놀로지 전문가들은 요가, 무술 그리고 알렉산더 테크닉^{Alexander} ^{Technique}(나쁜 자세를 교정하는 교정법 중 하나—옮긴이) 같은, 외부 장비가 거의 필요하지 않은 신체 테크닉들을 연구한다.

심지어 옷처럼 입는 컴퓨터 분야에서 크리스토퍼 콜럼버스 같았던 인물조차도 자신을 오늘날의 '스마트' 기술에 융합하는 것에 우려를 표하고 있다. 스티브 만Steve Mann은 MIT 컴퓨터 공학 박사로 캐나다에서 교수로 재직 중이다. 그는 1980년에 비디오카메라와 토끼 귀처럼 생긴 안테나가 달린 헬멧을 쓰고 있는 모습의 사진을 남겨 유명해졌다. 그는 《사이보그 Cyborg》에서, "사이보그가 존재하는 미래라는 개념에 대해 점점 더 불편한 느낌이 든다."라며 이 미래에서는 마치 마약과도 같은 즐거움과 편리함으로 인해 개인의 사생활이 희생될 것이라고 예상했다.

오늘날의 현실적인 첨단 사이보그 테크놀로지는 사실 과거 극단론자들이 말했듯 이상향을 만들지도, 종말을 야기하지도 않는다. 가상 현실 헬멧은 장난감이 아니라 판단에 대한 혼란과 착오를 막기 위해 엄격한 훈련이 요구되는 전문 장비다. 이렇게 복잡해져만 가는 기술 발전의 한쪽 끝에서는, 휴대용 전화기를 비롯한 휴대 장비들에 달린 축소형 자판의 영향력이 놀라울 정도로 커지고 있다. 이로 인해 사람 손의 힘의 균형이 검지에서 엄지로 옮겨가고 있다. 우리는 이미 카를 바흐가 250년 전 음악 건반에서 엄지의 역할을 끌어올린 것을 살펴보았고, 터치 타이핑 기법을 개척했던 이들이 네 번째와 다섯 번째 손가락을 재발견했지만 엄지의 역할은 스페이스 바를 치는 정도로 격하시켜 버린 것도 살펴본 바 있다. 이제 엄지는 두 번째 르네상스를 누리게 되었다.

엄지손가락은 PDA의 스타일러스와 같은 펜이나 연필과 유사한 도구들과 함께 컴퓨터 사용에 중요한 역할을 하는 존재가 되고 있다. 스웨덴의 의사이자 인체 공학자인 요한 울만Johan Ullman이 개발한, 완전히 새로운 형태의 마우스도 펜 형태의 스틱을 잡고 움직이는 방식이다. 울만 박사의 분석에 따르면 손을 비틀어서 팔에 무리를 주는 대신에 엄지와 다른 손가락의 정밀 근육을 사용하게 하는 구조인 것이다. 연필도 1990년대에 미국에서만 판매량이 50퍼센트 이상 증가해 그 어느 때보다 잘 팔리고 있다.

엄지손가락이 부각되는 경향은 전자기기의 발전 방향과 맞물려 있다. 오늘날 일본에서는 너무도 많은 새로운 데이터 입력 장치들이 나타나 젊은 세대들을 '엄지 세대'라고 부를 정도이다. 아시아와 유럽에서 이러한 사용자들은 친구들과 통화하는 대신에 단문 메시지를 보낸다. 엄지손가락은 이들의 휴대용 전화기 자판을 춤추듯 넘나든다. 2002년에는 영국에서만 한 달에 이러한 단문 메시지가 무려 14억 건이나 교환되고 있다. 영국의 학자인 새디 플랜트 Sadie Plant 는 전 세계적으로 엄지손가락이 더 강해졌고 더 많은 기교를 부릴 수 있게 되었음을 발견했다. 일본 젊은이들 가운데 일부는 이제 초인종을 엄지로 가리키고 누른다. 플랜트가 〈월스트리트 저널〉에 말한 것처럼, "테크놀로지와 테크놀로지 사용자 사이의 관계는 상호적이다. 이 둘은 서로를 변화시키고 있다." 주요 연구소의 실험실에서는 엄지손가락을 검지의 후계자로 미리 예견하거나 하지는 않았지만, 엄지의 유용함을 활용하도록 유도하는 데에는 일조했다. 엄지손가락의 완전한 능력은 사용자, 디자이너 그리고 제조자들의 공동 실험을 통해 발견되었으며 엄지의 새로운 역할은 프랭크 윌슨 Frank Wilson 이 "24캐럿 엄지손가락"에서 쓴 것과 같은, 친밀한 관계에 대한 표현이다. "우리의 뇌는 계속해서 우리 손에 새로운 할 일을 주고 우리가 이미 알고 있는 방식이 아닌 새로운 방식을 알려준다. 반대로, 우리의 손은 오래된 일에 접근하는 새로운 방식과 새로운 일을 이해하고 숙달하는 것에 대한 가능성을 뇌에 알려준다."

우리 몸이 새로운 테크닉들에 익숙해지면서, 다른 테크닉들은 잊혀버린다. 인류학자들에게 알려진 휴식을 취하는 다양한 자세는 의자에 앉는 자세로 대체되었다. 인류는 언어뿐 아니라 몸의 테크닉들도 잃어가고 있는 것이다. 유아용 인공 젖꼭지는 모유 수유의 감성적이고 물리적인 감각을 따라잡으려 노력하고 있다. 스니커는 체력 단련 프로그램들을 수행하는 데 도움이 되지만, 나이든 사람에게는 균형 감각을 방해하는 요소로 작용할 수 있다. 안락의자는 원래는 건강을 위한 도구로 판매되었지만, 이제는 게으른 생활의 위험을 경고하는 상징이 되었다. 19세기 피아노 발전이 정점을 찍으면서 동시에 자동 연주 피아노와 궁극적으로는 녹음된 연주를 재생하기 위한 길이 열렸다. 타자기와 컴퓨터 자판은 손 글씨를 배우는 고통을 상당히 없애주었지만 동시에 개인마다 독특한 서체를 뽐낼 수 없게 만들었다. 공공 교육이 발전하면서 근시와 안경을 쓰는 인구가 증가했다. 그리고 헬멧은 위험을 회피하게 하는 것만큼 위험을 감수하게 만든다. 우리의 힘을 강화시키는 동시에, 이러한 도구들은 우리에게 미치는 도구 자체의 힘을 강화시키기도 한다.

현대 산업 사회의 문제점 중 하나는 표준화에 지나치게 얽매여 새로운 테크놀로지와 테크닉 모두가 억압받고 있다는 것이다. 이에 대한 해결책을 미국의 고전 소방관 헬멧이나 전문 타이피스트와 타이핑 교사들에 의해 개발된 터치 타이핑 방식에서 찾을 수 있다. 사용자와 제조자가 서로 협력해야만 해결책을 세울 수 있는 것이다. 기술적 절차에 대한 연구에서도 사용자의 중요성이 확인되고 있다. 1980년대에 경제학자 에릭 폰 히펠 Eric von Hippel 은 과학 장비와 반도체 생산, 인쇄 회로 기판의 조립과 같은 첨단 기술 산업의 변화를 연구했다. 그는 자신이 조사한 혁신 사례 중에서 77퍼센트가 사용자에 의해 시작되었다는 점을 발견하고 제조사들에게 '선도적 사용자들'을 파악하고 이들과 함께 작업할 것을 권장했다. 우리는 19

세기 음악가들이 피아노 제작자들과 함께 작업했던 것을, 그리고 타자기 사업자 제임스 댄스모어가 그의 아이디어를 법원 속기사인 제임스 O. 클레페인과 함께 시험해보았던 것에 대해 살펴본 바 있다. 평범한 운영자들도 안전성과 생산성을 향상시키기 위해 장비와 시스템을 수정할 수 있다. 작업 행동을 연구하는 인지 심리학자들은 유일한, 최선의 절차라는 오래된 모델을 기각하고, 작업자들이 그들의 일을 더 잘할 수 있도록 장비를 변형시키는 방식을 연구하고 있다. 김 J. 비센트^{Kim J. Vicente}가 말하듯, "작업자가 디자인을 마무리한다."

디자인은 사용자에게 편리해야 할 뿐만 아니라 능숙한 사용자에게도 새로운 도전의 여지를 남겨두어야 한다. 피아노 건반은 초심자들도 다룰 수 있으면서 전문가들에게는 끝없는 가능성을 열어준다는 점 때문에 여전히 사랑받고 있다. 정보 인터페이스들도 초보자들이 쉽게 다가갈 수 있어야 하며 동시에 숙련된 사용자들이 새로운 테크닉을 개발할 여지를 남겨두어야 한다. 수학자이자 컴퓨터 과학자인 크리스텐 니가드^{Kristen Nygaard}가 주창한 참여 디자인은 기술 개발 과정에서 자신의 목소리를 내고자 했던 노르웨이 작업자들과 함께 시작되었지만, 궁극적으로는 전 세계 회사에 퍼져나갔다.

엄지 자판에는 안타까운 면도 담겨있다. 동양이든 서양이든, 손 글씨를 쓰는 테크닉에는 도움이 되지 않는다. 그러나 인류의 비상한 수완과 능력을 보여주는 긍정적인 면도 갖추고 있다. 엄지손가락은 디지털 시대를 맞이해 기술을 긍정적으로 바라보는 관점이 다시 돌아오고 있음을 상징한다. 검지는 권위를 의미하며, 문서상의 규정과 경고를 가리키고, 다른 이를 손가락질하거나 훈계할 때 쓰인다. 바로 규칙을 상징하는 것이다. 반면 엄지손가락은 사람들이 스스로 알아낸 실용적인 지식을 상징한다. 경험

법칙을 뜻하는 'Rules of Thumb'(직접 경험해서 깨달은 대략적인 법칙−옮긴이) 이라는 표현처럼 말이다. 그리고 또한 'Green Thumb'(원래는 원예 재능이지만 처세술을 의미하기도 함−옮긴이)라는 표현에서 엄지손가락은 우리가 언제나 말로 설명할 수 없는 기교, 암묵적 지식을 상징하기도 한다. 무엇보다도, 이제는 잊혀버린 기술인 히치하이킹에서 쭉 뻗은 엄지손가락은 미래에 대한 긍정적 태도, 즉 협력에 열려 있지만 방향성은 명확한 미래를 향한 전향적인 자세를 상징한다.

권장 도서

비교 연구 관점에서 본 인류 문화에 대해 내가 찾은 가장 훌륭한 조사 자료는 Tim Ingold 공저의 *Companion Encyclopedia of Anthropology* (London: Routledge, 1994)로, 도구와 도구 행동, 기술 그리고 유물에 대한 유명 인사들의 견해를 포함하고 있다. 인류·비인류 구분에 대한 생물학자의 관점(만약 그런 게 있다고 한다면)에 대해서는 W. C. McGrew의 *Chimpanzee Material Culture: Implications for Human Evolution* (Cambridge, Eng.: Cambridge University Press, 1992), Donald R. Griffin, *Animal Minds: Beyond Cognition to Consciousness* (Chicago: University of Chicago Press, 2001) 그리고 Frans de Waal의 *The Ape and the Sushi Master: Cultural Reflections of a Primatologist* (New York: Basic Books, 2001)를 참고하라.

Frank R. Wilson의 *The Hand: How Its Use Changes the Brain, Language and Human Culture* (New York: Pantheon Books, 1998)은 인류의 정신적

기교와 신체적 기교 사이의 관계에 대한 뛰어난 통찰을 보여준다. John Napier의 *Hands, revised by Russell H. Tuttle* (Princeton: Princeton University Press, 1993)은 생물학과 문화에 관한 고전으로 남아 있다. Marcel Mauss의 *Sociology and Psychology: Essays, trans. Ben Brewster* (London: Routledge & Kegan Paul, 1979)에 실린 몸의 테크닉에 대한 짧은 에세이들은 반드시 읽어볼 가치가 있다. William H. McNeill의 *Keeping Together in Time: Dance and Drill in Human History* (Cambridge, Mass.: Harvard University Press, 1995)는 역사 속 몸의 테크닉들에 대한 선구적인 연구다.

Jacque Ellul의 *The Technological Society, trans. John Wilkinson* (New York: Alfred A. Knopf, 1964)는 20세기 진정한 예언적 저서 중에 하나였다. 기계와 생물에 대한 연구로는, Siegfried Giedion의 *Mechanization Takes Command: A Contribution to Ananymous History* (New York: Norton, 1969) 또한 걸작이다. 신체와 테크놀로지에 대한 최근 연구들은 Anson Rabinbach의 *The Human Moter: Energy, Fatigue and the Origins of Modernity* (New York: Basic Books, 1990)와 모스의 몸의 테크닉에 대한 에세이의 재판본을 포함한, Jonathan Crary와 Sanford Kwinter가 편집한 *Zone 6* (New York: Zone, 1992)에 수집된 논문들이 있다.

물질문명과 역사에 대한 가장 유쾌한 책은 19세기 사물의 확산에 대한 사회 역사학자의 조사 결과를 담은, Asa Briggs의 *Victorian Things* (Chicago: University of Chicago Press, 1988)를 꼽을 수 있다. 이 책과 대조를 이루는 공학자의 관점을 보여주는 흥미로운 책으로 Henry Petroski의 *The Evolution of Useful Things* (New York: Alfred A. Knopf, 1995)를 추

천한다. George Basalla의 *The Evolution of Technology* (Cambridge, Eng.: Cambridge University Press, 1988)와 Wiebe E. Bijker의 *Of Bicycles, Bakelite, and Bulbs* (Cambridge, Mass.: MIT Press, 1995)는 이론과 예시를 적절히 섞어준다. Bruno Jacomy의 *L Age du Plip: Chroniques de ';Innovation Technique* (Paris: Editions de Seuil, 2002)는 테크놀로지에 대한 앵글로-아메리칸 역사에서 좀 더 친숙해질 필요가 있는, 프랑스 관점에서 인간과 기계의 상호작용을 조사한다.

모유 수유와 젖병 수유에 대해, 가장 훌륭한 학술적 조사는 Patricia Stuart-Macadam과 Katherine A. Dettwyler이 편집한 *Breastfeeding: Biocultural Perspectives* (New York: Aldine de Gruyter, 1995)이다.

신발 역사의 대부분은 업계 간행물, 카탈로그들 그리고 특별한 교과서들에 보존되어 있다. 서양 언어로 된 조리에 대한 책은 거의 없지만, 문화적 배경을 훌륭하게 드러내는 책으로 Susan B. Hanley의 *Everyday Things in Premodern Japan: The Hidden Legacy of Material Culture* (Berkeley: University of California Press, 1997)를 꼽을 수 있는데, 일본의 바닥에 앉는 문화에 대한 내용도 나와 있다. 운동화에 대한 대부분의 책은 기술적 디자인보다는 마케팅 전략을 더 다루고 있다. 읽어볼 만한 예외는 Tom Vanderbilt의 *The Sneaker Book: Anatomy of an Industry and an Icon* (New York: New Press, 1998)이 있다.

의자에 대한 수백의 연구서 중에서, Galen Cranz의 *The Chair: Rethinking Culture, Body, and Design* (New York: Norton, 1998)은 기

존 디자인에 대한 역사적 비평으로 독보적이다. Katherine C. Grier의 *Culture and Comfort: Parlor Making and Middle-Class Identity*, 1850–1930 (Washington, D.C.: Smithsonian Institution Press, 1997), Kenneth L. Ames의 *Death in the Dining Room and Other Tales of Victorian Culture* (Philadelphia: Temple University Press, 1992), 그리고 Leora Auslander의 *Taste and Power: Furnishing Modern France* (Berkeley: University of California Press, 1996) 는 모두 가구의 사회적 역사에 관한 읽어볼 만한 책들이다. Clive D. Edwards의 *Victorian Furniture: Technology and Design* (Manchester, Eng.: Manchester University Press, 1993)은 형태와 산업을 연관 짓는다.

피아노 제작에 대한 뛰어난 연구로는 Edwin L. Good, Giraffes의 *Black Dragons, and Other Pianos: A Technological History from Cristofori to the Modern Concert Grand, 2nd ed.* (Stanford: Stanford University Press, 2001) 이 있다. 가장 뛰어난 피아노 역사 개괄서로는 James Parakilas이 편집한 *Piano Roles: Three Hundred Years of Life with the Piano* (New Haven: Yale University Press, 1999)를 꼽을 수 있다. 가볍게 읽을 수 있지만 교양적인 Arthur Loesser의 *Men, Women, and Pianos* (New York: Simon & Schuster, 1954)와 대조적으로, Craig H. Roell은 *The Piano in America,* 1890–1940 (Chapel Hill: University of North Carolina Press, 1989)에서 좀 더 좁은 주제를 다룬다.

August Dvorak 공저의 *Typewriting Behavior: Psychology Applied to Teaching and Learning Typewriting* (New York: American Book Company, 1936)은 단순히 자판 배열보다 훨씬 더 많은 것을 다루고 있다. 1930년대

산업 심리학의 단면을 엿볼 수도 있다. (놀라운 사실 하나: 학습 곡선은 시간에 대한 효율을 표시하기 때문에, 급격한 곡선은 숙련에 시간이 걸리는 작업이 아닌, 빠르게 배울 수 있는 작업을 의미한다.) 당대 미디어 연구에서는, Friedrich A. Kittler의 *Gramophone, Film, Typewriter*, trans. Geoffrey Winthrop-Young and Michael Wutz 그리고 Lisa Gitelman의 *Scripts, Grooves, and Writhing Machines: Representing Technology in the Edison Era* (양쪽 모두 Stanford: Stanford University Press, 1999)가 두드러진다.

안경에 대한 근래의 수많은 책 중에서 가장 뛰어난 역사적 개괄서로는 Joseph L. Bruneni의 *Looking Back: An Illustrated History of the American Ophthalmic Industry* (Torrance, Cal.: Optical Laboratories Association, 1994)가 있다. 유럽 쪽을 다루는 참고 서적 중 가장 뛰어난 것은 Richard Corson의 *Fashions in Eyeglasses* (Chester Springs, Pa.: Dufour Editions, 1967)이다. 두 권 모두 안타깝게도 구하기 쉽지 않은 책이다.

고대 헬멧에 대해 가장 접근하기 쉬운 책은 아마도 A. M. Snodgrass의 *Arms and Armour of the Greeks* (Ithaca: Cornell University Press, 1967)일 것이다. Bashford Dean의 *Helmets and Body Armor in Modern Warfare*는 원래 1920년에 Yale University Press에서 출판되었고, 2차 세계 대전 갑옷을 추가하여 1977년 재판되었다. (Tuckahoe, N.Y.: C. J. Pugliese) 이 책은 지금도 최고의 전반적인 개괄서이다. 독일 철모에 대해서는, Ludwig Baer의 *The History of the German Steel Helmet, 1916-1945*, trans. K. Daniel Dahl (San Jose, Calif.: R. J. Bender, 1985)가 옛 문서들에 기반을 두고 있다.

Donald A. Norman의 *The Psychology of Everyday Things* (New York: Basic Books, 1988)은 이제 The Design of Everyday Things라는 이름으로 재판되어, 물리적인 사물들의 정신적인 면들을 살펴보고 있다. 오늘날 일터에서의 우리 몸에 대한 가장 중요한 최근의 연구는 Shoshana Zuboff의 *In the Age of the Smart Machine: The Future of Work and Power* (New York: Basic Books, 1988)를 꼽을 수 있다. 기술, 정신 그리고 신체에 대한 공상의 역사에 대해서는, Thierry Bardini의 *Bootstrapping: Douglas Engelbart, Coevolution, and the Origins of Personal Computing* (Stanford: Stanford University Press, 2000)를 추천한다.

사이보그 인류학에 대해 탐구를 시작할 지점으로 적당한 책은 Donna Haraway의 *Simians, Cyborgs, and Women: The Reinvention of Nature* (New York: Routledge, 1991)이다. 이 주제를 웹 시대로 가져오는 책으로는 Chris Hables Gray의 *Cyborg Citizen: Politics in the Posthuman Age* (New York: Routledge, 2001)와 N. Katherine Hailes, *How We Become Posthuman: Virtual Bodies in Cybernetics, Literature and Informatics* (Chicago: University of Chicago Press, 1999)가 있다.

마지막으로, 인류의 미래에 대한 두 가지 서로 보완적인 관점들로, Christopher Wills의 *Children of Prometheus: The Accelerating Pace of Human Evolution* (Reading, Mass.: Perseus Books, 1998)과 Rodney R. Brooks의 Flesh and Machines: How Robots Will Change Us (New York: Pantheon Books, 2002)를 추천한다.

사물의 역습

초판 1쇄 인쇄 | 2013년 5월 25일
초판 1쇄 발행 | 2013년 6월 12일

지은이 | 에드워드 테너
옮긴이 | 장희재
펴낸이 | 박영철
펴낸곳 | 도서출판 오늘의책
마케팅 | 박철우
디자인 | design Bbook
편 집 | 주)엔터스코리아

주소 | 121-894 서울 마포구 잔다리로7길 12 (서교동)
전화 | 02-322-4595~6 **팩스** | 02-322-4598
이메일 | tobooks@naver.com
블로그 | blog.naver.com/tobooks

등록번호 | 제10-1293호(1996년 5월 25일)
ISBN | 978-89-7718-344-5 03900

값은 뒤표지에 있습니다.
잘못된 책은 구입하신 서점에서 바꿔드립니다.

* 이 도서의 국립중앙도서관 출판시도서목록(CIP)은 서지정보유통지원시스템
  홈페이지(http://seoji.nl.go.kr)와 국가자료공동목록시스템(http://www.nl.go.kr/
  kolisnet)에서 이용하실 수 있습니다.(CIP제어번호: CIP2013007081)

사물의 역습 / 지은이: 에드워드 테너 ; 옮긴이: 장희재.
— 서울 : 오늘의책, 2013   p. ;   cm

원표제: Our own devices : the past and future of body technology
원저자명: Edward Tenner   영어 원작을 한국어로 번역
ISBN 978-89-7718-344-5 03900 : ₩16,500

과학 기술[科學技術]
331.541-KDC5
303.4833-DDC21   CIP2013007081